Conrad G. Weber

Brauchtum in der Schweiz

*Zusammenschau von
Volksbräuchen, Brauchtümlichem, Grundbegrifflichem
in alphabetischer Anordnung*

Mit 38 Illustrationen
nach alten Stichen und Lithographien

WERNER CLASSEN VERLAG ZÜRICH UND STUTTGART

Zum Gedenken an Elly

Schutzumschlag: «Alpfest Appenzell» heißt die beschwingte Darstellung.
Sie stammt vom Zeichner und Maler Gottlob Emil Rittmeyer, Mitte 19. Jahrhundert.
Der Künstler hat sich einen Namen als Illustrator
von Werken über die Alpenwelt und deren Bewohner gemacht.
(Graphische Sammlung ETH Zürich)

Frontispiz: Die frühe und liebevolle Darstellung eines Alpaufzugs findet sich auf
einem Titelkupfer von Abraham Kyburz' «Theologia Naturalis et Experimentalis»
mit der Jahreszahl 1754. Die Signatur des Stechers ist unleserlich geworden.
(Graphische Sammlung Zentralbibliothek Zürich)

© 1985 by Werner Classen Verlag Zürich
Printed in Switzerland by Druckerei Baumann AG Menziken
ISBN 3 7172 0339 8

Conrad G. Weber
BRAUCHTUM IN DER SCHWEIZ

Max Schüss, dem treuen Freund schon in früher Jugend, dem wachen Beobachter im langen Leben, dem Menschen, dem immer so gütigen.

Cony Weber

12. August 87

Aufarth eines Küher mit Weib und Kind.
Haab und Vieh auf den Berg.

Der Bergman führt das Vieh auf hohe Bergewiesen
O daß der Schöpfer wird von ihm auch hoch gepriesen.
O daß der Höchste stäts behüte Hirt und Herd.
Biß einst auf Zions Berg ein Hirt und Weide werd

Vorwort und Dank

Als Sprachwissenschafter und Kunstgeschichtler habe ich mich immer auch für das Brauchtum, insbesondere das Schweizer Brauchtum und die Volksbräuche interessiert. So ist dieses Buch aus einem ständigen, lebhaften Umgang mit der Brauchtumsforschung entstanden. Es ist mir dabei bewußt, daß gerade in den letzten Jahren verschiedene große Werke zu diesem Thema erschienen sind, die auch durch großzügige Bebilderung das Interesse und die Aufmerksamkeit weiter Kreise erweckt haben. Das konnte für mich kein Grund sein, die Herausgabe meines Buches «Brauchtum in der Schweiz», an dem ich fast ein Jahrzehnt gearbeitet habe, mit Rücksicht auf die Marktsituation zu verschieben, denn die Absicht, die dieses Buch verfolgt, ist für einen anderen Leserkreis bestimmt.

Dieses Buch will ein Haus- und Familienbuch sein, in dem man alles Wissenswerte über Brauchtümliches findet, in dem man nachschlagen und nachlesen kann, wo ein Volksbrauch herkommt, wo er noch geübt wird, und welcher geheimnisvolle Mechanismus und welche ethischen oder religiösen Werte in ihm wirksam sind. Darum ist es auch alphabetisch als Nachschlagewerk aufgebaut und innerhalb der Artikel mit jeweiligen Hinweisen versehen, die das Auffinden ähnlicher oder analoger Bräuche erleichtern, die da und dort unter anderen Benennungen oder Bezeichnungen lebendig oder brauchtümlich sind.

Bei der Abfassung meines Buches stützte ich mich auf Quellenmaterial und Auskünfte von Freunden. An dieser Stelle statte ich meinen Dank ab und kann ihn qualifizieren. Zuerst nenne ich Eduard Hoffmann-Krayer, den «Vater der schweizerischen Volkskunde», Brockmann-Jerosch, dem jeder Brauchtümler tiefen Dank schuldet, meinen Studienfreund Richard Weiß, mit seinem fundamentalen und umfassenden Wissen, Werner Manz, dessen Herz eine Wünschelrute war, mit welcher er die verborgensten Quellen des sarganserländischen Brauchtums zum Sprudeln brachte, Fritz Moser-Goßweiler, der mit seinen liebevollen Schilderungen den Kreis der Freunde schweizerischen Brauchtums erweiterte, und last but not least Robert Wildhaber, den Grand Old Man der Brauchtumsforschung, dem das Völkerkundliche Museum Basel in seiner heutigen Gestalt zu verdanken ist, der noch in mein Manuskript Einsicht genommen hat und mir wertvolle Hinweise geben konnte. – Die Nennung weiterer Namen ist mir ein Anliegen: P. Notker Curti, der große Kenner kirchlicher Volksbräuche; Karl Meuli, der die schweizerischen Masken aus seinem tiefen Wissen heraus interpretiert; und Paul Geiger, der lapidar erklärt und mitreißend zugleich.

Viele Namen fehlen, aber ich danke allen, auch den Monographen, die interessantes Brauchtum in Fachzeitschriften und anderen Blättern vermittelt haben. Mein Dank gehört auch Dr. Alfred Schefer, Zihlschlacht, der mir bei der Korrektur der Druckbogen behilflich war und mir in Gesprächen wichtige Anregungen gab, sowie Bettina Bachmann-Brunner, die mit einfühlsamer Akribie die Abschlußredaktion besorgte.

Conrad G. Weber

L'Abbaye

So heißt der → SCHIESSET im Waadtland seit bald fünfhundert Jahren. Oft ist er Auftakt zu lokalen Festanlässen wie jenem von Montreux. Nie fehlt ein farbenfroher Umzug mit historischen Darstellungen. In Montreux ist er der Bevölkerung lieb geworden unter dem Namen → LES ECHARPES BLANCHES.

Das Abendläuten

→ DAS MORGENLÄUTEN

Das Abendmahl

In den ersten zwei Jahrhunderten übten die Christen einen Brauch nach griechischem Vorbild, Agape genannt. Ihr Liebesmahl aber bedeutete Gemeinschafts- und Armenpflege. Wir kennen die schließliche Verknüpfung mit dem anderen Mahl nicht genau, dem Abendmahl, das auf dem Passahmahl der Juden gründete und das Jesus am Vorabend seines Todes mit den Jüngern feierte. 844 kam es im Kloster Corbei zu einer Auseinandersetzung wegen des Abendmahls. Abt Radbert hatte davon eine eher materialistische Vorstellung. Der Mönch Ratramnus hatte eine spiritualisierende Meinung. Berengar von Tours dann, im 11. Jahrhundert, verneinte die leibhafte Anwesenheit Christi in den Abendmahlselementen. Von 1215 an, dem Datum der vierten Lateransynode, stand die Transsubstantiationslehre fest: der Priester verwandelte und konsekrierte Leib und Blut Christi. Hinfort verknüpfte sich mit dem Mahlgedanken der Opferglaube, und der Weg zur → EUCHARISTIE war geebnet. Jene Teile der heutigen Christenheit, die auf den Reformatoren fußen, kennen die Verwandlungslehre nicht mehr. → DIE MESSE

Die Abendmahlteilnahme der Konfirmanden

Es gibt keine allgemeinschweizerische Kirchenordnung für die protestantischen Kirchen. Es gibt verschiedene kantonale Ordnungen, aber sie sind nicht verbindlich, da die Gemeinden autonom sind. Deshalb variieren die Konfirmationsriten stark. (Für eine richtunggebende Form: → KONFIRMATION) Aber alle erwarten von den in die Gemeinde der Erwachsenen aufgenommenen Jungchristen, daß sie am Abendmahl teilnehmen.
Es ist üblich, daß die Konfirmation von den Kirchenbehörden auf den

Palmsonntag festgesetzt wird. So ist es auch üblich, daß die Feier des ersten Abendmahls auf den Karfreitag fällt. Die Christen protestantischer Denominationen halten nur zum Teil an der Verwandlungsvorstellung fest. Überwiegend bedeuten ihnen das Brechen des Brotes und das Zum-Mund-Führen des Weines, als Mahl-Symbol, die Mahnung Christi, sich seiner Opferung für die Menschheit zu erinnern und durch ihn mit Gott verbunden zu sein.

DER ABERGLAUBE

Glaube und Aberglaube sind im Brauchtum innig miteinander verknüpft. Eine endgültige Trennung der Zwillingsbrüder gelingt nicht. Es unterliegt einer Täuschung, wenn man glaubt, es erwachse uns im «Gesunden Menschenverstand» ein so zuverlässiges Scheidemittel, wie es der Chemiker im Labor braucht. Gerne würde man kurz und bündig all das als Aberglauben bezeichnen, was wissenschaftlicher Prüfung nicht standhält. Aber Sein- und Scheinwelt bleiben in vielen Fällen untrennbar verflochten. Dann bleibt es bei Meinungen, und man muß sich mit der Hoffnung abfinden, die Wissenschaft sei in ihrer Entwicklung nicht abgeschlossen und liefere in Zukunft zuverlässigere Instrumente.

So ergibt sich ein offenes Feld des Glaubens, in welchem die menschlichen Sehnsüchte und Hoffnungen offenbar werden. Ein unerhört zähes Hoffen soll den Lebenskampf unterstützen. Wir versuchen auch, des Himmels Hilfe zu ertrotzen. Die individuelle wie die Volksphantasie überschlagen sich geradezu, Mittel und Wege zu finden wie im Märchen. Ein besonderer Umstand ist zu erwähnen. Intellektuelle und gefühlsmäßige Entwicklung gehen nicht Hand in Hand. So kommt es, daß oft bedeutende Zeitgenossen abstrusen Gepflogenheiten huldigen. Der Sprung einer schwarzen Katze über den Weg läßt manchen sein Tagesprogramm ändern. Feldherren und Staatsmänner versichern sich oft vor Entscheidungen der Hilfe von Hellsehern. Durch Fernzauber versucht man Konkurrenten zu behindern. Es gibt noch andere Versuche und Methoden moderner Hexerei. Über die milden Formen des Aberglaubens aber dürfen wir wohl lächeln, z. B. über das Toi-toi, das Holzberühren, über solche Volksbräuche wie das → ORAKELN. Bringen sie nicht etwas Wärme in eine kühle, entseelte Welt? Wird durch sie nicht unser Leben eine Nuance heller und fröhlicher?

Hinweise dafür, wie der Mensch immer wieder abgleitet in die Welt der Magie, finden sich unter → ANALOGIEZAUBER, → BILDZAUBER, → JAGDZAUBER, → LIEBESZAUBER, → ZAUBERMITTEL.

Die Achetringeler

Mit großem Gerassel haben sie sich am Bernertor oben versammelt, die Tringeler, und ziehen nun, die Schellen und Treicheln lautmöglichst zur Geltung bringend, den Schloßrain von Laupen hinunter. Zuvorderst sind die Schulbuben als → Besenmannen, Wacholderzweige in der Hand, Schauermasken vor dem Gesicht und in Hundefelle gehüllt. Die gesamte Ortsjugend ist beteiligt, in weißen Hemden die meisten und mit Zuckerstockhüten auf dem Kopf. Was ist der Sinn dieses Sylvesterbrauches? Ursprünglich wollte man wohl die unguten Geister vertreiben.
→ Das Lärmen → Der Sylvester

Der Advent

Advent heißt Ankunft. Einst bezeichnete Advent die vorbereitende Fastenzeit vor → Epiphanien. Heute ist in der Schweiz – wie im Abendland allgemein – die Vorbereitung auf Weihnachten mit kirchlich-liturgischen Bräuchen gemeint. Der Advent ist auch der Anfang des kirchlichen Kalenderjahres. Als Höhepunkte ragen in der Adventszeit die → Andreasnacht, der → St. Barbaratag, der St. Niklaustag (→ St. Nikolauskult) und der → St. Thomastag heraus. Aber viele heidnische Bräuche sind lebendig geblieben, besonders auf dem Lande, so das → Orakeln und die → Lostage.

Der Adventskranz

Die Adventskränze werden aus Fichten- oder Tannenreisern geflochten. Im liegenden Kranz sind vier stehende Kerzen befestigt. Wo der Brauch in christlicher Ausrichtung gepflegt wird, entzündet man am ersten Adventssonntag eine Kerze und an jedem folgenden eine weitere. Immergrüne Bäume und Sträucher und deren Zweige haben bereits in vorchristlichen Zeiten des ihnen so beglückend innewohnenden Versprechens der Dauerhaftigkeit wegen als religiöse Symbole gedient.

Das Agathabrot

Das Agathabrot wird am Tag der heiligen Agatha (5. Februar) kirchlich gesegnet. Es ist eine sehr alte Vorstellung, daß ihm die Kraft innewohnt, Feuergefahr abzuwenden oder doch zu vermindern, wenn man es in die Flammen wirft. Es handelt sich um eine noch vielerorts bekannte Form des Brotopfers. → Brotauswerfen Man könnte also sagen, daß dieses immer noch dort getätigt wird, wo die Feuerwehren die St. Agathafeiern begehen wie etwa im Sarganserland. → DER ST. AGATHATAG In Schwyz versammeln sich die Feuerwehrleute in der Agathakapelle im Loo, in Zug die Bäcker in der Kapelle zur Lieben Frau. Ihre Familien genießen das Agathabrot.

AGERTENAUGEN

Dem volksmedizinischen Heilprinzip gemäß, Gleiches mit Gleichem zu bekämpfen, werden Hühneraugen noch da und dort im Seeztal so behandelt, daß man das hühneraugenähnliche Rhizom der Weißwurz in der Tasche trägt. Mit dem Verdorren der Wurzel sollen auch die Hühneraugen verschwinden.

DAS ALBANIFEST VON WINTERTHUR

Während die Dorffeste zumeist den kirchlichen Ursprung einer Kirchenweihe haben (→ DIE CHILBI), eignet den Stadtfesten eine urbane Geschichte. 1264 fand das erste Albanifest statt, als der Kyburgerbe Rudolf von Habsburg in einem Rechtsbrief den Winterthurern bürgerliche und persönliche Freiheiten zusicherte und sich durch Landschenkungen mit ihnen in gutes Einvernehmen setzte. Das heutige Albanifest wird Ende Juni auf öffentlichen Plätzen, privaten Höfen und in den Altstadtgassen gefeiert mit Aufführungen, Theater, Tanz und messeartigem Getümmel. Es ist das größte Stadtfest im Lande.

ALLERHEILIGEN

Die Ostkirche kennt ein Fest «Herrentag aller Heiligen», das am Sonntag nach Pfingsten gefeiert wird. In Rom feierte man schon früh Sancta Maria ad martyres, jeweils am 13. Mai. Seit dem 9. Jahrhundert aber ist der 1. November der Tag, an dem aller Heiliggesprochenen und Seliggesprochenen gedacht wird.
Die Volkskunst bringt Allerheiligenassoziationen fast immer durch die Darstellung des Gotteslammes zum Ausdruck.

DIE ALLERMANNSHARNISCHWURZEL

Diese der Alpenflora angehörende Pflanze (Allium victorialis) genießt im Volk außerordentliches Ansehen ihrer fingerförmigen Gestalt wegen. Die Auswüchse und die Narbenoberfläche lassen im Volksglauben geheimnisvolle Kräfte ahnen. Bräuche, die sie nutzbar machen wollen, beruhen auf dem Zauberprinzip Similia similibus. Besonders wirksam wird die Allermannsharnischwurzel für den Träger, wenn er sie heimlich an Maria Himmelfahrt unter das Altartuch legen kann. Noch zu Reisläuferzeiten erhoffte man vom Auf-sich-Tragen der Wurzel Unverwundbarkeit.

Allerseelen

Früh schon gedachte die Ostkirche nicht nur der Heiligen. → Allerheiligen Seit der Wende zum zweiten Jahrtausend aber wird der Allerseelengedächtnistag, durch Cluny angeregt, am 2. November verbindlich auch von der abendländischen Kirche gefeiert. Wie? Zuerst sei des Klerus gedacht: der Priester darf an Allerseelen dreimal das Meßopfer feiern. Und die Laien: die Gläubigen füllen die Kirchen zum Gedächtnisgottesdienst. Und man wandert zu den Gräbern. Das war übrigens schon ein vorchristlicher Brauch. Er hat nichts an Intensität eingebüßt. Alle Denominationen ehren ihre Toten, indem sie Blumen auf den Friedhof tragen und auf den Gräbern Kerzen entzünden.
Im Oberhalbstein begaben sich früher die Angehörigen eines unlängst Verstorbenen mit einer dreiteiligen Fettlampe zum Kirchhof. Aus der verflüssigten Butter ragte ein Docht, der das Lichtlein speiste, und über dem Erdhügel des Grabes wurde der Butterrest ausgegossen, Licht zu gewährleisten im vielleicht dunklen Jenseits.
Einem außerordentlichen Brauch huldigten mancherorts die Sennen vor der Alpabfahrt. Sie taten etwas Butter in ein Milchchacheli, entzündeten darin einen Docht und ließen das Flämmchen brennen für die armen Seelen. Damit baten sie diese, in ihrer Abwesenheit die Alp zu hüten. Ein anderer rührender Brauch ist die Allerseelenspende. → Die Dankspenden → Die Kippeler Allerseelenspende Mit einer Bitte und durch eine Korngabe erbittet man vom Höchsten Ruhe für die armen Seelen, oder, wie die Leute von Savièse, wenigstens eine Ruhepause für die Seelen in Pein. → Die Prozession der Toten

Die Allerseelenspende

Diese ist ein Walliser Spendebrauch. → Dankspenden → Allerseelen → Kippeler Allerseelenspende Mit Naturalien, vor allem mit Korn und Flachs für die Armen, die → Spend, bringt man ein Dankopfer dar, das auch den Lebenden zugute kommt. Doch jeder Kirchgänger kommt nach dem Gottesdienst insofern in den Genuß der Allerseelenspende, als der → Seelenvogt symbolisch keinen unberücksichtigt läßt. Das Brot stammt von der Gemeinde, der Käse von den Wohlhabenden. Am Nachmittag empfangen die kirchlich und kommunal Beschäftigten den → SEELENTRUNK, für den die Gemeindekasse aufkommt. → DER SEELENMONAT

DIE ALPABFAHRT

Sie ist das Gegenstück zum → ALPAUFZUG. Der Alpabfahrt eignet vielleicht nicht die Spannung des Alpaufzuges, wenn sie auch nicht weniger spektakulär ist. Statt überschäumender Lebenslust steht nach einem guten Sommer in den Gesichtern der Sennen Befriedigung geschrieben. Bei der Alpabfahrt sind Mensch und Tier beladen. Die Vorräte für den Winter werden zu Tal gebracht. Die wirtschaftliche Bedeutung der Viehsömmerung tritt allerdings bei der heutigen Alpabfahrt nicht mehr wie früher zutage. Wo Seilbahnen gebaut und fahrbare Wege angelegt worden sind, werden Käse und Butter, oft auch Jungtiere, mit diesen neuen Verkehrsmitteln befördert. Die Alpabfahrt ist trotzdem ein bedeutsamer Brauch geblieben. Ihr folgen im Tal unten die traditionellen Kilbifeste. → DIE CHILBI → DIE MÄRKTE → DER JAHRMARKT

DER ALPAUFZUG

Das Vieh der alpinen Landesgegenden, welches den Winter in den Dorfstallungen verbracht hat, wird im Frühsommer über die Maiensäße zur Nutzung der Alpweiden hinaufgetrieben. Der Teil der Dorfbevölkerung, der beteiligt ist, wird für die Schweiz mit etwa achtundzwanzigtausend Personen berechnet. Wo die Distanzen groß sind, wie z. B. im Val d'Anniviers, kann man von Filial- oder Sommerdörfern sprechen, welche die Talbevölkerung nun bezieht.
Diesen Zügen haftet auch heute noch etwas Feierliches an, kommt doch der einschneidende Rhythmus des alpinen bäuerlichen Lebens jedem zum Bewußtsein. Kein Wunder, daß vielfach Mensch und Vieh in traditioneller Eindrücklichkeit mit Blumen geschmückt sind. Die Appenzeller Alpaufzüge haben in hochwertigen künstlerischen Darstellungen ihren Niederschlag auf hölzernen → GEBSEN- und → MILCHEIMERBÖDELI gefunden. Erwähnen wir noch, weshalb in der Ostschweiz nie am Donnerstag zur Alp gefahren wurde. In germanischen Gegenden war der Donnerstag geheiligt, dem Wettergott Donar geweiht, dem Beschützer der Bauern. Man wollte ihn nicht herausfordern.

DIE ALPENTLADUNG

→ DIE ALPABFAHRT

Ein Alpaufzug. Die Appenzeller Darstellung des Alpaufzugs, das Vieh immer in «Gänsemarschformation», ist heute die verbreitetste. Diese Emmentaler Variante zeigt den Auszug im Tal. Vor einem typischen Emmentaler Gehöft ist das Vieh als gemischte Herde versammelt.
Radierung von Josef Lutz, datiert 1751. (Schweizerisches Landesmuseum Zürich)

A

Die Alpfeste
→ Die Bergfeste

Die Alphirtenfeste
→ Die Älplerfeste

Das Alphorn

Das Alphorn gehört, mit dem → Hackbrett und der Hirtenflöte, zu den ältesten Musikinstrumenten überhaupt und ist ausschließlich in den alpinen Regionen beheimatet. Einige seiner Töne haben unwahrscheinliche Tragweite, weshalb es auch als Signalhorn verwendet werden kann, über Täler hinweg von Höhe zu Höhe. Aber es wird geliebt wegen der an kein anderes Instrument erinnernden Klangfarbe. Sie erweckt Vorstellungen vom Muhen des Urs, und zugleich erinnert sie an wilden Honig. Meist wird das Alphorn in einer Länge von vier Metern erstellt. Es haben aber in den letzten Jahren zwei Hörner von achtundzwanzig und von zehn Metern Länge von sich reden gemacht. Die Ganz- und die Segmentbauweise in Holz werden bevorzugt. Beinahe dreißig Firmen in der Schweiz befassen sich mit der Produktion des Alphorns und liefern es sogar ins Ausland.

Das Alphorn ist ein Lieblingsinstrument der alpin-bäuerischen Bevölkerung. Kein Wunder, daß es kaum ein regionales Volksfest oder gar eine nationale Feier gibt, an denen nicht das Alphorn erklingt. Die Herzen der Schwinger, der Turner und der Schützen schlagen höher, wenn ihnen Volksweisen und patriotische Lieder vom Alphorn zugetragen werden.

Die Älplerbruderschaften
→ Die Sennenbruderschaften

Die Älplerchilbenen von Unterwalden

Die Älplerchilbenen in den beiden Halbkantonen Obwalden und Nidwalden greifen mehr ins Leben ihrer Bewohner hinein als irgendein Fest des Jahres. Eine → Sennenchilbi ist der festliche Höhepunkt im arbeitsreichen Leben der Gebirgs-Halbnomaden. Wie sich die bäuerlichen Tätigkeiten des Sommers – die Verschiebung der Viehhabe und der Transport der Milcherzeugnisse ins Tal – auf der grandiosen Stufenbühne der Hochalpen dramatischer abspielen als die Verrichtungen des Tieflandbauern, so ist auch die Älplerchilbi-Saisonbeschließung festlicher, als es

die berühmteste Flachlandchilbi sein kann. Sie offenbart ihre Werte augenscheinlicher und farbiger, und der religiös-weltliche Doppelcharakter der → CHILBI wird offensichtlich.
Die Verbindung ist dadurch so innig geworden, daß die Träger des Älplerchilbenen-Brauchtums die → SENNENBRUDERSCHAFTEN, resp. Älpler-Bruderschaften, sind. Diese religiös fundierten Gesellschaften kennen die Sennen anderer Regionen nicht. → DIE ST. MICHAELISGEMEINDE
Den ersten Akt des Älplerchilbischauspiels bildet der Zug zur Kirche und der Festgottesdienst. Es liegt darin ein wunderbarer Hinweis auf den Sinn der → CHILBI. Die Bruderschaft erscheint gesamthaft und festlich gekleidet, voraus der Fähnrich mit der Bruder-Klaus- oder St.-Wendelin-Fahne. Die Fahnenwachen flankieren ihn. Die nächsten sind die Bergammänner, d.h. die Senioren. Es folgen die Bannerherren, die Säckelmeister, die Weibel, die Hauptmänner, die Fähnriche und die Vorsteller. Diese Aufzählung gibt einen Begriff von der strengen Bruderschaftsordnung, wenn auch die Namen der «Beamten» nicht überall dieselben sind. Aber überall zeichnet sie ein Rosmarinzweig auf der Brust aus.
Zweiter Akt, dessen Bühne der Weg zum Festplatz bildet, ist der Festzug. Die morgendliche Ordnung wiederholt sich. Aber der Festzug wird angeführt von einer marschliedfrohen Musik, einer «Neunermusik» meist. Daß dieser Festzug eine Schaubrücke ist von einem sakralen zu einem profanen Ort, daß jeder Teilnehmer, kein Gemeindemitglied ausgeschlossen, gehobenen Gemütes von der Weihestätte zum Festplatz schreitet, erhebt den Festzug der Älplerchilbenen vielleicht über alle Festzüge.
Der dritte Teil des grandiosen Dreiakters ist reich beinhaltet. Noch vor dem Mittagessen, manchmal schon unterwegs, kommt die Festgemeinde mit den «Wilden» in Berührung. Sie sind Begleitgestalten von → WILDEMA UND WILDWYB. Den Älplerchilbenen würde etwas Wesentliches fehlen, wenn nicht die Geister der Urzeit auftauchten und an das Roden des Waldes durch die tapferen Urvorfahren erinnerten. Nach dem Mittagessen ist eine Spannung, eine Ungeduld zu verspüren, deren Ursache zwar wiederum die «Wilden», aber in einem überraschenden Zusammenhang sind. Wenigstens ist das in Obwalden so. Ein «Wilder» wird zum modernen Rezitator und trägt die «Wildensprüche» vor. Sie sind Schnitzelbänke. Meist hat sie ein in der Landespolitik und in Talschaftsdingen wohlbewanderter Älpler verfaßt, der anonym bleibt. In Nidwalden verliest die «Sprüche» ein Mann, der nicht die Holzmaske der «Wilden» trägt, sondern eine Halbmaske. In den Stunden, die folgen, kommen Tanz und Musik zu ihrem Recht. Und Spiele. Steinstoßen und Ringen spielen aber nicht die Rolle, die das Charakteristikum so vieler Sennenchilbenen anderer Regionen ist.

Die Älplerchilbi

Sie ist eine Sennenkirchweih nach der → Alpabfahrt. → Die Chilbi → Die Älplerchilbenen von Unterwalden

Die Älplerfeste

Man spricht im Bernbiet auch von Alphirtenfesten und im Appenzellerland von → Alpstubeten. → Die Bergfeste → Der Schwinget → Die Chilbi

Die Älplersonntage

Nach der → Alpabfahrt im Entlebuch und in der Innerschweiz feiert die Bevölkerung mit einer charakteristischen Verbindung von → Älplerchilbi und → Schwinget, hier Älplersonntage geheißen. → Chilbi

Die Alppredigten

→ Die Bergpredigten

Der Alpsegen

Zweierlei ist damit gemeint. Zum einen die Alpeinsegnung durch den Priester, wie sie in vielen katholischen Gegenden vorgenommen wird (→ Die Käsespende), zum andern ist gemeint der seit alters in der Schweiz geübte Segensruf des Älplers über seine Alp. Es ist wohl nicht schlecht um das Alpwesen bestellt, wo der wahrhaft sakrale Brauch einer nichtpriesterlichen Anrufung Gottes, Marias und der Viehpatrone um Schutz und Segen besteht.

Die Alpstubeten

Wenn, wie eh und je, in Paaren das Jungvolk zu den Gaststuben der Alpwirtschaften unterwegs ist, so wird es sich kaum damit befassen, daß die Appenzeller Alpstubeten die letzten → Stubeten überhaupt sind, Stubeten zum Tanzen vor allem.

Sie reihen sich, in wöchentlichem Abstand, so aneinander: Ebenalp, Meglisalp, Solleralp, und der Anfang fällt auf den ersten Sonntag nach dem → Wildkirchli-Schutzengelfest. Die Kronbergalpstubete und die auf der Hochalp ob Urnäsch sind Jakobsfeste (25. Juli). Im Ruhsitz (gemalt und kupfergestochen von Gottlob E. Rittmeyer) und auf dem Plat-

Das Alphirtenfest bei Unterseen hat den Kupferstecher Franz Niklaus König zu einer dramatischen Darstellung des Steinstoßens beflügelt. Um 1800.
(Graphische Sammlung ETH Zürich)

tenbödeli ist die Stubete ein Tanzboden, über welchem sich das Himmelszelt wölbt und wo sich die Paare drehen zu dem bestrickend gefärbten Klang der Zauberformel Hackbrett, Klarinette, Fidel, Baßgeige. Diese einzigartigen Alpstubeten werden als Nachstubeten im August wiederholt.

Die Altarrätsche

Sie ist ein Lärminstrument, das Verwendung findet in der → Rumpelmette, welche am Mittwochabend stattfindet und den → Hohen Donnerstag oder Gründonnerstag einleitet. → Die Rätsche

Die Altdorfer Fasnacht

Sie macht sich schon am Mittwoch bemerkbar, wird aber eröffnet um vier Uhr in der Frühe des Schmutzigen Donnerstags. Die Hauptfigur ist der → Drapoling, ein Verwandter des → Blätz sozusagen. Sie wird nicht nach fixiertem Modell durchgeführt, sondern Jahr für Jahr der spontanen Neuformung überlassen.

Die Alte Fasnacht

Sie fällt auf den Kirchensonntag Lätare, findet also drei Wochen nach der → Bauernfasnacht statt. Sie wird hauptsächlich in reformierten Gegenden beachtet. Das Nachhinken hängt damit zusammen, daß diese den neuen, von Papst Gregor 1582 eingeführten Kalender noch lange Zeit ignorierten.

Der Alte Herr

Im studentischen Verbindungswesen heißt Alter Herr jedes nicht mehr den Aktiven angehörige Mitglied. Im schweizerischen Fasnachtwesen jedoch ist der Alte Herr eine aktive und sehr wichtige Figur, nämlich eine historisierende wie an der → Schwyzer Fasnacht: ein eleganter Junker mit Dreispitz auf dem Haupt, in blütenweißem Spitzenhemd, mit zartfarbener Samtkniehose und mit weißen Leinenstrümpfen.

Die Alte Tante

Diese Figur ist an den meisten Schweizer Fasnachten vertreten. Das ist psychologisch nicht verwunderlich, rührt sie doch an jedermanns Herz.

Niemand, der das Tanten-Image nicht verstünde, und wenn es seinen karikierenden Ausdruck gefunden hat, so jubeln die Kleinsten und schmunzeln die Alten. Das hängt schon damit zusammen, daß das scheinbar Einfache recht komplex ist und eine Summe von wunderlichen Eigenschaften. Die Fasnachtstante ist lieb und schlau, sie ist gütig, aber furchtbar neugierig. Selbst wenn in ihren Zügen die Einfalt vom Lande geschrieben steht, erspähen ihre hellen Augen rasch die verborgenen Familiengeheimnisse und -schwächen. Knapp schauen unter ihrem Rocksaum die Schuhspitzen hervor. Überhaupt ist ihre Kleidung, zwar immer adrett, aber deutlich von vorgestern.

Das Alte Wyb

Das Alte Wyb ist eine der wichtigsten Einsiedler und Schwyzer Fasnachtsfiguren. Ein Zusammenhang mit den → Zwölften dürfte außer Frage stehen, obwohl es Fachleute gibt, die das Alte Wyb ohne mythologische Bezüge begreifen wollen. Nun, es ist eine Hexe in der zivilisierten Gewandung des achtzehnten Jahrhunderts. Ihr Kleid ist das einer Dame, mit Spitzenüberwurf, mit dem Prachtsgebäude von einem Pariser Hut auf wohlfrisiertem Haar. Immer geht sie einher unter einem neckisch schwankenden Parapluie. Ihre Larve? In ihr spiegelt sich wider, was es an weiblicher Tücke und Bosheit gibt, doch der Grundzug ist das traditionelle Hexenlächeln. An Gehalt ist das Alte Wyb der Parallelfigur, dem → Alten Herrn, weit überlegen.

Das Altjahr-Ausläuten

Der Brauch, durch das Läuten aller Kirchenglocken das alte Jahr «ausläuten» zu lassen, ist im ganzen Land heimisch. Nach einer kurzen Pause, in welcher zwölf Schläge Mitternacht künden, erklingen die Glocken erneut, um das neue Jahr «einzuläuten».

Das Altjahr-Aussingen

Leider ist der Brauch des Singens in der Sylvesternacht in der Hausgemeinschaft oder auf dem Dorfplatz fast völlig verschwunden. Meist wird das alte Jahr nurmehr mit Tanzen und Tafelfreuden verabschiedet. – In Celerina wurden bis vor wenigen Jahren unter der Ägide eines Schulmeisters von einem Kinder- und Jugendlichenchor Weihnachtslieder gesungen. Weithin erklangen in die bei Mondschein glitzernde Landschaft hinaus die Choräle und Engadinerweisen. Wenn auch das Thermometer tiefer als dreißig Grad unter Null sank, so öffneten sich doch alle Fenster. Jetzt – wie fast überall – ertönen die Glocken im letzten Viertel des zerrinnenden Jahres. Kurz setzen sie aus, um dann mit zwölf Schlägen die Zäsur zum neuen Jahr zu markieren. Einige Minuten später läuten sie das neue Jahr ein.

Das Altjahrblasen

Zu den Altjahrbräuchen gehört auch das Turmblasen vom Münster in Basel. Bläser trompeten Choräle und Weisen in die Nacht hinaus, wenn das alte Jahr zu Ende geht. Noch andere Orte kennen das Altjahrblasen. Vor einigen Jahren machte es den Anschein, als ob diese Bräuche aussterben würden. Jetzt entsinnt man sich ihrer wieder. In vierzehn Kantonen pflegen über fünfzig Städte und Dörfer das Altjahrblasen, das → Altjahr-Aussingen und das → Altjahr-Ausläuten.

Die Altstätter Fasnacht

→ Röllibutzenumzug und -Polonäse in Altstätten

Der Analogiezauber

Darunter versteht man ein magisches Kampfmittel, Gleiches mit Gleichem zu begegnen. Dies war, noch in frühgeschichtlichen Zeiten, die eigentliche Kraft, die der Mensch im Kampf gegen das Urböse einzusetzen hatte. Praktisch heißt das also: nur mit den allerschrecklichsten Fratzen hat der Kämpfer Aussicht auf Erfolg, wenn er es aufnehmen will mit den Urhebern von Blitzschlag, Hagel, Überschwemmungen, Krankheiten und Tod. Der Maskenbildner strebte eine Summierung aller Superlative von Bosheit, Tücke und Zorn an – oft mit durchschlagendem künstlerischem Erfolg! – in Zügen und Farben (letztere meist rot-schwarz). Je nach Erfordernis konnte sich die Vermummung über den ganzen Körper des Agierenden erstrecken. → Der Butz → Der Wilde Mann Der Kampf gestaltete sich zum mimischen Tanz. Wo Reste von ihm noch vorhanden sind, gewahren wir einen sinnvollen Ritus, eine Aneinanderreihung von Schreckgebärden. Allerdings können sie, unverstanden, zu Groteskgebärden erstarren.

Die Andreasmärkte

Der Gedenktag des heiligen Andreas ist der 30. November. → Die Andreasnacht In seiner Kalendernachbarschaft, nämlich am letzten Novemberdonnerstag und am anschließenden Freitag, haben sich drei Andreasmärkte angesiedelt, die von Uster, von Cham und vom freiburgischen Kerzers. Ganz offensichtlich ist, daß der → Glarner Chlausmarkt ein um einige Tage verspäteter Andreasmarkt ist.

Die Andreasnacht

Der Apostel Andreas genießt vielerorts in der christlichen Welt große Verehrung. In Schottland und in Rußland ist er zum Nationalheiligen geworden. Nach der Legende soll er am X-Kreuz gemartert worden sein, weshalb es auch Andreaskreuz heißt, und als sein Todestag gilt der 30. November. Weshalb nun dieser Tag, respektive die Nacht, in Zusammenhang mit heidnischen Bräuchen geraten ist, kann nicht ermittelt werden. In der Schweiz schießt in der Andreasnacht die Lust zum Orakeln wild ins Kraut. Wenigstens war das früher der Fall. Einige spaßige Bräuche werden heute noch geübt. So im Luzerner Hinterland. Wenn ein Mädchen den rechten Schuh über die linke Schulter wirft, so wird aus der Lage der Schuhspitze die Heiratschance im kommenden Jahr ersichtlich.
→ Das Andreslen

Das Andreslen

Diese Ergänzung zur → Andreasnacht weist auf das → Orakeln hin und auf einen Umstand von kulturhistorischer Bedeutung. Noch im 19. Jahrhundert wurde nachweislich in der Andreasnacht nach Schätzen gegraben; an diesem Datum, dem 30. November, glaubte man verbürgt des Erfolges sicher zu sein. Noch etwas wurde unter Andreslen verstanden, nämlich lärmende Umtriebe, unmotivierte Belästigung von Mitbürgern. Das Phänomen des Nachtbubentums, das man heute als Rowdytum bezeichnet, hat also zu allen Zeiten die öffentliche Sicherheit gefährdet.
→ Die Nachtbubenstückli In diesem Zusammenhang sei ein Hinweis des Schweizerischen Idiotikons genannt: alte Bräuche – und das lärmende Andreslen geht vielleicht auf das heidnische → Lärmen zurück – verlieren manchmal die Termingebundenheit. So ist aus dem Andreslen, mit Ketten zu rasseln, mit Hörnern, Trommeln und Schellen zu lärmen, allmählich ein Sylvesterbrauch geworden. → Sylvester → Stüpfelenacht
→ Chrungele

A

Das Anklöpfeln

Es war ein → Heischebrauch des Mittelalters. Das Anklöpfeln fiel in die Adventszeit und wurde meist von Leuten in Hirtenhemden zu Gunsten der Armen durchgeführt. Völlig anders geartet ist das im Thurgau bekannte → Bochseln.
Der Sammelkorb des in Stans immer noch getätigten Anklöpfelns heißt → Urbal. Aber er wird nicht von Tür zu Tür getragen. Ein starker Mann in Tracht trägt ihn auf dem Rücken, und die den Weg Säumenden füllen den Urbal mit Gaben. Priesterlich sieht der Sammler aus. Ihm voraus gehen zwei Ministranten mit Spitzhüten, gefolgt ist er von einer Figur mit Bischofsstab, die man als St. Nikolaus auffassen kann, die «der Hohepriester» genannt wird und Zentrum einer Klöpflergruppe ist, die wiederum Teil eines langen Umzuges ist. Der Brauch des Stanser Anklöpfelns ist im Laufe der Zeit zu einem komplizierten Gebilde geworden, dessen heidnische und christliche Elemente kaum zu entwirren sind.

Das Antlassei

Das Wort antlaß heißt Entlassung und bedeutet hier Entlassung aus dem Schuldner-Verhältnis. Der Gläubiger hat die letzte Rate entgegengenommen und bezeugt dies, am Gründonnerstag meistens, mit seiner Unterschrift auf dem immer roten Ei. Der interessante Brauch ist schon im Mittelalter erloschen. Wer ein rotes → Osterei in die Hand nimmt, wird gerne an derlei erinnert werden.

Das Antoniuskreuz

→ Die Kreuze

Die Appenzeller

So heißen nicht nur die Bewohner des gleichnamigen Kantons, sondern in den umliegenden Landstrichen allerlei Produkte. Im Seetal nennt man auch einen Tanz im ¾-Takt Appenzeller.

Die Appenzeller Landsgemeinden

Noch im 16. Jahrhundert verstanden die Appenzeller das Wort Ding in seiner altgermanischen rechtlichen Bedeutung als Volksversammlung, an der über das Allgemeinwohl entschieden und Recht gesprochen wurde. Zum Ding, das jetzt Landsgemeinde heißt, erscheint man heute noch nicht ohne Wehrsymbol wie Bajonett oder Degen. → LANDSGEMEINDEN Wenn die Obrigkeit auf dem forumartig wirkenden «Stuhl» Platz genommen hat, beginnen die Kirchenglocken von Appenzell-Innerrhoden zu läuten, und die Versammelten verrichten ein Gebet. Die Eröffnung in den äußeren Rhoden erhält durch die in den Landesfarben weiß-rot betuchten Pfeifer und Trommler eine zusätzliche Note. Aber wer bleibt unerschüttert, wenn im tausendstimmigen Chor die machtvolle Melodie und der von einer göttlichen Ordnung zeugende Text sich im Landsgemeindelied verschmelzen? Ein jeder erlebt: «Alles Leben strömt aus Dir.» Dann spricht der Landammann deutlich die Eidesformel vor und, das Haupt entblößt und die Schwurhand erhoben, wird als Versprechen wiederholt: «Das hab ich wohl verstanden, was mir ist vorgelesen worden; das will ich wahr und stets halten, treulich und ohne alle Gefährde, so wahr ich wünsche und bitte, daß Gott mir helfe.» Die Ermittlung der Resultate von Abstimmungen und Wahlen geschieht meist ohne mühsames Auszählen, nur durch Schätzen der hochgehaltenen Hände und wird notfalls erleichtert durch Sonderung in Gruppen. Wie löst sich die Landsgemeinde auf? Auseinanderstrebend in die Himmelsrichtungen, aus denen die Mannen gekommen sind, bleiben sie diskutierend eine Weile beisammen, meist noch feierlich gestimmt. Wer aber ernst ist, der kann hernach auch fröhlich sein bei einem verdienten Trunk! → DIE LANDSGEMEINDEN, → DIE TROGENER LANDSGEMEINDE, → DIE HUNDWILER LANDSGEMEINDE

DIE APPENZELLER SYLVESTERKLÄUSE

Sie ziehen in Grüppchen am julianischen Sylvester, also am 13. Januar, durchs Land. So ist es immer gewesen. 1979 sind sie aber zum ersten Mal am offiziellen Sylvester gesehen worden. Eine Anpassung an unseren Kalender hat begonnen. Wer ihnen zum ersten Mal begegnet, traut seinen Augen nicht. Die Vermummten sind kräftige Männer. Mannskläuse und Mädchenkläuse. Letztere tragen Wachslarven von ausgesprochener Schönheit: runzellose, jugendliche, aber bleiche Gesichter, mit einem Hauch von Lächeln auf den Lippen und den apfelroten Bäckchen, mit einem beunruhigenden, ewigstarren Blick. So schöne Masken gibt es in der Schweiz sonst nicht. In unseren Landen hat man die Dämonen eher mit Grauen und Grausen erregenden Masken bekämpft. → DIE MASKEN DER SCHWEIZ → ANALOGIEZAUBER Nur in Österreich, wo man die schönen Perchten (→ DIE PERCHTEN) kennt, empfindet man die Vorstellung nicht als abwegig, mit der Schönheit von Wuotans Gattin und Wohlgefälligkeit den Dämonen zu begegnen, das Eis der Winterdämonen also zum Schmelzen zu bringen.

Aber was für ungeheure Kopfbedeckungen balancieren die Sylvesterkläuse! Vielleicht sollte der erste Gedanke sein, daß es sich um Opfergaben handle. Wuotan und Perchta sollen beschwichtigt werden, die ausgebreitete Pracht möge sie besänftigen! Auf quadratmetergroßem Teller tragen die Kläuse kunstvolle Aufbauten. Oft sind es kulturhistorische Szenen oder Darstellungen entscheidender Momente aus der Heimatgeschichte. Die «Mädchen» tragen Tellerhauben, am Rücken und vor der Brust befinden sich Rollen, auch Geröll genannt, zur Erzeugung permanenten → LÄRMENS. Wo die Sylvesterkläuse hinkommen – sie scheuen den Gang zu den entferntesten Höfen nicht – werden sie freundlich bewirtet. Sie sind willkommen.

DAS ASCHENKREUZ

Es ist das Bußzeichen, das der Priester den Gläubigen auf Kopf oder Stirn machte. → ASCHERMITTWOCH

DER ASCHERMITTWOCH

Das ist der Mittwoch vor dem ersten Fastensonntag vor Ostern, d. h. der vierzigste Tag vor Ostern. In der katholischen Kirche war er früher der Beginn einer Fastenzeit als Vorbereitung auf den Auferstehungstag Jesu Christi. Heute ist er, mit dem Karfreitag, einer der beiden verbliebenen offiziellen Fastentage. Den Kirchgängern wurde früher das Aschenkreuz vom Priester auf den Kopf gestreut, später mit dem Finger auf die Stirn gezeichnet. – Der Vortag heißt in der Innerschweiz → GÜDISTAG. Dem Aschermittwoch folgt bis Invokavit (Bauernfasnacht) eine Ruhepause.

DIE ÄSCHLIBUEBE

Dies ist ein anderer Name für die → ELGGER ASCHERMITTWOCHKNABEN.

DIE AUFFAHRT

Das ist die schweizerische Bezeichnung für die allgemeindeutsche Himmelfahrt Christi, die seit dem vierten Jahrhundert gefeierte Auffahrt und Erhöhung des Gekreuzigten und Auferstandenen. Das Fest wird am vierzigsten Tage nach Ostern begangen und hat seinen Höhepunkt in feierlichen Prozessionen. Die imposanteste in der Schweiz ist der → BEROMÜNSTER AUFFAHRTSUMRITT.

Sehr eindrücklich ist auch die → URNER LANDESWALLFAHRT NACH DER TELLSPLATTE und im Jura die → BONFOL-AUFFAHRTSFEIER.

DER AUFFAHRTSRITT

→ DIE UMRITTE

DIE AUFFÜHRUNGEN

→ DIE UMZÜGE UND AUFFÜHRUNGEN

DIE AUFRICHTE

Sie ist das Fest der am Bau eines Hauses beteiligten Handwerker bei Vollendung des Dachstuhls, zu dem der Bauherr alle Beteiligten einlädt.
→ DER AUFRICHTEMAIEN Sie ist nicht identisch mit der → HAUSRÄUKE, dem Fest, das nach dem Einzug erfolgt.

DER AUFRICHTEMAIEN

Das ist meist ein Bäumchen, welches, mit Bändern geschmückt, auf dem Dachstuhl eines Neubaus befestigt wird.
Was ist der Sinn dieses hartnäckig weitergepflegten Handwerkerbrauches? Darüber machen jene sich wohl kaum Gedanken, die das Bäumchen, heute selbst auf Betonhochhäusern, anbringen. Wir wissen aber, daß es früher auf dem bescheidensten First nicht fehlte. Man war überzeugt, sich einen Schutz gegen den Blitz zu verschaffen. Es ist überliefert, daß einst auch das Sprechen eines Weihespruches durch den Zimmermann zur Zeremonie gehörte.

DER AUGSTHEILIGTAG VON MÜNSTER

Mariä Himmelfahrt, der 15. August, auch Muttergottestag geheißen, ist ein hoher Feiertag in allen katholischen Landen. → MUTTERGOTTESTAG IM AUGSTEN Die Prozession dieses Tages hat in allen Alpengegenden ein strenges Gepräge. Im Gomser Münster, wo man vom Augstheiligtag spricht, führen die Männer mit ihren Fahnen die Prozession an. Sie werden gefolgt von den jungen Töchtern und Frauen in weißen Schleiern. Nach einem Umgang durchs Dorf kehrt die Prozession in die, um ihrer Kunstschätze willen berühmte, Dorfkirche zurück.

Die Augustinerbrötli

Sie sind eine Außerordentlichkeit. Nicht größer als halbfrankengroß, wurden sie bis 1848 in Freiburg als Arzneimittelbrot hergestellt.
→ Schutz- und Arzneimittelbrot

Der Ausrufer

Der Ausrufer war vom 13. Jahrhundert bis noch lange über das Erscheinen der ersten Amtsblätter im 17. Jahrhundert hinaus schlechthin die Zeitung.

Vom Kupferstecher David Herrliberger (Mitte 18. Jh.) gibt es zwei Serien instruktiver Darstellungen von Händlerrufen aus den Städten Basel und Zürich. Dank der – schweizerdeutschen – Untertitel können wir uns eine klare Vorstellung von den Kaufrufen machen. Sie sind alle besser als die Inserate in Kommerzsprache einer heutigen Zeitung. Ein Vogelhändler schrie nicht einfach: «Vögel, Vögel!» Er zeigte sein Federvieh im Stäbchenkäfig, und singend rief er etwa: «Was ist so lustig wie die Meiß? Was ist geringer als der Preis?» An Jahrmärkten gab es nichts, was nicht angeboten wurde. Lassen wir unsere Phantasie Reime oder Rufe zu den angebotenen Waren rekonstruieren! Etwa zu Rüben oder Pfefferkuchen, zu Seeforellen auf der Fischwaage, zu Antiquitäten im engeren Sinne, die es schon im 16. Jahrhundert gab, zu Nagelreinigern, bezeugt im 18. Jahrhundert, zu Kupferpfannen und Silber und Perlmutter, zu quietschenden Ferkeln?

Was heute das Amtsblatt tut, das besorgte der offizielle Ausrufer: er verlas Regierungserlasse, Dekrete, die häufigen Verbote.

La Babania Buania

Der romanische → DREIKÖNIGSTAG

La Bacharia

In abseits gelegenen Dörfern Bündens ist das Schlachten für die Selbstversorger von großer Bedeutung und wird zu einem Fest. Die Fleischvorräte – geräuchert oder luftgetrocknet – müssen ja übers Jahr hin ausreichen. Der Arbeitsvorgänge sind viele, und ihr Ablauf ist bestimmt durch Tradition und Eignung der Familienglieder.
Oft, ein altgeübter Spaß, wird von der Jungmannschaft des Dorfes in aller Frühe das Schlachttier aus dem Stall entführt und dann, bekränzt und mit Musik, zur Metzgete, der Bacharia, zurückgeführt. Es wäre falsch, von einem → NACHTBUBENSTÜCKLI zu sprechen, dessen Charakteristikum Böswilligkeit ist.

Der Bachfischet

In Aarau findet seit alters her im September die Reinigung des Stadtbaches statt – früher im gemeinsamen Tagwerk der Bürgerschaft. Heute versammeln sich am zweiten Freitag im September beim Einnachten vor allem die Jugendlichen, um nach altem Brauch das Einfließen des Wassers in das gereinigte Bachbett fröhlich zu feiern. In Gruppen, von Tambouren angeführt und von Musik begleitet, ziehen sie, buschige Zweige, farbige Lampions, Kürbis- und Räbenlichter mit sich tragend durch die Stadt, so daß es aussieht, als wandere ein Wald mit Lichtern durch die alten Gassen. Das fröhliche Treiben wird dem Brauch entsprechend von Rufen und Singen begleitet: «De Bach isch choo, de Bach isch choo, sind mini Buebe alli doo? Jo, jo, jo!» usw.
Der eigentliche Fischet fand bei der Reinigung statt. Jedermann durfte auf das sich im seichten Wasser tummelnde Getier Jagd machen, heute immer noch ein Spaß für Buben und Mädchen.

Das Bächtele

In dieser Bezeichnung sind all die Lustbarkeiten des → BÄCHTELITAGES zusammengefaßt: das Genießen eines Festessens, das Sich-gütlich-Tun bis in die späte Nacht hinein an Leckerbissen und Trank, Gesellschaftsspiele, gelegentlich sogar anspruchsvolle Reden, hauptsächlich aber Tanz und Musik. Eine geschlossene Gesellschaft, welche bächtelet, heißt mancherorts eine Barchteletse oder Bärzelete.

Das Bächteli

So heißt das Bächtelimahl der Luzerner Zünfter. Es findet am 2. Januar statt.

Der Bächtelitag

Der Formen für bächteli sind viele, es gibt a-Schreibungen sowie e-Schreibungen und beide mit und ohne r. Zugrunde liegt wohl Berchta, aus welcher der Taufname Berta, mit der Koseform Berti, geworden ist. Eine bernische und aargauische Nebenform ist bärzeli. → Die Bärzeli Im aargauischen Tegerfelden feiert man die Berchslete.
Was hat es nun mit diesem populären Bächtelitag auf sich? Warum heißen weit herum, vor allem in der alemannischen Schweiz, die Lustbarkeiten des zweiten Jänner bächtele? So mancher Brauchtumsbegriff ist mit ihnen verknüpft, wie etwa «zum Bächtele tragen».
Wenn wir uns einer frühen Form erinnern, «ze dem berchten tage» und «ze der berchten naht» (zum Berchtoldstage, zur Berchtoldsnacht), so gewahren wir zwei Herkunftsmöglichkeiten: vom Genitiv des vorgestellten Eigennamens Berchta (berchten) und von Berchte oder Perchte, einer mythologischen Figur aus den → Zwölften. Wir können also nach Neigung am Berchtoldstag beim → Bächtele an Berta, die burgundische Königin, die auch als vielverehrte Heilige in lebendiger Erinnerung geblieben ist, denken, oder, heidnischer, uns für den Zusammenhang mit der Berchte, oder Perchte, entscheiden. Letztere, das Dämonenweib, ist hierzulande eher als Frau Chrungele (→ Go Chrungele ga), als → Sträggele oder Häggele (→ Die Häggeri) bekannt. Die Hochgestimmten am Bächtelitag werden ohne Grübeln über die Herkunft des Namens sich dem Bächtele hingeben.
Wenn das Neujahr auf einen Samstag fällt, so wird der Bächtelitag ausnahmsweise nicht am zweiten, sondern am dritten Januar gefeiert. Im Kanton Zürich hat er immer eine große Bedeutung gehabt, für die Bewohner der Städte Zürich und Winterthur war es der wichtigste Brauchtumstag. Noch im 19. und zu Anfang des 20. Jahrhunderts war der Vormittag der Jugend gewidmet. Die Jungen gingen festlich gekleidet einher. Stadtbibliothek, Zeughaus und Museen wurden für sie offen gehalten. Ein Vater, der Mitglied einer kulturellen Vereinigung war, etwa der Hülfsgesellschaft oder der Feuerwerker, führte seinen Sohn oder seine Tochter an den Sitz der Gesellschaft zur feierlichen Übernahme des Neujahrsblattes. → Die Neujahrsblätter Diese Schrift, meist verfaßt von einem bedeutenden Ortsbürger über ein bedeutendes Thema, wurde den jungen Händen übergeben, während man am Nebentisch ein Glas Wein

Bächtelitagszene: Die Bücherverteilung. Sie gibt auch Auskunft über das Leben der studierenden Jugend. Hier spielt sie sich in einer Kirche ab (wahrscheinlich in der Großmünsterkapelle Zürich). Das Taufbecken ist mit Bücherstößen überdeckt, die, wie wir belehrt werden, aus dem von Agnes Thomann, Antistesgattin, geäufneten Fonds stammen.
Stich von Johann Heinrich Meyer, 1795. (Graphische Sammlung Zentralbibliothek Zürich)

kredenzte und Gebäck – Guezi, Tirggel, Leckerli – servierte. Der Abend wurde in großer Fröhlichkeit verbracht. Es gab Jugendbälle; zu den meisten ging man maskiert.
Eine auf diesen Festtag hin gebildete Gesellschaft hieß → BÄCHTELE.
In manchen zürcherischen Gegenden war der Bächtelitag der Tag der Rechnungsabnahme. Dieser folgte der → BÜRGERTRUNK, der sich z. B. im aargauischen Tegerfelden erhalten hat. Die Bächteligesellschaft organisiert ihn, und die Jungmannschaft tritt als Tansenträger und sonstige Rebleute auf.
Eine böse Blüte trieb das Bächtele am rechten Ufer des Zürichsees, das → BÄTELE.

DAS BÄCKERMÖHLI

Es ist eine Agathafeier. → DER ST. AGATHATAG → DAS ZUGER BÄCKERMÖHLI → DAS AGATHABROT

DIE BADENER CHRÄBELI

Es ist anzunehmen, daß die Behauptung zurecht bestehe, sie seien nicht nur altbekannt, sondern sehr frühen Ursprungs. Sie sind ein → GEBILDBROT und sprechen, gebogen und gezähnt, die Sprache der in manchen Landesgegenden heimischen Widderform, wie z. B. der Einsiedler → HÄLIBOCK.

DIE BADENFAHRTEN

Zur attraktiven Klus, welche der Durchbruch der Limmat durch die Lägernkette bildet, sind, der radioaktiven Schwefelquellen wegen, aus allen Teilen Europas die Badenfahrten berühmt geworden. Die Römer bauten bereits Bäder über den heißen Thermen, aber für die zahlreichen Gichtbrüchigen und Rheumatiker der letzten Jahrhunderte war Baden ein Magnet. Erstaunlich war die Zahl der Eidgenossen, welche nur die Badefreuden genossen, nicht selten mit ihren Familien, oder die herkamen schöner Bekanntschaften wegen.
Da ist denn der Zürcher Brauch der Badenfahrten entstanden. Vornehme Familien vertrauten sich, samt Dienerschaft und Sack und Pack, dem Limmatweidling an, der schnell und verhältnismäßig bequem war. Wir hegen romantische Vorstellungen von den Badenfahrten und ähnlichen Flußfahrten, doch gefahrlos waren sie nicht. In den scharfen Biegungen

Start zur Badenfahrt am Limmatquai. Weil die Fahrt zum Baden nach Baden führte, hieß sie auch Badenfahrt. Die vornehme Dame mit Begleitung und von Zuschauern umgeben, wird vom Rudermeister und den Mitfahrenden erwartet.
Aquarell von Heinrich Freudweiler um 1785. (Graphische Sammlung Zentralbibliothek Zürich)

bei Wettingen ertranken anfangs des 14. Jahrhunderts zweiundsiebzig Kaufleute, 1430 einhundertundzwanzig Reisende und wiederum dreißig mit zwei «Schiffmeistern» 1501. Auf der Fahrt nach Basel erlitt der Abt von Wettingen bei Rheinfelden Schiffbruch.

Der Bajass

Der Name läßt in erster Linie an den italienischen Bajazzo denken, den Spaßmacher, der seinen Namen vom Strohsack herleitet, der aber in seinem weiten weißen Kleid mit Halskrause und Spitzhut doch Eleganz atmet. Aber der Bajaß schweizerischer Fasnachten ist doch eher ein Nachkömmling des Hanswurstes und Possenreißers deutscher Prägung. Gelegentlich sieht man eine Anlehnung an den Hampelmann, Spielzeug der Kinder. Als Blätzlibajaß hat er seine Vollkommenheit in Basel erreicht und ist, meist mit kegelförmiger Mütze, an die übrigen Schauplätze zurückgewandert.
Berühmt geworden aber ist er als Figur der → Einsiedler Fasnacht. Dort umtänzelt, soll man sagen, umhüpft er den Kerntrupp, die → Joheen, sowie deren Vor- und Nachhut, die → Mummerien. Anstatt von Bajassen spricht man meistens von Hörnlibajassen, was eine Präzisierung ist, denn sie tragen rote Samthörner an der weißen Mütze. Beim Umzug kommt ihnen auch die Funktion des Ordners zu, wobei das Narrenszepter, der kräftige Stock mit der Schweinsblase, von Nutzen ist.

Die Bannbegehungen

Es gibt sie im Thurgau und im Baselland vor allem, doch man kennt sie auch in anderen Kantonen. Sie sind die profane Variante der → Flurumgänge. Die bekannteste Bannbegehung ist diejenige von Liestal. → Der Banntag von Liestal

Die Bannritte

→ Umritte. Der bekannteste Umritt ist der Beromünster-Auffahrtsumritt.

Der Banntag von Liestal

Er ist das bekannteste Beispiel einer Bannbegehung. Er findet am Montag vor Pfingsten statt und nimmt in der Frühe seinen Anfang. Die Wirbel der Trommeln, die hart die Stille durchbrechen, erinnern an das → Lärmen in heidnischen Zeiten, das die bösen Dämonen zum Verlassen der Fluren veranlassen sollte. Die Trommler begleiten die traditionellen vier Rotten, die in den Richtungen der Windrose zu den Gemeindegrenzen ziehen. Man kann in den an und für sich unmotivierten Flinten- und Pistolenschüssen, welche dazugehören, auch die Begründung des Lärmens erkennen.

Die Banntage

Viele Orte haben ihre «Ufert»-Banntage. Sie nehmen meist ihren Anfang mit einer Gemeindeversammlung, deren Haupttraktanden die Wahrung von Forstinteressen und die Neufestlegung von Banngrenzen bilden. Wichtigstes Tagesereignis aber bilden die anschließenden Umgänge. So lädt Celerina im Oberengadin seine Bürger vom elften bis zum sechzigsten Altersjahr ein zur jährlich alternierenden Begehung der Waldungen links- und rechtsseitig vom Inn. – Die Tradition hat sich im → Banntag von Liestal besonders eindrücklich erhalten. In Liestal sieht man keinen Männerhut, der nicht «blustgeschmückt» wäre. Vier Rotten setzen sich in den Richtungen der Windrose zu den Umgängen in Bewegung. Des ursprünglichen Weihesinns der Bannumgänge sind sich nur dort die Teilnehmer bewußt, wo eine kirchliche Prozession kontinuierlicher Brauch geblieben ist. → Flurumgänge → Umritte

Der Barbaratag

Er fällt auf den 4. Dezember und erinnert an die Standhaftigkeit der kleinasiatischen Märtyrerin und ihren Tod. → Der St. Barbaratag → Die Gonzener Barbarafeier

Der Bärchtelitag

→ Der Bächtelitag

Das Bärenführen

Es gibt zwar heute noch einen Bärenführer in unserem Lande, im St. Gallischen. Alljährlich dem Bärenführer mit Meister Petz zu begegnen, dieses romantische Erlebnis gehört jedoch an den Anfang unseres Jahrhunderts. Die gruselnd Bewunderten gingen von Dorf zu Dorf, so von den Kindern erwartet, wie der Sandmann von den Erwachsenen. Der Bärenführer hatte dem riesigen Tier Purzelbäume und das Tanzen beigebracht. Plump drehte es sich im Kreise, und trotz dem Maulkorb fürchtete man sich vor ihm. Damals wurde der Ausdruck «Tanzbär» bekannt, den man heute noch, ästhetisch wertend, in den Mund nimmt. Der Bärenführer erzählte auch Geschichten aus der sibirischen Heimat des Tieres oder aus den Karpaten, wo es herstammen mochte, wenn er Zigeuner war. In einer Zeit ohne Tageszeitungen waren Erzählungen aus fremden Ländern sehr willkommen, auch wenn sie nicht allein mit wilden Tieren zu tun hatten.

Die Bärenjagd

Noch im 19. Jahrhundert, besonders im Unterengadin, verursachten Braunbären an Rinder- und Schafherden großen Schaden. Die Bauern veranstalteten dann → TREIBJAGDEN. Mit Lärm und Geschrei versuchte man der Jagd eine Richtung zu geben und den Bären zu stellen. Aus dem 18. Jahrhundert ist – die Jäger sind mit Namen belegt – eine Zuozer Jagd bekannt, die in einem Zweikampf endete. Der angeschossene Bär ging zum Angriff über, der Verfolger entledigte sich des nutzlos gewordenen Stutzers und erwehrte sich des Tieres mit bloßen Händen. Ringend kollerten die Kämpfer einen Steilhang hinab. Unten angekommen, erwies sich der Mann schneller als der Bär. Mit dem Waidmesser gab er ihm den Todesstoß.

Das Bärentatzenannageln

Stießen wir auf diesen Brauch bei wilden Völkern, so könnte man von Atavismus reden, einem Glauben ihrer Vorfahren huldigend, die Kraft des erlegten Tieres der Heimstätte zu erhalten. Wenn wir jedoch über dem Eingang eines entlegenen Bauernhauses oder einer Hütte gelegentlich ein ledriges und pelziges Etwas, das sich als eine Braunbärentatze entpuppt, vorfinden, so muß es sich ganz einfach darum handeln, daß ein stolzer Jäger die Tatze als Trophäe anbrachte, etwa so, wie ein heutiger Waidmann ein Hirschgeweih, Reh-, Gams- oder Steinwildhörner aufhängt. Das einstige Allgemeinvorkommen des Braunbären in unserem Lande beweist sein Weiterleben in Ortswappen, Personennamen und Folklore. Manch guter Erzähler im Unterengadin kann mit Bärenjagdgeschichten aufwarten, die sich in seinem Dorf ereigneten und nicht mehr als zwei Generationen zurückliegen. Wenn am Ende der Geschichte eine Bärentatze vorkommt, so heißt es dann, diese sei der feinste Leckerbissen der Beute gewesen, und nur ungern habe man eine als Trophäe über dem Eingang angenagelt.

Die Bärenjagd. Zu den nicht alltäglichen Festbräuchen, die sich bis ins 19. Jahrhundert hinein gehalten haben, gehörte der Empfang der erfolgreichen Jäger. Weithin sichtbar wird der erlegte Bär auf einer Schultertrage zur Schau gestellt.
Franz Niklaus König hat den Stich 1820 im Kalenderalmanach «Alpenrose» erscheinen lassen. (Schweizerisches Landesmuseum Zürich)

Der Barnabastag

Das ist der 11. Juni. Er entscheidet als Lostag, d. h. durch seine terminbestimmende Eigenschaft: er gibt Auskunft über den Wetterverlauf in den kommenden vierzig Tagen. → Die Lostage Wenn der Apostelgehilfe Barnabas zur Ehre eines Wetterheiligen gelangt ist, so handelt es sich natürlich um das Zusammenfallen eines altgermanischen Lostages – der gesammelte Witterungsbeobachtungen übermittelte – mit dem Gedenktag eines christlichen Heiligen.

Die Barrete

So hieß früher im Züribiet jede Lustbarkeit der Jugend. Das ist verständlich, denn das Jungvolk ist in seinen Spielen nicht zurückhaltend, und barre heißt lärmen, tollen und tanzen. Die organisierte Lustbarkeit führte zu den → Jugendfesten.

Die Bärteletse

Auch Bärzelete. So heißt man mancherorts eine Gesellschaft, die sich am → Bächtelitag zum Feiern zusammenschließt.

Der Bärtelitag

→ Bächtelitag → Der Diessenhofener Bärtelitag

Der Bartli

Er ist in Brunnen am Vierwaldstättersee die fasnächtliche Lokalgröße, eine bärtige Urmannsgestalt und deshalb wohl auch Bartlivater geheißen. Viele sehen im Bartlivater eine Anlehnung an den luzernischen Fritschivater, was aber keine Erklärung ergibt. Ende des 18. Jahrhunderts ging die Bartlistud, eine große Skulptur, verloren. Wir wüßten vom Aussehen des Bartli nichts, wenn sein Bild nicht glückhaft auf einem Becher erhalten geblieben wäre. Der Mannesschutz gewährende Urschweizer ist im Bartli an der Fasnacht von Brunnen neu erstanden.

Der Bartlivater

→ Der Bartli

Die Bärzeli

Weitherum im Aargau kannte man die «dürren» und die «grünen» Bärzeli. Heute kommen diese Frühling, Jugend, Tugend und Winter, Alter, Bosheit symbolisierenden Bächtelifiguren nur noch in Hallwil vor. Sie sind zu neuem, auch augenfällig fasnächtlichem Leben erweckt worden. Gemeinsam mit anderen mittwinterlichen Symbolfiguren treten sie lärmfreudig am Bärzelitag auf.

Der Baschter

Diese verhältnismäßig junge Figur der Zuger Fasnacht ist eine Lölivariante. → Löli Sie ist, wenn überhaupt eine Bereicherung, eine recht derbe. Baschter heißt Bastard. Nach mittelalterlichem Usus liegt darin der Schimpf des Unehelichen. Aber dieses Nachklanges sind sich die Neubeleber wohl nicht bewußt.
Spaßig ist die praktische Seite der Entstehung des Baschters. Für die Kostüme der vielen Löli werden ja runde Stoffstücke ausgeschnitten. Zurück bleiben Tücher mit gitterartigem Muster. Diese Resten sind gut genug fürs Böggengewändli des Oberlöli, eben des Baschters.

Der Basilisk

Der Basilisk, ein Ungetüm, das mit seinem bloßen Blick schon töten konnte, ist eine Erfindung des klassischen Altertums. Doch kennt das Abendland eine erschreckende Form des Basilisken, die vielleicht keine Weiterentwicklung ist. In der mittelalterlichen Vorstellung ist er die allerabsonderlichste Ausgeburt. Er entschlüpft einem Hahnenei. Und zwar dem Ei eines alten Hahnes, und eine häßliche Kröte besorgt das Brutgeschäft. → Das Hahnenei Der Basilisk ist zum dreifachen Symbol des Todes, des Satans und des Antichrists geworden. Bis ins achtzehnte Jahrhundert hinein ist der Glaube an den Basilisken nicht erloschen.

Die Basler Fasnacht

Die grundsätzlichen Überlegungen im Artikel → Die Fasnacht finden ihre vollumfängliche Bestätigung in der Basler Fasnacht und das, obwohl sie erst im 19. Jahrhundert ihr Gesicht, ihr Gepräge gefunden hat. Die Dämonen und Geister der Urzeit scheinen diesen Tummelplatz zu lieben. Aber das Besondere der Basler Fasnacht besteht in dem Phänomen, daß die modernen Dämonenbekämpfer und Geisterbeschwörer atavistisch die Wildheit der Gebärdentänze mit zivilisatorischer Disziplin paaren.

Dieser unwahrscheinliche Umstand macht aus der Basler Fasnacht nicht nur die eindrücklichste der Schweiz, sondern des Abendlandes. Dazu trägt bei, daß Basels alter Kulturboden, reich genährt von Geist und Witz glücklich gemischter Völker, das Gedeihen edler Fasnachtsblüten fördert, Vulgäres aber nicht ins Kraut schießen läßt.

Über einen viel längeren Zeitraum als die offizielle Spanne zweier Tage verdrängt die fasnächtliche Magie aus den Seelen der Bevölkerung alle alltäglichen Empfindungen. Die Grenzen zwischen Agierenden und Publikum fließen deshalb ineinander.

Die Basler Fasnacht nimmt am Montag nach dem Aschermittwoch um vier Uhr morgens mit dem → MORGENSTRAICH ihren Anfang. Was heißt das? Es bedeutet eine Trommelorgie, ein heidnischer Zauber, dem niemand entrinnt. Die Luft durchdringen die Trommelwirbel der gemessen schreitenden Kohorten. Aber der Trommler sind Legionen, und sie sind bereits im Kindesalter gedrillt worden in der Kunst des Wirbels, der Schlepptriole, des Schleppstreichs und anderer Streiche, des Fünfer- und des Neunerrufs. Das gibt es in keiner Stadt der Welt. Die Straßen sind noch nicht zum Tag erwacht, doch gedrängt stehen die Tausende, die Umzüge zu empfangen. Gespenstisch, von hohen Stangen, ragen die liebend erwarteten Transparente, Riesenlaternen mit satirischen Botschaften. Diese hochkünstlerischen Gebilde, wie auch die anspruchsvollen Charivarikostüme der Cliquen, sind beschafft und berappt von den Quartiervereinen.

Während den Dienstag die → GUGGENMUSIKEN ihren großen Tag nennen, durchstreifen den Montag und den Mittwoch hindurch – in strenger Abfolge – die Cliquen die Hauptadern der Stadt. Wie sind die Cliquen aufgebaut? Sie bestehen aus Trommelgruppen, denen jeweils ein «Vortrummler» vorangeht, aus Pfeifergruppen, die auf einer Miniaturquerpfeife, dem «Piccolo», blasen und halb so stark sind wie die Trommlergruppen. Trägerharste folgen mit den Transparenten, für deren Spruch- und Bildsprache jeder Basler vorgebildet ist. Schwer läßt sich feststellen, ob die Herzen der Zuschauer noch höher schlagen können, doch zwei Dinge werden noch auf sie einstürmen: hinter wohlgeschmückten Pferdegespannen rollen wahrhaftige Bühnen, die nichts weniger bedeuten als Welttheater, in baslerisch-fasnächtlicher Form. Und dann gibt es die Einzelmasken, diese vergeblich nachgeahmten Geburten der Phantasie von Menschen, welche für die Fasnacht prädestiniert sind.

Natürlich sind es vielfach Variationen von Figuren, die andernorts auch vorkommen. Da ist z. B. die → ALTE TANTE, da ist der Blätzlibajaß (→ BAJASS), den auf Anhieb natürlich die Schwyzer verstehen, denn sie haben ja ihren Blätz, und den die Einsiedler verstehen, denn sie haben ja ihren Ba-

jaß. In Basel vereinigen sich die beiden wundersam zum Blätzlibajaß. Der
→ WAGGIS hat seinen Ursprung im Elsaß und wird von jedermann abgöttisch geliebt. Der → DUMMPETER ist von witzigem Aussehen. Diese sind die Kernfiguren.

Was aber ereignet sich am Abend? In den Wirtschaften Groß- und Kleinbasels harrt man gespannt der Gruppen Kostümierter, welche ihre → SCHNITZELBÄNKE vortragen. Rhythmus und Melodien sind spezifisch baslerische Ausdrucksmittel und lassen kulturelle und politische Geschehnisse des vergangenen Jahres zu pikanten Fasnachthöhepunkten werden.

Noch ist ein Spuk zu erwähnen, der leicht zum nachhaltigsten Erlebnis der Basler Fasnacht werden kann: sieh dich vor, wenn du in einer dunklen Gasse plötzlich einer mimisch besonders begabten oder baslerisch besonders sprachgewandten Einzelmaske begegnest! Vielleicht nimmt dich auch ein Grüpplein dieser Wesen in ihre Mitte. Dann bist du nur zu retten, wenn aus deinem Innern eigene Kräfte des Humors hervorsprudeln.

DAS BÄTELE

Im Züribiet heißt der 2. Jänner → BÄCHTELITAG. Ihn feiern heißt bächtele. Nun gibt es, vielmehr gab es, eine Abart dieser Tätigkeit, die keineswegs eine löbliche ist, bätele. Sie ist glücklicherweise nur historisch interessant, und wurde am Sonnenufer des Zürichsees zwischen Männedorf und Zürich ausgeübt. In manchem Haus setzten sich die Männer – Höhepunkt des Bächtelitages – an den Tisch zu einem Kartenspiel. Aber man spielte oft hoch und verbissen um Geld. Es ist bekannt, daß manches Heim so verspielt worden ist.

DAS BAUERNBROT

Der Beruf des Bäckers zählt zu den allerältesten. In den Städten versorgte er, seit es eine abendländische Zivilisation gibt, die Bevölkerung mit Brot und feinen Backwaren. Die Bäuerin aber übte, neben den vielen anderen häuslichen und Feldarbeiten, auch den Beruf des Bäckers aus. Es gab kein Bauernhaus, dessen Kachelofen nicht auch zum Backen gedient hätte. Dort entsteht, manchmal heute noch, was wir unter Bauernbrot verstehen. Viele Bauern pflanzen zwar noch ihren eigenen Weizen und Roggen, doch bringen sie diese nicht mehr in die Mühle, um dann ihr Mehl, ausgemahlen nach ihren Angaben, nach Hause zu holen, um damit, vierzehntäglich oder wöchentlich, ihr Brot zu backen. In den alpinen Gegenden wird nicht selten das Brot in besonders haltbarer Form hergestellt und in eigenartigen Mischungen. Im Eifischtal ist noch ein Gemeindebackofen in Betrieb. → Das Eifischtaler Brotbacken

Die Bauernfasnacht

Bettlerfasnacht, meist aber Bauernfasnacht, heißen in der Schweiz, vorzüglich in reformierten Gegenden, die Festlichkeiten, die am Kalendersonntag Invokavit vorsichgehen. (Invokavit ist der erste Fastensonntag oder der sechste Sonntag vor Ostern.) In der Ostschweiz heißt dieser Tag auch → Funkensonntag, und zwar der funkenversprühenden Feuer wegen, die hier wohl seit heidnischen Urzeiten die Menschen anzünden. Im Welschen übrigens spricht man vom Dimanche des brandons. Noch andere, recht angenehme Vorstellungen erweckende Namen trägt dieser Tag, Chüechlisonntag und Öhrlisonntag, der Fasnachtchüechli und Eieröhrli wegen. → Festgebäck

Die Bauernmusik

Als Synonym für Bauernkapelle. → Ländlermusik

Die Bauernregeln

Sie finden sich oft in der Form von Reimen, sie haben auch in Merksprüchen ihren Niederschlag gefunden. Seit urältesten Zeiten haben sie beim Bauern großes Gewicht. Das versteht man, denn er ist auf Gedeih und Verderben von Wetterkenntnissen, d.h. von der richtigen Auslegung der Naturerscheinungen, des Wetterwechsels insbesondere, abhängig. Als noch keine meteorologischen Radiovoraussagen den Landmann unterstützten, war er ausschließlich auf sein eigenes Urteil angewiesen, nämlich auf seine Beobachtungen der Fauna, der Pflanzenwelt, der Zeichen am Himmelsgewölbe und, eben, auf die in den alten Bauernregeln verborgene Weisheit. → Die Eisheiligen → Der Barnabastag → Die Sonnenwenden → die Schafkälte

Der Bechtelitag

→ Der Bächtelitag

Das Begräbnis

Der Hinschied eines Menschen war früher Anlaß zu einer großen Anzahl von Bräuchen. Das «Leid», das war die Verwandtschaft, versammelte sich im «Chlaghus». Das Leid- oder Totenmahl war, oft viele heidnische Züge aufweisend, eine den Toten ehrende, aber auch eine gesellschaftliche Angelegenheit. Heute, da eine Zusammenkunft für Menschen selbst aus entferntesten Gebieten keine Schwierigkeiten bietet, beschränkt sich das Begräbnis auf die Begleitung des Sarges – auf dem Lande Leidzug geheißen – und auf die Abdankungsfeier mit religiösen Gepflogenheiten. Nach der Beisetzung des Sarges, unter Beobachtung konfessionsbedingter Rituale, verbleiben von den Leidtragenden zum Leidmahl meist nur die engeren Angehörigen beisammen.

LE BENICHON
Das ist die Freiburger Bezeichnung für → CHILBI.

DER BERCHTOLDSCHWINGET
Er ist der jährliche Anlaß der Zürcher Schwinger und wird seit 1898 gefeiert und zwar, wie der Name sagt, am Berchtoldstag. → DER SCHWINGET

DER BERCHTOLDSTAG
Im Kalender ist er der zweite Januar. Als Kurzformen von Berchtold finden wir Bercht, Becht, Berchtel, Bechel, Bertele und Holdi. Da ließ sich ein Bezug zu Bechtelitag herleiten. → BÄCHTELITAG
Aber denken wir daran, daß Berchtold auf deutsch der Prächtige heißt und ein beliebter Fürstenname war. Als solcher konnte er wohl seinen Weg in den Kalender gefunden haben.

DIE BERGCHILBI
→ DIE BERGFESTE

DER BERGDORFET
So heißen im Berner Oberland die → BERGFESTE.

DIE BERGFESTE
Die Zeit der langen Tage ist die Zeit der Arbeit. Sie mag die Zeit der Mittsommernachtsträume sein, aber Mittsommerfeste gibt es wenige. Zu

ihnen gehören die Bergfeste. Sie sind anders als die Herbstfeste, etwa die → Älplerchilbi und der → Schwinget.
Im Berner Oberland heißen die Bergfeste Bergdorfet, im Saaneland Suufsundige. Letzterer Name kommt davon her, daß ein kräftiger Schluck sahniger Milch aus dem Käsekessel ein Suuf heißt. Im Emmental kennt man die → Lüderechilbi, zwischen Lenk und Adelboden die Hahnenmooschilbi.
Der Chilbibetrieb eines Bergfestes gleicht wohl jenem der Kirchweih, deren Veranlassung meist die Kirchenweihe ist. Doch das Bergfest hat eine andere Begründung. Aus den Tälern kommen nämlich die Viehbesitzer mit ihren Angehörigen herauf, und der Besuch bei ihren Sömmerlingen wird zu einem Fest mit Tanz und Musik. Oft wird noch ein Schwinget abgehalten; Jodlerdarbietungen fehlen selten. → Das Loveignozer Alpfest Ein Akt aber von großem Ernst geht meistens den Lustbarkeiten voraus, die Bergpredigt. → Die Bergpredigten Hier oben, wo die irdische Welt an die überirdische grenzt, wird die Gemahnung an den Schöpfer und die Bitte um seinen Segen zu einem Erlebnis, das zutiefst erschüttert.

Die Berggottesdienste

Solche sind in den alpinen Regionen vielerorts Brauch. Bekannt geworden sind jene auf der Elsigenalp ob Frutigen, am Arnensee und auf verschiedenen Zweisimmer und Leuker Alpen. Mit Verehrung spricht man von der → Gasternpredigt und der Bonderpredigt. → Die Bergpredigten

Der Bergkäse

Er ist der Hauptertrag der Viehsömmerung. Unter Bergkäse versteht man den auf der Alp erzeugten Käse. → Chästeilete

Die Bergpredigten

Die mittsömmerlichen Bergfeste, die an sich schon eindrücklich sind – im Waadtland heißen sie Mi-été, in Bünden Heusonntag – kennen einen Auftakt, der sie zu einem erschütternden Ereignis werden läßt. Aus dem Tal ist ein Geistlicher heraufgestiegen und hält eine Predigt unter freiem Himmel oder liest eine Messe. Sie wird zum biblischen Erlebnis. Keiner, der nicht an den neutestamentlichen Höhepunkt von Jesu Bergpredigt denkt! Einige dieser Anlässe haben Berühmtheit erlangt wie die → Gasternpredigt, die Bonderpredigt auf Bonderalp bei Adelboden. Im nördlichen Bünden heißen die Bergpredigten → Bergsonntage.

Der Bergsonntag

Im nördlichen Bünden finden im Mittsommer, früh am Nachmittag meist, die Bergsonntage statt. Andernorts heißen sie → Bergpredigten.

Der Beromünster-Auffahrtsumritt

Der Beschluß von 1509, der in der Pfarrchronik festgehalten ist, wonach «eine feierliche Himmelfahrtsprozession mit dem heiligen Sakrament und einer Unterbrechung mit Predigt hinfort abzuhalten» sei, hat eine schlichte Grenzbegehung in einen hohen Rang erhoben und zum heutigen Auffahrtsumritt von Beromünster werden lassen. → Die Flurumgänge Segnungen der Ackererde und der Fluren sind auf dem ganzen Erdball bekannt. Hier aber sind sich – das ist eine naheliegende Überlegung – die Druiden der Keltenzeit, die Wotansdiener der Germanenzeit und schließlich die christlichen Priester im Amte gefolgt. Daß aber aus einem bescheidenen Flurumgang der spektakuläre Beromünster Auffahrtsumritt geworden ist, erklärt sich aus der machtgeladenen Adelsgeschlechter- und Stiftsgeschichte. In Beromünsters unruhiger Geschichte wurde jene Phase die glücklichste, als das Chorherrenstift sich dem Schutze Kaiser Heinrichs III. unterstellte. Es erlangte auch weislich die Schirmbriefe dreier weiterer Kaiser: Friedrich Barbarossas, Friedrichs II. und Rudolfs von Habsburg. Aber die überraschende Innigkeit des Beromünster Auffahrtsspektakulums erzeugt der Bewußtseinsspiegel der Bevölkerung. Da ist nicht mancher, in dessen Seele nicht immerzu die Not der Kriegsverwüstungen und Brände früherer Zeiten lebendig würde. Am größten war die Not im 14. Jahrhundert. Aber noch im 18. Jahrhundert ereignete sich in der Einäscherung von vierundneunzig Häusern eine furchtbare Heimsuchung.

Der heutige Prozessionsweg hat die außerordentliche Länge von zwölf Kilometern. Er ist bezeichnet mit → Herrgottsästen. Vor den Höfen stehen Hausaltäre. Die Fenster der anliegenden Häuser sind blumengeschmückt; auf den Gesimsen brennen Kerzen. Zu Hasenhausen – selbstauferlegter Tribut und Dankesgeste der dortigen Bauern – werden die Prozessionsteilnehmer mit Butterschnitten auf Zinntellern bewirtet. Um fünf Uhr war man aufgebrochen von der Pfarrkirche St. Stephan. Die Herrgottsäste weisen den Weg über Waldi, Hasenhausen, Rickenbach, Niederwil, Winon, Adiswil und Witwil. Um zwei Uhr nachmittags sind die vierhundert Reiter der meist siebentausend Teilnehmer der Auffahrtsprozession als erste wieder am Ausgangsort angelangt. Die Segensspendung erfolgt an den girlandenumwundenen Triumphbögen. An vier Stationen erfolgen Lesungen aus dem Evangelium durch den Leutpriester von St. Stephan. Er ist angetan mit dem Rauchmantel und hält in der Hand das Strahlenwunder der Monstranz. Wenn er sich wieder erhebt und das Pferd besteigt, so reitet er unter dem Baldachin, den vier in rot gekleidete Reiter über ihn halten. Einen Augenblick bleiben unsere Blicke auf den leuchtendblauen Ehrenmänteln der Kirchenräte haften: Die Stiftsstandarte ist in den Händen der Dragoner. Es gibt noch andere Reiter mit Fahnen und mit dem Kreuz. Dies ist das bewegte und jedermann bewegende Bild des Beromünster Auffahrtsumrittes.

DER BERZELITAG

So heißt der → BÄCHTELITAG westlich der Reuß in den Kantonen Luzern, Bern, Aargau und Baselland.

DIE BESCHWÖRUNGEN

Gehören sie der Vergangenheit an? Glaubt man nicht mehr an die Magie bestimmter gesprochener Worte, an Zauberformeln, die besonders im Verein mit rituellen Handlungen, höhere Kräfte unseren Intentionen dienlich machen sollen? Natürlich tritt z. B. beim Flurumgang (→ FLURUMGÄNGE) das beschwörende Element zutage, doch in christlicher Sublimierung. Wenn aber Exorzisten in einem Epileptiker einen bösen Dämon austreiben wollen, so erleben wir eine mittelalterliche Beschwörungsszene, wie es jene der Besessenenpeitschung war. Auch Tote heraufzubeschwören, um sie zu Aussagen über unsere Zukunft zu veranlassen, ist an der Tagesordnung; Vertreter aller Bildungsschichten glauben an Nekromantie.
Der Brauchtumsforscher läßt sich natürlich gerne an harmlosere Aspekte der Macht des Wortes erinnern, z. B. an das Vorhandensein und die Wirkung von Warnrufen, wie «Wart, i will d'rs ustribe!» Auch könnte man in der Rute des Samichlaus und seiner Anwendung eine Begleitgeste zu einer allerdings gütigen Beschwörung sehen. Das weihnachtliche Chlausritual hat viele Wurzeln. → DER CHLAUS

DIE BESENMANNEN

Das sind Hauptfiguren beim → ACHETRINGELE. Den Namen haben sie von den Wacholderzweigen, welche sie in der Hand tragen. Dieses Immergrüngewächs galt schon im Altertum bei vielen Völkern als heilkräftig und geheiligt. Wohlbegreiflich, daß es in den dunkeln Nächten der Jahreswende benützt wurde, um sich der bösen Geister zu erwehren! → DIE ZWÖLFTEN

Das Bestossen der Alpen

Im Frühsommer stoßen die Bewohner der Talsiedlungen vor in die höheren Regionen. In Gegenden wie dem Wallis, mit außergewöhnlich langen Reisewegen, werden die Zwischenstationen der Maiensäßen, eigentliche, wohlgebaute Filialdörfer, bezogen. Schließlich erreichen die Herden die höchstgelegenen angestammten Alpweiden. Das Datum der Bestoßung ist lokale Tradition, doch spielen auch die jeweiligen Wetterbedingungen eine Rolle. → Der Alpaufzug

Les Bêtes in Genf

Diese Tiere, die keine Tiere sind, treten am ersten Maisonntag in Genf auf. Es sind raschelnde Laubwesen in den Händen der Kinder. An mehreren Orten im Kanton überziehen die Kinder kleine Traggestelle mit Frühlingsgrün. Man könnte in ihnen auch Miniatur-Maibären sehen. → Maibären Sie sind noch unter dem Namen → Feuillu bekannt.

Der Betruf

→ Der Alpsegen

Die Bettelmönche

Sie sind Franziskaner. Da dieser Orden seinen Unterhalt außer durch Arbeiten durch Almosenbetteln verdient, ist letzteres kirchenrechtlich geregelt. Die Bettelmönche stellten früher einen Großteil der → Heischgänger dar.

Die Bettlerfasnacht

Diese Bezeichnung weist auf eine Bevorzugung durch die ärmere Bevölkerung hin. Sie hat aber ihr Aufkommen einer Geste der Teilnehmer zu verdanken, nämlich jener der hohlen Hand. Bettlerfasnacht ist ein anderer Name der → Bauernfasnacht, die am sechsten Sonntag vor Ostern stattfindet.

Der Bildzauber

Er basiert auf der Vorstellung, daß Bilder identisch seien mit dem dargestellten Objekt. So kann man sich ungefährdet an dem beliebig zur Verfügung stehenden Ersatz vergreifen durch Liebes-, Haß- oder andere Handlungen. → Der Liebeszauber → Der Jagdzauber → Die Zaubermittel

Das Biltener Lichterschwemmen

Durch die Geschichte dieses Dorfes läuft ein nie abreißender Faden, der gesponnen ist aus Dramatik und Leiden. Im Jahre 1415 verbesserte es durch einen geschickten Schachzug seine Lage, einen Tagwen, d.h. einen Verband bildend mit den Dörfern Mühlehorn, Obstalden und Filzbach. Doch die Religionswirren blieben ihm nicht erspart. Der Zwist im Dorfe wurde so bitter, daß den «neugläubigen Toten» eine Zeitlang die Grabesruhe in der geheiligten Erde des Kirchhofes verwehrt wurde. Wirtschaftliche und Seuchennot brachte die Linthversumpfung. Und mit periodischer Auslöschung drohte der Biltenerbach. Aber o Wunder! Ausgerechnet er brachte den geplagten Bewohnern das Beste, was Verzweifelten bleibt: die Hoffnung. Und zwar durch einen Brauch, den er jung erhielt aus dem Uranfang der Geschichte. Jeweils im Frühjahr brachte er auf seinem Rücken die verheißungsvollen Lichterschifflein. → Das Lichterschwemmen

Die Bittgänge

Es ist in des Wortes Bedeutung, daß es kirchliche Bittgänge gibt. Sie haben die Form von Prozessionen, die wiederum benannt sind nach den Festen, die sie auszeichnen. Die Geschichte der Bittgänge zeigt, daß sie in Zeiten der Not zur Erlangung göttlicher Hilfe besonders zahlreich sind.
→ Flurumgänge
Die schweizerischen Bittgänge sind eine aus Frankreich stammende Sitte. Ursprünglich ging man in das Gebiet einer Nachbargemeinde. Heute wandert man zu Kapellen, die meist im eigenen Gemeindebann liegen. Die drei Tage vor Christi Himmelfahrt sind in vielen Gegenden als → Bitt-Tage bekannt. Auch der Markustag, der 25. April, ist ein landweit für Bittgänge beliebtes Datum. → Der St. Markustag

Die Bitt-Tage

Das sind Vorbereitungstage auf Christi Himmelfahrt. An ihnen finden zahlreiche Prozessionen statt. → Bittgänge Die ursprünglich französische Sitte heißt auch «Mit dem Kreuze gehen».

Das Blankenauswerfen

Das ist in Beromünster ein Karfreitagsbrauch. Als solchen interpretieren die einen das Blankenauswerfen. Es sei die Verzweiflungsgeste Judas'. Seine unnütz gewordenen Silberlinge wären dann zu den Sonnenrädchen

geworden, die beim Eindunkeln unter das Volk geworfen werden. Die andere Erklärung ist eine mythologische. Die Sonnenrädchen, die eben Blanken heißen, wären dann aus alten Feuerbräuchen herzuleiten.
→ Der Funkensonntag

Die Blattenchilbi

Sie findet jeweils am letzten Augustsonntag statt. Sie ist eine Kirchweih mit ihrem Ursinn im Vordergrund. → Die Chilbi Der Gottesdienst steht im Zentrum und bietet ein militärisches und historisierendes Bild. Die eindrückliche Prozession zum Friedhof wird von der Dorfmusik begleitet. Die weltlich-festliche Seite der Blattenchilbi im Lötschental hat ihr altes Gepräge beibehalten.

Das Blattschiessen

Damit ist ein → Schiesset gemeint, bei welchem die Preise Zinnplatten waren.

Der Blätz

Der Blätz ist eine Hauptfigur der → Schwyzer Fasnacht. Er ist ein → Nüsseler, ist also Träger einer uralten Brauchtumscharakteristik. Wie sein Name andeutet, tritt er aber im verhältnismäßig jungen Gewand des Arlecchino auf. Man stelle sich beileibe keine Hinterwäldlervariante von letzterem vor. Die besten Stoffe sind gerade gut genug, um ihm daraus das Kleid zu schneidern. Der aparte Blätz trägt in allererster Linie zur großen Berühmtheit des Schwyzer Narrenfestes bei. Man sollte es nicht für möglich halten, aber der genius loci hat im bastgeflochtenen und stoffbezogenen → Schinhut mit der breiten Krempe und dem halbhohen abgeflachten Kopf mit Schmuckband eine wohlgeglückte Abrundung der Blätzerscheinung gefunden. Die Maske ist nicht irgendeine Larve, sondern eine mit unverkennbar innerschweizerischen Zügen. Doch sie ist nicht der bekannte Maskentyp, sondern ein eher unvertrauter, als ob er seinen Ursprung in der Ostschweiz hätte. Die Maske ist runzelfrei, gipsweiß, und die Bäckchen sind rosenapfelrot. Dem Nüsselercharakter treu, trägt der Blätz einen grünen Besen in der Hand, fraglos ein Überbleibsel aus heidnischen Tagen und Zeichen der Fruchtbarkeit. Der Blätz als Puppe reiht die Schwyzer Fasnacht unter die winterverbrennenden → Frühlingsfeste ein. → Die Bööggenvernichtung

Das Blätzlichleid

Es heißt auch → LACHNER, von welchem es ja Teil ist. Man sieht es hauptsächlich im Raume zwischen Walensee und Zürichsee und dort, wo der Lachner auf Besuch geht.

Das Bleichen

Das Bleichen war eine berufliche Tätigkeit, die dem Leben zu Stadt und Land seinen Stempel aufdrückte. Noch bis zu Anfang des 19. Jahrhunderts wurde von der Bäuerin, zuweilen auch von der Städterin, am Spinnrad das Leinengarn gesponnen und am Haspel zu Strangen verarbeitet. Meist wurde nicht dieses Garn gebleicht, sondern die gewobene Leinwand. Noch heute erinnern Flur- und Straßennamen daran, daß diese Örtlichkeiten zum Ausbreiten des Leinens an der Sonne verwendet wurden. So der Bleicherweg beim Zürcher Paradeplatz und Stätten, die vielerorts Bleike heißen.
Der Brauch des Bleichens ist fast ausgestorben. Er ist durch chemische Methoden überflüssig geworden.

Das Bleigiessen

Zum → ORAKELN eignet sich besonders das Bleigießen. Flüssig gemachtes Blei wird am Stubentisch aus einem Bratpfännchen in einen Topf mit kaltem Wasser gegossen. An den bizarren Formen, die sich ergeben, deren Entstehung man jedoch mit einiger Übung beeinflussen kann, liest der Phantasiebegabte die Zukunft heraus. Besonders heiratslustige Mädchen erkennen Bilder und Symbole, die sie zu deuten wissen. Anstelle von Blei kann erwärmtes Bienenwachs verwendet werden.

Die Blitzabwehr

Vor dem Eingang von Bauernhäusern, in denen es einen großen Kachelofen gibt, in welchem noch das eigene Brot gebacken wird, kann man bei Gewittern gekreuzt die Ofengabel und die Brotschaufel mit dem langen Stiel bemerken. Was bedeutet dieses Kreuz? Es geht um einen alten → ANALOGIEZAUBER, zu welchem die Kreuzform der aufgestellten Geräte nur die christliche Unterstützung abgibt. Um das Feuer des Himmels abzuweisen, braucht der Mensch die Geräte des gesegneten Feuers, das noch stärker ist. (Es bäckt das Brot und spendet Wärme!)

Das Blochfest

Es war einst das Fest der Holzfäller und Flößer. Sie schleiften einen Baumstamm, den Bloch, aus dem Wald auf den Dorfplatz. Dann gab es einen festlichen Tanz, der natürlich eine symbolgeladene Erinnerung an den → WILDEN MANN war. → DER HIRSETAG Heute wird das Blochfest noch durch die Knabenschaft der Dörfer Waldstatt und Hundwil im Kanton Appenzell gefeiert. → DIE BLOCHFUHR

Die Blochfuhr

In den Kantonen Appenzell und Graubünden ist die Blochfuhr noch ein allgemein bekannter Begriff, eine Erinnerung an den Wildema und das Wildwyb. Die Blochfuhr ist aber noch lebendiges Brauchtum in den Dörfern Urnäsch, Hundwil und Waldstatt, wo die Knaben am Blochmontag auf einem Holzkarren den Wilden Mann ins Dorf fahren. Es kommt dabei ein Erinnerungsrest zum Vorschein: Der → WILDE MANN ist eines der faszinierendsten Brauchtumsphänomene unseres Landes.

Der Blochmontag

Er fällt zusammen mit dem → HIRSETAG. → DAS BLOCHFEST → DIE BLOCHFUHR

Der Blochtag

→ DAS BLOCHFEST → DIE BLOCHFUHR

Die Blumenfeste

Zu den → FRÜHLINGSBRÄUCHEN, die auf keine vorzeitliche Geschichte zurückblicken, die aber schöner Ausdruck der neuen Lebensfreude nach überstandenem Winter sind, gehören die Blumenfeste. In der Schweiz ist das → NARZISSENFEST VON MONTREUX das bekannteste.

Das Bocheln

Bocheln nannte man das An-die-Türe-Klopfen der Fasnachtnarren. Es gab dagegen im 17. Jahrhundert vor christlichen Festen Verbote. Man suchte der Bettelei unter fasnächtlichem Vorwand Schranken zu setzen und die unliebsamen nächtlichen Störungen einzudämmen. Aber Bocheln, was nicht nur pochen, sondern poltern heißt, weist unmißverständlich in die Zeit der → Zwölften. → Die Bochselnacht von Weinfelden.

Das Bochseln im Mittelthurgau

Das Wort bochseln ist nur den Mittelthurgauern geläufig. Ein ähnliches Wort, bocheln, war früher dem Rhein entlang bis Basel wohlbekannt. → Das Bocheln Beide gehen zurück auf die nicht eben gemütliche Tätigkeit der Geister, in finsterer Nacht an die Fenster zu klopfen. Frauen und Mädchen fürchteten sich nicht wenig davor, und dennoch huldigten sie der Gepflogenheit, «herein» zu rufen. Mit Geistern ist ja nicht zu spaßen, und so war es besser, ihnen mit Höflichkeit zu begegnen und damit ihrer Rache zu entgehen. Aber der Spuk hörte nicht auf, als man schon längst nicht mehr an mythologische Dämonen und Geister glaubte. Er rührte auch nicht vom → Lärmen mutiger Männer her, die damit die Unholde der → Zwölften vertreiben wollten. Das Bochseln war ganz einfach der Unfug junger Burschen. Heute ist aus Mutwillen Spaß geworden. In Ottoberg, Märstetten, Mauren, Märwil und Weinfelden freut sich jedermann auf den Donnerstag in der Weihnachtsvorwoche, auf den Brauch des Bochselns.

Die Bochselnacht von Weinfelden

Sie fällt auf den Donnerstag der Vorweihnachtswoche. Gerne erklärt man in alemannischen Gegenden unverständlich gewordene Bräuche, indem man auf den Fundus der germanischen Mythologie zurückgreift. In unserem Fall wird man auf die → Zwölften verwiesen, die Zeit der lärmenden Umtriebe der Götter, denn das → Lärmen ist ein Wesensbestandteil des Bochselns. Bochseln heißt ja poltern. Vielleicht aber ist der Ursprung der Bochselnacht ein ganz anderer, nämlich ein nicht minder alter Totenbrauch. Die Bochseltiere sind immer ornamentiert mit Knochen und Schädeln. Bochseltiere nun werden die lärmenden Jugendlichen in der Bochselnacht von Weinfelden, von Ottoberg und von Märstetten genannt.
In der Bochselnacht kommen aber auch fröhliche Motive zur Geltung. Sie sind heterogen und jungen Datums; die Kinder kerben sie in ihre Räbenlichter, und wenn sie aufleuchten, freuen wir uns darüber, daß auch neuere Bräuche das Volksleben bereichern.

Die Bochseltiere

So werden die sich urfasnächtlich wild gebärdenden Jugendlichen in der Bochselnacht geheißen. → Die Bochselnacht von Weinfelden

Der Bohnenkönig

Der Bohnenkönig ist ein König nur für Tageslänge. Derjenige wird es werden, der eine in einen Königskuchen eingebackene Bohne oder eine Nippfigur findet, welche ihm das Schicksal beim Herausgreifen seines Kuchenstückes zudenkt. In Zürich, aber auch anderswo, ist das Figürchen eine Maria. Dieser Epiphanienbrauch ist im Jura nie erloschen; er ist im Begriffe, sich wieder über das ganze Land auszubreiten.

Die Bonfol-Auffahrtsfeier

Zu den sehr festlich begangenen Himmelfahrtsfeiern gehört das Fest des hl. Fromund im Juradorf Bonfol. Am Tag nach der Auffahrt findet seit alters eine eindrückliche Prozession zur Kapelle an einem Quellsprung, die beide des Heiligen Namen tragen, statt. Er ist auch Viehpatron, weshalb eine Viehsegnung mit der Prozession verbunden ist.

Die Bööggenvernichtung

Die Vernichtung von Bööggen oder → Strohpuppen ist ein Ritus dämonenbeschwörender Winterbeendigung. Er findet sich als Bestandteil vieler Frühlingsfeste im heutigen Brauchtum.
Die Strohpuppen können verschiedene Gestalt haben. Der Unterengadiner → Hom Strom z. B. ist so etwas wie ein Tatzelwurm, und er wird verbrannt. Diese Symbolfiguren, die den Tod erleiden müssen, finden ihr schreckliches Ende auf verschiedene Weise. Wie der Hom Strom, so werden auch der Böögg am → Zürcher Sechseläuten und der Einsiedler → Pagat dem Feuer überliefert. Der Bööggenpuppe widerfährt aber auch, daß sie vergraben wird, resp. ein eigentliches Begräbnis erhält. Das war der Fall im solothurnischen Balsthal, so geschieht es heute noch in Zurzach und, mit großem Pomp, im appenzellischen Herisau, wo der → Gideo Hosenstoss feierlich zu Grabe getragen wird. In Ermatingen am Bodensee, genauer genommen im nahegelegenen Staad, wurde im Mittelalter der Winter ersäuft. Auf einem Weidling schleppten die Fischer einen Strohriesen aufs offene Wasser hinaus und vollzogen an diesem den Tod durch Ertränken. Wie um ganz sicher zu gehen, wurde einst an der → Groppenfasnacht von Ermatingen die Strohpuppe brennend ertränkt.

Im → UNTERENGSTRINGER LICHTERSCHWEMMEN wird ein lichterloh brennender Böögg bachab geschickt. In der Doppelhinrichtung des → WÜLFLINGER BÖÖGGENPAARS erleben wir die Verknüpfung von Feuertod und Tod durch den Strang. Nebeneinander baumelt das Symbolpaar am Galgen, während die Flammen zu ihm hinaufzüngeln.
Es seien ein paar weitere Beispiele von Bööggenvernichtung genannt, die Verbrennung im solothurnischen Egerkingen, im tessinischen Quinto, in der Ajoie und der → PAGAT an der Einsiedler Fasnacht.

DIE BÖSEN CHLÄUSE

→ DIE CHLAUSJÄGER → DIE SCHMUTZLI → DAS CHLAUSESELN

BRAUCHTÜMLICHES

Unter Brauchtum versteht man das kristallinisch Sichtbargewordene im Tun und Benehmen des in der Gemeinschaft lebenden Menschen. Sein Agieren verfolgen wir im Zauberspiegel der Volksbräuche. Tausenderlei Auskünfte gibt er uns, etwa über die antiken und christlichen Einflüsse aufs Abendland, über die Kulturen des Mittelalters, die höfische Kultur beispielsweise. Solche Phänomene erstrecken sich nicht genau bis zu den Landesgrenzen, man erfaßt sie regionengeschichtlich. Im volksbräuchlichen Spiegel erkennen wir auch verfestigte bäuerliche sowie städtische Zustände, vorab die der Handwerker und Zünfte.
Aber wie das Tun, so verraten auch die Dinge ethnologische Geheimnisse. Ihnen nachzuspüren mit Fleiß und Liebe, auch den allerkleinsten, ist ein anspruchsvolles, ein nicht allein wissenschaftliches, sondern künstlerisches Unterfangen. (Es wird genau so wenig je eine befriedigend umgrenzte und alles erklärende Brauchtumswissenschaft geben, wie die akademische Fata Morgana einer Literaturwissenschaft je Realität werden kann. Es gibt bloß die weniger anmaßende Literaturgeschichte.) Dieses Der-Dinge-Gewahrwerden ist gemeint mit dem Eindringen in die Welt der mehr dinglichen Bestände des Brauchtümlichen. Möglichst viele Kenntnisse müssen gesammelt werden, und dem einfühlenden Interpreten sollte ein umfängliches Instrumentarium von Begriffen aus korrelativen Wissensgebieten zur Verfügung stehen. → GRUNDBEGRIFFLICHES → DIE VOLKSBRÄUCHE

DIE BRAUCHTUMSLIEDER

Das sind Lieder, hauptsächlich des Landmanns und des Handwerkers, die deren Bräuche widerspiegeln. Meist schlicht, oft auch sehr eigenwillig, sind die jahreszeitlich bedingten Tätigkeiten in Reim und Melodie gestaltet.

DIE BRAUTKRONEN

In einzelnen Landesteilen ist der Kopfputz der auffälligste und oft der schönste Teil der Brauttracht. → BRAUT- UND BRÄUTIGAMSKLEIDER Er kann die Form eines Kranzes haben oder einer Krone. Von besonderer Schönheit sind die Brautkronen und -kränze der Walliserinnen und der Engadinerinnen. Die Kronen der Lötschentalerinnen heißen → SCHÄPPELI. Der Brautkrone wohnte die Bedeutung eines Tugendzeichens inne. Nur Jungfrauen durften sie auf dem Gang zum Traualtar tragen.

DIE BRAUT- UND BRÄUTIGAMSKLEIDER

Sie sind eine Trachtenform und werden im Wallis immer noch getragen. Früher lieh man sie dort dem Paar aus der Gemeindetruhe aus, samt Schäppeli, dem Brautkranz, und weißer Schürze. Das Schäppeli – im Lötschental – war ursprünglich Zeichen der Jungfräulichkeit. In bernischen Tälern erschien einst der Bräutigam in Uniform, die fremde Dienste oder neu eidgenössisches Soldatentum verriet. Es konnte auch ein schwarzer Mantel, ein Seitengewehr und die → HÜRATSGELTE, ein Zivilistenhut, sein.

DIE BREZELN

Wie die Ringli im Luzernischen und Oberaargauischen sind sie ein Festgebäck. Während aber jene gesüßt sind, so haben diese meist Salzgeschmack. In der Funktion eines dauerhaften Hartgebäckes hatten sie früher eine große Verbreitung. Sie sind aber immer noch beliebt, und das mag seinen besonderen Grund haben. Ihre Form ist keine zufällige Zuckerbäckergrille. Das Verschlungene daran ist etwas so magisch Lapidares, daß noch heute Erwachsene wie Kinder mit undefinierbarem Verlangen danach greifen. Das Brezel-Vorbild war ein Totenschmuck aus keltischen Gräbern.

DAS BROT

Ungesäuert, als Fladen, kennt schon die Vorgeschichte das Brot. Es ist nicht erstaunlich, daß bei vielen antiken Kulturvölkern das getriebene Brot als Göttergeschenk aufgefaßt wurde. Die Gallier verwendeten erstmals Hefe. Was für Brot ist in unserem Lande gebacken worden? Aus dem fetten Korn, das im Mittelland wächst, ist das Weißbrot geworden, aber auch das Schwarz- oder Ruchbrot (letzteres frisch aus dem Ofen vom Nachbarn überreicht, wurde als Leckerbissen aufgefaßt); doch oben bei den Gletschern haben die Bäuerlein den humuskargen Hängen struppigen Roggen abgerungen und daraus ihr Hartbrot gemacht. Ein- bis zweimal im Jahr wurde es gebacken, manchmal über tausend kleine Laibe. Von ihnen erzählt der Genfer Saussure, der das Wallis besucht hatte, daß sie hart wie Glas gewesen seien, untauglich zum Zerschneiden mit dem Messer. Man zerschlage sie an der Tischkante. Von Chur abwärts bis zum Bodensee, wo der übliche gelbe und der feinere weiße Mais angebaut werden, gibt es Maisbrot. Noch andere Brotarten gibt es; auch eine solche aus Hafer.

Die heutigen französischen flûtes kannten bereits unsere Altvordern als → STECKENBROT. Das → GSCHRÄNZT BROT mit vielen Knuppeln bringt uns in die Nähe der → GEBILDBROTE, die meist kunstvoll geformte → FESTBROTE sind, also veredelte Brote. Ihre Zahl ist groß. Brauchtumsfreunde nehmen mit Vergnügen Kenntnis von solchen Bezeichnungen wie Schultheißenbrot, das ein Basler Zuckerbrot ist.

Aus dem Berner Sibental vernehmen wir – aus einem Arzneibuch – vom → SCHUTZ-ARZNEIMITTELBROT: «Es kamen drei Dinge vom Himmel herab: das eine war die Sunnen, das andere der Mon, das dritte war das heilig däglich Brot, das schlug alle Gichte und Gsüchte tot.» – Die Augustinerbrötli waren ebenfalls ein Arzneimittelbrot. Sie wurden noch bis 1848 in Freiburg in Halbfrankengröße hergestellt.

Nicht nur im Schutz- und Arzneimittelbrot, wo die Ehrfurcht vor dem Brot eine mystische Steigerung erfährt, kommt der uralte Respekt vor der Gottesgabe zum Ausdruck. Brosamen unter den Tisch fallen zu lassen, galt einst als Schändung. Und die Emmentaler Bäuerin gerät heute noch in Zorn, wenn aus Gedankenlosigkeit ein Brotlaib mit dem Gupf nach unten auf die Tischplatte gelegt wird. Dem Brot bringt man im schweizerischen Brauchtum eine Liebe entgegen, die nicht bloß profaner Natur ist.

DAS BROTAUSWERFEN

Der Brauch des Auswerfens kleiner Brote ist weit mehr als nur eine Geste des Brotverteilens an die Hungrigen, des mittelalterlichen Almosens mit religiöser Verflechtung. Wer macht sich nicht Gedanken beim fasnächtlichen Werfen von Viktualien? In der geschichtlichen Vorzeit, und noch lange später, opferte man freudig und reichlich an der Grenze von Winter

und Frühling. Die Dämonen der Dunkelheit und Kälte sollten besänftigt, den Geistern der erwachenden Erde sollte gehuldigt werden. Das Brotauswerfen ist als → FRUCHTBARKEITSZAUBER zu werten wie das → KÖRNERWERFEN und das Nüssewerfen. → DER NÜSSELER
In Einsiedeln werfen an der Fasnacht die → JOHEEN und die → MUMMERIEN Mütschli, begehrte Weißbrötchen, in die ungeduldig harrende Kinderschar. → DIE EINSIEDLER FASNACHT Am Zürcher Sechseläuten werfen die Gesellen der Bäckerzunft Semmeli vom Umzugswagen hinunter in die Menge und, mit Geschicklichkeit, weit hinauf zu den Haschenden auf den Balkonen und an den Fenstern. An der → STEINEN-FASNACHT werfen der → TALIBASCH, und der → VALÄDI Brötchen von der Kirchhofmauer.

DIE BROTWEIHE

In alpinen Gegenden ist heute noch der Brauch der Brotweihe durch den Priester lebendig. Die Ehrfurcht vor dem → BROT, diesem göttlichen Geschenk der Erde, ist wohl jedermann verständlich. Wenn wir uns vergegenwärtigen, daß vor nicht allzu langer Zeit in alpinen Gegenden das Brotessen als Verschwendung gelten mußte, gaben doch die Kornäckerchen wenig her, so verstehen wir den sakralen Akt der priesterlichen Brotweihe. Es gab auch eine Segnung durch profane Hand, die der drei Kreuze. Die Hausfrau oder der Bäcker ritzten sie in den Boden des Laibes. Von der Heiligkeit des Brotes zeugt eine Stäfener Redensart: «Tüend's Brot ab em Tisch, wänn er vo dem (etwas Ungehörigem, Ungutem) wänd rede.»

DER BRÜNIGSCHWINGET

Dieser typisch schweizerische sportliche Anlaß hat seinen Anfang im neunzehnten Jahrhundert. Damals stiegen die Haslitaler, die Ob- und Nidwalder – letztere sogar von ihrer Geistlichkeit begleitet – hinauf zur Paßscheide, um ihre Kräfte zu messen. Heute ist der Brünigschwinget eines der beliebtesten Feste der Schwinger und Turner in unserem Lande.

D'BSATZIG

Dies ist die deutschsprachige Bezeichnung, die man in ganz Bünden versteht, für Kreislandsgemeinde. Es gibt deren neununddreißig. → DIE MASTRALIA → DIE LANDSGEMEINDEN

Die Buebechilbi

Diese Merkwürdigkeit ist verschwunden und durch die Knabenschaft abgelöst worden. → Die Knabenschaften Meist fand die Chilbi bei der Katharinenkapelle von Ebersecken statt, bereicherte also einen → Katharinenmarkt.

Der Bülacher Räbeliechtliumzug

Unter den vielen Herbstbräuchen, die sich in räbenanbauenden Gegenden erhalten haben, ist als besonders sympathisches Beispiel derjenige von Bülach im Züribiet zu erwähnen. Am 16. Oktober singen die Kinder begeistert, ihre ausgehöhlten Lichterräben vor sich her tragend: «Galli (Gallus) hocket uf em Stei, Puur tue dini Räbe hei, bald git's dusse-n-Iis und Schnee, d'Chelti tued de Räbe weh.»

Die Bundesfeier

→ Erster August-Feier

Die Bündner Oberland-Viehsegnung

Sie findet am Abend des Auffahrtstages statt. Die Bauern bringen ihre Viehhabe zum Dorfgeistlichen. Sie erhoffen des Himmels Segen und Schutz für die Tiere und deren Alpung.

Die Burgdorfer Solennität

→ Die Jugendfeste

Der Bürgertrunk

Er folgt der Bächtelitagung mit Rechnungsabnahme der Gemeinde, die heute meist Rechnungsgemeinde genannt wird. Im aargauischen Tegerfelden zogen früher die Jungen mit Tansen vor die Häuser der Begüterten und wünschten das Neujahr an. Im Keller erhielten sie dann eine → Weinspende, worunter man das Auffüllen der Tansen verstand. Dann wurden diese vor die Häuser der Nichtbegüterten getragen. Später formierten sie sich zu einem Umzug, und wenn der Rat sich versammelt hatte, zogen sie hin und wünschten den Herren feierlich das Neujahr an. Es erfolgte die Übergabe des → Eierrings, der im größten Backofen der Gemeinde gebacken worden war. Bemerkenswert ist nun der Brauch der Gegengabe. → GEGENGESCHENKE Die Magistraten offerierten einen halben Saum Gemeindewein. Das wären heute fünfundsiebzig Liter. → DER BÄCHTELITAG

DER BUTZ

Er heißt auch Butzi oder Butzli. Er ist die wichtigste Figur der Fasnacht im Sarganserland und im nahen Rheintal. Am häufigsten trifft man heute den → RÖLLIBUTZ oder Röllelibutz an, der ein → GERÖLL, rollenbesetzte Ledergurten, trägt. Nur kräftige junge Männer können einen Tanz aufführen und, trotz der Behinderung durch das Gewicht der Plümpen, immerzu lärmen. Tanzen gehört aber zu den Zauberhandlungen, die zur Wintervertreibung unerläßlich sind!
Wie sieht der Butz unserer Tage aus? Sein Körper steckt (außer in Amden) nicht mehr in der dichten, beschwerlich zu tragenden Tannenreisighülle. Die Vermummung ist aber immer noch total, wobei grüne Reiser am Kleid angeheftet sind, ein spärlich gewordener Schutz gegen die vegetationsfeindlichen Dämonen. Die Holzmasken, die von bekannten Schnitzern angefertigt werden (→ DIE MASKEN DER SCHWEIZ), sind – mit wenigen Ausnahmen – nicht mehr graueneinflößend. Man kann von einer Zivilisierung des Butz sprechen. Sie hat schon im 19. Jahrhundert eingesetzt, als der Chiläbutz die milde Landjägerrolle übernahm, die Kinder in den Abendrosenkranz zu scheuchen, und der Gemeindebutz die Minderjährigen von den Tanzplätzen jagte. Die Rheintaler Butzen haben sich bis zur Unkenntlichkeit gewandelt. → RÖLLIBUTZENUMZUG UND -POLONÄSE IN ALTSTÄTTEN

C 60

Calendimaggio

→ Die Maggiolata

Der Chachelimärit und Chachelimärt

Mit dem Chachelimärit gedenken wir eines nicht minder wichtigen Brauches als es der → Zibelemärit für die Stadt Bern ist. Doch auch andere Städte haben die Tradition eines Geschirrmarktes. In Basel freut man sich auf das herbstliche Ereignis, den Chachelimärt auf dem St. Petersplatz. Wenn man Glück hat, stößt man heute noch auf originelle Erzeugnisse aus Steingut, Porzellan oder Fayence.

Der Chalanda Marz

Die Charakteristika eines wintervertreibenden Frühlingsfestes sind offensichtlich. Der Name besagt Märzbeginn, und mit intensivem → Lärmen vor allem mit Schellen und Kuhglocken künden sich alle Chalanda Marz-Anlässe an, im Unter- und Oberengadin, im Bergell, im Münstertal, im Puschlav und auch auf der Lenzerheide. Das Stündlein der Winterdämonen hat geschlagen. Auf den Höhen, die Scuol umgeben, erleidet der Winter durch Verbrennung des → Hom Strom den Flammentod. Die Dörfer entfalten eine oft aufwendige Pracht. Wo der Chalanda Marz nicht Ganztagsanlässe zeitigt, gibt es Vor- oder Nachmittagsumzüge, mannigfaltige Fröhlichkeit der Schuljugend, oft mit viel Peitschenknallen. Vergessen wir nicht, daß das Bild des Chalanda Marz in den größeren Ortschaften einst durch die → Knabenschaften geprägt war.

Die Chästeilete

Man kann auch der Chästeilet sagen. Im Herbst, genauer, wenn der Alpsommer zu Ende gegangen ist, findet unten im Tal die → Sennen- oder → Älperchilbi statt. Es sind dies Festlichkeiten der Zurückgekehrten. Doch ihnen vorausgegangen, noch vor der → Alpabfahrt, ist die Chästeilete.
Da wird der Ertrag der Sömmerung unter den Alprechtbesitzern aufgeteilt: der → Bergkäse. Diese Teilete ist nicht immer ein rein geschäftlicher und trockener Vorgang. Vielmehr erinnert er an die Mitte Sommer auf vielen Alpen und Paßübergängen abgehaltenen → Bergfeste. Auf die Mägisalp z.B. kommt viel Volk aus dem Tal herauf. Das tut es nicht bloß, um bei den Sennen direkt einkaufen zu können, sondern um der Festlichkeit willen. Im Hasliberger Chästeilet erfährt das schweizerische

Brauchtum ein ständig farbiger und reicher werdendes Herbstfest der Älpler. Im Justital ob dem Thunersee findet der Chästeilet auf dem Spycherberg statt. Es geht um die gerechte Teilete von Käse aus der Milch von 250 Kühen, die 200 Bauern gehören. Der Zeitpunkt wird gemeinsam durch die Sennen, die Bergvögte und die Bergpräsidenten festgelegt.

DER CHESSLER

Er ist eine Schweizer Urform des Schlittens für Kindervergnügen, ein Einplätzer aus zwei Kufenbrettern und einem Sitzbrett. Unter diesem, an zwei Stängelchen, sind Eisenringe aufgereiht, die «chesseln», wenn es holpert.

DIE CHESSLETE

Die Chesslete ist eine exemplarische Illustration zum heidnischen → LÄRMEN. Lautstark findet sie an der → SOLOTHURNER FASNACHT statt. In Chesslerhemli und Zipfelmütze ziehen die Chessler mit ihren vielgestaltigen Lärminstrumenten durch die Stadt und machen den sprichwörtlichen Heidenlärm.

DER CHILÄBUTZ

→ DER BUTZ

DIE CHILBI

Die Kirchweih bezog sich, wie der Name besagt, auf die Weihhandlungen an kirchlichen Räumen. Ihr Jahrestag ist seit dem 10. Jahrhundert verknüpft mit volkstümlichen Vergnügungen. Die Kirchweihfahne wurde aufgezogen, es gab einen Kirchweihtanz im Freien, entweder um die Dorflinde oder um den Kirchweihbaum, auch → KIRCHWEIHMAIEN genannt. Verkaufsbuden umsäumten den Platz. In der deutschen Schweiz heißt das Fest Kilbi oder Chilbi, in deutschsprachigen Gebieten des Auslandes Kirmeß (von Kirch-Messe). Es sind mehrere Formen zu unterscheiden.

Da gibt es die lokale Chilbi, deren Tag durch das Weihedatum der Kirche bestimmt ist. Ein für uns gewichtiger Begriff ist die → SENNENCHILBI, meist ein Talschaftserntefest. Ein solches hat komplexen Charakter. Es gibt eine religiöse Komponente, eine historische, eine politische, eine wirtschaftliche und die der Lustbarkeit. Ein exemplarisches Beispiel liefert

der → SEGENSONNTAG im Lötschental. Zu trennen von diesen Kilbifesten sind die → ÄLPLERCHILBENEN, die zwar auch in den Herbst fallen und besser nicht Chilbenen geheißen würden. Sie haben ja keine Datumverknüpfung mit einem Kirchenheiligen. Sie sind vor allem sportliche Anlässe, dem Schwingen oder dem Steinstoßen gewidmet. → DER SCHWINGET
→ DER JAHRMARKT

DER CHLAUS

Für den Volkskundler ist der Chlaus eine vieldeutige Figur. Man könnte es auch so ausdrücken: im schweizerischen Winterkalender gibt es viele Festlichkeiten, an denen Chläuse gegensätzlichen Charakters auftreten. Am bekanntesten und den meisten Schweizern vertrautesten ist der weihnachtliche Chlaus, der Klaus, der von St. Niklaus abzuleiten ist. → DER ST. NIKOLAUSKULT Er ist in einen roten Kapuzenmantel gehüllt und erscheint, dem Christfest vorgängig, am 6. Dezember. Dann nimmt er mit den Kindern eine moralische Jahresprüfung vor. In vielen Gegenden hat sich eine Verschiebung auf den Weihnachtstag ergeben, so daß die Befragung der Kinder unter dem Weihnachtsbaum erfolgt. Ihr Betragen den Eltern, den Lehrern und den Gespielen gegenüber wird nach einem christlichen Kodex beurteilt. Die Rezitation von Weihnachtsversen wird wohlwollend taxiert. Zum Schluß gräbt der Chlaus aus seinem tiefen Jutesack kleine Geschenke hervor und übergibt sie, von Mahnungen begleitet. → DER CHLAUSEBEGLEITER Diese fallen natürlich den elterlichen Weisungen gemäß aus, was selten verfehlt, tiefen Eindruck zu machen.
Die vorchristliche Komponente im Chlaus wird augenfällig in den vielfältigen Bräuchen der → SYLVESTERCHLÄUSE, beim → CHLAUSENJAGEN, beim → ZÜRCHER OBERLAND-CHLAUS und in den → CHLAUSENSPIELEN.
Chlaus heißt auch ein Lebkuchengebilde. In Verfolgung seiner Geschichte gelangen wir einerseits ins vorchristliche Reich der germanischen Mythologie, anderseits blicken wir in einen interessanten Kultur- und Brauchtumsspiegel, dem der → GEBILDBROTE und, insbesondere, der → WEIHNACHTSGEBILDBROTE.

DER CHLAUSBEGLEITER

Der gütige Niklaus tritt selten im Alleingang auf. Er befindet sich meistens in Begleitung eines Gehilfen (→ DER ST. NIKOLAUSKULT). Der Name dieses gestrengen Begleiters wechselt mit der Gegend: → GURRI, → SCHMUTZLI, Tüffeler, Tschemel, Geigel, Père Fouettard, Père Chaland. Der schweizerische Chlaus hat vielfach eine Doppelnatur, er ist Winter-

Die Kirchweihe.   La fête du Village.

Canton Bern.

Wiedergabe einer ländlichen Kirchweih. Sie strahlt deren Wesenszüge aus: Geselligkeit, Becher- und Tanzfreuden. Das Musikantenduo bedient sich eines Blas- und eines Zupfinstruments.

Das Bild eines unbekannten Künstlers ist der Serienproduktion «Der Wanderer in der Schweiz» entnommen, die 1830 bis 1840 als Farblithographien bei Maehly und Schabelitz in Basel, nach dem Entwurf von Nilson, herauskamen. (Schweizerisches Landesmuseum Zürich) dämon und christlicher Heiliger. Es kann aber auch sein, daß die beiden Komponenten getrennt einhergehen, als Zwillinge sozusagen. Der eine ist der liebevolle Spender, der andere der strafende Sack- und Rutenträger. Im Zürcher Oberland nimmt zuweilen der Begleiter die demütige Form eines Tieres an, des Esels. Christlich interpretiert kann man darin das treue Reittier Jesu vom Palmsonntag sehen, heidnisch das Wotanspferd. Für die letztere Herkunft spricht, daß es sich um einen → SCHNAPPESEL handelt. Noch ein Umstand ist festzuhalten, daß nämlich der Chlausbegleiter, wie oft im Zürcher Oberland, in Paaren vorkommt, beim → STÄFNER CHLAUSEN sogar in der Vielzahl, so auch beim → CHLAUSESELN.

DAS CHLAUSCHLÖPFEN

So nennt man das in Lenzburg und Umgebung geübte Geißelchlepfen.
→ DIE GEISSELER → DER LENZBURGER CHLAUSMARKT

DER CHLAUSENBAUM

Er ist seit Jahrzehnten aus der Innerschweiz, wo er beheimatet war, verschwunden. An seine Stelle ist der → CHRISTBAUM getreten. Auch die Übergabe von Geschenken ist der Bescherung unter dem Weihnachtsbaum gewichen.

DAS CHLAUSENJAGEN IN KÜSSNACHT AM RIGI

Am Donnerstag vor dem St. Niklaustag findet in Küssnacht am Rigi einer der schönsten Chlausenumzüge statt, der lichterprächtigste der Schweiz. Seit einigen Jahrzehnten verleugnet er den heidnischen Ursprung (→ DIE CHLAUSENUMZÜGE, → DAS LÄRMEN), insofern, als sich das Lärmen auf das kunstvolle Peitschenknallen (→ DIE GEISSELER) der Chlepfer, auf das Treichelnläuten und die Musik der Hornbläser beschränkt. Diese begleiten die Hauptfiguren, die Lichtkläuse. Die Lichtkläuse – ihrer sind über hundert – tragen auf ihren Häuptern die von innen erleuchteten → INFULEN, wahre Filigrankunstwerke in Pappe von überwältigender Pracht.

DAS CHLAUSENSCHELLEN

So heißt der Chlausenumzug vom → GLARNER CHLAUSMARKT.

Die Chlausenspiele

Sie sind im Gebiet des oberen Zürichsees beheimatet. Sie haben kaum etwas mit dem christlichen Chlaus zu tun. Sie weisen mit ihrem → LÄRMEN und ihren Tänzen in die Tiefe heidnischer Zeiten. In Stäfa traten die Chläuse mit den hohen Lichthüten auf, in Lachen gab es die → SCHLIICHBÖÖGGE, Chläuse, die Clownerien vollführten. Eine bekannte Szene: ein Eseltreiber mit Peitsche treibt vier Infulchläuse (→ INFUL) und sechs Schliichböögge und den als Esel vermummten eigentlichen Chlaus an, oft mit gereimten Zurufen wie: «sossosso, mi Tier, hohoho, Vorderchlaus füre, Hinderchlaus nae, Esel i der Mitti, Sänneschällebögg rod ti!» Und die Unheimlichen fangen zu tanzen an und ein Heidenspektakel nimmt seinen Anfang. – Das Stäfener Chlausenspiel ist das letzte vieler einstiger Zürichsee-Chlausenspiele. → DAS STÄFNER CHLAUSEN Die obige Szene kommt darin variiert vor, und ein Schliichböögg geht zur Finanzierung der Spiele mit einer Sammelbüchse herum. Er schliicht ume. Die Lachener Böögge trugen Holzmasken.

Die Chlausenumzüge

Sie sind in christlicher Zeit nachweislich zu Ehren des allerorts geliebten Heiligen St. Niklaus veranstaltet worden. In der Innerschweiz entfalten sie sich jährlich in großer Pracht. Doch sind die friedlichen Chlausumzüge der Schuljugend, unter kirchlichen Auspizien meist und oft als → TRICHELN bekannt, eher eine Neuentwicklung. Wo sie urwüchsig weiterleben, sind die Chlausumzüge dasselbe wie das → CHLAUSENJAGEN. Die jungen Burschen jagen mit großem Stimmaufwand, mit Peitschenknallen, mit Schellen- und Glockenläuten den Chlaus. Doch wen muß man sich unter ihm vorstellen? Gewiß nicht St. Niklaus. In seinem Gewande steckt ein Dämon, der der Kälte, des Winters. Er muß mit allen Mitteln vertrieben werden. → DER CHLAUS

Die Chläuse von Arth am See

Das eigenartige Schauspiel berittener Chläuse bietet sich in Arth am See. → DER CHLAUS Ihre Pferde werden von den → SCHMUTZLI am Halfter geführt. Wo immer der Chlaus in der Mehrzahl auftritt, muß man sich durch das St. Niklaus-Datum des 6. Dezembers nicht beirren lassen. Man muß an die Zwölften-Herkunft denken. → DIE ZWÖLFTEN

Das Chlauseseln

Dieser Brauch ist ein St. Niklausbrauch des zugerischen Ägeritales. Er nimmt am Vorabend mit dem → CHLAUSJAGEN seinen Anfang. Ein Knallen hebt an, das wie ein unheimliches Heidefeuer brandet und örtlich aufflackert. Die jungen Burschen bewerkstelligen dieses Knallen mit kurzstieligen Schafgeißeln. → DIE GEISSELER Am Vormittag des St. Niklaustages dann ziehen die Kinder mit einem hölzernen Eselskopf auf langer Stange herum. Er ist aufgeputzt, mit Bändern geschmückt. Das ist der Chlausesel. → DIE SCHNABELGEISS Er kann das Maul öffnen und der Träger betätigt durch eine Schnur seine lange, heraushängende Zunge. Diese schnellt erst zurück, wenn das Chlauseselmaul mit einer Münze gespeist worden ist. Wenn der Abend kommt, lärmen die Großen. In Rotten ziehen sie bis zu den entlegensten Höfen. Eine Figur, die hervorsticht, ist ein bischöflicher St. Niklaus. Einer der Chläuse steckt in einer Eselshaut. Zahlreich sind die → SCHMUTZLI, gefährlich aussehende Chläuse. Man nennt sie auch die bösen Chläuse.

Die Verbindung Chlaus – Esel ist nicht auf das Ägerital beschränkt. Aber nirgends steht es so sehr im Zentrum des Geschehens wie hier. Machen wir uns also Gedanken darüber! Der Esel ist schon früh als frommes Reittier Jesu ein biblisches Lieblingstier geworden, ein Verehrungssymbol auch. Von Autun her hat er in der Schweiz Eingang gefunden. Kein anderes Tier ist in der Kunst der Romanik so liebevoll behandelt worden. Doch wie bei anderen Chlausbräuchen müssen wir uns für die Deutung in vorchristlichen Räumen umsehen. Wenn sich die Jugend des Ägeritales, wild gebärdend und einen Heidenlärm vollführend, dem Chlauseseln hingibt, so wähnen wir, einem → ZWÖLFTEN-Spiel beizuwohnen. Noch einen Interpretationsgedanken müssen wir hinzufügen: im Brauch des Chlauseselns scheint das Gütig-Christliche das Urböse zur Strecke bringen zu wollen.

Die Chlausjäger

Man kann in ihnen ein Stück Wotanskult sehen. Die Anhänger Wotans verehrten einen kraftvollen, wilden Urgott, der, von seinen reckenhaften Mitgöttern begleitet, zur Zeit der → ZWÖLFTEN der Jagd oblag. In den kleineren, sich so übermütig gebärdenden menschlichen Dämonen wiederholt sich die gewaltige Jagd über den Wolken. → DIE CHLAUSENUMZÜGE Die Chlausjäger bieten ein urtümliches Schauspiel. Es ist begründet in der Vorstellung, ungute Geister durch schreckenden Lärm und durch furchterregendes Tun bannen zu können.

Die Chlefeli

Das Wort hängt mit chlepfe zusammen. Das Chlefeli ist ein in der Innerschweiz bekanntes Lärminstrument. → LÄRMEN Es besteht aus zwei etwa handspannelangen und daumenbreiten Buchenbrettchen. Wenn die Unterseite angebrannt sei, so erhöhe sich der Klapperklang. Kein Knabe, der die Handhabung der Brettchen nicht kennte, nämlich zwischen Zeige-und Mittelfinger. So ist er imstande, rassige rhythmische Rasselgeräusche zu erzeugen. Noch vor wenigen Jahren hatten die Chlefeli nicht bloß fasnächtliche Profanbedeutung; sie wurden auch im Osterdonnerstaggottesdienst verwendet. → Die Rätsche → Die Raffeln

Der Chlepfer

Mit etwas anderer Vokalgebung ist Chlepfer, innerschweizerisch, überall da bekannt, z. B. als Chlöpfer, wo das Lärminstrument Peitsche so gehandhabt wird, daß dabei die hohe Kunst der → Geisseler entstanden ist.

Der Chlepfwalzer

Der Name läßt zwei Deutungen zu: die einen sagen, er komme davon her, daß die Zuschauer mit den Fingern ein knallartiges Begleitgeräusch machen, die andern, daß er eben chlepfig, nämlich rassig sei. Tatsächlich ist der Chlepfwalzer ein scharfakzentuierter Bauernwalzer im Sarganserland. Unter dem namen Hopser oder Hopper ist er im Appenzellerland bekannt.

Die Chlummler

Sie sind Figuren aus der Interlakener → Harderpotschete. Da Garnchlummli oder -chneuel ja ballartig rund sind, weist die Schimpfbezeichnung – sie wird nicht nur für Bettler aufgespart – auf schlecht oder in Lumpen Gekleidete hin, die ihren Bauch nicht verstecken können. An der Harderpotschete geben sich die Chlummler Mühe, dem Wortsinn mit Phantasie nachzuleben.

Die Chlunggere

Ähnlich der → Sträggele ist die Chlunggere, ursprünglich ein Zwölftendämon (→ Die Zwölften), eine der volkstümlichsten Hexenpersonifizierungen des Zürichgaus, von Solothurn und der Innerschweiz. Ihre Nase ist geierschnabelartig, die Fingernägel sind Krallen; sie hat einen gewaltigen Höcker und eine mißgebildete Brust. Sie peitscht die Menschen und setzt sich den Schlafenden auf die Brust. Im Kanton Zürich gab es – analog zur Sträggelenacht – am 22. oder am 30. Dezember eine Chlunggerenacht. Im Zürcher Oberland traten noch um die Jahrhundertwende Chlunggere, oder Chlungeli, auf, immer paarweise, die eine schreckhaft weiß, die andere pechscharz und immer mit Aschenpfanne. Ob darin eine Anspielung auf den Sommer-Wintergegensatz liegt?

DAS CHORWETTSINGEN

Nicht wie an den walisischen Sängerwett-Treffen, wo schon die alten Barden im Wettstreit die sangesbegierigen Zuhörer begeisterten, nein, der schweizerische Wettstreit findet in Chorform statt, von Dorf zu Dorf, von Talschaft zu Talschaft und von Region zu Region, ähnlich wie die → SCHÜTZENFESTE. Individuelle Sangeskämpfe liefern sich bei uns die Jodler. → DAS JODELN

DER CHRIËSMARTI

Er ist da und dort in der Ostschweiz bekannt, eine Wilder Mann-Figur. → DER WILDE MANN In Tannenreisig gehüllt, taucht er an Sylvesterfeiern auf.

DER CHRISTBAUM

In diesem schönen Symbol kommt im Laufe der letzten Jahrhunderte edles altes Denkgut, immerzu ausgeweitet, zu großer Bedeutung im Brauchtum. Im siebzehnten Jahrhundert behängten patrizische Gesellschaften bei ihren eigenen und in Spitälern veranstalteten Feiern kleine Bäumchen – nicht immer Tannenbäumchen – mit Oblaten, Zuckerwerk und Zierschmuck. Im Prinzip waren es Dinge, die nach dem Fest verschenkt wurden. Eigentliche Weihnachtsbäume fanden sich zuerst an Höfen, dann in der bürgerlichen Oberschicht von Mitteleuropa. Die Bezeichnung Christbaum stammt aus dem achtzehnten Jahrhundert und bezieht sich auch auf anderes Schmuckgrün als Bäume; es mußte nur immergrün sein. Schon in vorchristlichen Zeiten waren bei Winterwendefesten Wacholder, Stechpalme und Buchsbaum zu rituellen Zwecken verwendet worden. Heute sind in unserem Lande Christbaum und → CHRISTKIND miteinander verknüpft. Aber es ist noch nicht lange her, daß in manchen Gegenden St. Niklaus, und nicht das Christkind, den Christbaum brachte. → CHLAUSENBAUM

DAS CHRISTKIND

Eigentlich ist Christkind eine Bezeichnung für das Jesuskind, vor allem im Zusammenhang mit der Krippe. → DIE KRIPPEN In den Frauenklöstern des Mittelalters ist dann die Verehrung des Christkindes zum Kult geworden. Seit dem sechzehnten Jahrhundert hat, auf unserer Seite der Alpen, seine Bedeutung noch zugenommen; das Christkind ist zum weihnachtlichen Gabenbringer geworden. Darin hat es in manchen Gegenden die früheren volkstümlichen Gabenbringer, St. Niklaus und St. Martin, verdrängt.

DIE CHRISTROSENVEREHRUNG

Die Nieswurz, lateinisch Helleborus, ist eine schöne kleine Pflanze und verdient Bewunderung. Die Verehrung von heute besteht hauptsächlich darin, daß das einst wilde Hahnenfußgewächs im Garten seinen Platz gefunden hat und gepflegt wird. Sie ist aus Osteuropa über die Alpen zu uns gewandert. Aber was hat sie mit Christus und was mit Rosen zu tun? Es gäbe rührende Legenden zu erzählen. Aber es sei nur festgehalten, daß die lange blühenden, an Hagrosen gemahnenden Gesichtchen erst weiß wie frischer Schnee und später purpuren leuchten. Wie in ihrer östlichen Heimat aber blühen sie, der Kälte zum Trotz, mitten im Winter, zur Zeit des Christfestes.
Den Jerusalempilgern legte man sie im Mittelalter ins Grab, obwohl nicht nachgewiesen ist, daß sie sie zu uns gebracht haben. Es ist aber keine Sentimentalität, daß sie dem Herzen wohltun; die moderne Pharmazie gewinnt aus dem Wurzelstock der Christrosen stärkende Bestandteile für das Herz.

DAS CHROPFLIMEH DER ALTEN FASNACHT

Als Zug noch eine kleine Stadt war, mochte die Aufmunterung und Frage «No es Chropfli meh?» gang und gäbe gewesen sein. Es hatte der Brauch bestanden, daß sich die Mädchen revanchierten und ihre Verehrer und Tänzer der eben entschwundenen Fasnachtstage zum Essen einluden. Die Freunde nahmen das Zusammensein der Neupärchen zum Anlaß, ihnen ein Ständchen zu bringen. Der Dank dann an die liebenswürdigen Aufmunterer war ein Glas Wein und ein leckerer Zuger Chropfe. Das heißt, es wurden derer mehrere, wenn die Bitte erfolgte: «No es Chropfli meh!» Der wiedererstandene Brauch heißt Zuger Chröpflimeh.

Der Chrottni

Das ist ein Sarganserländer Maskentyp. → Die Masken der Schweiz

Die Chrungele

Frau Chrungele ist eine Zwölften-Figur (→ Die Zwölften) und war früher im ganzen Zürcher Oberland bekannt. → Go Chrungele ga. Im Tößtal geht sie am Jahresende heute noch um, eine verfrühte Fasnachtserscheinung, schwarz vermummt und das Gesicht rußgeschwärzt.

Der Chüächlesunntig in Liechtenstein

So heißt auch der → Funkensonntag im Fürstentum Liechtenstein, dem «zugewandten Ort» ennet dem Rhein. Jedes Dorf hat seinen Funkenplatz, der so gewählt ist, daß der Funken – der Stoß aus Leseholz und Törggenstroh (→ Der Türkenkrieg) talauf- und talabwärts möglichst weithin leuchtet. Auch geschenktes Holz nehmen die jugendlichen Sammler gerne entgegen. Sie rufen: «Bördeli, Bördeli, Törggestroh, dörri Schiter nömmer oo!»

La Dame Noël

→ Das Christkind

Die Dämonen

Sie bedeuten ungöttliche, höhere personifizierte Mächte. Auf dem abendländischen Boden finden sich immer noch Reste urzeitlichen – bei uns besonders germanischen – Dämonenglaubens. In unseren Sagen begegnen wir Dämonen verschiedenartiger, meist menschlicher Gestalt. Auch im heutigen Brauchtum finden wir Figuren mit dämonischen Zügen, z. B. den → Wilden Mann. Wir sollen aber nicht vergessen, daß der Geisterglauben sich immerzu neu bilden kann und seine Vorstellungswesen dann keineswegs mythologischen Ursprungs sein müssen. → Mythen und Sagen → Die Zwölften

Die Dankspenden

Dankspenden und -bräuche weisen weit in die Vergangenheit zurück. Erntedankfeste gab es in vorchristlichen Zeiten schon. Aber der Dank für eine gute Ernte hat natürlich bei uns schon längst ein christliches Gepräge angenommen. → Erntedankfest   Und Veranlassung für die brauchtümlich berühmt gewordenen Dankspenden sind christliche Gedenktage. Da sind die Osterspenden in den Walliser Dörfern Savièse, Hérémence und die → Ferdener Osterspende, dann die Sembrancher Pfingstspende im Jura. Und da ist die → Kippeler Allerseelenspende.

Das Daubensee-Schäferfest

Der Daubensee liegt unweit des Gemmipasses. Dort wird jeweils am zweiten Sonntag im August ein Fest gefeiert, das der großen Zahl der Schafe wegen spektakulär, im übrigen aber – wie das Schäfern entspricht – recht bescheiden ist.
Die interessanteste Phase ist die → Schafscheid, das Trennen der Schafe und das Zusammenstellen nach ihren Besitzern. Keine leichte Arbeit!
Die Eigner sind dafür besorgt, daß die einsamen biblischen Gestalten der Schäfer einen fröhlichen Ausklang des Tages erleben. Er ist für sie der Jahreshöhepunkt.

Das Davoser Kinderschlitteln

Kinderschlitteln gab es schon früher. Aber das Davoser Kinderschlitteln ist kein sehr alter Brauch. Warum sollen auch alle Bräuche alt sein? Er ist für ältere Schüler gemeint und erfreut seit 1961 die jungen Sportler so sehr wie die anfeuernden Zuschauer an der Schlittelbahn.

Der Dechel
→ Die Krienser Techel → Das Techeln

Der Diessenhofener Bärtelitag
In Diessenhofen heißt der zweite Januar Bärtelitag. → Bächtelitag Er ist ein früher Fasnachtstag mit mannigfaltigem Maskentreiben. Für viele Diessenhofener Bürger bildet jedoch der Wald- oder Marchenumgang die Hauptsache. → Die Flurumgänge Die Gemeinde stiftet einen währschaften Imbiß.

Le Dimanche des Brandons
So heißt im Welschen der → Funkensonntag.

Die Disentiser Karfreitagsprozession
Man darf sie füglich die eindrücklichste und schweizerischste Karfreitagsprozession nennen. Der Grabchristus wird um die Kirche getragen, in Lebensgröße auf einer Bahre, dieweil das wegsäumende Jungvolk mit Rätschenlärm eine Begleitmusik von erschütternder Wirkung macht. → Die Rätschen Um für dieses besondere → Lärmen die zutreffende Erklärung zu finden, sollte man auch der den Kreuzweg Christi säumenden Juden in Jerusalem gedenken. Es sei noch dem Brauch der Erwachsenengemeinde Erwähnung getan, im Kirchenchor die Fußwunde des Gekreuzigten zu küssen.

Das Ditti
Eine enigmatische Figur von der → Schwyzer Fasnacht ist das Ditti. Gehört es zu den Perchtenmasken? Wotans Gattin hatte, wie die so ambivalenten Mitgötter und -göttinnen, gefährliche Qualitäten neben den, in vielen Legenden nachklingenden, gütigen Zügen. Ein rätselhaftes Lächeln umspielt den Dittimund, der verschlossen bleibt durch einen Riesennuggi. Die Hände aber sind gebende Hände, wie segnende Feenhände. Sie greifen immerzu in den Henkelkorb, um Früchte und Feuersteine herauszuholen und zu verteilen, zweifellos eine Frühlingszaubergeste.
→ Das Brotauswerfen

Schlitteln und Eislaufen. Der Wintersport ist eine Schöpfung der Neuzeit. Man kannte aber schon lange zwei sportliche Vergnügen: den Brauch des Schlittelns mit dem Chessler und den Eislauf mit recht problematischen Schlittschuhen.
Radierung von Daniel Beyel 1788. (Graphische Sammlung Zentralbibliothek Zürich)

Die Dorffeste

Oft haben sie keine historische Begründung. Aber sie sind von nicht unwesentlicher sozialer Bedeutung und steuern der Entwurzelung, wie die → QUARTIERFESTE in den unmenschlichen urbanen Häuseransammlungen von heute. Ein schönes Beispiel eines solchen Festes ist das Dorffest von Opfikon im Kanton Zürich.

Die Dorfgemeinde

Sie ist die jährlich oder halbjährlich stattfindende Versammlung der Stimmbürger zur Erledigung der Gemeindegeschäfte. → VOLKSGEMEINDE Es kann sein, daß an selber Stätte sowohl eine Landsgemeinde als auch eine Dorfgemeinde stattfindet.

Die Dornacher Schlachtfeier

In Dornachbrugg erinnert ein Beinhaus an die vierte und letzte Schlacht des Schwabenkrieges, als die Eidgenossen, am 22. Juli 1499, über den Schwäbischen Bund und Kaiser Maximilian siegten und damit, de facto, ihre Unabhängigkeit erlangten. Die jährliche Schlachtfeier wird auch kirchlich begangen, in der Kapuzinerkirche zu Dornach.
Die Dornacher Schlachtfeier findet am Sonntag nach dem 22. Juli statt.

Die Dottikoner Fasnacht

Einst ein Dörflein, das zur Hälfte zur Pfarrei Ammerswil, zur Hälfte zur Pfarrei Staufberg gehörte, das im ersten Villmergerkrieg im Begriffe war, durch einen schrecklichen Brand von der Landkarte zu verschwinden, kann es sich heute rühmen, Schauplatz der größten Aargauer Fasnacht geworden zu sein. Man schätzt, daß Dottikon jährlich auf nicht weniger als 6000 Fasnachtslustige Anziehungskraft ausübt. Wundert es jemanden, daß der scheinbar durch keine Außerordentlichkeit ausgezeichnete genius loci sie alle schnell in Bann schlägt?

Der Drapoling

Er ist eine urnerische Variante des schwyzerischen → BLÄTZ. Beide tragen einen Rollengurt. In Altdorf erscheint er gerne in Gesellschaft des → MÜHLESTEIPERS, ebenfalls einer lokalen Blätzfigur.

Dorffest. Das Blatt «Fête Villageoise» stellt beschwingt einen Reigen dar. Zehn verschiedene Trachten sind auszumachen.
Die Lithographie, koloriert aus der Zeit, stammt von F.N. König, Ausgang 18. Jahrhundert. (Graphische Sammlung Landesbibliothek Bern)

D 76

Die Drehrätsche

→ Die Rätsche

Der Dreifaltigkeitssonntag

Er ist der erste Sonntag nach Pfingsten. Im Kirchenkalender steht er als Gedenktag der Dreifaltigkeit, der christlichen Verhältnisvorstellung von Gottvater – Sohn – Heiliggeist, die sich in der Volkskunst in rührenden Vereinfachungen und Sinnbildern naiven Gepräges niedergeschlagen hat. Man denke etwa an den dreigesichtigen Kopf oder drei durch unterschiedliche Nimben gekennzeichnete Männergestalten.

Die volkstümliche Seite am Dreifaltigkeitssonntag ist von wahrhaftig bewegender Eindrücklichkeit. In gewissen Gegenden, wie im Freiamt, wird das Salz für die Verfütterung ans Vieh vom Bauer zur Segnung in die Kirche getragen. Man sollte in diesem Zusammenhang Überlegungen zum kirchlichen → Weihwasser anstellen.

Die Dreikönigsspiele

Die Anbetung des Jesuskindes durch die Weisen aus dem Morgenland ist das Hauptthema der mittelalterlichen Mysterienspiele. Nicht weit von der Schweizergrenze, in Straßburg und Besançon, haben sich Teile der Epiphanienliteratur szenisch in Dreikönigsspielen niedergeschlagen. → Die Epiphanie Auf unserem Boden ist das → Freiburger Dreikönigsspiel erhalten geblieben. In Savièse im Wallis waren noch vor hundert Jahren Umzug und Mysterienspiel Bestandteil eines Volkstheaters.

Der Dreikönigstag

Er fällt auf den 6. Januar. Noch hat er in vielen Gegenden der Schweiz ein Gewicht, in dem sich seine einst dreifache Bedeutung dokumentiert. Er erinnerte an die Erkenntnis der drei Weisen aus dem Morgenland, daß das Kind göttlich sei. Dann erinnerte er an die Erkenntnis der Göttlichkeit Christi bei der Jordantaufe. Und er erinnerte an Jesu erstes Wunder, nämlich bei der Hochzeit zu Kana. Das Fest vom 6. Januar war das bedeutungsgeladenste, umso mehr, als es in den ersten drei Jahrhunderten kein Weihnachtsfest gab. Von Forschern wird darauf hingewiesen, daß die Verankerung dieses christlichen Festes im östlichen Mittelmeerraum kalendarisch erleichtert wurde durch das Zusammenfallen mit dem Frühlingsfest des hellenischen Dionysoskultes. Der Kern der Feste war ja teil-

weise identisch. Das Neuerwachen der Natur führte zum Bewußtsein der Allgegenwart des göttlichen Freudespenders.
Dreikönigen ist immer noch ein Fest der Innigkeit, was z. B. im Brauch des → STERNSINGENS zum Ausdruck kommt. In den letzten beiden Jahrhunderten hatte er aber eine Abwertung im Sinne der Verweltlichung erfahren. So wurde er Anlaß zu Militärparaden. In Martina gab es eine solche bis 1860, und nicht nur drei Könige aus dem Morgenland kamen auf Besuch. Es konnte vorkommen, daß bis zu sechs Jünglinge sich zu Königen ernannten und in phantasievollen Roben den Gottesdienst besuchten. In Freiburg, das die prachtvollsten Dreikönigsfeiern kannte, arteten sie schließlich in Reiterspiele aus.

DIE DÜDINGER KIRCHGANGMAITLI

Im freiburgischen Guin, oder deutsch, Düdingen, wird Fronleichnam besonders feierlich und farbenfroh gefeiert. Die Kirchgangmaitli tragen anmutig die unerhört reiche Tracht des Schwarzbubenlandes. Zur Tracht gehört ein Kopfschmuck, der die Mädchen größer scheinen läßt und dadurch dem Bild der Prozession etwas Einmaliges verleiht.

DER DUMMPETER

Im Baslerdialekt ausgesprochen, wird offenbar, daß aus einem Trompeter ein «Drummbeeter» geworden ist und das Endresultat der Dummpeter sein konnte, die einstmals wichtige Figur der → BASLER FASNACHT.

E

Das Effinger Eierlaufen
→ Das Eierlaufen

Die Ehrengabe
→ Das Gegengeschenk

Die Eichfuhr
→ Die Tannenfuhr

Die Eidgenössische Bundesfeier
Sie hat nicht einmal hundertjährige Tradition und wird nicht ganztägig gefeiert wie etwa in Frankreich der 14. Juli. Man gedenkt aber abends mit dem Entfachen von Höhenfeuern des Rütlischwures von 1291. Feuerwerk wird allüberall abgebrannt, und andere fröhliche Gepflogenheiten und gesellige Anläße, oft mit offiziellen Reden, haben die eidgenössische Bundesfeier zu einem rahmenhaften Brauch werden lassen.
→ Die 1.-August-Feier

Das Eierlaufen
Am Ostermontag oder am Sonntag nach Ostern kann man im Berner Seeland, im Baselbiet und am Bözberg im Aargau noch das Eierlaufen sehen. Es ist ein sehr altes Gruppenspiel. Die eine Gruppe muß eine bestimmte Aufgabe erfüllen, z. B. im Schnellauf ein Ziel erreichen, während die andere heil, über eine kürzere Strecke, rohe Eier in Sicherheit bringen muß. In Effingen hat sich eine besonders interessante Variante erhalten, und das Fest wird bereichert durch das Auftreten der Dürren und der Grünen, symbolischer Maskentypen. → Die Masken der Schweiz Es kommt auch vor, daß zwei Ortschaften miteinander in Wettstreit treten.
→ Die Eierlesete von Lommis

Die Eierlesete von Lommis
1860 wurde die Eierlesete zu Lommis im Thurgau zum letzten Mal abgehalten. Die in gleichmäßigen Abständen der Hauptstraße entlang ausgelegten Eier mußte ein geschickter Einsammler mit einer Schaufel aufheben und in den Korb eines Reiters werfen. Die verpatzten Eier wurden, mit Straßenstaub vermengt, als gelbe Schmiere – wie sie von Naturvöl-

kern heute noch verwendet wird als Gesichtsbemalung – vorwitzigen oder unvorsichtigen Zuschauern angeschmiert. → Das Eierlaufen
Weniger barbarisch werden weiterum in der Schweiz hartgesottene Eier als → Ostereier zu Spielen und zum Essen verwendet. → Die Osterbräuche

Die Eieröhrli

Sie sind eine ostschweizerische und zürcherische Form der Fasnachtchüechli. → Festgebäck

Der Eierring

Der Eierring ist ein → Festbrot und ein → Gebildbrot. Am meisten fand er Verwendung und wird er immer noch gebraucht als Neujahrsweggen. In Tegerfelden ist er noch dampfend-warm dem Magistraten zu übergeben. Dieser quittiert ihn mit einem halben Saum Gemeindewein, etwa fünfundsiebzig Litern Festtrunk für die Jungmannschaft. Dieser Ehrengabe wohnte der Sinn der → Gegengeschenke inne.
Der Eierring war auch der Spinnerin liebstes Festtagsbrot, und das hatte einen besonderen Grund. Der Eierring ist so etwas wie das Attribut der → Perchta, die ja auch Spinnerin und Beschützerin der fleißigen Spinnerinnen war. Übrigens hat er noch eine weltweit verstandene Bedeutung: er ist ein Sonnenradsymbol.

Die Eiersymbolik

Schon vorchristliche Religionen verwendeten das Ei symbolhaft. Seine mathematisch schwer erfaßbare aber gefühlsmäßig lapidare Form hat die Menschen von jeher fasziniert. Sie haben das Ei als urtümliches Symbol des ewigen Lebens, auch des wiedererstandenen Lebens, verstanden. Das Ei findet man in Gräbern als Opfergabe für die Götter bestimmt, welche den Abgeschiedenen im Jenseits in Empfang nehmen. Es sollte ihm auch auf dem gefährlichen Weg Lebenskraft verleihen. Wir begreifen, daß dem christlichen Gläubigen für den Tag von Christi Auferstehung das Ei Symbol der frohen Botschaft bis auf den heutigen Tag geblieben ist, und das in tausendfältigen, künstlerischen Schmuckformen.
Die Auffassung, die schon im Buche Hiob ausgesprochen wird, daß möglicherweise Gut und Böse in zwillingshafter Urexistenz sich vorzustellen seien, kommt, versteckt, auch in der Eiersymbolik zum Ausdruck. Liegt nicht die Entstehung von Heil und Unheil schon im Ei, wenn doch aus Hahneneiern → Basilisken schlüpfen können!

Das Eiertütschen

Zu Stadt und Land, und nicht nur bei der Jugend, war das Eiertütschen eine beliebte Osterunterhaltung. Das Tütschen kennt heute noch jedermann, doch wird es nicht mehr als eine Kunst gewertet. Früher achtete man darauf, daß mit großer Präzision «Gupf auf Gupf und Spitz auf Spitz» gezielt wurde. Das war nicht bloß eine plumpe Klopferei! In Zürich traf man sich auf dem Eiermarkt, vielmehr dem Eiermärt. Die Gegner traten zum Zweikampf an, indem sie die Kampfobjekte an den Schneidezähnen testeten. Es gab wahre Künstler, respektive Experten, die dann mit dem Gewinn von einem oder zweier Dutzend eingeschlagener Eier vielbewundert von dannen zogen.

Der Eierzauber

Wie im Volke noch vor wenigen Generationen der Zauberglaube überhaupt lebendig war, so gab es ihn natürlich im besonderen im Zusammenhang mit dem urtümlichsten Objekt der wunderreichen Schöpfung, dem Ei. → Die Eiersymbolik Um zu überleben, haben alte heidnische Vorstellungen sich nur wenig wandeln müssen. Nicht unverständlich ist die Tatsache, daß die Zauberwirkung, die man dem Ei zuschrieb, dadurch ausgelöst wird, daß es die Henne am Karfreitag legt. Durch den Vogelleib gelangt es in die fluchbeladene Welt im Augenblick der Erlösungstat des Herrn. → Das Karfreitagsei

Das Eifischtaler Brotbacken

Noch gibt es Bauern in entlegenen Alpgemeinden, die ihr eigenes Brot backen. Noch sieht man in Bünden und im Wallis die gemauerten Backofenbäuche auf Holzträgern aus der Hauswand herausragen. Aber im Walliser Eifischtal gibt es einen über hundertjährigen Gemeindebackofen, in welchem familienweise vierteljährlich nach altem Rezept gebacken wird. Das Rezept dieses Bauernbrotes? Roggen-, Weizen-, Bohnen- und Maismehl mit Kartoffeln vermengt, Gewürzzugabe aus wildem Kümmel, schwarzem Pfeffer und Fenchel. Das Beglückende ist jedoch, daß aus diesem unwahrscheinlichen Teig ein wohlschmeckendes Brot entsteht, das man sowohl als frischduftendes Backwerk, als auch als Hartbrot genießen kann. Drei Monate alt, wird es dann mit der Axt zerkleinert. Mit ihm zerspringen die aufgedruckten Schlüssel-, Blumen-, Kelch-, Lettern- und Kreuzornamente! Die bescheidene, aber gesegnete Mahlzeit kann beginnen.

Die Einsiedler Fasnacht

Um welche Fasnacht auch immer es geht, eine weniger bekannte oder eine berühmte, wir sollten uns erst mit dem Ursprung der → Fasnacht beschäftigen. Dann erwächst uns für die einzelnen Bräuche das volle Verständnis. Heutzutage erstreckt sich die Einsiedler Fasnacht, eine Kette von Anlässen, über mehrere Tage, wobei es am → Güdismontag und am → Schmutzigen Donnerstag am lebhaftesten zugeht. Das Einsiedler fasnächtliche Geschehen konzentriert sich jeweils auf den Montag oder den Dienstag. Was einst Bräuche in losem Zusammenhang waren, hat sich verfestigt zum komplexen Bild der heutigen Einsiedler Fasnacht. Uralte, mittelalterliche und neuere Bräuche, von heidnischen und christlichen Vorstellungen getragen, haben sich wundersam gemischt. Die Figuren, die zum eisernen Bestand gehören, können wir kaum ihrem Alter entsprechend aufführen. Gebührt der eindrücklichen Figur des Einsiedler Teufels die Priorität? Geht er auf biblische Vorstellungen zurück, oder ist er die heidnische Verkörperung alles Bösen? Wie im Märchen gibt es auch eine Teufelsgroßmutter und einen Teufelsfuhrmann. In den Gestalten der Sühudi, die toben und lärmen (→ Das Lärmen) und abstoßend und häßlich vermummt sind, scheinen die heidnischen Winterdämonen wiederauferstanden zu sein. Auch das Einsiedler Alte Wyb gehört in diese Hexengesellschaft, obwohl es eher aufgeputzt, in der manierlichen Kleidung vom Ende des letzten Jahrhunderts, erscheint. Hauptfiguren sind und bleiben die → Joheen und die → Mummerien, Verkörperer uralten Tuns, sind sie doch fasnächtliche Brotwerfer. → Das Brotauswerfen Für viele sind die treichelntragenden Joheen und die roßschellenbewehrten Mummerien die charakteristischsten Einsiedler Fasnachtsfiguren. Unerläßliche Nebenfigur einst, ist der → Bajass eine Figur mit Doppelbedeutung heute: sein meistgebrauchter Name, Narrenbajaß, verrät die ursprüngliche Bedeutung des Narren. Sein rascher Witz nun hat ihm den Posten des Ordners im Umzug und Schützer der Joheen und Mummerien verschafft. Im zum heutigen Brauch gewordenen großen Umzug findet sich eine Reihe historischer Figuren: Da ist der Ritter, dessen sich zu erinnern die Nachfahren der Sieger von Morgarten erlaubten Grund haben. Da ist der Näpeler, der an Näpi, Napoleon und sein übles Tun im Ländchen Schwyz erinnert. Ein ahistorischer Einzelgänger ist der → Pagat, ein Wintersymbol. Eine Puppe bloß, überlebt er die Fasnacht nicht.
Wesentlich für die Einsiedler Fasnacht ist auch die Tatsache, daß da das mittelalterliche Fasnachtsspiel weiterlebt. → Die Fasnachtspiele Die Stiftsschüler bringen jeweils ein solches zur Aufführung.

Die Eisheiligen

Die ersten drei Namen erwecken Vertrauen in unserem Lande, die christlichen Pankraz, Servaz und Bonifaz. Mit der «kalten Sophie» könnte man sich noch abfinden. Aber sie alle sagen nichts aus über die verwunderlichen Eisheiligen.

Tatsächlich sollte man an die altgermanischen Götter denken, denen an einem Hagelfest Anfang Mai Opfer gebracht wurden, damit man im weiteren Verlauf des Jahres verschont bleibe. Unsere Kalenderheiligen sind Ersatzfiguren. Die Bauern nehmen sie aber sehr ernst und machen sie verantwortlich für den Kälteeinbruch, der mit großer Regelmäßigkeit zwischen dem 12. und 15. Mai unser Land heimsucht. Die Meteorologen allerdings weisen auf den antizyklonalen Ursprung in der Arktis hin. → Die Bauernregeln

Die Elgger Aschermittwochknaben

Elgg ist nicht einfach ein zürcherischer Flecken am Wege nach St. Gallen, der seiner schönen Burg wegen, genannt Schloß, bekannt geworden wäre. Seit dem 16. Jahrhundert ist es eine Stadt mit Vorrechten. Ihr Name wurde durch eine bedeutende Anzahl großer Bürger bis nach Holland getragen und ans fernöstliche Mittelmeer. Papst Julius II. schenkte ihr ein eigenes Banner. So ist es keineswegs verwunderlich, daß hier viel Geschichte lebendig geblieben ist, daß noch zu Anfang dieses Jahrhunderts die Aschermittwochgesellschaft große Umzüge veranstaltete. Der Vorreiter pflegte ein satirisches Pamphlet, lebendige Lokalgeschichte, zu verlesen. Regelmäßig bis heute findet der glänzende Umzug statt, der Umzug der Aschermittwochknaben, die auch Äschlibuebe heißen. Ein Harst schmucker Trommler und Pfeifer wird von einem jugendlichen Reiter, ihrem Hauptmann, angeführt. Da ist auch eine Kompanie Knaben, Gewehre schulternd. Ferner das hellgrün gekleidete Corps der Armbrustschützen, gefolgt von den Kleinsten, die ebenfalls bewehrt sind. Drillvorführungen, Waffenreigen und eine im Jahresgeschehen fußende Ansprache profilieren diese landzürcherische Aschermittwochfeier.

Das Ellikoner Lichterschwemmen

Im Gemeindewappen von Ellikon an der Thur gibt es in einem Silberfeld gleich drei Halbmonde. Doch sie liegen wie Schifflein in einem blauen Schrägbalken. Der Balken aber ist sicherlich die Thur. Es ist nicht abwegig, im Wappen einer Siedlung mit vorwiegend alemannischer Bevölkerung den heraldischen Niederschlag des Brauches des → LICHTERSCHWEMMENS zu sehen. An jedem Mittfastensonntag hält Ellikon den schönen Brauch hoch.

DAS EMAUSEN

Es muß eingangs erwähnt werden, daß die Selbstlaute a und u getrennte Aussprache verlangen. Die kleine Ortschaft draußen in der Landschaft vor Jerusalem, wo sich die ihres Herrn beraubten Jünger wieder sammelten, hat Anlaß gegeben für diesen Muotathaler Brauch. Zum mindesten ist Emausen mit dem biblischen Emaus in Verbindung zu bringen. Emausen nennt man den familien- oder sippenmäßigen Osterspaziergang, durch den der kirchliche Festtag in der erwachenden Natur einen Höhepunkt erfährt.

DIE ENGELWEIHE VON EINSIEDELN

Wenn der 14. September auf einen Sonntag fällt, dauert das Fest nicht bloß einen Tag, sondern eine ganze Woche. An einem solchen Vierzehnten soll ja Christus selber die Weihe der Kapelle vollzogen haben.
In der damals kleinen romanischen Kapelle kniete die ganze Nacht betend der Konstanzer Bischof Konrad. Er hörte liebliche Gesänge, schaute auf und – so steht es in Papst Leos Bulle – gewahrte einen zelebrierenden Engel. Als er dann, wozu er herbestellt worden war, die Weihe vornehmen wollte, vernahm er deutlich von oben die Worte: «Bruder, laß ab, die Kapelle ist von Gott geweiht!» Seit diesem himmlischen Akt versammelt sich großes Volk, der Weihe von 948 gedenkend.
Im 15. Jahrhundert, als das Gnadenbild eine überwältigende Anziehung auszuüben begann, wurde das Fest der Engelweihe nicht mehr von kleinen Scharen nur besucht, 1466 sollen ihrer 100 000 Betende gewesen sein.

DIE EOSTERE

Das ist der Name einer vorchristlichen Frühlingsgöttin, die es jedoch nie gegeben hat. Sie ist ein praktischer Irrtum. Von ihr leitete der angelsächsische Kirchenvater Beda das Wort «Easter» ab, das wir im Deutschen als Ostern kennen.

EPIPHANIEN

Diese Bezeichnung wird eher im protestantischen Kalender gefunden, der katholische bevorzugt Epiphanias für das Fest der → EPIPHANIE.

DIE EPIPHANIE

Das Erscheinen Gottes in Menschengestalt wird von der christlichen Kirche in der Nacht vom 5. auf den 6. Januar gefeiert: an Epiphanias oder Epiphanien. Es ist das älteste christliche Fest und war bis ins 4. Jahrhundert das Gedenkfest der Geburt Christi. → WEIHNACHTEN, mit dem Datum vom 25. Dezember, hat es dann verdrängt.
Mehr oder weniger ist es identisch mit dem Dreikönigsfest, da ja die drei Weisen im Christkind an diesem Tage die Göttlichkeit erkannten.
Epiphanien ist in der Schweiz nicht ganz verschwunden, wie die großartige Dreikönigsfeier in Freiburg beweist. → DAS FREIBURGER DREIKÖNIGSSPIEL

DER ERDKUSS

→ DER HERDKUSS

DIE ERMATINGER GROPPENFASNACHT

→ DIE GROPPENFASNACHT

DAS ERMENSEER LICHTERSCHWEMMEN

Der Brauch des → LICHTERSCHWEMMENS findet sich mancherorts in der Schweiz und hat seinen Ursprung in heidnischen Zeiten. Interessanterweise aber ist das Ermenseer Lichterschwemmen in der Vorstellung des luzernischen Landvolkes mit Fridolin, dem Heiligen aus der Zeit der Christianisierung unseres Landes, verknüpft. Die Bewohner am Saum der Aa, die so friedlich von See zu See fließt, sahen keinen Grund, sich des schönen alten Brauches zu entäußern, als ihnen der Heilige ins Gewissen redete. Sie sahen fortan im Lichterschwemmen ein christliches Verheißungssymbol, Licht im heidnischen Dunkel.

Der Erntemonat (August) steht unter dem Zeichen der (Heiligen) Jungfrau. Das Korn wird eingebracht. Wenn die Sichel hingelegt wird, beginnen die verdienten Erntefeste.
Stich von Conrad Meyer, 1663. (Graphische Sammlung Zentralbibliothek Zürich)

Das Erntedankfest

Diese Bezeichnung kirchlicher Erntefeste reicht in unserem Lande nur ins 19. Jahrhundert zurück. Vielerorts und von beiden Konfessionen werden vor dem Altar, oder auf diesem selbst, Brot und Feldfrüchte symbolisch dargeboten. Mit dem Dankgottesdienst waren früher profane Festlichkeiten verbunden. → Das Erntefest Eigentlich nur die Weinbauern haben in ihren farbenfrohen → Winzerfesten diese herbstlichen Volksbräuche bewahrt. → Der Muttergottestag im Augsten

Die Erntefeste

Erntefeste sind so alt wie Acker- und Weinbau. Mit der Darbringung von Dankopfern, den Früchten des Feldes und dem Saft der Rebe, erfreute man die Götter, aber man erfreute auch sich selbst. Hatte man nicht durch strenge Arbeitsleistung ein Recht auf Lustbarkeiten erworben? Natürlich erfuhren die Erntefeste eine christliche Umgestaltung. → Erntedankfest Sie leben weiter in den → Winzerfesten und solchen Herbstfesten wie Martini. → Der St. Martinstag → Die Krähhahnenfeste

Die 1.-August-Feier

Der schweizerische Nationalfeiertag ist seit 1899 auf den 1. August festgelegt. Muß man darin eine willkürliche Fixierung sehen? In einem der Urkantone, in Schwyz, bedeutete der 1. August bis vor kurzem eine wichtige bäuerliche Zäsur. Es ging dabei um Alprechte. → Der Zirk → Die Höhenfeuer haben denn auch bei uns eine doppelte Bedeutung: eine Verankerung in urzeitlichen Rechten und Pflichten und traditionell sogar in den vorzeitlichen Sonnenwendfeuern. In manchen Gegenden wurden ja noch zu Jahrhundertanfang am 24. Juni solche kultische Feuer entzündet, ebenso am Apostelgedenktag Peter und Paul! Zum andern sind die Feuer Freudenfeuer, Signalfeuer auch, die an das historisch wichtigste Datum der Eidgenossenschaft erinnern, an die Verjagung der österreichischen Vögte 1291.
Nicht alle Landesteile feiern den 1. August in gleicher Weise. Wir feiern ihn auch nicht ganztägig wie die Franzosen den Quatorze Juillet. Aber die abendlichen Feiern haben ein frohes Gepräge. Politische Reden stehen vielfach im Mittelpunkt. Kulinarische Freuden und Tanz im Wirtshaus oder unter freiem Himmel, Feuerwerk in bescheidenem dörflichem Ausmaße oder etwa in gigantischen Seenachtfesten charakterisieren die heutigen Bundesfeiern.

Die 1.-Juni-Feier in Genf

Den Abend des 1. Juni begehen die Genfer sehr festlich. Sie gedenken der Landung der solothurnischen und freiburgischen Truppen 1814 im Port-Noir. Nach den napoleonischen Wirren wurde damit die Zugehörigkeit zur Eidgenossenschaft ins Bewußtsein gerufen. Jährlich erfreut die Bevölkerung Genfs ein farbenfroher Umzug zur Gedenksäule im Port-Noir.

Die Erzknappen

→ Die Gonzener Barbarafeier

L'Escalade

Dieses Genfer Fest ist, wie kein anderes der Stadt, ein Brauch, der in der Geschichte verwurzelt ist. Von ungezählten rauchenden Fackeln fällt flackerndes Licht auf die historischen Gestalten, welche ins Jahr 1602 zurückweisen, als Karl Emanuel von Savoyen seine seit 1582 intensivierten Bemühungen, Genf in seine Gewalt zu bekommen, durch einen Überfall zu seinen Gunsten entscheiden wollte. Die Escalade mißlang.
Das Verbleiben im eidgenössischen Verband feiert man heute mit einem Gedenkgottesdienst in der Kathedrale St. Pierre und dadurch, daß ein berittener Herold auf den großen Plätzen vom entscheidenden historischen Erfolg berichtet. Den Abend der Escalade versteht die Bevölkerung von Genf in beispielloser Fröhlichkeit in ein einziges Fest zu verwandeln, und das trotz der winterlichen Verhältnisse, die am 11. Dezember doch meist vorherrschen.

Die Eucharistie

Im Zusammenhang mit Bräuchen in der katholischen Kirche findet oft die Eucharistie Erwähnung. Es sei kurz darauf hingewiesen, daß es sich um einen dreifach gelagerten Begriff handelt.
Das → Abendmahl ist darin enthalten, die Abschiedsfeier Jesu nach der Passahliturgie. Die katholische Mahl-Bedeutung ist nicht bloß symbolisch, sondern transsubstantiell. Dann kommt das Opfer Christi zum Ausdruck, das der Priester mit Brot und Wein sakramental nachvollzieht. Letztlich ist die Eucharistie Gegenstand der Anbetung.

E

Gewiß ist es richtig, wenn man die Eucharistie das Herzstück des katholischen Kultes genannt hat. Wenn dem, in der Tat, nicht so wäre, könnte man kaum das innige Verständnis selbst des einfachsten katholischen Gemütes für die Bräuche erklären, die mit der Eucharistie zusammenhängen und sie so dominierend gemacht haben.

Das Fackelschwingen

Wie das → FAHNENSCHWINGEN ist vielerorts, und zwar nicht nur im Alpenraum, das Fackelschwingen zu einer hohen Kunst gediehen. Es braucht Kraft und außerordentliche Geschicklichkeit, die brennenden Fackeln hoch aufzuwerfen und am sehr kurzen Griff wieder aufzufangen. Aber das Wesentliche: in die Luft zeichnen die sich drehenden Fackeln kunstvolle Feuerzeichen, leuchtende Figuren. Das Fackelschwingen bereichert manches Volksfest, wie z. B. das Gregoriusfest von Beromünster. → DIE GREGORIFEUER

Die Fackelumzüge der Couleurstudenten

Sie bereicherten noch zu Anfang des 20. Jahrhunderts das Straßenbild jeder Universitätsstadt. In Zürich war die alte studentische Tradition zehn Jahre erloschen, als 1978 von den neunzehn noch vorhandenen Couleurverbindungen der Brauch zu neuem Leben erweckt wurde. Der Zug führt vom Hauptgebäude der Universität durch das Halseisen hinunter – die Künstlergasse von heute – zum Rathaus, über die Brücke und dann durch die steile Pfalzgasse hinauf zum Lindenhof. Da werden die Fackeln zu einem Flammenhaufen zusammengeworfen, und das Gaudeamus igitur erklingt.

Das Fahnenschwingen

Die Fahne, die seit der Renaissance den kriegslustigen Schweizern als Feldzeichen dient und heilig ist, dieses weithin leuchtende Stoffstück an einem Schaft, ist auch zum Gegenstand einer hochentwickelten Kunst gemacht worden, des Fahnenschwingens. Bei Vorführungen wird das nationale Emblem, das Schweizerkreuz im roten Feld, in Standardgröße, aber mit kurzem Schaft, verwendet. Es gibt feststehende Figuren und deren Varianten. Die Fahne, die immer in einer Ebene ausgebreitet bleiben soll, wird vom Schwinger kunstvoll vor und um sich geführt sowie hochgeworfen und wieder aufgefangen.

Die Fahrtrichel

Schriebe man Fahrttrichel, so wüßte jeder ohne Besinnen, was gemeint ist. Es handelt sich um die große Treichel, welche für die Alpauffahrt der Leitkuh umgehängt wird. → ALPAUFZUG

Der Fahrtsbrief

Das ist das Rautisfeld-Dokument, d. h. das Namensregister der auf dem Rautisfeld gefallenen Glarner. → Die Näfelser Fahrt

Die Fas(t)nacht

Das Charakteristische des fasnächtlichen Treibens sind Maske und Tanz. Der Zeitraum ist begrenzt von den christlichen Feiertagen Dreikönigen und Aschermittwoch.
Um sich über den Ursprung der Fasnacht klar zu werden, halten wir uns zuallererst vor Augen, daß sie an die → Zwölften anschließt, jener heidnischen Feiern, die sich über zwölf Tage erstreckten, während welcher man glaubte, des unheimlichen Waltens mächtiger Götter besonders inne zu werden. Es nahm am 6. Januar sein vorläufiges Ende. Die dunkelste Zeit war überwunden. Die milder gewordene Natur erleichterte dem Menschen den Daseinskampf. Offensichtlich waren die Dämonen im Rückzug begriffen, und man konnte das seinige dazu beitragen, sie zu verdrängen, nämlich durch Kühnheit und List und in der Anwendung von Zaubermitteln. Das wichtigste war im Begriff similia similibus enthalten. → Der Analogiezauber
Es gab zweierlei Kampfformen, den Schaukampf sich duellierender Heroen, Übermenschen, welche die tückischen, unsichtbaren Götter angriffen. Ein schönes Beispiel haben wir im → Wilden Mann.
Die andere war die Massenschlacht der Fasnacht. Mag sein, daß der Name von fasen herstammt, was Sich-närrisch-Gebärden bedeutet und fränkisch ist. In Bayern spricht man vom Fasching. In der Schweiz heißt das Treiben, wie jenseits unserer nördlichen Landesgrenze fast überall, Fasnacht. (Die Schreibung ist neuerdings konsequent ohne t.) Zu Recht spricht man von einer Verbürgerlichung der ursprünglichen Fasnacht. In Venedig nahm sie künstlerische Formen an. Der Carneval wurde jedoch eingeschränkt, weil er verbrecherischen Elementen allzu günstige Entfaltungsmöglichkeiten bot. Die Kostümfeste, die an den Fürstenhöfen zu Ausgang des Mittelalters schon gefeiert wurden, leben in unseren Maskenbällen weiter. Hübsche, bunte Tänzer wie Pierrots und Pierretten erfreuen das Auge, aber Fellverkleidungen und Lumpenhüllen erfreuen sich im Mummenschanz großer Beliebtheit. Tier-, Teufel- und Hexenmasken werden nie verschwinden. Sie besonders erinnern ja an den Ursprung der Fasnacht.
Beinahe erübrigt sich, jener psychologisch mageren Erklärungsversuche der Fasnacht zu gedenken, wonach das mittelalterliche Kirchenvolk, verärgert von der Aussicht auf Exerzitien und Bußübungen, sich im Mas-

Umzug der Metzgerknaben am Aschermittwoch. In der strammen Kolonne liegt ein Hinweis auf die Tapferkeit der Metzger in der Mordnacht von Zürich. Milderung erfährt das Schauspiel durch die Possen des Hünen in der Bärenhaut an der Kette des Führers in fasnächtlicher Verkleidung und durch die Klänge der Trompeten.
Stich von J.H. Meyer, 1785. (Graphische Sammlung Zentralbibliothek Zürich)

kentreiben habe austoben wollen. (Hier hat die t-Schreibung ihren Ursprung: Fastnacht.)
Die Fasnacht in unserem Lande hat sich mannigfaltige regionale Formen geschaffen. Sie finden zweifellos in der → BASLER FASNACHT ihren Höhepunkt.

DIE FASNACHTCHÜECHLI

→ DAS FESTGEBÄCK

DIE FASNACHTEN

Der genius loci hat die Fasnacht, ohne ihre irrationalen Verflechtungen zu lösen, zu eigengesichtigen Bräuchen geformt. Diese Fasnachten sind Kompositionen zum selben Thema. Oft enthalten sie aber einmalige Züge und machen eine lokale Fasnacht zur unverwechselbaren Schau.
Vergegenwärtigen wir uns einige eindrucksvolle Beispiele: Kompliziert sind die → EINSIEDLER und die → SCHWYZER FASNACHT. Zu etwas wie einer fasnächtlichen Apotheose ist die → BASLER FASNACHT gediehen; nicht nur weist sie erstaunlich viele Wurzeln auf, es ist die geistreiche Präsentation, die sie zu einem europäischen Phänomen macht. Mosaiken mit einem glücklichen Nebeneinander von antiken Kieseln und neueren Glaswürfeln sind die → LUZERNER FASNACHT und der → HEMDGLONKERUMZUG VON EMISHOFEN. Durch ihre einfache Urtümlichkeit beeindruckt die → KRIENSER FASNACHT.
Zu bedenken ist auch die Vielzahl regionaler Fasnachtsanlässe, die sich zu lokal bedingten Bräuchen verdichteten und solche, die heute noch generativ sind. Ein Beispiel ist der Umzug der Metzgerknaben am Aschermittwoch im zunftbewußten Zürich. Ein als Bär Verkleideter humpelte mit und erschreckte Knirpse und Mädchen. Der Brauch war eine Anlehnung an den Metzgerumzug, eine kriegerische Ehrenzeremonie, welche die Stadt an die Tapferkeit der Gesellschaft der Metzger in der Mordnacht von Zürich erinnerte.

DIE FASNACHTSFEUER

Die Alte Fasnacht – so heißt bei uns der Sonntag nach Aschermittwoch – ist seit alters der Magie verströmende Tag, an welchem die Fasnachtsfeuer allerorten aufleuchten. Die Welschen entfachen ihre Feuer und sprechen von Brandons. → LA FÊTE DES BRANDONS In der deutschsprachigen Schweiz gibt es die bescheidenen Höhenfeuer (→ FUNKENSONNTAG) und die spektakuläreren, die eher als Scheiterhaufen anzusprechen sind, brennt doch in ihrer Mitte ein Delinquent: die Strohpuppe Winter wird hingerichtet.

Die Fasnachtsspiele

Der Volkskundler will wissen, was es mit den Fasnachtsspielen auf sich hat. Man weiß, daß sie gleichzeitig mit den → Mysterienspielen im deutschsprachigen Raum in Erscheinung getreten sind. Aber – obwohl die Wurzeln der beiden mystischer Natur sind – gibt es keine andere Verbindung, als daß diese kulturellen Simultanerscheinungen den Spielhunger befriedigten. Mehr und mehr wurde das Fasnachtsspiel, sich die → Narrenfreiheit zunutze machend, zu einer Institution der Kritik an Kirche und Staat. Wenn sich die Einsiedler Stiftsschüler heute wieder der Fasnachtsspiele annehmen, so verdankt diese glückliche Fasnachtsbereicherung ihr Vorhandensein in einer modernen Welt der philosophischen Einstellung der Patres, die sogar als Förderer anzusprechen sind.

Die Fasten

Wer sich mit Fastenbräuchen befassen will, der sollte sich Gedanken machen über das Fasten selbst. Es muß doch mit dem Fasten eine besondere Bewandtnis haben, da es nicht bloß medizinisch, sondern religiös bei primitiven Völkern und bei solchen der Hochkulturen geübt wird.
Es ist nicht abwegig, wenn wir uns einen kurzen Augenblick zu den Salomonenbewohnern begeben, von denen der Manabegriff stammt. Sie bezeichnen damit eine Lebewesen und Dingen innewohnende Eigenschaft, die durch unser Verhalten als Kraft zutage tritt. Die Bezeichnung Zauberkraft ist im historischen Sinne richtig, wobei es sich um eine Strahlung handelt. Sie ist jener vergleichbar, die bekannterweise von Speisen, insbesondere von verdorbenen, ausgeht.
Von altersher hat man versucht, die Schädlichkeit der Strahlung zu neutralisieren. Beispielsweise durch – Fasten. Das Fasten kann ein sehr unterschiedliches sein, nämlich durch die Speisenselektion und durch seine Dauer. Mosaische, islamische und andere Gesetze befassen sich mit der Differenzierung, so daß man von einer religiös fundierten Ernährungstherapie sprechen kann. Im Mittelalter waren die Fasten äußerst lang.
Es wäre nicht falsch, zu behaupten, daß die katholische Kirche durch die Fastengebote im hygienearmen, pestilenzreichen Mittelalter das Abendland vor Schlimmem bewahrt hat. Das war nicht nur ein medizinischer Vorgang. Durch die disziplinierte Abstinenz werden seelische Kräfte frei,

die Berge versetzen können. Tatsächlich sind in der dem Fasten unterworfenen Bevölkerung latente Seelenkräfte aktiv geworden. Anders könnte man kaum das Durchhalten erklären in der dunkelsten Phase Europas.
Dieses Erfassen der Gesamtpersönlichkeit macht das Fasten zur idealen Vorbereitung für große Leistungen. Strenge Fastenvorbereitungen kennt die Kirche für kultische Handlungen. Und jedermann kennt die Fasten als Vorbereitung auf die Hochfeste → Weihnachten und → Ostern. Letzteres, die Quadragesima, wird im deutschsprachigen Raum schlechthin als die Fasten bezeichnet. Sie beginnen mit dem → Aschermittwoch und enden mit dem Auferstehungstag.
Zur langen Geschichte der kirchlichen Fasten sei nur erwähnt, daß Papst Paul VI. die Buß- und Fastentage neu geordnet hat. Die Eßbestimmungen, insbesondere jene der Fleischabstinenz, werden umrissen. Streng gebotene Fastentage sind nur noch Aschermittwoch und Karfreitag.

Die Fastenpredigten

Während der Fastenzeit, die Gedenken und Vorbereitung sein will und in die Leidenszeit Christi fällt, kennt die katholische Kirche die Institution der Bußpredigten. Diese Bußpredigten, meist von rhetorisch begabten Priestern gehalten, heißen auch Fastenpredigten.

Die Fastensonntage

Es sind ihrer sechs, nämlich zwischen Aschermittwoch und Ostern. Die Fastenzeit währt vierzig Tage. Sie muß nicht mehr in voller Strenge beachtet werden.

Die Fastentücher

→ Die Hungertücher

Die Fastenwaie

Es handelt sich bei diesem Gebäck um ein Fastenbrot. Es wird im Selbstgärverfahren hergestellt und ist den jüdischen Matzen ähnlich. Man kennt es immer noch in Basel als Fasnachtsgebäck, als welches es keinerlei rituelle Bedeutung hat.

Die Fastenzeiten

→ Die Fasten

Das Feldmausen

Das Feldmausen ist einer jener brauchtumsträchtigen Berufe, die beinahe ganz verschwunden sind. Die Maus ist immer ein Erzfeind des Bauers gewesen. Darum hatte jede Gegend ihren Feld- oder Schermauser. Die «Schere» mit dem Ring wurde ins Mausloch geschoben, und beim Berühren des Rings durch die Maus schnappte die Schere zu und tötete sie. Die Feldmaus – oder eben Schermaus – wird heute vor allem chemisch bekämpft und nicht mehr vom Fallensteller. → Die Tesseln

Der Felix und Regula-Tag

Er findet noch viel Erwähnung, wird aber nicht mehr festlich beachtet. Bis zum 14. Jahrhundert hatte er sowohl kirchliche wie weltliche Bedeutung. Felix und Regula sind die Zürcher Stadtheiligen und zierten früher das Stadtwappen. Sie sind heute noch jedem Kind vertraut, weil sie als Embleme und bauliche Verzierungen in Erscheinung treten. Aber sie fordern nicht mehr zu fröhlichen Spielen auf dem Lindenhof auf, wie das ehedem der Fall war, zu Brettspielen vor allem und zum Würfelspiel.

Das Fensterlen

→ Der Kiltgang

Die Ferdener Osterspende

In Ferden im Lötschental ist die österliche → Dankspende ein lebendiger Brauch geblieben. Am frühen Nachmittag vom Ostermontag wird den Zugehörigen zur Pfarrei Brot, Wein und Ziegenkäse ausgeteilt. Der sehr alte Brauch geht auf ein Gelöbnis zurück, immerwährend diese Dankesgeste auszuführen für göttliche Bewahrung und den Schutz besonders gefährdeter Alpen.

Die Festbrote

Für festliche Anlässe buk man früher besondere Brote. Es gab die Gruppe der veredelten Brote (→ Festgebäck) und die Gruppe, die aus dem üblichen Teig gemacht, jedoch sorgfältiger geformt wurde, und die man beinahe zu den → Gebildbroten zählen kann.

Das Festgebäck

Allerorts in der Welt gehört zum Feiern besonderer Anlässe die Berücksichtigung von Gaumenfreuden. Es gibt darum spezifische Festspeisen. Besonders in den Alpenländern gab es schon in frühen Zeiten, und gibt es heute noch in den entlegenen Gegenden, eine Reihe von charakteristischen Festgebäcken. Denn dem relativ uniformen Lebensverlauf konnten mit diesen auch die einfachsten Menschen Akzente setzen. Zu Weihnachten, zu Neujahr, zu Dreikönigen fehlte auch auf dem schlichtesten Tisch das Birnbrot nicht. Im Glarnerland besteht es aus einer Brotteighülle mit Birnträschfüllung. Letztere besteht aus tagelang aufgeweichten gedörrten Birnen, die, mit Ingredienzen durchsetzt, zu einem feinen Brei zerkleinert werden. Die Variante mit Butterteig ist seit Jahren ein Exportartikel. In zürcherischen Landen wird der Birewegge durch Einrollen des mit Träsch bestrichenen hauchdünnen Butterteigs gemacht. Das Träsch ist jenem des Glarner Birnbrotes ähnlich, doch werden ihm je nach der Gegend, nach alten Rezepten abgewogen, süße und saure Äpfel beigegeben, d.h. aufgeweichte und zerkleinerte Dörrschnitze. Die Schmucklöcher im Teig sind nicht bloße Ornamentierung, sondern verhindern beim Backen das Bersten. Durch Bestreichen mit gesüßtem Birnensaft nehmen die wurstartigen Bireweggen eine goldene Tönung an. Zur Fasnachtszeit sind Chüechli in mehreren Ausführungen Brauch. Da gibt es die hauchdünnen, in heißer Butter gebackenen, kunstvoll gewellten und mit Feinzucker überstreuten Fasnachtschüechli. Das Rosenchüechli hat seinen Namen von der entfernt an eine Rose gemahnenden Form. Man benötigt zu seiner Herstellung eine komplizierte Metallform, die an einem langen Stiel befestigt ist. Sie wird auf den papierfein ausgewallten Teig gedrückt, welcher auf dem brodelnden Butterbad schwimmt. Durch geschicktes Eintauchen entsteht ein Rosengebilde von Tellerumfang und Tassenhöhe. Ostergebäcke gibt es in vielen symbolhaften Formen, so → WEGGEN als Fisch und Zopf. Die → TRIÄTSCHNITTE war nach dem 23. Dezember, noch bis vor wenigen Generationen, nicht mehr vom Festtisch wegzudenken.

DIE FESTSPEISEN

Natürlich wurden Weihnachten, Sylvester, Dreikönigen, Fasnacht und Ostern nicht nur mit Gebäck (→ FESTGEBÄCK) ausgezeichnet, sondern mit ungewöhnlichen Speisen. Im verhältnismäßig eintönigen Jahresablauf in den Alpen schufen sich auch die ärmsten Bewohner auf diese Weise eine bescheidene Abwechslung. Ausnahmsweise erwähnen wir, seiner drastischen Beispielhaftigkeit wegen, einen zwar alpenländischen, aber nichtschweizerischen Brauch. In der Obersteiermark genoß man am Weihnachtsvorabend die Schottsuppe. Sie ist nicht, was wir uns unter einer betörenden Festspeise vorstellen! Sie bestand aus in Branntwein gekochten Nudeln.

Die Festspiele

Sie werden oft zur Krönung von eidgenössischen Schützen-, Turn- und Sängerfesten namhaften Dichtern und Komponisten in Auftrag gegeben. Natürlich werden gelegentlich Dichtung literarischen Gepräges und Konzertsaalmusik berücksichtigt, wie das die Japanesen schon für die Schwyzer Fasnacht gemacht haben. Doch meistens und passenderweise gelangt ein volkstümlicher Stil zur Anwendung. Darbietungen von Vereinschören, von lokalen Blechmusikgesellschaften und Bauernmusiken bilden die Einrahmung.

La Fête des Brandons

Dieser Frühlingsbrauch ist nicht bloß auf den Jura beschränkt, man kennt das Verbrennen der brandons (das sind kunstvoll geschichtete Holzstöße) auch im Welschland und im Wallis. Das Fest ist fast immer mit einer → Chilbi verbunden.

Das Feuer

Das Feuer gehört zu den wesentlichsten Brauchtumselementen. Es ist wärmend, verzehrend und läuternd, aber es ist vor allem der ihm innewohnenden Mystik wegen, daß es Hauptelement so vieler Volksbräuche geworden ist. Einige illustrative Beispiele seien herausgegriffen: → Die 1.- August-Feier, → Die Fasnachtsfeuer, → Die Frühlingsbräuche → Das Gregorifeuer, → Die Höhenfeuer, → Das Lichterschwemmen, → Die Mittfastenfeuer, → Das Osterfeuer.

Das Feuerscheibenwerfen

→ Das Scheibenschlagen → Das Gregorifeuer → Das Blankenauswerfen

Das Feuersteinwerfen

Es ist ein → Fruchtbarkeitszauber und weiterum noch ein lebendiger Hochzeitsbrauch. Während in urältesten Zeiten und noch im Mittelalter die Neuvermählten – eine segnende Fruchtbarkeitsgeste – mit Körnern beworfen wurden, wirft heute, in mißverstandener Umkehrung, das Brautpaar die «Feuersteine» unter die erwartungsfrohen Kinder und Umstehenden. → Das Körnerwerfen → Die Füürschtei

Les Feuillus

Das ist eine andere Bezeichnung für die bêtes der Kinder am ersten Maisonntag in Genf. → Les Bêtes in Genf → Der Maibär

Die Finhaut-St. Sebastianfeier

→ St. Sebastian gedenkt man überall am 20. Januar, in Finhaut aber durch eine besonders rührende Feier. Als Zeichen tiefen Dankes und als Versprechen immerwährender Opferwilligkeit werden feierlich einige geschmückte Käse zur Kirche getragen. An dieser Stätte, der dritten Kirche von Finhaut, einer barocken, gedenkt man betend der qualenreichen Dorfgeschichte.
In Steinwurfweite befinden sich die Fundamentreste des Dorfes Crest, dessen Bewohner vom Schwarzen Tod vertrieben wurden. Auf vielen bildlichen Pestdarstellungen sieht man Giftpfeile heranschwirren. Sich vor solchen zu schützen, sich gegen neue Seuchenangriffe zu wappnen, begaben sich die Bewohner von Finhaut in den Schutz des Heiligen. In Finhaut lernen wir, wieso St. Sebastian sowohl Schützen- als auch Pestpatron ist.

Die Firmung

Im Wort Firmung kommt sprachlich als Ableitung von (con)firmare eine Bestätigung zum Ausdruck. In der katholischen Kirche ist die Firmung Ritual und Fest der Bestätigung der Taufe. Das siebente Sakrament erfährt seine Vollendung. Im Alter von zwölf bis vierzehn Jahren erfolgt die Aufnahme als vollwertiges Glied in die Erwachsenengemeinde. Brauchtümlich ist festzuhalten, daß der Priester den Akt durch Handauflegen vollzieht. Bis vor kurzem waren die Mädchen weiß gekleidet, und die Knaben trugen schwarze Kleidung, mit einem weißen Sträußchen geschmückt. Diese Ausstattung war das Geschenk der Firmpaten. Oft war es eine weiße Schürze für das Mädchen – so im Tessin – und ein neuer Hut für den Jüngling – so in Sargans.

Der Firstwein

Das ist der bei der Aufrichte den Bauleuten angebotene Trunk. Auch bei der nachfolgenden → Hausräuke genießen ihn die Versammelten.

Der Fisch

Seine Symbolik ist einleuchtend. In aller Welt bedeutet er Reinheit, vielfach Unsterblichkeit. In unserem Lande ist er hauptsächlich ein Christussymbol. Nach der Matthäusüberlieferung war Christus ein Menschenfischer. Also war es naheliegend, auf den Meister mit dem Zeichen des Fisches zu verweisen. Unter den → GEBILDBROTEN sind in der christlichen Welt die fischförmigen verbreitet. Zahlreicher sind bei uns nur die zopfförmigen. In letzteren kommt keine religiöse Symbolik zum Ausdruck, aber Verheißung von Leben, Kraft und Schönheit.

DIE FISCHEREI

Der Fischreichtum unserer Gewässer ist ein schwacher Abglanz des Reichtums früherer Zeiten. Fischereigeräte haben sich aus der Steinzeit erhalten, Angeln aus Horn und Holz und ein Netz sogar, das im zürcherischen Robenhausen gefunden wurde. Aus der Bronzezeit stammt ein modern anmutender Dreizack. Von den Pfahlbauern haben wir Netze mit unverschiebbaren Knoten. Nicht viel jünger ist die elfzackige Harpune, die man bei Grellingen im Kaltbrunnertal gefunden hat. Berufsbräuche wie die der → FISCHWAAGEN dem Rhein entlang, bis in unsere Zeit hinein noch in Betrieb, erzählen vom Salm, der nun ausbleibt wegen den Schleusen und dem Schmutz. Viele Flüsse und Bäche sind kanalisiert und korrigiert worden. Als 1714 die Kander in den Thunersee geleitet wurde, ging dort der Fischfang beinahe auf ein Nichts zurück. – Im 16. Jahrhundert noch gab es einen Tuggensee; er ist, wie viele andere, verlandet. Wir wissen nichts mehr vom mittelalterlichen Brauch der → FISCHWEIDE, einem künstlichen Lieblingsaufenthalt, mit Reisigbündeln für die Fische auf dem Seegrund gebaut, z. B. im Untersee. Damit konnten die Fischer Edelfische auf Bestellung in beliebiger Menge liefern. – Die wichtige Rolle der Fischerzünfte und -bruderschaften ist ausgespielt. Am → ZÜRCHER SECHSELÄUTEN erinnert die Zunft zur Schiffleuten an die einst überragende Bedeutung der Berufe, die vom Wasser lebten.

DIE FISCHWAAGE

Es handelt sich um keine Waage, sondern, zwischen Basel und dem Rheinfall, um eine Salm-, resp. Lachsfangvorrichtung, die aber von weitem wie eine riesige Balkenwaage mit Schalengehänge aussieht. Zur Fischwaage gehört die «Brugg», die zum Waaghäuschen mit Stuhl oder Pritsche und manchmal einem Ofen für den Fischer führt. Auf einem Brett (Ritte) rutschte früher der Mann mit seinem Netz über den «Gumpen», die tiefe Wasserstelle, hinaus. Aber heute lauert keiner mehr auf die Lachszüge im verschmutzten Strom. Er würde vergeblich warten, die Edelfische bleiben aus. Die Fischwaage ist ein Museumsstück geworden.
→ DIE FISCHEREI

Die Fischweide

Zu den in früheren Jahrhunderten geübten Berufsbräuchen der Fischer gehörte der Bau von Fischweiden. Sie verwendeten dazu meist stehende Reisigbündel, die sie geschickt auf den Seegrund versenkten und damit Lieblingsaufenthaltsorte für Edelfische schufen. So vermochte der Fischer diese mühelos einzufangen. Das war besonders vor hohen Fest- und vor Fastentagen von Bedeutung. → Die Fischerei

Die Flurumgänge

Die Umgänge, die, nach Abnahme der Gemeinderechnung, an vielen Orten für die Liebhaber von Waldungen und Fluren und für die Interessenten für Holz und anderen Gemeindebesitz veranstaltet werden (→ Der Schwamendinger Waldumgang), haben nichts mehr mit den ursprünglichen Flurumgängen zu tun. Jenen nämlich eignet ein sakrales Moment. Seit urdenklichen Zeiten sind sie → Prozessionen, die den göttlichen Segen erbitten. Der Brauch der Walliser → Segensonntage ist ein schönes Beispiel. Daß die Flurumgänge → Bittgänge sind, erhellt deutlich das Beispiel der St. Georgsprozessionen von Rhäzüns. Der imposanteste Flurumgang unseres Landes ist der → Beromünster Auffahrtsumritt.

Die Formungskräfte im Brauchtum

Vereinfacht formuliert, sind Liebe, Hunger und Glaube die Antriebskräfte allen menschlichen Tuns. Und die Bräuche sind deren sichtbar gewordene erstarrte Hüllen, die Schalen der Kerne.
Die Liebe offenbart sich brauchtumsmäßig u. a. in Taufen (→ Taufzug) und Hochzeiten (→ Das Hochzeitsfest), der Hunger in Eß- und Trinksitten (→ Die Tischzuchten) und der Glaube, resp. → Aberglaube, in Riten und anderen religiösen Gebräuchen, in → Bauernregeln und, mythologisch begründet, im Fasnachtstreiben. → Die Fasnacht → Die Taufe

Le Fouettard

Er heißt auch Père Chaland und ist die welsche Parallelfigur zum → Chlausbegleiter.

Der Frauenfelder Bechtelitag

Der zweite Jahrestag heißt bei uns – und eigentlich in allen Alpengebieten, wo der germanische Götterglaube Verbreitung hatte – → Bächtelitag. Zweifellos gibt ihm Perchta den Namen. Aber in Frauenfeld muß die

Die Metzgete. Für den Bauern war das Schlachten, mit allen dieses umgebenden Bräuchen, eine Winterbeschäftigung. Der Metzger kam auf die Stör. Der Hintergrund des Bildes mit der Verfolgung eines räuberischen Wolfs durch Steinwurf erinnert daran, daß die Präsenz der Wölfe in unserem Land nicht weit zurückliegt.
Stich von Conrad Meyer, 1663. (Graphische Sammlung Zentralbibliothek Zürich)

F

Wuotansgattin auf ihre Ehrung bis zum 3. Jänner warten. Dann genießt der Frauenfelder Bürger sein Festessen, das dem Hilärimahl ähnlich ist.
→ DER HILARIUSTAG Dazu gehört die delikate Salzisse (nicht verwandt mit der Bündner Hartwurst Salsiz) mit einer Brätfüllung nach ehrwürdigem Rezept.
Die Glocke im Rathausturm läutet den Festtag ein. Die Bürgergemeinde erledigt ihre Geschäfte fähig und bündig noch vor elf Uhr morgens. Dann folgt der Frühschoppen, bald darauf das Mittagessen. Am Nachmittag finden Jugendfestlichkeiten statt. Den Höhepunkt bildet am Abend im Rathaus das große Bechtelitreiben mit Maskentanz.

DAS FRAUFASCHTEMÜETERLI

Es war ein Geist, der heute nicht mehr umgeht. Er schreckte im Kanton Schwyz die Kinder. Sie liefen nach Hause und erzählten, daß sie nicht über einen Weg oder eine Brücke gehen konnten, querüber gesponnener Fäden wegen. Dann waren die Bäuerinnen gewarnt: an Fronfasten durften sie nicht spinnen. – Im Bernischen kannte man eine analoge Figur, die Frau Faschte.

DAS FREIBURGER DREIKÖNIGSSPIEL

Es ist das interessanteste Dreikönigsspiel auf schweizerischem Boden. Im Mittelalter war der Schauplatz das Innere der St. Niklaus Kathedrale. Drei Chorherren stellten die drei Könige dar, Melchior im roten, Balthasar im weißen (später blauen) und Kaspar im schwarzen Chormantel. Mit verteilten Rollen sangen sie das Evangelium. Dann gingen die Teilnehmer zum Opfer um den Hochaltar herum. Im 15. Jahrhundert kam die Prozession hinzu, die sich schließlich zu einer solchen ganz außerordentlichen Gepränges ausweitete. Mehrere Abteilungen von Soldaten in farbenprächtigen Waffenröcken nahmen teil. 1594 wurde in deutschen Versen das Spiel von Lautenschlager aufgeführt. In diesem wurde mit der Zeit das Reiterspiel das Wichtigste. Die französische Revolution führte dann das Ende des Freiburger Dreikönigsspiels herbei. In neuerer Zeit sind die Spiele wieder aufgenommen worden.

DIE FRITSCHI-FAMILIE

Die Kultur- und Wissenschaftsgeschichte kennt mehr als ein interessantes Pentagon. Den Liebhaber schweizerischer Volksbräuche aber interessiert allein das Luzerner Fasnachtspentagon. Seine Ecken, oder Zipfel, heißen

Fritschivater, Frau Fritschi, Kindsmagd, Bauer und Magd. Musikanten umringen sie.
Den Fritschi möchte man gerne MacFritschi nennen, hat er doch große Ähnlichkeit mit einem Clan-Oberhaupt. Er trägt die Farben seines Clans, in seinem Falle die Farben des Standes Luzern, und er ist unschweizerisch und kann über sich lächeln. – Ganz hoch ist dem luzernischen Volk anzurechnen, daß es mitlacht, trotzdem es weiß, daß der selbstzufriedene, verfettete, unbedeutende Fritschi von heute ein verbürgerlichter Nachfahre jenes Fritschi oder Fridolin ist, der als unerschrockener Reisiger seine Gegner bis hinunter nach Marignano erzittern ließ. – Als Fritschivater ist er an der → LUZERNER FASNACHT die gewichtigste Figur. Zu diesem Amt erkoren zu werden, bedeutet eine große Ehre. Doch die Fritschivaterpflichten sind vergleichbar, beispielsweise, jenen des Bürgermeisters von New York. Nämlich was die Anforderungen anbelangt: er sollte sprachgewaltig, populär und rockefellerartig begütert sein. Die Orangenhaine halb Siziliens sollten ihm gehören, denn alle großen und kleinen Kinder Luzerns erwarten von ihm, daß er sie mit Orangen beschenke. Am Schmutzigen Donnerstag ergießt sich denn auch aus der Fritschifamilienkutsche immerzu ein goldener Apfelsinenregen auf das jubelnde Volk. Das Auswerfen besorgt das Bäuerlein. → DAS BROTAUSWERFEN
Wer ist Frau Fritschi? Auch in ihr erkennt der Forscher eine Figur aus Fritschis Glanzzeit: des Reisläufers Gefährtin, die Marketenderin. Aber sie ist modern verbürgerlicht und fasnachtsgerecht die Frau Fritschi geworden.
Die dritte im Fünferbunde ist die Kindsmagd, immer das Tragkissen mit dem Kind im Arm. Sie ist die Figur, die in die Zukunft weist.
Als vierter erscheint das Bäuerlein, der wichtige Vertreter der luzernischen Bauernsame.
Wie es sich für eine Stadt, die einen Hof hatte, gehört, bildet der Narr den letzten Zipfel im Luzerner Fasnachtspentagon.

DER FRITSCHIUMZUG IN LUZERN

Er findet am Schmutzigen Donnerstag statt und ist der Höhepunkt der → LUZERNER FASNACHT.

FRONLEICHNAM IN APPENZELL

Hier zeichnet sich unser Herrgottstag dadurch aus, daß, mehr als anderswo, die Trachten in Erscheinung treten. Bei den Innerrhödlern ist die leuchtende Buntheit nicht mehr zu übertreffen.

Fronleichnam in Finhaut

Weiß gekleidete Mädchen tragen auf einer Bahre einen kleinen Turm aus zwei Kuchen mit einem diese krönenden Kreuz. Der Prozessionsweg zur Kirche ist lang. Nach dem Gottesdienst, oder schon beim Credo, wird das Gebäck unter die Gläubigen verteilt. Da der Brauch auch andernorts vorkommt, liegt ihm zweifelsohne der frühmittelalterliche Brauch der Bedürftigenspeisung zugrunde, der seinerseits aus dem der frühchristlichen Agape hervorging.

Fronleichnam in Liechtenstein

Fronleichnam spielt sich im Rheintaler Fürstentum Liechtenstein so fürstlich und festlich ab, wie es bei gläubigen Menschen in einer verklärten Landschaft nicht anders zu erwarten ist. Von Dorf zu Dorf zieht die Prozession, in deren Mitte vier Gemeinderäte den Baldachin für den Geistlichen mit der Monstranz halten, während die Kirchenglocken läuten, die Töne von Kirchenchor und Blasmusik die Gemüter froh stimmen und ein Tedeum das Hochamt beschließt.

Fronleichnam in Luzern

Es kennt kaum eine Stadt von der Größe Luzerns eine so starke Anteilnahme des Volkes. Die Altäre sind künstlerisch und liebevoll dekoriert. Alltagsstraßen werden zu Alleen. Aus dem Asphalt sprießen junge Buchen. An vielen Stellen durchschreitet man grüne Triumphbögen. → Die Herrgottskanoniere

Fronleichnam in Meggen

Das Festliche ist nicht eine Beigabe, es ist ein Grundelement des Fronleichnams, es zeichnet dieses Fest auffällig aus. In Meggen tritt es durch Lieblichkeit in Erscheinung: die Prozession wickelt sich größtenteils zu Schiff ab. Man muß sich noch vergegenwärtigen, daß die Bewohner von Meggen an einem atemraubenden Punkt in der schönen Landschaft vom Vierwaldstättersee beheimatet sind. Man versteht die gelegentliche Behauptung, daß keine Fronleichnamsprozession unseres Landes so sehr ans Herz greife wie die von Meggen.

Das Fronleichnamsfest

Man kann das Fest, welches am Donnerstag nach Dreifaltigkeit stattfindet, mit Fug und Recht das katholischste der kirchlichen Feste nennen.

Und daß dieses Fest die größte Prachtentfaltung kennt und diese in der Prozession gipfelt, die ihrerseits die glanzvollste des Kirchenjahrs ist, erscheint logisch, wenn man sich in seine Entstehungszeit zurückversetzt. Der kraftvolle französische Papst Urban IV. ist in die Geschichte als Bekämpfer der Hohenstaufen eingegangen. Er war aber auch ein Festiger des kirchlichen Gefüges. Entschlossen griff er die Anregung auf, die Vergegenwärtigung des Opfers Christi zu einer liturgischen Opferdarbringung zu machen, welche als grandioses Schauspiel die Beiwohnenden beeindrucken würde. In der Zeit der Gegenreformation wurden die letzten Mittel von Pracht und Gepränge eingesetzt. Das besonders bei der Prozession, damit die nichtkatholische Welt am eucharistischen Geschehen Anteil habe, wenn das Allerheiligste in der Monstranz, die Kirche verlassend, auf die offene Straße gelangte.

Im schweizerischen Brauchtum finden sich viele kirchliche Bräuche tief verankert, aber das Fronleichnamsfest hat sich am vielgestaltigsten niedergeschlagen, und es ist ergreifend nicht nur in urbaner Prachtentfaltung, sondern auch im Aufleuchten bescheidener Brauchtumsmittel in den entlegenen Dörflein der Hochalpen. Als Beispiele seien erwähnt die → VISPERTERMINEN FRONLEICHNAMSPROZESSION und die → FRONLEICHNAMSSCHÜTZEN.

DIE FRONLEICHNAMSPROZESSION VON LUGANO

Das seit 1264 nachgewiesene Fest der → EUCHARISTIE, welches in Lugano am zweiten Donnerstag nach Pfingsten gefeiert wird, ist das eindrücklichste kirchliche Fest im Luganeser Jahresablauf. Als beglückendsten Eindruck aus der prunkvollen Prozession bleibt in des Zuschauers Erinnerung unauslöschlich haften das Erscheinen der schneeweißen Schar der kleinen Mädchen mit den Lilien in der Hand. Die weiße Lilie, im Altertum Symbol der Unschuld, ist in der christlichen Welt zum Ausdruck der himmlischen Reinheit geworden. Wenn aber → KERZEN von Meterlänge vorbeigetragen werden, dringt in eines jeden Bewußtsein, daß von der Kerzenweihe herrührende Kräfte im Licht verströmen sollen. Jeder Teilnehmer am Luganeser Corpus-Domini-Fest, welcher den langen Prozessionsweg gesäumt hat, wird auf dem Heimweg erfüllt vom Gefühl, ein Gesegneter zu sein.

DIE FRONLEICHNAMSSCHÜTZEN

Einen geradezu überwältigenden Aufmarsch der Jungmannschaft in historischen Schützenuniformen, nämlich jenen aus der Zeit der französischen Dienste, beherrscht das Bild unseres Herrgottstages in Kippel im Wallis. Ähnlich beeindrucken uns die Schützen von Ems in Bünden. Diejenigen von Truns und Somvix tragen weiße Hosen, schwarzen Frack und Zylinder. Farbe in die Prozession bringen die rotberockten und blütenweiße Chorhemden tragenden Ministranten.

Die Frostheiligen

→ Die Eisheiligen

Der Fruchtbarkeitszauber

Der Fruchtbarkeitszauber bezweckt Vermehrung und Wachstum im pflanzlichen, tierischen und menschlichen Bereich. Heute noch kennt das Brauchtum zahlreiche bäuerliche Praktiken. Sie sollen in allen drei Bezirken auf magischem Wege eine zusätzliche Hilfe, und in Notlagen eine erzwingende Hilfe, abgeben. → Die Zaubermittel In der Ausübung des Fruchtbarkeitszaubers gelangen nachahmende oder symbolische Gesten zur Anwendung. Das → Brotauswerfen ist ein instruktives Beispiel. → Das Glückshämpfeli

Die Frühlingsbräuche

Unter Frühlingsbräuchen versteht man in erster Linie jene Bräuche, die gleichzeitig den Winter verabschieden und den Frühling ankündigen, wie z. B. die → Bööggenvernichtung, → Das Lichterschwemmen, → Die Höhenfeuer, → La Fête des Brandons oder die eindeutigen → Maizüge zu den Höhen. → Die Maifeste → Das Zersägen der Alten

Die Funken

So nennt man in der Ostschweiz vielfach die Fasnachtsfeuer. → Der Funkensonntag

Der Funkensonntag

Man bedenke, daß Funken auch Fasnachtsfeuer heißen. Dann denke man daran, daß der Funkensonntag noch andere Bezeichnungen hat. Im Thurgau kennt man den Sonntag nach Aschermittwoch z. B. als Chüechlisonntag.

Auf den Höhen, im Dunkeln des nächtlichen Himmels, wird es da und dort plötzlich hell. Altgermanisches Nachempfinden! Eine mystische Feuervegetation, von Menschenhand gehegt, wächst aus dem aufbrechenden Boden in den nach Frühling duftenden Nachthimmel hinein. Freudenfeuer! Dankesgeste an die oft launischen, aber jetzt wohlwollenden Urgötter. Vielleicht auch Einschüchterungsversuch! Die Geister der → ZWÖLFTEN sollen wissen, daß ihre Stunde geschlagen hat. – Noch Mitte des 19. Jahrhunderts glaubten viele Thurgauer Bauern, daß das Versäumnis, funkensprühende Feuer zu entfachen, vom Himmel mit viel Donner und verheerendem Blitz geahndet werde.

In Bischofszell ist neuerdings der Funkensonntag wiedererweckt worden. Der Räbenlichterumzug an diesem Festtag erhält mit einemmal einen tieferen Sinn: flackert in der Höhlung jeder Räbe nicht ein Urlichtlein? Sind da nicht lauter kleine Funken?

Im benachbarten Fürstentum Liechtenstein sorgt die Topographie dafür, daß die Funken, die in so verschiedenen Höhenlagen entzündet werden, ein grandioses Schauspiel abgeben.

DIE FUSSWASCHUNGEN

Im Morgenland wurden in biblischen Zeiten dem Gast, der weithergewandert war, zuallererst vom Diener die Füße vom Straßenstaub befreit, sie wurden mit kühlem Wasser gewaschen. Wenn aber diese Wohltat dem Ankömmling vom Herrn des Hauses selbst erwiesen wurde, so war dies eine ungewöhnliche Ehrung. Diese orientalische Geste lebt im kirchlichen Gründonnerstagsbrauch weiter, wie ihn Fribourg und Beromünster kennen (→ DIE FUSSWASCHUNG VON BEROMÜNSTER), und sie bringt uns zum Bewußtsein, daß unter allen Wundern und Taten Jesu, die uns durch die vier Evangelien überliefert sind, die Fußwaschung durch den menschgewordenen Gottessohn etwas vom Größten ist, vom Erschütterndsten.

DIE FUSSWASCHUNG VON BEROMÜNSTER

Es lebt in Beromünster immer noch ein wundervoller Brauch, ein erschütternder kirchlicher Volksbrauch. Die Hauptagierenden sind zwölf Knaben in weißen Chorhemden. Auf dem Kopf tragen sie weiße Kränze. Alle sind ausgestattet mit einem silbernen Rosenkranz. Leicht erkennen wir in ihnen die zwölf Jünger Jesu. Es kann uns nicht entgehen, daß der zwölfte mit dem roten Talar und dem grünen Kranz auf dem Haupte und gegürtet mit einer Kordel, an welcher der Silberlingsbeutel hängt, Judas ist. Sie nehmen Platz auf dem Podium, das man unter der Kanzel errichtet hat. Und nun erfolgt die Fußwaschung. Gibt es einen einzigen Zuschauer in der Kirche, der nicht bis ans Ende seines Lebens vom Schauspiel der Fußwaschung durch den Herrn beeindruckt bliebe? → Die Fusswaschungen

Der Fuulehung

→ Der Thuner Ausschiesset

Die Füürschtei

Als Füürschtei, oder Feuersteine, ist vom Bodensee bis hinein ins Züribiet und noch weiter westlich das zuckerwürfelförmige Naschwerk bekannt, das wahrlich so hart wie der weiße Feuerstein im Flintenschloß ist, aus dem man Funken schlägt. Das Reizvollste aber an ihm ist das Papierstreifchen mit dem witzigen Verslein, welches zum Vorschein kommt bei der Entfernung der grellbunten Einwickelfolie. Und Verwendung finden sie vor allem bei den Hochzeitsfeierlichkeiten, nämlich wenn das Paar die Kirche verläßt. → Das Gabenwerfen Sehnlich warten die Kinder am Wegsaum auf den Feuersteinsegen. Bleibt er einmal aus, so ist die Enttäuschung bei den Kleinen größer, als sie bei einem Weihnachtsmann mit leerem Gabensack wäre.

Füürschtei sind das, was früher Blumen, Nüsse und Äpfel an einer Hochzeit bedeuteten, und, im frühen Mittelalter, Weizen- und Roggenkörner.

Das Gabenwerfen

Seit ältesten Zeiten gibt es den Brauch des Gabenwerfens. Dazu sind hauptsächlich Zerealien, aber auch Blumen, Früchte und Brötchen verwendet worden. Seit über hundert Jahren sind die beliebten Wurfgaben bei Hochzeiten die Feuersteine, kleine, zuckrige Kuben, in Buntpapier verpackt. → Die Füürschtei
Das Gabenwerfen ist ein Opferbrauch. Allerdings wird er nicht mehr immer verstanden, wie aus der Umkehrung der Wurfrichtung im Falle der Feuersteine ersichtlich wird. Diejenigen, die dem Paar Glück wünschten, bewarfen es einst mit Körnern. Ein Fruchtbarkeitszauber, der an Deutlichkeit nichts zu wünschen übrig läßt! Ähnlich verhält es sich beim → Brotauswerfen, das heute noch als Bestandteil von Fasnachts- und anderen Volksbräuchen erhalten ist. Die geschickten Werfer der Bäckerzunft, die von ihrem Wagen aus am Zürcher Sechseläuten ihre Semmeln den Bewunderern an den Fenstern bis in den dritten Stock in die Hände werfen, sehen darin nur eine spielerische Unterhaltung. Einige wissen vielleicht, daß ein Zusammenhang mit der Brotspende an die Armen im Mittelalter besteht. Aber kaum einer wird sich bewußt sein, daß die Geste des Brotwerfens diejenige eines → Fruchtbarkeitszaubers ist.

Die Galgenbräuche

→ Die Henkerbräuche

Der Galopp

Er ist ein Tanz im Zweivierteltakt, der im 19. Jahrhundert sehr beliebt war und im Appenzellischen, im Toggenburg, im Rheintal und im Seetal bevorzugt wurde und auch heute noch getanzt wird. Eine beschleunigte Form des Galopp ist der Langus, der langsam anfängt, und, immer schneller werdend, bis zum Punkt der Erschöpfung getrieben wird. Zum Maitlitöudä, sagen lachend die unbarmherzigen Burschen. Aber die Mädchen der Gegenden, in denen der Galopp, und eben seine extreme Variante, der Langus, beheimatet ist, sind nicht auf diese Art zu töten.

Der Gansabhauet von Sursee

Um das größte Martinifest der Schweiz richtig einschätzen zu können, sollte man sich vorgängig Gedanken machen über das Phänomen der Gänseverehrung, insbesondere über das Martinigansproblem. Ja dann erst darf man die Reise nach Sursee antreten und ist man gewappnet für den 11. November.

Noch ist der 11. November ein wichtiges Datum, denn immer noch hat er auf dem Lande die Bedeutung eines Termintages. Der Zinsheilige aber, müssen wir wissen, ist nach der Legende St. Martin, der seltsame Heilige von Tours. Der Schüchterne und nach keinen Würden Strebende wurde dem Volke offenbart durch Gänsegeschnatter. Die Verehrer holten ihn dann aus seinem Versteck hervor, und er wurde zum Bischof gemacht. Hier wird die Verbindung zur → MARTINIGANS ersichtlich. Wir haben Zugang zum tieferen Sinn des wunderlichen Brauches von Sursee.
Vor dem Stägschen Rathaus, das den Platz des Markthauses von 1397 einnimmt, dem Wahrzeichen der prachtvollen Landstadt, ist ein befremdlicher Tannenbaum aufgerichtet. Nur der Wipfel grünt, schneeweiß schimmert der geschälte Stamm. An diesen ist ein aus Reisig geflochtenes und mit Lockgaben gespicktes Glücksrad befestigt. Immer wird es umstanden, doch keiner darf es zu unbescheiden plündern, denn die noch Wartenden verlören die Geduld und würden handgreiflich werden. Vom Rathaus nun zum Schwanenhaus hinüber zieht sich ein kräftiger Draht, und genau in der Mitte über der Straße hängt die sagenhafte, wohlgemästete Gans. Bereits gerichtet, aufgeknüpft am Kopf, Schnabel gen Himmel, erwartet sie den Quasischergen, der sie aus der luftigen Höhe mit einem einzigen Klingenhieb herunterholen soll.
Die Reihe der Anwärter ist lang. Dem vordersten Bewerber wird ein rotgoldener Scharfrichtermantel umgelegt. Er bezieht, die Füße setzend, Position. Die Blicke schweifen prüfend hinauf zur Gans. Insbesondere schätzen sie die kritische Höhe ein und die Spanne des Halses. Aber was ist das nütze? Ihm werden die Augen verbunden. In seiner Hand spürt er plötzlich den Griff des Krummsäbels, mit welchem er den großen Hieb tun soll. Rauh fassen kräftige Hände nach ihm, wild wird er um seine eigene Achse gewirbelt beim verwirrenden Getöse von Pauken und Trommeln und beängstigendem Geschrei. Stille. Kann er sich orientieren? Die akustischen Möglichkeiten dafür sind gering. Nur versehentliche Zuschauergeräusche ermöglichen anfangs die Neueinschätzung seiner Lage, später vielleicht das Gekicher und zuletzt das laute Gelächter.
Mit dem Säbel langt er jetzt nach dem Spanndraht und tastet mit der Spitze nach der schwebenden Gans. Diese Phase des Martinispiels ist die spannendste für Akteur und Zuschauer, die fröhlichste auch. (Ein in weiter Entfernung Stehender kann den Sucherfolg ermessen am Anschwellen und Abflauen des Gelächters.) Da! Des Burschen konzentrierte Aufmerksamkeit wird belohnt. Oder lenkt ihn hold und magisch eine Glücksgöttin? Er hat die Gans gefunden! Klatschen. Und wieder Stille, während sich die Finger seiner Rechten fest um den Säbelgriff legen. Jedermann hält den Atem an, denn ein einziger Hieb nur ist gestattet! Der Hals ist ge-

troffen! Der Gänsekopf baumelt am Draht, der Schnabel zeigt gen Himmel. Der Leib aber fällt vor die Füße des Fechters. Dem Glücklichen wird die Augenbinde abgenommen. Mit dem Martinibraten verschwindet er, beklatscht, in der Menge. Und das Schauspiel wiederholt sich. Sehr still verlassen wir den Jahrmarkt. Nach dem Verebben der Spannung und des Spielrausches beschleichen uns Surseefahrer widersprüchliche Gefühle. Gedanken formen sich, Überlegungen beunruhigen uns. Sind wir nicht Zeugen geworden immer noch gegenwärtiger mittelalterlicher Grausamkeit? Das Spiel mit der Gans war allzu ccht. Die Opferung war nicht unwahrer als die Opferungen im alten Testament. → DER JAHRMARKT → DIE MÄRKTE

DIE GASTERNPREDIGT

Unter den → BERGPREDIGTEN ist eine namentlich zu Berühmtheit gelangt. Nach einem alten Brauch trifft der Pfarrherr von Kandergrund am späten Vormittag des ersten Augustsonntags zu Selden im Gasterntal ein. Die sogenannte Gasternbibel benützend, hält er seine Predigt, eben die Gasternpredigt.

DAS GAUTSCHEN

Kautschen (eine Fremdwortverstümmelung) bezeichnet den primären Arbeitsvorgang in der Papierherstellung. In sinnvoller Anlehnung ist Gautschen entstanden, die Bezeichnung für einen Initiationsbrauch. Initiation heißt allgemein Einweihung und Prüfung zur Aufnahme in eine Gesellschaft. Für die Setzer- und Druckerinitianten ist die Prüfung – obwohl spektakulär – eine eher passive Prozedur. Die Kollegen packen den Gehilfen an Händen und Füßen unter Aufsicht des Gautschmeisters. Sie heben den Widerspenstigen über den Wasserspiegel eines Brunnenbeckens. In «vollem Ornat» wird er untergetaucht und ist gegautscht. Nachdem er noch einen Freitrunk gestiftet hat, ist er zünftig und erhält den Gautschbrief.

DIE GEBILDBROTE

Brot, das seit der Frühzeit als etwas Geheiligtes, vom Himmel Geschenktes, betrachtet worden ist, nimmt als figürlich ausgebildetes Backwerk vielfältige Gestalt an. Oft erhält es noch eine liebevolle Ornamentierung. Teig mit Mehl aus den verschiedensten Zerealien und mit Gewürzzusätzen, die oft nur aus einem bestimmten Landstrich zu beschaffen sind, manchmal gesüßt, einst mit Honig, später mit Zucker, wird entweder mit den Händen geformt oder in eine Form getan. Daß der Mensch nicht ohne Brot auskommen kann, hat es zu einem der fundamentalen Brauchtumselemente gemacht. Die Gebildbrote sind in unserem Lande zu sichtbar gewordenen Jahreszeiten- und Lebenszäsuren geworden. Ihr Erscheinen erinnert in den entlegensten Alptälern die Bewohner an die Kalenderdaten. In der Adventszeit duften vom Tische Gebildbrote mit Weihnachtsmotiven, an Ostern solche mit Auferstehungssymbolen, etwa dem Ei (→ Die Eiersymbolik), oder dem → Fisch. Die tierischen Vorbilder des Ebers und des Hirsches weisen hin auf die Jagd, auf den Herbst, Hase und Huhn auf den Frühling. Aber auch Hochzeit und Geburt werden in Gebildbroten reflektiert. Wie die Brote, so sind ihre Model oft Zeugnisse schönster naiver Volkskunst. In Messing und in Kupfer getriebene Model hängen heute noch als Wandzierde in mancher Küche.

Die Gebsenbödeli

Im appenzellischen Gebiet, wo die Milch- und Alpwirtschaft eine fundamentale Rolle spielt, erfuhren schon früh Gerätschaften wie hölzerne Gebsen und Milcheimer auf der geschützten Unterseite liebevolle Ausschmückung. Ein Völklein, das nicht unbedingt durch musische Qualitäten auffällt, hat die internationale Aufmerksamkeit auf sich gezogen. Auf dem europäischen Kunstmarkt zahlen die Liebhaber naiver Malerei erstaunliche Preise für die Darstellungen von Alpaufzügen und Szenen aus dem Volksleben auf Gebsen-, Milcheimerböden und Holztafeln. Die Namen verschiedener Bauernmaler aus zwei Jahrhunderten haben Berühmtheit erlangt. Heute gibt es appenzellische naive Berufsmaler, deren Darstellungen in Öl sowohl Zweckgegenstände zieren als auch in der Form von Wandbildern in den Handel kommen.

Der Geburtstag

Seine Bedeutung in der Schweiz ist neueren Datums. Einem Gugelhopf oder einer Torte werden Wachskerzen aufgesteckt, deren Anzahl dem Alter des Gefeierten entspricht. Ehrwürdigeren Alters ist der Brauch des → Namenstages.

Die Gedenkfeiern

Gedenkfeiern sind Brauchtumsakzente im Volksleben, die, besonders im alpinen Raum, das Herz des einfachen Mannes mit tiefem Glücksgefühl erfüllen. Sie erinnern ihn nicht an ein Kalenderdatum, sondern sind für ihn wiedererweckte Historie. So hat der Rütlischwur nicht nur den Dichter Friedrich Schiller entflammt, nein, er lebt in jedem Schweizer weiter. → Die Rütlifahrten Bei der → Näfelserfahrt wird jedem Glarner jede Phase der Befreiungsschlacht auf dem Rautisfeld gegenwärtig. Die Waadtländer Unabhängigkeitsfeier macht jedes Jahr aus einem Vaudois einen Nichtberner. Die → Neueneggfeier bestätigt jedem Berner, daß der Freiheitswille das kleinste Volk groß macht. Die Bedeutung historischen Brauchtums wie der Gedenkfeiern kann für unser kleines Land gar nicht überschätzt werden.

Die Gegengeschenke

Es lohnt sich, den Begriff der → Gegenhandlung zu überdenken. Schenken kann einer doppelten Absicht entspringen. Deutlich kommt das in den Opferbräuchen zum Ausdruck. Den höheren Mächten wird der Dank für empfangene Gunst erstattet, man wirbt aber auch für weitere Gunst.
Der Boden hat dem Landmann Korn und Früchte gebracht. In vorchristlicher Zeit legte er von diesen am Empfangsort eine kleine Gegengabe nieder. → Die Erntefeste, → Das Erntedankfest, → Die Glückshämpfeli Frigga, Wuotas Gattin – sie heißt auch Holda oder Perchta – hatte den Segen gespendet; jetzt tritt man mit den Gaben vor sie hin, und die Bitte wird zum → Fruchtbarkeitszauber.
Keinen mythischen Hintergrund erkennen wir mehr in solchen Gegengeschenken wie der → Weinspende oder dem → Bürgertrunk. Und doch kommt in einem so verbreiteten Brauch gewiß nicht bloße Höflichkeit zum Ausdruck. Im Gegengeschenk, das auch als soziale Gepflogenheit im heutigen Leben eine Rolle spielt, steckt mehr als quittierender Dank. Mag eine Gabe auch aus Menschenhand entgegennehmen, so kann sie doch segnendes Zeichen, himmlische Güte sein. Es kommen also alle Überlegungen zum Gegengeschenk zur Wiederanwendung.

Die Gegenhandlung

Wer sich mit Zauber befaßt, weiß, daß die Gegenhandlung ein Grundbegriff ist. Zum Dämon sagt der Mensch: O deiner Bosheit werde ich Herr mit meiner Tücke, deiner Grausamkeit werde ich Herr mit meiner Wildheit, deines Grausens werde ich Herr mit meinem Schrecken! Du bist zwar der Stärkere, aber ich stelle meine List gegen dich. Du wirst sehen, daß ich nicht machtlos bin!
Die Vorstellung findet sich nicht nur im germanischen Kulturkreis, sie ist

weltweit. Sie findet sich bei Hiob, der in äußerster Verzweiflung gegen seinen ambivalenten Gott kämpft. Und der Erzvater Jakob ringt physisch mit Jahwe, obwohl er nicht einmal seinen Namen auszusprechen wagt. Noch heute auf unserem Boden entläßt der Pfarrer seine Gemeinde mit dem Gebet: Herr, ich lasse Dich nicht, Du segnest uns denn!
Es gibt einen Himmelfahrtsbrauch, der sich trotz kirchlichen Widerstandes an verschiedenen Orten der deutschen und welschen Schweiz lange hat halten können. Während der Messe an Himmelfahrt fällt vom Deckengewölbe ein brennender Teufel herab und zerschellt auf den Chorfliesen. Das ist en miniature eine Milton'sche Szene vom aus dem Himmel geschleuderten Aufrührer Satan, der dann zum Gegenspieler Gottes auf Erden wird, das Urböse. Die Gegenhandlung ist nicht minder drastisch: die Himmelfahrt einer Christusstatue. Das Bild des siegreichen Erlösers schwebt auf lieblichen Ballenwolken zum Himmel des Deckengewölbes hinauf. → DIE SCHWYZER HIMMELFAHRTSSZENE
Meist besteht die Gegenhandlung aus einem festgefügten, oft komplizierten Ritual. In vielen Fasnachts-, Frühlings- und Gildenbräuchen begegnen wir fast unveränderten uralten Zauberbräuchen. Denken wir nur an die einzigartigen Tänzelschritte der schwyzerischen → NÜSSELER, an deren fixierte Choreographie überhaupt!
Im schweizerischen Brauchtum begegnen wir nicht nur dem Begriffe der Gegenhandlung, sondern auch häufig jenem des → GEGENGESCHENKES.

DER GEIGEL

Er ist ein → CHLAUSBEGLEITER.

DER GEIGGEL

Er ist innerschweizerisch und trägt ein weißes Hirtenhemd. Von letzterem hebt sich malerisch das → GERÖLL ab, ein Schellengurt. Der Geiggel hat eine Doppelnatur: er ist Geisterschreck und Clown. Wenn er jugendlich ist, so heißt er Geuggel und ist nur mit kleinen Schellen behangen. Beim → TRICHELN spielt der Geiggel, oder der Geuggel, die Hauptrolle. Sein Antlitz ist unlieblich bemalt, was sich mit der → HIIFÄLÄ, die sakralen Ursprungs ist, schlecht verträgt. Die Hiifälä leitet sich von der bischöflichen → INFUL her.

DIE GEISSELER

Nein, sie sind keine Geißler, keine Flagellanten. Wer aber sind die Gestalten mit den bedrohlichen Geißeln in der Hand, die jetzt, in beträchtli-

chem Abstand zu einander, in Stellung gehen auf dem Rathausplatz zu Schwyz? Handelt es sich um die Vorbereitung zu einer mittelalterlichen Auspeitschung? Nein, die unerschrockenen Männer in Hirtenhemden, Hörner am Kopf und am Leib rasselnde Schnellen, sind im Begriffe, mit gewaltigen Geißeln die urtümlichste Schau der so vielgestaltigen → SCHWYZER FASNACHT zu geben.
Betrachten wir genau das Geißelinstrument. Es ist keine gewöhnliche Peitsche, wie sie die Viehtreiber handhaben. Sie leitet sich her von der Geißel der Fuhrleute aus der Zeit der großen Pferdegespanne. Mit der Subtilität eines Dirigenten zwang der Fuhrmann von seinem Bock aus jedem Pferd seinen Willen auf. Auch nach rückwärts, ans Hinterende des längsten Leiterwagens, reichte der Zwick, um einen lästigen Aufhocker zu vertreiben. Der sich nach vorne verjüngende Stock ist nicht starr und ist gewissermaßen um mehrere Meter verlängert in der Schnur mit dem därmenen Zwick und dem Knopf. Was soll diese mörderische Waffe? Unwahrscheinlich wie es klingt, sie wird durch die Handhabung zu einem musikalischen Instrument.
Der Wettstreit hebt an. Die Noten werden aus keiner Geißelpartitur abgelesen. Es ist nicht die Rede von Melodie, aber Rhythmus und Tonstärke variieren, erlauben eine Art Arabesken, und es entsteht ein hochdifferenziertes Spiel. Dieses für den zu schildern, der es noch nie gehört hat, ist so schwer, wie die Süße einer Schilfrohrflöte in Worte zu fassen. Man kann immerhin sagen, daß die extremsten Effekte akustisch mit Scharfschießen im Schützenstand etwa zu tun haben. Die Geißeln sprechen eine Elementarsprache, eine furchtbare, die durch Mark und Bein dringt. Daß die bösen Geister, für die sie einst gedacht war, sie nicht mißverstehen konnten, davon ist jeder Besucher der Schwyzer Fasnacht überzeugt.
→ DIE KALTBRUNNER KLÄUSE
Unter den Lärminstrumenten zur Vertreibung der Dämonen, nämlich Rasseln, Schellen usw., ist die Schwyzer Geißel vielleicht nicht das älteste, aber sicherlich das eindrücklichste. → DAS LÄRMEN → DER GRÄUFLET

DIE GEISTLICHEN SPIELE

Sie sind szenische Darstellungen im Altarraum der Kirche. Sie kamen im frühen Mittelalter auf und dienten an hohen Festtagen dazu, die Responsorien und Wechselgesänge zu erweitern. Unschwer erkennt man die Anfänge der Weihnachts-, Passions- und Osterspiele in diesen oft literarisch erstaunlichen Schöpfungen der Geistlichkeit. In England und Frankreich verselbständigten sie sich zuerst. Das war die Geburt der → MYSTERIENSPIELE, die man als früheste Gattung des europäischen Schauspiels anspre-

chen muß. Die Darsteller waren nun nicht mehr Geistliche, sondern Laien.
Für den Beobachter und Freund des abendländischen – und damit des modernen europäischen – Theaters beginnt mit den Mysterienspielen und den Spielformen, die sich von ihnen ablösten, eine aufregende Periode. → DIE MYSTERIENSPIELE → DIE KIRCHENFESTSZENEN UND -SPIELE

DER GEMEINDEBACKOFEN
→ DAS EIFISCHTALER BROTBACKEN

DER GEMEINDEBUTZ
→ DER BUTZ

DER GEPFITZTE NIDEL
Resp. Pfitzte Nidel. → DIE NIDLETE

DAS GERÖLL
Es besteht aus Schellen, oder Rollen, die an einem ledernen Gurt befestigt sind. Sie sind nicht aufeinander abgestimmt und geben deshalb beim Bewegen ein rasselndes und dennoch nicht unmelodisches Geräusch ab. Es wird an der Sarganser Fasnacht vom → BUTZ getragen. Wenn er ein besonders kräftiger Butz ist, so ersetzt er das Geröll durch einige Glocken oder eine riesige → TREICHEL.

DAS GERSAUER WEIHNACHTSLIEDERSINGEN
Ministranten gehen in Gersau in vollem Ornat singend von Haus zu Haus, wobei sie die Mühe nicht scheuen, zu den hochgelegenen Häusern hinaufzusteigen.

DER GERSTENTAG VON BISCHOFZELL
Es gibt ihn nicht mehr seit hundert Jahren. Doch erinnert man sich gerne des Brauches, weil den Bedürftigen am 29. Juli ein Brötli und ein Mäßli Gerste zugeteilt wurde. Der Brauch ging auf die Stiftung einer Frau zurück, die sowohl ein barmherziges Empfinden als auch ein Auge und eine offene Hand für die ortspolitischen Bedürfnisse hatte. Sie soll die Erbaue-

rin der krummen Thurbrücke, der thurgauischen Wunderbaute, gewesen sein. Vor seinem Verschwinden war der Brauch des Gerstentages mit volkstümlichen Lustbarkeiten verbunden worden.

Die Gespenster

Im Volksglauben sind Gespenster Geister, meist ungute Erscheinungen von menschlicher oder tierischer Gestalt. Sie sind schattenhaft, greifen jedoch handelnd in unsere reale Welt ein. Oft sind sie Verkünder zukünftiger Ereignisse. Wo ihr Charakter aber dämonisch ist, hat das Volk herkömmliche → Zaubermittel zu ihrer Abwehr bereit. → Die Dämonen

Der Geuggel
→ Der Geiggel

Der Gideo Hosenstoss

Wer ist dieser Gideo (von Gideon), dem die Waldstätter, und insbesondere die Herisauer, fasnächtlicherweise den Garaus machen? Da er, wie noch viele → Strohpuppen in unserem Lande, den Feuertod erleidet, ist er unschwer als Wintersymbol zu erkennen. → Die Bööggenvernichtung Aber der Gideo ist nicht bloß eine Puppe wie die von Wülflingen oder etwa der Zürcher Böögg. → Das Zürcher Sechseläuten Er ist ein korrekter Bürger mit Vor- und Geschlechtsnamen, ja ein allzu braver Bürger, nämlich ein Füdlibürger. Und er ist ertappt worden. Seine scheinheilige tägliche Niedertracht wird angeprangert. Jedes Jahr geschieht das mit Bezugnahme auf einen aktuell gewordenen Mitbürger. Gespannt erwartet die witzverwöhnte appenzellische Menge auf die Anspielungen eines wortgewandten Redners. Er ist immer jung und doch bärtig und ein Pfarrer. Er spricht von einer Kanzel herab, die vor dem «Geburtshaus» des Gideo Hosenstoß am großen Platz an der Buchenstraße errichtet worden ist. Die «Testamentseröffnung» wird zum Höhepunkt der Aschermittwochfeier. Sie ist noch nicht beendet, wenn die «Leidtragenden» erscheinen und im heidnischsten Leichenzug, den man sich vorstellen kann, mit ohrenbetäubendem Spektakel, die Leiche des «Verblichenen» herbeibringen. Jetzt wischen die «Verwandten» die Tränen aus den starren Larvengesichtern. Weiß Gott, diese Kinder und Jugendlichen erweisen sich als Schauspieler großen Formates und haben die Beschenkung mit Biberli verdient!

G 118

Der Glärelistag

Er ist ein → Bärchtelitag im Zürcher Weinland. Gläreli ist eine korrumpierte Form von Hilarius.

Der Glarner Chlausmarkt

Er fällt auf den ersten Dezemberdienstag, ist also eigentlich ein verspäteter → Andreasmarkt. Er erhält seinen Glanz durch das Chlausenschellen, einem → Chlausenumzug von ungewöhnlicher Farbigkeit. Lange Zeit war der Brauch nicht mehr geübt worden.

Die Glarner Landsgemeinde

Vielleicht am eindrücklichsten von allen Landsgemeinden ist die Glarner Landsgemeinde, ein Schauspiel sichtbar gewordener Demokratie. (Einer der großen europäischen Impressionisten hat dies festgehalten; das Bild hängt im Kunstmuseum Glarus.) Mitten in der, auf einst rätischem Grund durch unzählige vom Föhn verursachte Flächenbrände und durch eine Hügelabtragung möglich gewordenen, modernen Stadt gibt es den großen Marktplatz und den noch größeren Landsgemeindeplatz mit seinem Ring, den überwältigenden Bergkulissen und der fühlbaren Gegenwart des Landesheiligen Fridolin.
Die Tagenden versammeln sich jährlich im Ring. Es besteht volle Redefreiheit und bei Abstimmungen Mehrheitsbestimmung durch Abschätzung. Die Befugnisse sind umfassend. Vor allem wählt die Landsgemeinde den Regierungsrat mit dem Landammann als Präsident und dem Landesstatthalter als Vizepräsident und fünf Mitgliedern. → Die Landsgemeinden

Der Glauben

→ Die Formungskräfte im Brauchtum → Der Aberglaube

Das Glockenschweigen

Nach altem Volksglauben in den Waldstätten schweigen am Gründonnerstag die Kirchenglocken, weil sie – gläubigen Pilgern gleich – nach Rom gezogen sind, um den Segen des Vaters der Christenheit zu empfangen. Anstelle des frommen und lieblichen Glockenläutens erfüllt den Kirchenbann das unmusikalische Geräusch der Raffeln. → Das Lärmen

Die Glockentaufe

Nachweislich gab es den schönen Brauch der kirchlichen Weihe schon vor Karl dem Großen. Daß man von Taufe spricht, ist nicht abwegig, ist doch der Akt jenem der Taufhandlung an einem Menschen nicht unähnlich, nämlich mit Segnung und oft mit Namensgebung. Manche Kirchenglocke ist unter ihrem Namen in aller Welt für ihre Größe oder die Klangfarbe berühmt geworden.

Das Glückshämpfeli

So hieß, und heißt gelegentlich heute noch, das «Hämpfeli» Ähren, ein Büschel, das der Bauer bei der Ernte hat stehen lassen. Nun holt er es, das einsam ragende, vom Stoppelfeld und befestigt es, unter Anrufung Gottes, über der Haustüre oder dem Scheunentor. → Die Zaubermittel → Der Fruchtbarkeitszauber

Das Glücksschwein

Es stammt nicht aus dem Schweinestall, ist aber für diesen bestimmt, denn ohne Ferkelsegen ist ein Bauer arm. Es stammt aus dem Bereich des Zauberers. Mit → Analogiezauber soll die Fruchtbarkeit gefördert und das Glück erzwungen werden. Dem Städter genügt dazu ein Marzipanschweinchen oder ein gezeichnetes Schweinchen auf einer Glückwunsch- oder Neujahrskarte.

Go Chrungele ga

In Männedorf und Stäfa wird der Sylvester wie anderswo vom Jungvolk – scheinbar bloßer Ausdruck überschäumender Lebensfreude – mit viel → Lärmen abgewickelt. Für dieses Sylvesterlärmen kennt man den Ausdruck «go Chrungele ga». Der älteren Generation ist er noch geläufig. (Übrigens kennt sie auch noch den Begriff des Chrungelen für einen nicht glatt laufenden, sondern sich widerspenstig wellenden Garnfaden, und Chrungele brauchen auch die Jungen noch für einen Garnkneuel.)
Der Zusammenhang also zur Frau → Chrungele ist offensichtlich. Noch geht diese am Jahresende im Tößtal als vorfasnächtliche Hexe in Menschengestalt herum. Man muß erwähnen, daß die mythologische Frau Chrungele verunglimpft wird. Denn sie war hinter den faulen Spinnerinnen her und trieb sie noch im Mittelalter zur Arbeit an. Ausnahmsweise also richtete sich das Lärmen nicht gegen einen unguten Geist.

Die Gonzener Barbarafeier

Die Erzlager im Gonzen waren bereits den Römern bekannt. Sie wurden immer wieder abgebaut, sehr intensiv im Mittelalter und zwischen den beiden Weltkriegen. Doch greifen wir das Jahr 1771 heraus, um uns von den Bergwerksverhältnissen einen Begriff zu machen, die Vorbedingung waren für die Gonzener Barbarafeier: Es gab einen Schmelzofen, einen Pochhammer, zwei Röstöfen, eine Huf-, eine Fein- und eine Großhammerschmiede, mehrere Hütten, eine Kohlenscheuer, die Gruben und große Waldungen und dann ein Knappenhaus.

Für die Bergleute, welche einen Großteil der Bevölkerung der umliegenden Dörfer ausmachte, was das St. Barbara-Fest das wichtigste kirchliche Ereignis. Feierliche Gottesdienste wurden in den Kirchen von Sargans und Mels abgehalten zu Ehren der Patronin der Bergleute. → Der St. Barbaratag Die Männer trugen einen schmucken Tuchrock, grüngestreift, und diese Grünstreifung wiederholte sich am Käppi, das zur «Knappenuniform» gehörte. Der kirchlichen Feier folgten Tafelfreuden und Tanz. Im bekannten Knappenlied, das gesungen wurde, lautete eine Strophe:

Nun stoßet kräftig die Gläser an, vergesset des Alltags Sorgen,
Ihr Freunde, Ihr Knappen all,
Glückauf zur fröhlichen Schicht,
Glückauf zur fröhlichen Grubenfahrt,
Glückauf bis der Tag anbricht!

Der Brauch der Gonzener Barbarafeier erlosch 1876 und erfuhr keine Neubelebung, als das Bergwerk von 1920 bis 1970 eine letzte Betriebsphase erlebte.

Der Göttizopf

→ Die Weggen

Das Grabgeläute

Die Totenglocke wird noch vielerorts geläutet, d. h. eine Glocke erklingt vor oder während der Grablegung. In urbanen Verhältnissen ruft sie zur Besammlung im Kirchenraum, in ländlichen, wo der Kirchhof bei der Kirche liegt, trauert leise ihre Stimme sowohl während der Grablegung als auch schon ganz früh am Tage. Einst wußte man, so weit sie reichte – und das war weit in einem stillen Tal – ob Mann, ob Frau oder Kind gestorben war, nämlich durch die Reihenfolge des Einfallens der Glocken im Geläute.

Der Gräuflet

Er heißt auch Greiflet. Er ist einer der urtümlichsten Bräuche unseres Landes und wird geübt am → Dreikönigstag, also am letzten Tag der → Zwölften, im Muotatal, in Lauerz, in Ingenbohl und im Hauptort Schwyz, wo er zum Auftakt der Fasnacht geworden ist. In abgelegenen Gebieten, wie etwa im Muotatal, vollzieht er sich verhältnismäßig unauffällig: ein Bauer geht über die Felder und klopft an die Stämme seiner Bäume. Damit verjagt er die → Strudeli und → Strätteli, dämonische Waldfrauen. Doch im allgemeinen handelt es sich um das spektakuläre Weiterleben des vorzeitlichen → Lärmens, dem altgermanischen Bemühen, der Winterdämonen Herr zu werden. Mit Peitschen, mit großen und kleinen Glocken ziehen die Burschen durch die Gassen, über die Fluren und Matten und vollführen einen ohrenbetäubenden Heidenlärm. Doch nirgends in der Schweiz ist das Peitschenknallen zu einer Kunst gediehen wie im Kanton Schwyz. → Die Geisseler Den Höhepunkt erreicht der Greiflet im → Plöder, der Konzert und Wettstreit der besten Geißeler ist. Ländlerkapellen beflügeln die sich drehenden Trachtenpaare.
Die schönste Facette des Gräuflets war aber doch der fasnächtlich-volksgerichtliche Versuch im Mittelalter, entzweite Ehepaare miteinander zu versöhnen. Man nannte das, sie «in den Reif treiben», und Reif ist natürlich das Symbol, das Verehelichte heute noch am Ringfinger tragen!

Das Gregorifeuer

Es wird zu Ehren Gregors des Großen am Jahrestag des Fleckenbrandes und der Wiedererbauung des Ortes 1764 entzündet. Die Jugend von Beromünster schafft am 12. März Holz zu einem Riesenstoß auf die Schanz. Beim Einnachten hebt ein frohes Liedersingen an, und wenn die Flammen auflodern, produzieren sich die Fackelschwinger. → Das Fackelschwingen Noch andere Feuerkünste erfreuen die Zuschauer: Feuerscheibenwerfen und Pechreifenrollen. → Das Blankenauswerfen Daß diese intensive Beschäftigung mit dem Feuer wohl auf das germanische Sonnenwendfest zurückgeht, läßt auch die Tatsache vermuten, daß das Gregorifeuer von Beromünster im alten Kalender auf die Tag- und Nachtgleiche fiel.

Der Greiflet

→ Der Gräuflet

Die Grenzbegehungen

→ Die Flurumgänge

Die Gret Schell und ihre Löli

Eine Zuger Lehrerin mit Namen Margareth Schell, die Mädchen unterrichtete, ist eine historische Figur. Weil die gute Gret ohne besondere Bewilligung auch Knaben lehrte, glaubten einige Stadträte, sie zurechtweisen zu müssen. Die Unerschrockene bot ihnen jedoch die Stirn, wie sie überhaupt in der Öffentlichkeit keine Furcht zeigte. Einmal, so heißt es, holte sie ihren kneipenfreudigen Mann, der allerdings von zwerghaftem Wuchs war, kurzerhand in ihrer Hutte heim. Das soll zu Anfang des 18. Jahrhunderts gewesen sein, doch mag in der geschichtenreichen Chronik der Frau Schell allerhand durcheinandergeraten sein.

Seit Jahrhunderten fehlt an keiner Zuger Fasnacht die resolute Gret Schell mit dem geschulterten Säufergatten. Die Kinder, die sie mit ihrem Gelächter und Hohngeschrei verfolgten, haben sich inzwischen in die → Löli verwandelt, die nun ihre Behüter sind. Im Zuger Fasnachtsrummel beschützen sie Gret Schell und ihr Männchen vor Handgreiflichen und Zudringlichen. Die Löli tragen kurze Hosen, die mit Flicken übernäht sind, ein kurzes Wams und hörnerbewehrte Narrenkappen. Die Gesichtsmasken sind hölzern und dumm-schlauer Prägung. Während die Joheen von Einsiedeln mit Schweinsblasen an Stöcken herumfuchteln, handhaben die Löli schweinsblasenversehene Peitschen. → Der Löli

Die Grittibänzen

Sie sind → Weggen meist, können aber auch aus Brot oder Lebkuchen sein. Immer aber sind sie Chläuse, die am 6. Dezember gebacken werden. Gritti ist die Bezeichnung für einen alten bärtigen Mann, der mit gespreizten Beinen dasteht, und Bänz – das sowohl eine Abkürzung von Bernhard als auch von Benedikt sein kann – ist vielerorts eine burschikos-vertraute Anrede, etwa wie «Salü Bänz». Der Grittibänz ist das häufigste → Weihnachtsgebildbrot.

Die Groppenfasnacht von Ermatingen

Was allerorts die Fasnacht an sich bedeutete, wird erläutert unter → Die Fasnacht. Allerdings machen die meisten Fasnächtler sich kaum mehr Gedanken über den Ursprung des Brauches. Daß man sich mit den wilden Gesellen der → Zwölften, sinnvoll immer noch die dunklen Mächte personifizierend, herumschlägt, erhellt aber die Analyse des närrischen

Gehabens aller Fasnächtler. Auch sind die vielen fasnächtlichen Feuerriten nichts anderes als Versuche, mit Feuer die Bösen zu vertreiben.
In Ermatingen nun wird der Winter sowohl verbrannt als auch ertränkt. Einst fuhren die Fischer mit einer Strohpuppe aufs Wasser hinaus, zündeten diese an und warfen sie lodernd in den See. Heute noch, vorne im großen Umzug, spielt eine Fischergruppe eine große Rolle. An langen Stangen baumeln Prachthechte. (In der Lokalsprache heißen sie Kameler und Chlobe.) Der harrenden Menge läuft schon lange das Wasser im Munde zusammen. Endlich kommt die fahrende Fischküche, von der aus gebackene «Kretzer» geschleudert werden, die die Geschickten erhaschen. Aber die kleinen Groppen, die dem Fest den Namen geben? Ein schönes Exemplar wird von den Zwergen im Umzug vorgeführt. Das Grundfischlein kam früher massenhaft vor. Es wurde mit über den Seeboden geschleiften Fangsäcken eingebracht. Gebraten waren die Groppen ein Schmaus, zu dem man den vorzüglichen Seewein trank.
Die Groppenfasnacht von Ermatingen findet am 3. Sonntag vor Ostern statt.
Wir schulden jenen noch eine Erklärung, die sich über das Datum der Ermatinger Groppenfasnacht wundern. Sie empfinden offenbar eine Fasnachtslustbarkeit mitten in der Fastenzeit als ungeheuerlich. Es gibt zwei schöne Erklärungen. Die eine ist in der Legende begründet, daß gleich zwei Päpste, Johannes XIII. und Martin V., von einem Groppenschmaus so entzückt gewesen seien, daß sie den Ermatingern die Ausnahmebewilligung für ihr Fest gegeben hätten. Die andere liegt in der großen Wahrscheinlichkeit, daß es überhaupt keinen Zusammenhang zwischen Fasten und Fasnacht gibt, keinen historischen jedenfalls.

Der grosse Strich

So heißt der kunstvolle Knall, den man fast eine Stunde weit hört, und der mit einer kurzstieligen Peitsche erzeugt wird. Nur die geübtesten und für dieses Instrument prädestinierten → Geisseler oder Chlepfer gewinnen ihm den großen Strich ab. Wir werden dessen Zeuge an der → Schwyzer Fasnacht und im Gasterland bei den → Kaltbrunner Chläusen. Er ist eine Variante des → Kreuzstriches, also eine akustische Leistung und zugleich eine akrobatische Produktion.

Die Grossgrinden

Ihrer sind dreiunddreißig. Sie bilden eine der Schwyzer Fasnachtsgesellschaften. Mit Würstli, Mutschli und Äpfeln beglücken sie die Kinder der Stadt. → Schwyzer Fasnacht

G 124

GRUNDBEGRIFFLICHES

Unter diesem Sammelbegriff finden sich gezielte Angaben aus der Allgemeinen und der Kirchgeschichte, aus Religion, Psychologie und aus anderen Gebieten, die für die Brauchtumsforschung wesentlich sind.

DER GRÜNE DONNERSTAG

→ DER HOHE DONNERSTAG

DAS GRYFFENMÄHLI

Es ist das gemeinsame Fasnachtsessen der kleinbaslerischen Ehrengesellschaften. Es findet abwechslungsweise am 13., 20. oder 27. Jänner statt.
→ DER VOGEL GRYFF

DAS G'SCHRÄNZTE BROT

Man könnte es bereits zu den → GEBILDBROTEN zählen. Es war auf zürcherischem Gebiet bekannt. Der Bäcker ritzte die Oberfläche vor dem Backen so, daß sie rauh und knuppelig wurde. Es war ein Ruchbrot.

DIE GÜDELZISCHTIGGESELLSCHAFT

Sie ist eine Schwyzer Fasnachtsgesellschaft und ist um das «Schlußbouquet» der berühmten → SCHWYZER FASNACHT besorgt, um die Verbrennung des Blätzbööggs.

DER GÜDISMÄNDIG

Man hört auch Güdelmändig. Er ist innerschweizerisch und macht den Anfang der Fasnachtsfestlichkeiten in der siebten Woche vor Ostern. Der sprachliche Zusammenhang mit der Tätigkeit des Güdens zeigt, daß an diesem Tag nicht gespart wird. → GÜDISZISCHTIG

DER GÜDISTAG

Das ist in der Innerschweiz der zweitletzte Fasnachtstag, also der Vortag des Aschermittwochs. Es wird noch einmal gegeudet. Man hört so auf, wie man angefangen hat!

Der Güdiszischtig

Von den innerschweizerischen Fasnachtstagen, für welche das Bezeichnungselement güden (verschwenden) verwendet wird, ist der Güdelzischtig für die Schuljugend der wichtigste, denn er ist schulfrei.

Die Gugelbruderschaften

Ein Gugel heißt die Kapuze mit zwei Löchern für die Augen. Sie wurde früher von den Brüdern über den Kopf gestülpt, wenn sie anonym bleiben wollten. Heute tragen die Gugelbruderschaften, oder die Barmherzigen Brüder, in Altdorf, in Uri sowie im Wallis die Gugeln stets auf den Schultern. Sie müssen ja keine Verurteilten mehr zur Richtstätte begleiten und sich dabei der allfälligen Rache von Angehörigen oder Freunden der Delinquenten aussetzen.

Der Gugelhopf

Das war ursprünglich ein Kultgebäck, ein quellendes Backwerk von hoher Form, im Unterschied zur Flachform der Zelten und Fladen. Er verhieß Fülle und damit Segen. Er ist mit dem → EIERRING und der → NEUNERLEI zusammen zu erwähnen.

Die Guggenmusiken

Man nimmt an, daß die Guggenmusiken in Luzern entstanden sind. Jedenfalls sind sie im Luzernischen viel früher als in Basel nachweisbar. Die Musikanten, welche die Corps bilden, bedienen sich vorwiegend lauter Blech- und Lärminstrumente. Das Urteil über die Musikalität der Darbietungen hängt vom Standpunkt ab: glaubt man in dieser urfasnächtlichen Demonstration einen selbst Geister schreckenden Lärm hervorbringen zu müssen, so ist die lauteste und kakophonischste Band die beste. Legt man aber einen kultivierteren Maßstab an, so entscheidet nicht stures Getöse, sondern raffiniert dissonantische Melodienabwandlung. Es gibt da Spitzenleistungen, die die Herzen der Freunde atonaler Musik höher schlagen lassen. In den Gebieten, wo die Guggenmusiken beheimatet sind, gibt es lokalcharakteristische Guggenmusiken.

Das Gurren

Damit können verschiedene Geräusche gemeint sein, die mit dem des Taubengurrens nicht viel zu tun haben. Die Gurri, die zürcheroberländischen Chlausbegleiter, gurren. Bei ihnen ist es eine Art Klappern. Die Krienser Techel gurren; bei ihnen ist es mehr ein Knurren. → DER GURRI

DER GURRI

Sein Name kommt von gurren. Aber mit gurren werden an verschiedenen Orten veschiedene Geräusche bezeichnet. An der → KRIENSER FASNACHT gurren die Techel, was jedoch ein Knurren ist. Im Zürcher Oberland gurrt der Gurri, der mit einem alten Leintuch vermummte → CHLAUSBEGLEITER, der einen Eselskopf hat. Daß aus seinem Maul keine harmlosen i-a-Laute kommen, erklärt ein Forscher damit, daß der Eselskopf eigentlich der Kopf des Wotanspferdes sei. Jedenfalls ist der Gurri kein gemütliches Wesen, halb Tier-, halb Menschengestalt, wie die → SCHNABELGEISS.

Das Haaggennasenlaufen

Auf den altgermanischen Brauch des → LÄRMENS gehen viele heutige Bräuche, die von der Jugend aufrechterhalten werden, zurück, so jener der → HAAGGERI im Richterswiler Berg und der recht ähnliche der → SCHNABELGEISSEN im Knonauer Amt.

Die Haaggeri

Sie heißt auch Haaggennase, und Häggele wird sie im Kanton Luzern genannt. Sie ist eine Parallelfigur zur → CHLUNGGERE. Sie trieb ihr Unwesen vor allem in zürcherischen Gegenden in der Haaggennasennacht, zu welcher dann der Sylvester wurde. Die Haaggeri lebt ein zähes Leben weiter als → HAAGGERI vom Richterswiler Berg.

Die Haaggeri vom Richterswiler Berg

Ist sie ein Gespenst? → DIE GESPENSTER Seit urdenklichen Zeiten geht sie um und hat sich als Tummelplätze das Alte Schloß, Burghalden und Samstagern ausgesucht. Das Datum ihres gespenstischen Auftrittes ist jeweils der zweitletzte Tag des Jahres. Wenn dieser auf einen Samstag fällt, so wählt die Haaggeri den drittletzten Jahrestag. Wie sieht sie aus? Erinnern wir uns daran, daß sie auch Roßgrind heißt, also einen fürchterlichen «Grind» hat. Er schwankt hoch auf einer Stange, die Kinnladen sind beweglich und ihr Klappern geht ans Mark. Es ist so schaurig wie das der → SCHNABELGEISS, die, wörtlich zu nehmen, ihre nächste Verwandte ist, drüben im Knonauer Amt. Zu den entfernteren Verwandten gehören die Bochsler im Mittelthurgau. → DAS BOCHSELN Die Haaggeri und die Bochsler haben gemeinsam, daß sie im Dunkeln an den Stubenfenstern erscheinen und die Kinder schrecken.
Zu erwähnen ist, daß das Haaggennasenlaufen ein altgermanischer Brauch ist. Die jungen Burschen vom Richterswiler Berg, die ihm geradezu gewissenhaft huldigen, werden sich aber kaum des ihm innewohnenden Sinnes des → LÄRMENS bewußt sein, wodurch den Winterdämonen die Lust am längeren Verbleiben vertrieben werden sollte.

Die Hächelegaugele

Sie ist eine weibliche Basler Maskenfigur des 17. Jahrhunderts. Möglich, daß sie eine Perchtenabstammung hat. → DIE PERCHTEN Hächeln ist ein noch heute wohlverstandenes Wort. Es heißt hinterhältiges Weibergeschwätz. Und unter einer Gaugele versteht man ein liederliches Frauenzimmer. Trotz der unguten Eigenschaften, die zum Namen Hächelegaugele geführt haben, war die Fasnachtsfigur in origineller Lumpenaufmachung sehr beliebt. Daß sie im 17. Jahrhundert aus dem Maskenlaufen ausschied, ist ihrer Eigenschaft als Heischerin zuzuschreiben. → DIE HEISCHEBRÄUCHE Die Bevölkerung ertrug ihr aufsäßiges Betteln nicht mehr.

DAS HACKBRETT

Dieses urtümliche Saiteninstrument, Vorläufer der Zither, ist in den Ostalpen und bei uns im Appenzellischen beheimatet. Es leben noch einige Hackbrettspieler, die ihre Instrumente selber herstellen. Wenn die Ländlerkapelle eine appenzellische ist, so ist darin das Hackbrett ihr Herzinstrument. → DIE LÄNDLERMUSIK

DIE HAGELABWEHR

Mit Gewehrschüssen, mit Böllerknallen, mit Mörserdetonationen, aber auch mit Hornblasen und Sturmläuten der Kirchenglocken wehrte man Hagelwetter ab. Was ist das Gemeinsame und der Sinn dieser Methoden? Sie sind alle akustischer Natur, und ihre Wirkung beruht auf der Vorstellung des Zaubermittels. → DER ANALOGIEZAUBER Dem Donner begegnet man mit Donnern und größtmöglichem Lärm. Auch andere Abwehrmittel kommen im Brauchtum unseres Landes zur Anwendung. → BLITZABWEHR

DER HAGENWILER UMGANG

Obwohl er am ersten Septembersonntag stattfindet, handelt es sich nicht um eine herbstliche Dankprozession, sondern um eine spezielle Festprozession, die auf die Übertragung der Reliquie eines römischen Märtyrers zurückgeht, eines Namensgleichen mit dem Begründer des Benediktinerordens. → DIE PROZESSIONEN Die vierteilige, historisierende Prozession zur Hagenwiler Pfarrkirche war einmal eine der glanzvollsten des Landes. In der ersten Gruppe erkannte man den Kirchenpatron Notkerus, in der zweiten Diokletian, den römischen Kaiser mit seinen heidnischen Priestern und dem gefesselten Märtyrer Benediktus. In der dritten schritt nochmals Benediktus, der Engelgewordene, und Jesus Christus. In der vierten bildeten lauter höchste Würdenträger, wie Abt Beda und Abt Benediktus von Neresheim, die Eskorte der ganzleibigen Reliquie von Hagenwil.

SUISSE ─────────── Jeux et Usages.
Le jeu appelé Haeglen
Canton de Schwyz.

Das Häglen. Unter die Kampfspiele ist der Brauch des Häglens einzureihen. Geübt wird der Brauch hauptsächlich in der Innerschweiz. Er ist ein Kräftemessen starker Männer, bei dem Gewicht und Kraft am gekrümmten Zeigefinger hängen.
Lithographie von Godfrey E. Engelmann, erstes Drittel 19. Jahrhundert.
(Graphische Sammlung ETH Zürich)

Das Hägle

Es ist ein Kräftemessen eigener Art, das nicht ausschließlich von den Sennen der Innerschweiz geübt wird. Es ist ein Versuch, die ganze Kraft und das Gewicht an den Haken eines gekrümmten Zeigefingers hängend, aus fixiertem Stand den Gegner zu sich hinüberzuziehen. Den aufregenden Kampf, besonders wenn die Hägler über Bärenkräfte verfügen, verfolgt entweder ein Ring von Zuschauern oder ein Dritter allein als Schiedsrichter.

Das Hahnenei

Die Volksphantasie hat sich von jeher minutiös mit dem Unmöglichen beschäftigt, besonders mit biologischen Unwahrscheinlichkeiten wie etwa der Jungfernzeugung. Wenn ein Hahn sich nun herausnahm, hennenhaft ein Ei zu legen, das mußte von Bösem sein! Und siehe! Es entschlüpfte dem Ei der → Basilisk, das Aberglaubensscheusal des Mittelalters.
Das Hahnenei enthält alle Voraussetzungen für den Wunderglauben des einfachen Menschen, welcher für ihn die Quelle der höchsten geistigen Befriedigung ist. Wenn wir uns die beglückende → Eiersymbolik vor Augen halten, so ist hier das Abgleiten in den abstrusesten Aberglauben deprimierend.

Der Hälibock

Er ist kein Edelgebäck. Aber seine unerhörte Beliebtheit ist nicht erstaunlich, denn er ist ein kleines → Gebildbrot. Kaum verläßt ein Wallfahrer Einsiedeln, ohne für seine Kinder einen Hälibock erstanden zu haben.

Der Hallwiler Bärzelitagumzug

Er erinnert besonders deutlich an die Ursprünge des → Bächtelitages. In diesem Umzug gibt es eine Reihe von Vegetativgestalten, so den → Stechpalmig und den → Tannrisig, dann den Hobelspänler. Letzterer ist schuppenartig mit Spänen überdeckt. Weiter gibt es den Spielkärtler, dessen Kleid aus Jaßkarten besteht und der nunmehr an die Bächtelivergnügungen der Neuzeit erinnert. Die Lötsch ist eine weibliche Figur, die aus einer Pfanne Brei löffelt und damit die Zuschauer bespritzt. Diese lassen sich das gefallen, ja eigentlich sind sie es zufrieden, besudelt zu werden. Ist das der Deutlichkeit der Geste zuzuschreiben, welche aus einem Fruchtbarkeitszauber stammt? → Der Fruchtbarkeitszauber Andere Figuren wie Herr und Jumpfere rufen Erinnerungen an die gemütlich-gepflegten Bächtelifeiern der Biedermeierzeit wach.

Das Hängen
→ Die Henkerbräuche

Die Harderpotschete

Dem Brauchtümler ist es nicht ganz geheuer, wenn er sich am großen Interlakener Fest plötzlich von vielen Unbekannten umringt sieht, die ihm doch alle irgendwie bekannt vorkommen. Da steht er dem Stechpälmler gegenüber, den er glaubt von Hallwil her als → Stechpalmig zu kennen. Das Kringelkleid des Hobelspänlers vermeint er an mehr als einer Aargauer Fasnacht gesehen zu haben. Des Tannzäpflers Panzerhemd aus Tannzapfen ist ihm nicht minder geläufig. Erst recht gerät er beim Anblick des → Tannrisig in Verwirrung. Ist er als Verwandter des sarganserländischen → Butz zu deuten? Was soll er von den Wurzelmännchen halten, was erst von den Moosgeistern? Die Flechten- und Moosbehangenen versetzen ihn in die Waldstätte, wo der zum Verwechseln ähnliche → Tschämeler an den verschiedenen Chilbenen auftaucht. Die Sprache aber verschlägt es ihm, wenn das Hardermännli mit seinem Wybli und den Gnomen im Gefolge aller Aufmerksamkeit auf sich zieht: eine leibhaftige Begegnung mit → Wildema und Wildwyb aus Sagenzeiten!
Wie hat es das Paar fertiggebracht, sich ins Zentrum der Harderpotschete zu rücken? Ist es, weil im Berner Oberland allüberall die → Wildlütli bekannt, einst berüchtigt und doch nicht unbeliebt sind? Und warum heißt das Mannli Hardermannli? Es gibt Leute, die eine Erklärung haben. Es sind diejenigen Leute, die, phantasiebegabt, im Vollmond die Gestalt eines Mannes sehen. Mühelos erkennen sie auch im hochgelegenen Harder Felsabbruch die Konturen eines Mannsbildes. Das ist – nach einer alten Sage – niemand anders als ein böser, wilder Mönch. An der Harderpotschete lebt er als Hardermannli weiter. Jährlich schleicht er sich mit seinem Wybli ins Chriesviertel von Interlaken, und jährlich wird er eingefangen.
Der Besucher der Harderpotschete hat noch nicht alle Figuren gesehen. Doch keinesfalls darf er den → Chlummler übersehen, der bettlerartig lumpenverhüllt und doch nie mager ist. Alle Masken haben eine Chance, ausgezeichnet zu werden, denn ein wichtiger Programmpunkt der Harderpotschete ist ja die Maskenprämierung.
Befriedigt stellt der Brauchtumsfreund fest, daß heterogene Kräfte in wunderbarer Vereinigung die Harderpotschete hervorgebracht haben: Idealismus, Organisationsbegabung und – nicht zuletzt – die → Potschen.

Die Hausräuke

Dafür gibt es auch andere Bezeichnungen wie Einstand und Hausrauch. Gemeint ist – nicht zu verwechseln mit der → Aufrichte, dem Fest der Bauleute, das vorangegangen ist – die Einweihungsfeier der Hausbesitzer. Das Mahl kann formell und opulent sein oder sich ohne Form abwickeln, indem man im Freien, d. h. vor dem neuen Haus, etwas aus der Hand ißt. Mancherorts kommen die Nachbarn für die Hausräuke auf, eine freundnachbarschaftliche Geste.

Der Name hat zu tun mit dem heiligen Herdfeuer der Germanen, das entzündet wurde und dann nie mehr ausgehen durfte. In gewissen Prätigauer Dörfern kommt der Hausräuke, oder Hausräukete, besondere Bedeutung zu, ist doch das Fest eine Dankesgeste an die Mitbürger, die durch Fronen, oder Ehrentagwen, das Zustandekommen des Baues ermöglicht haben. Ihnen wird der Firstwein kredenzt.

Das Hauszeichen

Das sind analphabetische Erfindungen. Mit Bemalungen, Brandzeichen oder Kerben wird Haus und Mobiliar als Eigentum gekennzeichnet. In der Schweiz ist der Brauch keineswegs erloschen. Einen besonderen Bedeutungsreichtum weisen die → Tesseln auf.

Der Hegel

Dieser Aargauer Maskentyp aus dem Mittelalter ist in Klingnau bis ins 20. Jahrhundert hinein am Leben geblieben. Mit der Peitsche herrschend, war der Hegel, oder Räbehegel, ein phantastischer Narr. Er trat am Schmutzigen Donnerstag in Erscheinung. Er erschien vor der Schultüre und bat, nicht unhöflich, den Lehrer, den Schülern frei zu geben.

Bald war er Mittelpunkt eines Getümmels, das hauptsächlich im gegenseitigen Bewerfen mit bereit gehaltenen Wasserrüben und Kohlstrünken bestand. Oder er führte die Horde in wilder Jagd durch die Gassen, sie jedoch mit seiner Peitsche nach Laune wieder botmäßig machend. Die Hartnäckigkeit im Gabensammeln machte den Hegel und seine Meute schließlich unerträglich. → Die Heischebräuche Wie die Maskentypen → Hächelegaugele und des → Hutzgür wurde er behördlich unterdrückt.

Das Heilige Feuer

→ Das Feuer

Die Heilige Kümmernis-Verehrung

Besser würde man wohl von der Volto Santo-Verehrung reden, wie sie im Ursprungsland Italien heißt. Am bekanntesten in der Schweiz ist die Heilige Kümmernis von Bürglen in Uri. Aber andere Orte wie Tuggen und Steinen im Kanton Schwyz und das zürcherische Oberwinterthur haben ihre Heilige Kümmernis. Es ist nicht anzunehmen, daß die Andächtigen nichts ahnen von der Weiblichkeit des Gekreuzigten vor ihnen. Was hat es also mit der gekreuzigten Jungfrau mit dem Bart auf sich?

Es ist eine komplizierte Geschichte. Man kann nachlesen, daß die Verbreitung der Volto Santo-Verehrung von Lucca ausging und der Wunsch groß war, der besonderen Segnungen des Christusbildes von Lucca teilhaftig zu werden. Dort schuf im 11. Jahrhundert ein Künstler nach kleinasiatischem Vorbild den ersten bekleideten Gekreuzigten der europäischen Romanik, ein verehrungswürdiges Werk tiefer Religiosität. Daß nun dreizehn oder mehr Nachahmer dem Irrtum verfielen, es handle sich um ein Frauengewand und daß dem verhängnisvollen Irrtum ein weiterer folgte, nämlich, daß dazu ein Jungfrauengesicht gehöre, und daß dann als Korrektiv ein Bart hinzukam, das alles führte in eine Situation der Ratlosigkeit hinein. Es entstand der mystische Volto Santo-Kult.

Der Überblick über eine Problemsituation ist schon der halbe Weg zur Erkenntnis. Wir wissen nun etwas über die Geschichte der Heiligen Kümmernis, von der man schon gesagt hat, sie sei eine kummervolle und unheilige. Wie dem auch sei, es bleibt zu ergründen, wie der Kult der Heiligen Kümmernis in unserem Lande hat zum Volksbrauch werden können. Steckt dahinter eine Frauenschaft, die sich landweit verkannt fühlt? Glaubt diese in der Heiligen Kümmernis ein tieferes Verstehen für ihre Nöte zu finden? Nämlich weil Weiblichkeit in ihr ist? Offenbart sich in ihr die Allmacht Gottes überzeugender für sie? Nun, die Heilige Kümmernis ist ein weiblicher Heiland!

Die Heiligen Gräber

Das Grab, ob als Ruheplatz für den Körper des Verstorbenen oder als Tor für seine Seele zur jenseitigen Welt, ist schon an und für sich eine mystische Stätte. Doch das Grab Christi, als orientalische Gruft mit einer Türe gedacht, durch welche hinein der gekreuzigte Heiland geschafft wurde, in die terrestrische Dunkelheit der Kammer, aus welcher er aber nach einer Spanne von drei Tagen als himmlischer Fürst des Lichts sieghaft heraustrat, dieser mystische Ort zwischen Tod und Leben, hat die Phantasie des Volkes bei uns, und über die nördlichen Landesgrenzen

hinaus, seit der Zeit der Kreuzzüge so intensiv beschäftigt, daß es zu brauchtümlichen Blüten rührender Art gekommen ist.
Aus dem Heiligen Land Zurückgekehrte legten sich zuweilen ein Erinnerungsgrab an. Und daraus ist der Brauch der Heiligen Gräber in Kirchen und Domen entstanden. Zu diesen strömten die Gläubigen in Scharen in der Karwoche. In unserem transalpinen kirchlichen Brauchtum hat die Volksphantasie den Heiligen Gräbern die veschiedensten Formen gegeben. In der Magerau bei Freiburg und in Baar finden sich heute noch reich ornamentierte Sarkophage, die man öffnen kann. Früher warf man beim Vorüberkommen einen Blick auf den Leichnam des Herrn. Im Freiburger Münster ist der Sarkophag umstellt von allen Figuren, die nach der biblischen Überlieferung und nach den Legenden mit Christi Grab zu tun hatten.

DIE HEILIGEN NÄCHTE

→ DIE ZWÖLFTEN

DIE HEILIGGEISTTAUBE

Sie ist meist eine hölzerne Taube. Sie ist das Pfingstsymbol. Früher wurde sie während des Pfingstgottesdienstes an einem Garnfaden heruntergelassen. Sie konnte auch eine lebendige Taube sein. Ihre Freilassung in der Kirche symbolisierte den frei werdenden Heiligen Geist.

DER HEILIGKREUZTAG

Das ist der Tag der Kreuzauffindung. Er fällt nach der Legende auf den 3. Mai. Sein besonderer Segen heißt auch Wettersegen. Er spendet dem Landmann, der sich nun vermehrt um seine Äcker kümmern muß, die Hoffnung auf himmlische Hilfe und Schutz. Im Fricktal holte man einst aus den Tannenwäldern am Heiligkreuztag Harz für Wundbehandlung und gegen Magenbeschwerden. In der Ajoie errichtete man an diesem Tage Haselnußrutenkreuze auf den Kornäckern.

DIE HEISCHEBRÄUCHE

Sie sind Bräuche, die bei uns ins frühe Mittelalter zurückreichen und geübt wurden von den wirtschaftlich benachteiligten Volksschichten. Da sind die Schenkbräuche zu nennen, bei denen etwa Knechte oder andere «Dienstleute» ein geringes Geschenk machten, wobei sie ein größeres Ge-

schenk von den Herrschaften erwarten durften. → DIE GEGENGESCHENKE
Da war das Ansingen, wozu festliche Daten wie Weihnachten und Neujahr Gelegenheit gaben. Die Geehrten hatten sich mit Geschenken zu revanchieren. Die Bewirtungen sind ein nicht erloschener Begriff. Große Arbeitgeber veranstalten an Jubiläen immer noch solche Feste. Verlorengegangen ist der Brauch von Volkstänzen vor Herrschaften und Obrigkeiten, die den Sinn hatten, dafür eine größere Belohnung zu erhalten. Reizvoll waren die Aufführungen von Kleinschauspielen, die Gelegenheit zu Anspielungen gaben. Man erheischte damit ein Schweigegeschenk. Wir denken vor allem an die Fasnachtsgerichte. Geistreiche Anspielungen können auch heute noch zum Ziele führen. In weiterem Sinne gehören sie auch zu den Heischbräuchen. → HEISCHEGÄNGER

DIE HEISCH(E)GÄNGER

Das waren legitimierte Sammler für Gotteshäuser und Klöster. → BETTELMÖNCHE Heischgänger in weiterem Sinne waren die mittelalterlichen Bettler. Ihr Recht zu betteln war meist unbestritten. Es war der normale Einkommenserwerb der sozial tiefsten Schicht, der völlig Unbemittelten, die zum größten Teil Kranke und Behinderte waren. Noch zu Anfang des 19. Jahrhunderts billigte man arbeitslosen Berufsleuten das Recht zu, an der Türe um «eine milde Gabe» zu bitten. Man sprach von Heischrecht besonders bei Erntearbeitern und Hirten. Sie erhielten selten Geld; man gab ihnen Naturalien, eßbare meist. Zahlreich erschienen sie zu Festzeiten, wenn sie Brezeln, Krapfen, Zöpfe und Weggen erwarten durften.

DER HELGENMEISTER

Helgen ist ein anderes Wort für Bild. Nicht immer wurde es, wie heute meist, in geringschätzigem Sinne verwendet. Der Helgenmeister ist denn auch derjenige in einer innerschweizerischen Schützengesellschaft, der das Schützenzeichen, eben den Helgen, hütet. Dieser ist oft aus Silber, und bei festlichen Anlässen muß ihm Sorge getragen werden. Der Helgenmeister hat auch das Amt, den jährlichen Festgottesdienst zu organisieren.

DIE HELSETE

Das Wort helsen kommt vom Gotischen heilison, was Heil wünschen bedeutet. Es ist heute noch gebräuchlich. Unter Helsete versteht man im allgemeinen ein Patengeschenk zu Neujahr. Das war früher ein → EIERRING, ein Helsweggen (→ WEGGEN) oder ein anderes → GEBILDBROT, mit einem hübschen Batzen dazu oder einem Kleidungsstück. Helseten wurden auch an → NAMENSTAGEN und Geburtstagen überreicht, sowie an Hochzeiten an die Gäste. → DIE WÜRGETE

DER HEMDGLONKERUMZUG VON EMMISHOFEN

Heute gibt es kein Emmishofen mehr. Die Gemeinde Emmishofen ist aufgeschluckt worden durch die Stadt Kreuzlingen. Doch einmal im Jahr wird Emmishofen wieder ein gebietsbeherrschender Begriff. Es reicht dann weit ins Thurgauische hinein und über die Landesgrenze hinweg jenseits des Rheins. Dies vollzieht sich zwischen dem schmutzigen Donnerstag und dem Aschermittwoch. Das Herz aber dieses uremmishofener Fasnachtstreibens sind die Hemdglonker.

Da der Brauch im 16. Jahrhundert abriß und nur als unstete Flamme hin und wieder aufleuchtete, bietet uns für seine Deutung die Geschichte nur geringe Hilfe. Doch läßt sich ermitteln, daß wir es mit einem Träger des → LÄRMENS zu tun haben, einem furchtlosen Bekämpfen der Geister der → ZWÖLFTEN. Die Emmishofer machen reichlichen Gebrauch von den klassischen Lärmerzeugern: der → RÄTSCHE, der Glungge, der Guge und der Sauhlatere. Letzterer werden durch Reiben Töne abgewonnen, die an quietschende Ferkel erinnern. Der Hemdglonker ist in Weiß gekleidet. Er trägt das Lieblingskleid der Geister: ein langes Hemd. Eine Zipfelmütze vervollständigt die Ausrüstung.

Die Narrengesellschaft von Emmishofen nimmt sich seit 1884 nicht nur vollumfänglich der Hemdglonker an, sie stattet auch deren hemdglonkerisch gewandeten Musikanten aus.

Die Hemdglonker bilden den Höhepunkt im großen Umzug, in welchem das Emmishofer Fasnachtstreiben gipfelt. Er hat enorme Dimensionen angenommen und weist viele Parallelen zur → BASLER FASNACHT auf. Durch letztere hat es seine Form gefunden.

DIE HENKERBRÄUCHE

Den Tod durch den Strang zu erleiden, also am Galgen, durch Genickbruch, wird bestimmt durch Gesetz und Richter. Im Brauchtum der abendländischen Völker spielt, so wie Henkerbeil und Richtblock, der Galgen eine besondere Rolle, und zwar seit dem Ausgang des Mittelalters.

Die Volksphantasie hat sich intensiv mit dem Galgen beschäftigt. Man wollte einen Übeltäter nicht bloß an einem Baum baumeln sehen. Man

war stolz auf den heimatlichen Galgen. Es ist überliefert, daß die Leute von Ernen im Goms einen zum Tode verurteilten Handwerksburschen lieber begnadigten und ihm 101 Jahre Landesverweisung gaben, als daß sie ihn an ihrem schönen Galgen hätten hängen sehen wollen. «Der Galgen ist für uns und unsere Kinder», sagten sie, «und nicht für jeden fremden Hudel.» Den Galgen erhob man zum Hoheitszeichen, und man stellte ihn an einem weithin sichtbaren Orte auf, etwa auf einem Hügel, der meist Galgenberg hieß, oder an Wegkreuzungen. Man entwickelte eindrucksvolle Formen und diese in künstlerischen Ausführungen. Vom Galgen des erwähnten Ernen stehen heute noch drei steinerne Rundsäulen, deren Fuß kunstvolle Wülste aufweist.
Erst war da der schlichte Querbalken. Wenn er über die Träger hinausragte, entstand an den Enden Raum, der für besondere Delinquenten reserviert wurde, z. B. für die Juden; das war der äußere Galgen. In einer Zeit der Unrast erfand man den leistungsfähigen mehrstöckigen Galgen. Den obersten Platz nannte man den höchsten Galgen. Dort gehängt zu werden, faßte man als Strafverschärfung auf. Dann gab es den dreischläfrigen Galgen. Ein horizontales Balkendreieck ruhte bei dieser Konstruktion auf Eckstützen. Zum gebräuchlichsten wurde schließlich der Winkelholzgalgen. Kann man annehmen, daß auch nur einer der aus diesem Dasein Scheidenden den Galgenhumor besaß, diese Feinheiten zu würdigen?
Sich dem Tode gegenüberzusehen, ihn zu erkennen im Antlitz eines Hängenden, dessen Füße eben den Boden verlassen haben, so die Endgültigkeit des Todes zu erleben, vielleicht orchestriert von Überlegungen zur göttlichen und menschlichen Rechtlichkeit, das mag die Qualität der merkwürdigen Feierlichkeit bei öffentlichen Hinrichtungen bestimmt haben. In einfacherer Formulierung: Ehrfurcht und Schrecken vermengen sich, magische Kräfte erzeugend. In den Vorstellungen des Volkes haftete sowohl den Urteilsvollstreckern, Richtern und Henkern, als auch den toten Medien, dem Galgenholz, den Nägeln, den Seilen, etwas Magisches an. Die letzteren beiden bildeten das Material, aus welchem vielbegehrte Talismane gemacht wurden. Sie wurden nicht geringer gewertet als Splitterreliquien aus dem Marterholz Christi.

Das Herbeizaubern

Mit Zaubern hat der Mensch von Anbeginn versucht, die Natur zu überlisten. Er hat auf Mittel gesonnen, die ihm ermöglichen, die Naturgesetze aufzuheben oder zu durchbrechen. → Die Zaubermittel Meist ging es darum, die Mächte einzudämmen, die sein Leben erschweren, die Kälte des Winters etwa. Deshalb waren die Bemühungen meist Abwehrzauber. Aber auch das Gegenteil kam vor. Im Herbeizaubern versucht der Mensch, die Sonne hinter den Wolken hervorzulocken. In trockenen Zonen versucht er, die Winde zu beschwören, Regen herbeizutragen. → DIE BESCHWÖRUNGEN Früher stellte man sich die Natur animiert vor. Also war es ein Umgang mit Geistern, vorwiegend ein Kampf mit bösen. Oft sind es auch seelische Belange, die den Wunsch übermächtig werden lassen, Zaubermittel anzuwenden: ein Trank, aus absonderlichen Wurzeln und seltenen Kräutern gebraut, oder ein kräftiger Spruch – früher glaubte man an die Macht des Wortes – können ein Herz gewinnen!

DIE HERBSTBRÄUCHE

Sie sind hauptsächlich Prägungen des bäuerlichen Menschen.
Wenn der Sommer sich dem Ende zuneigt, versucht der Landmann bereits, die Erträgnisse seiner Arbeit abzuschätzen. Während für den Älpler nach der → ALPABFAHRT die Hauptarbeit geleistet ist und er in den Freuden der → ÄLPLERSONNTAGE und denen der frühherbstlichen → ÄLPLERCHILBENEN glaubt zutiefst moralisch gerechtfertigt zu sein, sind im Tiefland die Erntearbeiten und die Weinlese erst im Gange. Wenn nun nicht Hagel und Unwetter einen Strich durch die Jahresabrechnung machen, so weiß der Bauer, ob er ein gutes, ein durchschnittliches oder ein schlechtes Jahr gehabt hat. Er weiß, wie er finanziell steht, wie er den herbstlichen Zinstagen entgegensehen kann.
Der wichtigste ist Martini. → DER ST. MARTINSTAG Ist die Ernte gut ausgefallen, so werden solche Feste wie das von Sursee (→ DER GANSABHAUET VON SURSEE) zum Höhepunkt des Jahres und die → WINZERFESTE im Welschland werden glanzvolle Volksfeste.
Diese Gedanken über das herbstliche Brauchtum in unsrem Lande wollen wir abrunden mit dem Hinweis auf die → ERNTEFESTE und die → ERNTEDANKFESTE. Die letzteren tragen christlich-kirchlichen Charakter und werden von Gegend zu Gegend verschieden gefeiert.

DER HERDKUSS

In manchen Dialekten ist für Erde Herd immer noch geläufig. Es wird also die Erde geküßt. Aber der Herdkuß ist nicht Ausdruck der Dankbarkeit, wie beim glückübermannten Heimkehrer, der den Boden küßt. (Schilderungen kennen wir aus allen Literaturen der Welt.) Der Herdkuß war eine zürcherische Strafe. In einem Mandat von 1540 wollte die Regierung dem überbordenden Fluchen dadurch beikommen, daß ein Ertappter auf der Stelle den Boden zu seinen Füßen küssen mußte. Wenn einer schmähte: «Du blöder Gottesschädel!», so konnte das für ihn schlimme Folgen haben. Die → MANDATE drohten für Gotteslästerung den Tod an. Tatsächlich wurde 1520 ein Lästerer hingerichtet. Aber niemals gelingt es, unflätige Sitten eines groben Volkes mit Regierungserlassen auszurotten. Der Herdkuß ist ohne nachhaltige Folgen in die Geschichte eingegangen.

DIE HERRENFASNACHT

Sie fällt auf Estomihi, den siebenten Sonntag vor Ostern. Zuvor steht der → SCHMUTZIGE DONNERSTAG. → DIE FASNACHT
Ihr Name liegt wohl in dem Umstand begründet, daß die Geistlichen, zu den Herren gehörend, ihre Fasnachtsvorbereitungen eine Woche früher begannen und damit ihre Festlichkeiten vorverlegen mußten. So ist die Herrenfasnacht in katholischen Gegenden die eigentliche Fasnacht.

DIE HERRGOTTSÄSTE

Das sind Wegweiser, Wegweiser am Rande des über zwölf Kilometer langen Prozessionsweges des → BEROMÜNSTER AUFFAHRTSUMRITTES. Im schweizerischen Brauchtum gibt es viele eindrückliche Sprachblüten, doch Herrgottsäste für Wegweiser, die allerdings keine banalen Täfelchen sind, ist in seiner Innigkeit eine der nennenswertesten brauchtümlichen Sprachschöpfungen.

DIE HERRGOTTSKANONIERE

So heißt eine Luzerner Bruderschaft, die dem Fronleichnamsfest durch Schüsseabgeben Höhepunkte verschafft.

DER HERRGOTTSTAG

→ DER DREIFALTIGKEITSSONNTAG

DIE HEUSONNTAGE

Das sind die bündnerischen Bergpredigtsonntage. → DIE BERGPEDIGTEN

H

Die Hiifälä

Ihre Form ist ein Mittelding zwischen → Inful und Narrenkappe, also eine Inful mit Zipfel und Glöcklein daran. Die Hiifälä ist die Kopfbedeckung des → Geiggel und somit ein Fasnachtsrequisit.

Das Hilarifest

→ Der Hilariustag → Der Uhwieser Kinderumzug

Der Hilariustag

1582 trat mit der gregorianischen Sonnenjahreinführung eine Elftageverschiebung gegenüber der julianischen Kalenderordnung ein. Im Volksbewußtstein aber blieb der alte Sylvester verhaftet; er fiel jetzt auf den 13. Januar. In einzelnen alemannischen Gegenden wurde nun die alte Sylvesterbedeutung der heidnischen Winterbeschließung überdeckt von der starken Erinnerung an Fridolin, ihren Heiligen, resp. dessen Meister Hilarius. Wer ist dieser Hilarius? Sechzig Hilarien sind uns bekannt, unser Hilarius jedoch ist der trinitarische Kirchenführer und Bischof von Aquitanien. Wo man also den Hilariustag hochhält, haben wir es mit einer Verehrung heidnisch-christlicher Mischung zu tun. Die Hilariusfeiern im Zürcher Weinland können wir unter die Bärchtelisfeiern einreihen. → Der Bächtelitag Das Bächtelitreiben von Uhwiesen (→ Der Uhwieser Kinderumzug), Flurlingen, Langwiesen und Feuerthalen knüpft noch an eine schöne Legende an, die Legende von der Befreiung eines Mädchens aus den Händen eines Raubritters auf Schloß Laufen.

Die Himmelfahrt

→ Die Auffahrt

Die Himmelfahrt Mariae

Ihre Feier fällt auf den 15. August. Eine Tafel in der Stiftsbibliothek St. Gallen zeigt, daß das Fest schon ums Jahr 900 bekannt war. Es wird mit einer eindrücklichen Prozession gefeiert.

Die Himmelfahrtsbräuche

Die Darstellung der Himmelfahrt des Herrn als bewegte Szene war im Mittelalter in vielen Kirchen ein beliebter Brauch. Er ist nicht gänzlich erloschen. In St. Martin zu Schwyz wird er fragmentarisch noch geübt

(→ Die Himmelfahrtsszene zu St. Martin in Schwyz), auch in der Stiftskirche von Beromünster und in einigen Kirchen des Welschlandes. Die vielen Auffahrtsprozessionen und -umgänge in der Schweiz zeichnen brauchtumsfestlich und äußerst feierlich den Tag der Himmelfahrt Christi aus.

Die Himmelfahrtsszene zu St. Martin in Schwyz

Nicht bloß in der Schwyzer Pfarrkirche St. Martin, sondern an verschiedenen innerschweizerischen Orten sind die Gläubigen Zeugen der Himmelfahrt Christi.
Es ist Mittag, in der geräumigen Hauptkirche von Schwyz steht zwischen brennenden Kerzen eine große Statue des Auferstandenen. Davor leuchtet das zauberhafte Mosaik einer Himmelswiese, zusammengestellt von Kinderhand aus Frühlingsblumensträußchen. Die Gläubigen strömen herein, und man vernimmt Glockengeläut vom Turme her. Der Chor stimmt das Responsorium an: «Ascendo ad patrem meum et patrem vestrum.» Und da geschieht es. Das Erlöserbild bewegt sich. Christus erhebt sich. Er schwebt in die Höhe. Nicht bloß die Kinder sind ergriffen. Jedermann hält den Atem an, wenn er oben in der Öffnung des Gewölbes entschwindet. Spürbar geradezu wird die lautlose Stille im Raum.
Seit eh und je merkt sich der Gläubige die Richtung, in welcher der Entschwindende schaut. Dorther werden im Sommer die Unwetter kommen!
Der Brauch eines Nüsseregens und -segens ist abgeschafft worden wegen der störenden Begleiterscheinung der überlauten Kinderstimmen.

Die Himmelfahrtsumritte im Luzernischen

Der berühmteste Umritt ist der von Beromünster. → Der Beromünster Auffahrtsumritt Es gibt aber eigenartigerweise im Luzernischen eine Reihe solcher berittenen Auffahrtsprozessionen. Es sind diejenigen von Großwangen, von Hildisrieden, von Hitzkirch, von Altishofen, von Sempach und von Ettiswil. Natürlich lohnt es sich, diese Umritte einzeln zu erleben. Für das schweizerische Brauchtum aber ist ihre Vielzahl auf engem Raum ein beachtliches Phänomen.

Der Hirsetag

Die Hirse ist ein uraltes Fruchtbarkeitssymbol, und der Hirsmontag erinnert von eh und je an die Bedeutung der Hirse als Ernährungsgrundlage in vielen Gegenden. Begreiflich, daß so viele Frühlingsfeste auf diesen Montag nach Invokavit, dem letzten Februarsonntag, fallen. Das → BLOCHFEST der Flößer und Holzfäller ist ein Beispiel. Man kann keinen tieferen Grund für die Beliebtheit des Hirsetages als Festtag bei den Städtern finden. Die Schmiedezunft in Zürich führte einst ihren Umzug durch die Stadt am Hirsmontag durch und ging nur gezwungenermaßen von diesem Brauch ab.

DAS HIRSCHHÖRNLI

Es unterscheidet sich vom Hörnli dadurch, daß es gezackt ist. Es ist ein Martinibrot, daher ein Weggen-Festgebäck. → WEGGEN

DIE HIRTENFESTE

→ DIE BERGFESTE

DIE HIRZEN

Sie sind ein → FESTGEBÄCK im Züribiet und gleichen stark dem → EIERRING. Ihr Ursprung ist in der Zeit Karls des Großen zu suchen. Noch um 1600 waren sie an seinem Namenstag in Zürich ein obligatorisches Gebäck. Sie wurden Regierungshäuptern und Beamten ins Haus geschickt. Ihre häufigste Form ist das Hörnli als → HIRZEHÖRNLI – nicht zu verwechseln mit dem → HIRSCHHÖRNLI, einem Martinibrot – und dem eher kleinlaibigen weißen Perchtisbrot im Aargau. Ihren Geschmack bestimmt die Beimengung von Hirse (Hirzen).

DAS HIRZENHÖRNLI

Es ist ein → FESTGEBÄCK der Neujahrszeit im Aargau und nicht mit dem → HIRSCHHÖRNLI zu verwechseln.

DAS HOCHZEITSFEST

Keine, noch so bescheidene, Hochzeit ohne ein ehrendes Mahl! Das bedeutet ausgewählte Speisen und würdigen Trank, Plaudern, gehobene Reden und Tafelmusik. Danach gab es früher Unterhaltungsspiele und Tanz. Die Appenzeller unterschieden das sitzige Mahl und das tanzige Mahl. Beim ersteren dachte man an die Vermöglichen, beim letzteren an die Kleinstbauern, deren vornehmster Besitz die Geselligkeit war.

Fasnächtliches Treiben am Hirsmontag: ein typischer Umzug kombatanter Prägung mit Hellebarde, Morgenstern, Büchse, modernsten Uniformröcken und heterogener Kopfbedeckung. Den obligaten Spektakel verführt eine Gruppe mit Mummenschanz und einem scheppernden Karrenrad.
Stich von Johann Heinrich Freudweiler, 1786. (Graphische Sammlung Zentralbibliothek Zürich)

Zu den Spielen gehörte im Luzernischen «die gelbe Frau». Gelegentlich erscheint diese heute noch. Diese Frau nämlich hat die Befugnis, die große Vol au vent, die währschafte Hochzeitspastete, aufzudecken. Wenn sie den Deckel hebt, erblickt die Tafelrunde anstelle der Füllung eine Kleinkindausstattung, die für die Braut bestimmt ist.

Der Hochzeitszug

Er ist vielerorts noch heute von eindrücklicher, bewegender Schönheit. Wo man über eine geringe Distanz den Weg zur Kirche zu Fuß zurücklegen kann, ist ein dörflicher Hochzeitszug für die Beteiligten ein tiefes Erlebnis und für die Zuschauer ein unvergeßlicher Anblick. In alpinen Gegenden ohne Straßen war der oft stundenlange Gang zur Kirche über mühsamen Pfad für das Paar und die Begleiter Vorbereitung und Sammlung für den Höhepunkt der kirchlichen Einsegnung. Kein Wunder, daß der Hochzeitszug für Maler, wie F. N. König und andere schweizerische Kleinmeister, ein faszinierendes Thema war.

Der Hohe Donnerstag

Das ist eine schweizerische Bezeichnung. Andernorts heißt er Grüner Donnerstag, was übrigens kein Hinweis ins Reich der Farben ist. Grün ist abzuleiten von greinen, was weinen, wehklagen bedeutet. Dem Hohen Donnerstag geht an einigen Orten am Mittwochabend die → Rumpelmette voraus, in der den Lamentationen Rätschenlärm folgt. Mit dem Hochamt dann am Hohen Donnerstag verstummen die Kirchenglocken bis Ostern. Im Volksglauben gehen sie nach Rom. → Das Glockenschweigen

Die Höhenfeuer

In der ganzen Schweiz leuchten am Nationalfeiertag Höhenfeuer auf. Diesen Brauch nationaler Freudenfeuer kann man in Zusammenhang bringen mit kultischen Feuerbräuchen. Das Aufleuchten der Sonnenwendfeuer ist nicht nur im alpinen Raum bis in die graue Vorzeit nachweisbar. → Die 1.-August-Feier → Die Sonnenwendfeuer

Der Hohlsteitag von Bischofszell

Er ist heute nur noch eine lebendige Erinnerung. Lange war er eine große Prozession und ein allgemein beachteter Feiertag. Der Brauch erinnerte an die Pestzeit. Damals waren Urkunden und Kirchengeräte zu den Felshöhlen gebracht und nach Seuchenende in feierlicher Prozession zurückgeholt worden.

Der Hom Strom

In Scuol werden, noch mitten im Winter, nämlich am Birebrottag im Hornung, mehrere unförmige Riesenleiber verbrannt, Tatzelwürmer könnte man sagen. Ihr Rückgrat ist hölzern, und der Leib besteht aus dicken Strohzöpfen, die dicht um den Stangenkern gewunden sind. Der Hom Strom ist ein tierischer Böögg und erleidet ebenfalls die Verbrennung. Das geschieht am ersten Sonntag im Februar. → Die Frühlingsbräuche → Die Bööggenvernichtung

Der Hopper

Das ist ein Tanz im Dreivierteltakt im Seeztal. In anderen sanktgallischen Gegenden heißt er auch Hopser.

Das Hornussen

Soll man vom bernischen Nationalspiel sprechen? Dann läge der Hinweis aufs englische Nationalspiel, das Cricket, nahe, um anzudeuten, daß es sich um ein Schlagballspiel mit zwei Mannschaften handelt, einer Schlagpartei und einer Fangpartei.
Die erstere schlägt den Hornuß, auch Nouß genannt, eine ellipsoide, 62 mm große und 68 Gramm schwere Scheibe, die früher aus Maserbuchswurzel war und heute aus Plastik ist, von einem metallenen Abschlagbock. In der Luft erzeugt die Scheibe ein sausendes Geräusch wie eine Hornisse, woher das Spiel den Namen hat. Beim Schlagen kommt der «Stecken» zur Anwendung, der zwei Meter lang und flexibel ist und einen eisernen Griff hat. Die letztere Gruppe muß den Hornuß «abtun», ihn – was meist schon in der Luft geschieht – mit der «Schindel» abfangen. Mißlingen bedeutet für die betreffende Gruppe einen Punktverlust. Das Abfangfeld heißt «Ries». Das Hornussen benötigt ein großes Spielfeld, denn die Flugweite des Hornuß kann dreihundert Meter betragen. In der Schweiz gibt es etwa 6800 aktive Hornusser, die in 234 Gesellschaften zusammengefaßt sind, aber nur wenige sind außerbernisch.
→ Das Tscheretten

Die Hudelweiber

→ Die Huttli

H 146

Das Hornussen kann als Berner «Nationalsport» bezeichnet werden. Es gibt in diesem Mannschaftsspiel überraschend viel Ähnlichkeit mit Cricket. Man denke nur ans Ballabfangen.
Farbige Lithographie von Rolf Gfeller. (Graphische Sammlung Schweizerisches Landesmuseum Bern)

Das Hudi

Es ist eine schwyzerische Fasnachtsfigur, weibliches Gegenstück zum Hudigägeler. Diese Bezeichnung hört man auch außer der Fasnachtszeit – als bäuerische Selbstverulkung. → Die Schwyzer Fasnacht

Das Hudum

Die jungen Burschen im nachreformatorischen Zürich spielten ein sehr an Hockey gemahnendes Spiel, ein noch anspruchsvolleres als dieses. Mit kräftigen Stöcken versuchten die Spieler, einander einen faustgroßen Klotz streitig zu machen. Das war auf dem Kopfsteinpflaster keine Kleinigkeit. → Das Niggele

Das Hühnermahl

So heißt das Martinimahl der Winterthurer Herrenstuben-Gesellschaft, einer zunftähnlichen Vereinigung, der ältesten Gesellschaft der Stadt. → Das Martiniessen

Das Hühneropfer von Düdingen

In Düdingen, vor der St. Petrus geweihten Kirche, wird jeweils am 26. Juni ein Käfig mit Hühnern aufgestellt. Die Kirchgänger leihen sich ein Huhn, oder noch besser einen Hahn, aus, und treten damit vor das Bild des heiligen Petrus. Nach dem Gebet wird der Vogel zurückerstattet mit einem kleinen Entgelt. Dabei erhält man einen Schluck Wein. Dieser Ritus ist ein Überbleibsel des früher geübten Hühneropfers. Es wurde noch im Mittelalter in Tafers im Freiburgischen vollzogen. Daß in ihm – wie auch in der gemilderten heutigen Form – die Erinnerung an die Verratsszene Petri wachgeblieben ist, scheint offensichtlich zu sein. Doch der eigentliche Sinn des Hühneropfers ist natürlich der, daß jedem die Gelegenheit zum Opfer geboten wird. Er kann sein Quentchen Wiedergutmachung darin beitragen.
Das Datum des Hühneropfers fällt beinahe mit dem des St. Peter und Paul-Festes zusammen, was auch zur Lebendigerhaltung des Brauches beiträgt. → Das Hühneropfer von Tafers

Das Hühneropfer von Tafers

Es fand, im Unterschied zu jenem von Düdingen (→ Das Hühneropfer von Düdingen), am 29. Juni, also am St. Peter und Paul-Fest, statt. Das Opfer wurde also genau am Tage des Kirchenpatrons St. Peter dargebracht.

Die Hundstage

Fast jedermann glaubt, bei dieser Bezeichnung einen hundebezogenen Brauch wittern zu müssen. Das ist irrig. Die Hundstage haben ihre Erklärung im Sprachlichen. Hunds- ist eine Art Präfix in der Botanik zur Indizierung von Abträglichkeit und Gefahr. Hundskraut, beispielsweise, ist giftig. Dann sind da die Adjektive, die auf etwas Übles hinweisen. Sagt man nicht: ich bin hundsmüde? Dem Astronomen, der den Sirius am Sommerhimmel Hundsstern benannte, muß die Sommerschwüle zugesetzt haben. Jedenfalls war er ein Spaßvogel und hat die Brücke zu den Hundstagen geschlagen.

Die Hundwiler Landsgemeinde

Als 1597 nach der Landestrennung Trogen Hauptort von Appenzell-Ausserrhoden wurde, erkämpfte sich Hundwil die Stellung des allanderjährlichen Tagungsortes der «Landsgemeinde hinter der Sitter», und zwar mit ungeraden Jahreszahlen und immer am letzten Sonntag im April.
→ Die Landsgemeinden

Der Hunger

→ Die Formungskräfte im Brauchtum

Die Hungertücher

Die Hungertücher, auch Fastentücher geheißen, wurden im Mittelalter allgemein verwendet. Es gibt wohl kein eindrücklicheres Fastensymbol. Das Hungertuch hing aufgerollt zwischen Chor und Schiff. Am Aschermittwoch, wenn der Geistliche sprach: «Et velum templi scissum est», wurde es heruntergelassen. Bis zum Mittwoch in der Karwoche entzog es den Gläubigen den Blick auf den Altar. Dadurch wurden diese an ihre Fastenpflicht erinnert. Aber auch gewirkte oder gestickte Passionsszenen auf dem Hungertuch dienten diesem Zweck.

Kleine Hungertücher werden heute noch als Altarüberdeckung verwendet. In Präsanz wurde das Hungertuch, dort curtina genannt, bis zum Jahre 1900 gebraucht. Es ist im Schweizerischen Landesmuseum in Zürich zu sehen. Das größte Hungertuch unseres Landes ist das von Steinen im Kanton Schwyz und geht ins Jahr 1604 zurück. Es ist ein Kunstwerk mit sechsunddreißig Bildern aus der Heilsgeschichte, von der Erschaffung Adams bis Abraham.

Illustration einer Reihe von Spielen. Im Vordergrund spielen vier Burschen Hudum, das eine Ähnlichkeit mit Hockey hat. Das Stelzenlaufen wird heute noch geübt, wie auch das Spiel mit dem Reifen und das «Rößlispiel» der Kleinen.
Stich von Johann Heinrich Freudweiler, 1798. (Graphische Sammlung Zentralbibliothek Zürich)

Die Hüratsgelte

Der Name ist noch erhalten, doch die Hüratsgelte stülpt der Bräutigam nicht mehr auf den Kopf. Es gab in gewissen bernischen Tälern bis ins letzte Jahrhundert den Brauch, recht seltsame → Braut- und Bräutigamskleider zu tragen. Seltsam war ihre Zusammenstellung, zu welcher auch die Hüratsgelte gehörte. Das war ein Filzhut, der neu erstanden, mit einem Sträußchen geschmückt wurde. In diesem Sträußchen durften Rosmarin und Geranium auf keinen Fall vertreten sein.

Die Huttli

Sie heißen auch Hudelweiber. Sie sind fasnächtliche Schreckgeister, die im Sarganserland mit den Röllibutzi zusammen die Dörfer durchstreifen. → Die Sarganser Fasnacht Sie sind in gräuliche Lumpen und Lappen gehüllt und tragen geschnitzte Holzmasken vor dem Gesicht. Diese Masken sind ein Ausbund an Altweiberhäßlichkeit, und ihre Züge drücken Bosheit aus. → Der Röllibutz

Das Hutzelbrot

So hieß früher da und dort im Zürcherischen der Birnweggen.

Der Hutzgür

Ein handfester Kerl, auf dem Kopfe eine Kegelmütze, vor dem Gesicht eine grauenvolle Maske, hatte er eine Jüppe um und zog singend durchs Land. Aber er war trotz der Lieder und trotz der Jüppe, aus deren tiefen Taschen er Dörrobst herausgriff, um damit wie ein Brotauswerfer (→ Das Brotauswerfen) die Jugend zu beglücken, kein harmloser Geselle. Wo er hinkam, wurde er zum Anführer der lärmenden Bengel, die er im Handumdrehen zu einer Horde Heischer machte. → Die Heischebräuche Es ist begreiflich, daß die weiterum bekannte Narrenfigur mit dem moralisch allzu schillernden Charakter genauso verschwinden mußte wie die → Hächelegaugele und der → Hegel. Der Hutzgür war im Baselbiet und im Aargau beheimatet.

Die Iffele

Das ist ein anderer Name für Infule, also von innen her beleuchtete Mitren. Die Kläuse tragen sie in den Straßen und Gassen von Arth und Küßnacht und noch anderen Dörfern am Klaustag. → Das Chlausjagen in Küssnacht am Rigi

Ils Cuits

Das ist abgekürzt von di da cuits, wie die Dorfgemeinde (→ Die Volksgemeinde) von Tschlin des Kreises Remüs im Unterengadin heißt, in welcher die neuen Dorfbeamten, die cuits (Vorsteher), bestellt werden. Auf dem Dorfplatz ist eine Bühne errichtet worden, auf der festlich-würdig der Akt des Abtretens der alten cuits, wie auch die Übergabe an die neuen cuits, stattfindet. Der Pfarrer richtet an die letzteren die Aufforderung, auf die Bibel – diese ist ein ehrwürdiger Lederband in Gemeindebesitz – den Trueschwur zu leisten.

Marschmusik begleitet den traditionellen Zug zum Hauptplatz, wo der alte capo seine engadinisch-witzige «Abdankungsrede» hält. Noch liegt der März- oder Februarschnee, aber es ist ein fröhlicher Festtag. An Veltliner wird nicht gespart.

Das In-den-April-schicken

Der April ist witterungsmäßig, trotz wärmenden Sonnenscheins, ein noch recht unsicherer Monat. «Rüeft de Guggu in hohle Wald, wirds sicher nomal chalt», sagen die Bauern. Aber auch die Städter sollten sich am 1. April hüten vor Überraschungen. Vielerorts in unserem Lande ist es Brauch, Angehörige und Bekannte «in-den-April-zu-schicken». Mit einer Neuigkeit, die eine versteckte Unmöglichkeit enthält, überrumpelt man sie. Den Höhepunkt des Brauches ergibt das Mienenspiel, wenn Sprachlosigkeit, Verwunderung, Betroffenheit oder gar Verwirrung im Gelächter der Erkenntnis sich auflösen. Vielleicht auch kommt nur ein saures Lächeln zustande.

Die Inful

Inful ist die andere Bezeichnung im Deutschen für Mitra. Wenn Kläuse im schweizerischen Brauchtum sich der bischöflichen Kopfbedeckung bedienen, so spricht man nur von Inful. Die Inful kann dann groteske Formen annehmen. Eine Variante ist die → Hiifälä.
Beim → Chlausenjagen in Küssnacht am Rigi wird die Inful zu einem rie-

sengroßen, hochkünstlerischen Gebilde und ist von innen illuminiert. Im Zürcher Oberland erscheint sie als bescheidene Kopfzierde und heißt dann Narrenangli.

Der Infulchlaus
→ Die Inful → Die Chlausenspiele

Das Intrigieren
So nennt man das fasnächtliche Verspotten. Es kann zum geistreichen Spiel werden. Natürlich ist dabei die Maske durch ihre Anonymität in einer besonders vorteilhaften Lage, wenn ihr Bekannte begegnen. Zur Abwehr braucht es die geschärfte Waffe des Witzes und des Humors. In Basel ist die Gefahr gering, daß das Intrigieren in seichtes Hänseln ausartet. Auch an der Krienser und der Luzerner Fasnacht übt man Angriff und Abwehr mit den Mitteln der Pfiffigkeit und der verstellten Stimme.

Das Islikoner und Kefikoner Lichterschwemmen
Diese benachbarten Thurgauer Ortschaften schauen auf eine unterbrochene Tradition zurück, die sie erfreulicherweise wieder aufgenommen haben. Der Brauch des → Lichterschwemmens ist zu einem eigentlichen Volksfest geworden.

DIE JAGD

Der Jagdbräuche gab es früher viele, der Vielzahl des jagdbaren Wildes entsprechend. Bär, Wolf, Luchs und Fischotter sind fast ganz verschwunden, auch viele Vogelarten. So kennen wir das → WOLFSGARN nur noch aus Museen. Die Treiber – das war die Jungmannschaft eines Dorfes – jagten die Wölfe mit Lärm und Geschrei gegen die Fangnetze, wo sie die keulenbewaffneten Männer in Empfang nahmen. Mit dem Aufkommen der Feuerwaffen konnte man sich der Wölfe leichter erwehren. Auch mit der Wolfsgrube fing man sie. Sehr viele Flur- und Ortsnamen in unserem Lande erinnern an die frühere Häufigkeit des Wolfes.

Revier- und Patentjagd kennen fast alle Landesteile nebeneinander. Sie haben ihre eigenen Jagdbräuche entwickelt. Die interessantesten sind jene der Gemsjäger. Wir denken an ihre ganzjährliche Beobachtung des Wildes, um beim herbstlichen Jagdbeginn gerüstet zu sein. Wir denken aber auch an die überbordende Jagdleidenschaft, das Wildern, welches die Heimatdichter immer wieder zu faszinierenden Schilderungen angeregt hat.

Die Vogeljagd, der Fang von Kleinvögeln, war früher lebenswichtig, so wie sie beim dezimierten Vogelbestand heute verwerflich ist. Sie wurde mit geblendetem Lockvogel und Netz durchgeführt. Zum jagdbaren Flugwild gehörte bis vor kurzem, außer den Wildenten, der Auerhahn. Die Bevölkerung manchen Bergdorfes wartete gespannt auf die Auerhahnjagd. → DIE FISCHEREI

DER JAGDZAUBER

Er findet heute in unserem Lande wohl keine Anwendung mehr. Er war ein → ANALOGIEZAUBER. Das designierte Wild wollte man schwächen durch Verletzung seines Abbildes oder durch entsprechende Gesten.

Eine Vereinfachung des Jagdzaubers, der eine komplizierte Praktik sein kann, entsteht aus dem Pars pro toto-Glauben, d.h. daß die Verwendung bloß von Teilen oder Teilchen genüge. Beim Verletzungsritual bedarf es also nur eines Büschels Haare oder eines Fetzens aus einem Fell oder einer Klaue.

DER JAHRMARKT

Wie das Wort besagt, handelt es sich um einen Markt, dessen jährliche Wiederkehr kalendarisch festgelegt ist. → DIE MÄRKTE Die Jahrmärkte fußten auf verbrieften Rechten von Städten und Marktflecken. Auch die umliegende Landschaft zog Nutzen aus der Institution, Waren umzusetzen. Die zweite, nicht geringere Bedeutung des Jahrmarktes lag in seinem einzigartigen Angebot an nichtkirchlicher Unterhaltung. Die Volksvergnügungen, gewährleistet durch Musikanten, die nicht weniger originell waren als unsere internationalen Bands, die Gaukler, Vorläufer der heute große Achtung genießenden Clowns, Tanz- und Trinkgelegenheiten sind als Instrument der Entspannung einzuschätzen, sowohl in menschlicher als auch in staatspolitischer Hinsicht. Insgeheim wurden Jahrmärkte nämlich von unterdrückten Bauern benützt, Unruhen vorzubereiten. Späher und Agenten versuchten, sie zu verhindern.

Es gab Jahrmärkte, denen unverwechselbarer Charakter eigen war. Sie haben ihre Identität zum Teil bis heute erhalten können. → DER GANSABHAUET VON SURSEE → DIE CHILBI

DER JAKOBI-SONNTAG IM TAMINATAL

Er ist eigentlich in Vättis das Martinifest. → DER ST. MARTINSTAG St. Martin ist der Schutzpatron des Tales. Aber der Rittersmann und Glaubensbote hat sich den alpwirtschaftlichen Verhältnissen angepaßt. Sein Fest wird hier vom 11. November auf den Jakobi-Sonntag Ende Juli verlegt.

Unter den Talbewohnern lebt St. Martin weiter als der Ritter, der seine Kriegspfade bis an die Donau ausdehnte. Und er kam hier durch. Er gelangte ins Tal über die Kette des Ringelspitz. Beim St. Martinsbrunnen – dem Gigerwald gegenüber – sieht man heute noch im Felsen den Hufabdruck seines Pferdes.

DIE JAPANESEN

Die Japanesengesellschaft Schwyz ist eine der originellsten Spielgesellschaften der Schweiz. Die Behauptung besteht zurecht, daß sie die → FASNACHTSPIELE der Renaissance fortsetze.

Die einunddreißig seit 1850 auf dem Hauptplatz aufgeführten und von der Gesellschaft selbst geschaffenen Stücke sprechen verbal und figürlich zum Herzen der Schwyzer Landsleute, wie das kein fremdes Theater fertigbrächte. Den Namen leitet die Gesellschaft vom 1863er Spiel «Die Schweiz in Japan» her, einer witzigen Kommentierung politischer Ereignisse.

Jedes Jahr halten die Japanesen im Reichspalais «zu den drei Taikunen» – dem Hotel Dreikönigen – die Reichsversammlung ab. Wie Schwyz nun nicht mehr Schwyz, sondern altjapanisch Yeddo heißt, so haben alle Benennungen einen tiefgreifenden Wandel erfahren. Nicht der Präsident der

Ein Jahrmarkt. In die Bildmitte ist die wichtigste Figur, der Ausrufer, gestellt. Über dem Budendach zur Rechten thront ein Affe, beliebte Attraktion. Das Angebot an den Kaufständen ist eine erstaunliche Vielzahl: Bilderbogen, Kinderspielzeug, Saiteninstrumente, Uhren. Die Käufer im Vordergrund, zwei Damen und ein junger Herr, tragen modische Kleidung. Ein Händler weiß einen Jüngling für eine Laterna Magica zu interessieren.
Stich von Johann Heinrich Meyer, 1791. (Graphische Sammlung Zentralbibliothek Zürich)

Gesellschaft leitet die Geschäfte der Jahresversammlung, sondern der Kaiser, und das wichtigste Geschäft ist die Thronrede. Angesprochen wird der Kaiser auch als Mikado, Tenno, Taikun oder Hesonusode. Der Schreiber heißt Aktuariu, der Kassier Gimmermee, der Materialverwalter Materialiu. Die vier Beisitzer sind Alt-Hesonusodes. Was jedoch die Versammlung mehr als die verblüffende Terminologie auszeichnet, ist der Geist, der aus den Japanesen spricht und aller Zunge witzige Verse oder satyrische Prosa sprechen läßt. Der Ansporn für die Ressortchefs entspringt den lokalen und eidgenössischen Außerordentlichkeiten. Und kein Redner, der nicht Volljapanese wäre, d. h. ein Mann, der nicht mindestens einmal in seinem Leben aufführungsbeteiligt gewesen ist. Der Schmutzige Donnerstag ist der Tag der Schwyzer Japanesen.

DAS JODELN

Dafür gibt es auch andere Bezeichnungen, im Appenzellischen z. B. zob, zaure, ruggüsle. Es ist dem → JUCHZER verwandt, ein akustisches Phänomen, doch eine längere Tonfolge als jener. Es wird erzeugt durch Überschlagen von Brust- zu Kopfstimme und umgekehrt. In gesanglicher Beurteilung kann man von falsettierten Melodien reden, die bald gefühlvoll-gedanklich, bald seltsam beschleunigt sind. Man spricht vom alten Rigijodler, vom Unterwaldner, vom Horber und von anderen. Es werden auch Vortragsreihen gepflegt, in welchen Normalgesang und Jodler abwechseln. Alpine und nationale Volksfest verzichten selten auf die Bereicherung durch Jodelvorführungen.

DIE JOHANNISSCHÜSSEL

Das ist eine Schüssel mit der Abbildung – aufgemalt oder ziseliert oder getrieben – des Hauptes des Täufers. Auf den Kopf eines Kopfwehleidenden gesetzt, soll sie, nach altem Volksglauben, das Weh mildern oder gar heilen. Der aussterbende Brauch wurde meist geübt in der Zeit des Johannisfestes. Das mag damit zusammenhängen, daß diesem unmittelbar die Sonnenwende vorausgeht mit ihrem Versprechen von mehr Licht und Wärme für die geplagten Menschen.

DAS JOHANNISFEST

Der Geburtstag von Johannes dem Täufer ist zugleich Mittsommerfest, welches wir als Symbol der Lebensbejahung auffassen können. Es fällt auf den 24. Juni und ist nicht zu verwechseln mit dem → JOHANNISTAG.

Die Johannisfeuer

Bis vor kurzem loderten die Johannisfeuer in manchen Landesgegenden, und zwar am Abend des 24. Juni, welcher als Geburtstag des Täufers von Christus gilt. Der Brauch der Johannisfeuer ist aber keine Ehrung der großen biblischen Gestalt. Es handelt sich um eine christlich-kalendarische Überlagerung der Sonnenwendfeuer. Die Sonnenwendfeuer aber kann man als den ältesten germanischen Zauber zur Vertreibung der Winterdämonen betrachten, bei welchem Brauche die entfachten Höhenfeuer umtanzt und durchsprungen wurden. Wir haben Grund, anzunehmen, daß auch zauberkräftige Gesänge ertönten.

Das Johanniskraut

Es wird auch Hartheu genannt und heißt lateinisch hyperium perforatum. Für uns ist es wichtig, weil es am Johannisfest, dem 24. Juni, das Blumensymbol ist. Wir wollen uns auch daran erinnern, daß das Sonnenwendfest auf dieses Datum fällt.
Im Volksglauben ist das Johanniskraut mit der Kraft ausgerüstet, den Blitz abzuwenden. Darum sieht man noch da und dort an Fensterkreuzen von Bauernhäusern das geheimnisvolle Büschel Johanniskraut hängen. Nie fehlt Johanniskraut, zusammen mit der anderen heil- und wunderkräftigen Pflanze, der Arnika, an Maria Himmelfahrt im Kräuterbündel, das nach der kirchlichen Weihe zum Aufbewahren auf dem Dachboden nach Hause mitgenommen wird.

Der Johannistag

Das ist der Wunschtag der Frauen, der 27. Dezember. Alles geht in Erfüllung, was man in der vorausgehenden Johannisnacht geträumt hat. Der Johannistag hat nichts zu tun mit dem → Johannisfest am 24. Juni.
→ Der St. Johannestag

Die Joheen von Einsiedeln

Gerne möchte man mehr über den schweigsamen Johee, diese Zentralfigur der Einsiedler Fasnacht, wissen. Seine Maske ist ein nachdenkliches Sennengesicht. In kurzen Hosen, eine Narrenkappe auf dem Kopf, schreitet er mühsam einher. Sein letzter Besitz – er hängt an einem breiten Ledergurt – ist eine schwere Treichel, die er zum Klingen bringen muß. Man kann in ihm das Bäuerlein sehen, das nach der Alpabfahrt den ganzen Sommersegen vertan hat. Kein Hansimglück, er lacht nicht. Man hat auch schon eine andere Erklärung versucht und in den Joheen die gescheiterten Existenzen früherer Zeiten gesehen, mittellose Reisige und andere Rückwanderer, die zu einem sozialen Problem wurden. Die hölzerne Maske zeigt ein glattes Gesicht ohne Schnauz und Bart.

Seltsam, daß den Joheen und ihren unzertrennlichen Gefährten, den → MUMMERIEN, die Aufgabe des → BROTAUSWERFENS zugefallen ist. Von Zeit zu Zeit hält im Umzug die Schar der Joheen an, um diesen Ritus auszuüben. Wenn das Jungvolk «I mir äs Mutschli, i mir äs Mutschli» schreit, dann greifen die Brotauswerfer tief in ihre Mutschlisäcke. Auch die Mummerien sind wohl Gescheiterte, doch Gesegnete mit dem glücklichen Temperament, das sie lustig bleiben läßt wie Hans im Glück am Ende seiner Laufbahn.

DER JOSNI

Er ist ein Seeztaler Maskentyp. → DIE SARGANSER FASNACHT → DIE MASKEN Aber er ist kein Symbol. Seine einzige Aussage besteht darin, daß er unverwechselbar sarganserländisch ist. Immerhin heißt das, daß er durch dreihundert Jahre hindurch seine Prägung bewahrt hat.

DER JUCHZER

Er ist dem → JODELN verwandt, ebenfalls in Kopfstimmlage erzeugt. Doch er ist kürzer. Er ist ein melodischer Schrei, aus Lebensfreude geboren. Aber die Bewohner der Alpen kennen für den Juchzer eine vierfache Verwendung: als Erkennungszeichen, als Zuruf über große Distanzen, als Signal und als Gruß. Juchzer und Jodler kennt man seit alters in den Berggebieten aller Welt.

DAS JUDASMAHL

Es ist eine Passionsszene. Sie wurde in dem unweit von Beromünster gelegenen Rickenbach aufgeführt. → DIE KIRCHENFESTSZENEN UND -SPIELE

DIE JUGENDFESTE

Jugendfeste sind überraschenderweise keine Erfindung unserer Tage. Das Jugendfest von 1837 von Thalwil ist besonders gut bilddokumentarisch belegt. Jugendfeste verlangen keine geschichtliche Begründung, sondern eine psychologische. Sind sie von der gesamten Bevölkerung getragen,

159　　　　　　　　　　　　　　　　　　　　　　　　　　　J

Das Jugendfest der Zunft Thalwil 1837. Daß Jugend- und Kinderfeste keine Schöpfung der Neuzeit sind, belegt das Bild der Veranstaltung der Zunft Thalwil. Letztere war keine Berufszunft, sondern eine lockere Vereinigung von Bürgern von Thalwil, Oberrieden, Rüschlikon, Kilchberg, Langnau und Adliswil. Sie beauftragte den Zeichner und Maler Johann Jakob Sperli, das Festgeschehen dokumentarisch festzuhalten. Er schenkte auch der heimatlichen Landschaft (er stammte aus Kilchberg) große Aufmerksamkeit und bezeichnete am Bildrand die Berggipfel mit Namen. Ausführender war der Stecher J. Ernst. (Graphische Sammlung ETH Zürich)

wie z. B. das → ST. GALLER KINDERFEST, so schlagen sie Wurzeln. Auch der Rutenzug von Brugg, die Lenzburger und Zofinger Jugendfeste und die Burgdorfer Solennität sind bereits gefestigter Ausdruck der Lebensfreude. Historisierende Akzente sind von lokalkoloristischer Bedeutung. Die drei Medien der Jugendfeste heißen Spiele, Tanz, Umzüge.

→ DIE BARRETE → DAS MISOXER EPIPHANIEN-JUGENDFEST → DAS PAN-GRONDS-JUGENDFEST

Die Kaltbrunner Chläuse

Am 6. Dezember begegnen wir in Kaltbrunn im Gasterland nicht einfach dem Chlaus, auch nicht dem Paar St. Niklaus mit seinem Diener. Wir stoßen auf eine imposante Samichlausgestalt, die umgeben ist von elf Chläusen. Einer von ihnen führt ein schwerbeladenes Eselchen am Halfter. Das Auftreten der Gruppe erinnert an ähnliche Bräuche im Gebiete des oberen Zürichsees. Das Bild ist malerisch und freundlich. Aber auf den vorchristlichen Ursprung der Kaltbrunner Chläuse weisen die markerschütternden Beigeräusche hin, das Knallen der → Chlepfer. → Die Geisseler → Der grosse Strich → Der Kreuzstrich

Das Kamelienfest von Locarno

Wenn nicht der Jesuit Camelli 1739 den immergrünen Zierstrauch der nun nach ihm benannten roten Blüten aus Ostasien zu uns gebracht hätte, gäbe es kein Locarneser Kamelienfest. Dem Blumenkorso, dem Kernstück des Blumenfestes, ist in der Schweiz nur derjenige des → Narzissenfestes von Montreux zu vergleichen. Er ist getragen und wird jährlich völlig neu gestaltet von der Stadt Locarno und ihren umliegenden Gemeinden. Das Berückende des Korsos geht vom alles beherrschenden Kamelienrot aus.

Der Karfreitag

Unter Feiern versteht man landläufig nicht Trauern. Logischerweise sollte man also vom Karfreitag nicht als einem Feiertag reden. Ist dieser Tag für den Christen nicht Anlaß zur tiefsten Trauer, der Trauer um den verratenen Heiland? Er ist ein Tag des Bußetuns, welches ja früher immer mit lautem Klagen (kara – Klage) verbunden war. Der Christ sollte sich den beschämenden, erschütternden Sieg des Abgründigen im Menschen über das Heile und Gute vergegenwärtigen: im Laufe der Zeit ist denn auch der Karfreitag weit mehr als nur eine Totenklage geworden. Ist die Karfreitagsliturgie nicht die erschütterndste in der katholischen Kirche? Keine Messe wird gelesen! Für den Karfreitagsgottesdienst kommen schwarze Paramente zur Anwendung.

Die Karfreitagsbräuche

Es seien zwei erwähnt. Der augenspringendste Brauch des Karfreitags sind die → Prozessionen. Dann gibt es einen packenden Ritus innerhalb des Kirchenraumes, bei welchem die Gläubigen sich zu Boden werfen. Er

heißt Proskynesis. Darin offenbart sich, wie sonst nie, die Kreuzesverehrung in der katholischen Kirche.
Seit dem Palmsonntag ist das Kreuz verdeckt geblieben. Jetzt wird es enthüllt. Ein Tuch in der Chormitte wird ausgelegt. Ein dreimaliges Niederknien oder Sich-auf-den-Boden-Werfen. Geistliche und Ministranten ziehen die Schuhe aus und küssen die Wundmale Christi. Der Chor singt die Improprien, die Vorwürfe, die nach dem Johannesevangelium der Erlöser vom Kreuz herab seinem Volke gemacht hat. Nach den Worten «Mein Volk, was hab ich Dir getan?» folgt die «leere Messe», die missa praesanctificatorum. Der Zelebrant nimmt die am Vortage konsekrierte Hostie zu sich. Dann erfolgt die Überführung der Monstranz zum Heiligen Grabe. → DIE HEILIGEN GRÄBER Dort wird sie belassen bis zum Zeitpunkt der Auferstehung. Seit dem 16. Jahrhundert wird in vielen schweizerischen Gegenden – wie auch über dem Bodensee drüben in Württemberg – der Karfreitagsgottesdienst nach diesem eindrücklichen Ritus abgehalten.

Ein rührendes Brauchtumselement ist noch zu erwähnen, das sich in manchen Bündner Tälern erhalten hat und wodurch jede Familie am Heiligen Grabe vertreten ist. Aus jedem Haushalt wird eine Tasse mit Schmalz und Docht als Totenkerze mitgebracht, die Teilnahme an der Totenwache symbolisierend.

DAS KARFREITAGSEI

Der Glaube ist vielerorts noch lebendig, so im Seetal, daß dem am Karfreitag gelegten Hühnerei – das übrigens nicht in Verwesung übergehen könne – die Macht eigne, böse Geister zu vertreiben. Auch wohne dem Karfreitagsei medizinische Kraft inne. Es heißt, es könne Muttermale zum Verschwinden bringen, Bettlägerigen das Wundliegen lindern und es könne gar Zahnweh vertreiben. Damit es aber das Haus vor Blitzschlag und Feuergefahr bewahre und seinen Bewohnern zu Nutz und Frommen ausschlage, müsse es am richtigen Ort geborgen werden, etwa unter der Türschwelle oder in Herdesnähe. Das ist eine altgermanische Vorstellung. Auch beim Vieh möge es angewendet werden. Gebe man einer gefährlich geblähten Kuh ein Karfreitagsei zu fressen, so könne es den Tod abwenden.

DIE KARFREITAGSPROZESSIONEN

Dieser Brauch ist im Tessin, im Kanton Graubünden und in der Innerschweiz beheimatet. Das hängt mit der Zugänglichkeit dieser Gegenden von Süden her zusammen, denn der Brauch kommt von Italien. Es versteht sich, daß die Karfreitagsprozession, dort wo es einen Kreuzweg gibt, den Stationen entlang zur Wallfahrtskirche oder einer hügelkrönenden Kapelle führt. Dies ist z. B. in Seewis und in Truns der Fall. Im Mittelalter erlebte man häufig Geißelszenen; heute werden manchmal noch erdrückend schwere Kreuze mitgeschleppt. Die bekannteste, zu Recht berühmt gewordene Karfreitagsprozession ist diejenige von Mendrisio. → DIE MENDRISIO-PROZESSIONEN Sie ist allerdings weit mehr als eine Prozession. → DIE KIRCHENFESTSZENEN UND SPIELE Den Charakter der Karfreitagsprozession (→ DIE PROZESSION DER TOTEN → DIE PROZESSIONEN) in Reinkultur und zugleich urschweizerisch zeigt diejenige von Disentis. → DIE DISENTISER KARFREITAGSPROZESSION → DIE OBWALDNER KARFREITAGSPROZESSION

DIE KARPROZESSIONEN

→ DIE KARFREITAGSPROZESSIONEN

DIE KARSAMSTAG-HÄUSERWEIHE

Im Tessin geht am Karsamstag der Priester von Haus zu Haus, begleitet von einem Ministranten. Er nimmt die Häuserweihe vor.

DIE KARSAMSTAGSFEIER

Sie ist in katholischen Gegenden als eine kirchliche Feier mit Doppelcharakter ein lebendiger Brauch geblieben. Aus der Niedergeschlagenheit ob des ins Grab gelegten Heilandes und ob der Hoffnungslosigkeit, welche die Zurückgebliebenen umgibt, aus der Furcht vor der Endgültigkeit des Todes, reißt uns das → OSTERFEUER. Früher leistete jeder seinen Anteil, es zu nähren, und brachte ein Scheit oder eine Torfscholle zur Kirche. Wenn er dann geheiligte Kohlenrestchen nach Hause nehmen durfte, war er glücklich, konnten sie doch bösem Zauber entgegenwirken.
Leider ist die nächtliche Karsamstagsfeier früherer Jahrhunderte zur Tagesfeier geworden. Feuer haben in der Tageshelle geringe Wirkung. Der Einzug in die Kirche war von großer Dramatik und Eindrücklichkeit. Die drei Osterkerzen auf dem Altar glommen auf, der Diakon rief dabei «lumen Christi» und das Volk jubelte «Deo gratias». Heute sieht man keinen Lichthof um die Osterkerzen im Chor, wenn sie in vormittäglicher Helle niederbrennen. Aber man atmet doch hoffend und glücklich auf: der Priester liest nach dem Karfreitagsunterbruch die Messe wieder!

Ihr voraus geht übrigens die Taufwasserweihe, ein Brauch von immer noch großer Bedeutung und eine Erinnerung an die einstige «große Taufe» der Osternacht.

Die Karsamstagsprozession von Bonfol

In diesem Juradorf gibt es eine eigenartige Karsamstagsprozession. Sie ist zugleich eine spezifische Festprozession. → Die Prozessionen Man kennt sie als die Trinkprozession zur Quelle des heiligen Fromund. Dort schöpft man Wasser und nimmt auch ein Büschel Gras fürs Vieh mit nach Hause.

Der Käseteilet

→ Die Chästeilete

Der Kastenvogt

So heißt der Obervogt der St. Michaelsgemeinde. Präsident, würde ein Außenstehender sagen, jedoch ohne damit den Charakter des Amtes umreißen zu können. → Die St. Michaelsgemeinde

Die Kässpende

Sie ist ein Walliser Brauch, eine Dankesgeste der Sennen für den priesterlichen Alpsegen. Der Pfarrer hat sich nach Beschickung der Alpen hinaufbemüht und für diese und das Vieh den kirchlichen Segen gespendet. Ende August steigen die Sennen ins Tal mit ihrer Kässpende, so nach Turtmann im Oberwallis, nach Blatten und Kippel im Lötschental und nach Vissoie im Val d'Anniviers. In Vissoie sind es die Alpmeister, welche die mit Initialen und dem Kelch ornamentierten Käse feierlich in die Kirche tragen.

Die Katharinenmärkte

Sie gibt es in Willisau und in Ebersecken bei Altishofen. → Der St. Katharinentag

Die Kerzen

Nach dem offenen Holzfeuer, das mehr der Erwärmung diente, ersann der Mensch unserer Breiten die spärliche Lichtquelle der rauchenden

Kienspäne. Er hackte letztere mühsam aus verharztem Kiefernholz heraus. Unerhört war der Fortschritt, den die Kerze brachte. Vermutlich erfanden sie die Etrusker. Begreiflicherweise wurden die Kerzenzieher geachtete Leute. Was hieß es nur, einen brauchbaren Docht zu fertigen, um welchen herum die Kerze gezogen wurde, bei uns aus Bienenwachs oder → UNSCHLITT.
Bis ins 19. Jahrhundert hinein gab es bloß zweierlei Kerzen, die billigeren Talg- und die duftenden Wachskerzen, letztere für festliche Zwecke mit herrlicher Ornamentierung. Heute werden industriell Paraffin- und Stearinkerzen hergestellt, und sie gelangen auf alle Jahrmärkte und zu den entferntesten Wallfahrtsorten. Aber sie alle sind Kerzen und verbreiten ihr mildes, mystisches Licht, das dem irritierenden der elektrischen Glühbirnen und Röhren überlegen ist. Wundert man sich, daß der Mensch des Mittelalters glaubte, daß dem Schein der Kerze die Kraft innewohne, Tote aus den Gräbern zu holen, wenigstens in der Nacht von St. Niklaus?
Vom 4. Jahrhundert an spielt die Kerze als Prozessionskerze eine große Rolle. Der Büßer trug sie – und trägt sie auch heute noch – vor sich her, um damit vor den Altar hinzutreten. Als Weihnachts-, vor allem als Tannenbaumschmuck, ist die Kerze im 18. Jahrhundert bezeugt, als Ostersymbol wurde sie verschwenderisch schon im 5. Jahrhundert gebraucht. Die Angaben widersprechen sich, seit wann → LICHTMESS gefeiert wird, Kerzenprozessionen zu Ehren des Herrn.
Geweihten Wachslichtern und -kerzen – sie sind oft wundervoll bemalt oder reliefornamentiert – wohnt für viele Gläubige eine Abwehrkaft gegen Anfechtungen inne; sogar gegen Hagel und Blitz werden sie als Schutz erachtet. Da es sich dabei um einen → ANALOGIEZAUBER handelt, wird ersichtlich, daß man im milden Kerzenlicht Göttlichkeit wähnte, die derjenigen der Blitzeskraft gewachsen war.

DIE KIENSPÄNE

Sie sind aus Föhrenwurzelholz herausgehackt. (Einleitung zu → DIE KERZEN). Fürs Lichterschwemmen lieferten sie ursprünglich die Lichtquellen.

DIE KILBI

→ DIE CHILBI

DER KILCHBERGER SCHWINGET

Er findet nur alle fünf Jahre statt und ist auf der Ebene der eidgenössischen Schwingfeste zu werten. Seine Anziehungskraft auf Schwinger und

Freunde des Schwingens ist legendär. Zu den zwei Sägemehlringen auf der großen Wiese des Stockergutes in Kilchberg am Ausläufer des Zimmerbergs – ist es vermessen, einen Vergleich zu Elis in der griechischen Landschaft Pisatis zu ziehen? – werden offiziell die fünfzig Besten des Landes geladen. Doch die Anzahl der Sichmessenden ist größer.
Der Huberfonds – gestiftet von einem Brüderpaar, der eine ein Jurist, der andere ein Arzt – ermöglicht den «Kilchberger». Die Absicht hat ihre Verwirklichung gefunden, urwüchsiges Sennenschwingen vor die Tore der Stadt zu bringen. → DER SCHWINGET

DER KILTGANG

Das ist der abendliche Besuch des Burschen bei seinem auserwählten Mädchen. In den Dörfern der deutschsprachigen Schweiz hat der Brauch verschiedene Formen. (Allerdings ist er am Erlöschen.)
Wie spielte er sich früher ab? Im wesentlichen bestand er darin, daß der Bursche unbemerkt zur hochgelegenen Kammer gelangen mußte. Dann klopfte er, um Einlaß bittend, ans Fenster des Mädchens. Verschiedene Ausdrücke sind von dieser Gegebenheit abgeleitet, wie «Auf den Gaden steigen» und «Fensterle». Keineswegs öffnete die Auserwählte immer das Fenster. Gefiel ihr aber der junge Mann, so reichte sie ihm schließlich einen Trunk hinaus. Bei späteren Besuchen mochte das Mädchen ihn hereinlassen. Dieses gesprächsweise Sichkennenlernen war so etwas wie eine praktische Entscheidungsphase. Danach wollten die beiden entweder nichts mehr miteinander zu tun haben, oder es erfolgte bald eine Hochzeit.

DER KINDERBISCHOF

→ DAS NARRENFEST

DIE KINDERFESTE

→ DIE JUGENDFESTE → DAS ST. GALLER KINDERFEST → DAS NARRENFEST

DIE KIPPELER ALLERSEELENSPENDE

Kippel im Lötschental kennt an Allerseelen, wie die beiden anderen Dörfer Wiler und Ferden, die Verteilung von Brot und Käse nach dem Gottesdienst durch die Seelenvögte. Die Empfänger sprechen dabei einen Segensspruch für die armen Seelen aus. Den Bedürftigen wird später mehr als nur eine Symbolgabe überreicht. → DIE ALLERSEELENSPENDE

LA VISITE NOCTURNE.   Der Kiltgang.

Der Kiltgang. Bemerkenswert ist der Stich von Weibel-Comptesse in brauchtümlicher Hinsicht. Er hält, ohne Romantisierung, die Entscheidungsphase beim Kiltgang fest.
Erste Hälfte 19. Jahrhundert. (Graphische Sammlung ETH Zürich)

Die Kirchenfestszenen und -spiele

Der abendländischen Kulturwelt sind auf unserem Boden das erste Passionsspiel und das älteste Osterspiel in deutscher Sprache erstanden. Aber weder das St. Galler Passionsspiel, noch das Osterspiel von Muri hat zu einer Kontinuität der Aufführungen geführt. Sporadisch nur haben Laienschauspieler sich an das Vorhandensein alter Texte erinnert. So wurde das Osterspiel von Muri 1977 im Urtext wieder aufgeführt. Im Solothurnischen, bei den → SELZACHER PASSIONSSPIELEN, kommen zusammenhängende Szenenfolgen zur Aufführung. Wir erleben also in der Schweiz in neuerer Zeit wieder Passionsspiele.

Nun ist aber im Zusammenhang mit den → GEISTLICHEN SPIELEN auf ein besonderes Phänomen hinzuweisen, nämlich die Aufführung von Spielfragmenten, d.h. von Szenen, die in kirchlichem Rahmen selbständig bestehen können. Meist liegt der Akzent nicht auf dem Wort, sondern in der Mimik. Diese Szenen sind so etwas wie die Interacts der englischen Mysterienspiele, die eigentliche Pantomimen waren. Wir können auch an die szenischen Darstellungen aus der Heilsgeschichte, aus Marien- und Heiligenlegenden, denken, die überall im deutschen Sprachgebiet vorkamen. Begreiflich, daß das bäuerliche, bildungsarme Publikum den größten Gefallen an den drastischen Szenen fand, in welchen der Teufel auftrat. Die mittelalterlichen Verkörperungen des Bösen sind meist grobschlächtig, und so erlitt der Teufel schlußendlich mindestens eine Tracht Prügel von derben Fäusten.

Wir staunen freudig, daß bis in die Neuzeit, und in einigen Fällen bis zum heutigen Tage, sich unter den kirchlichen Volksbräuchen Passions- und Heilsszenen erhalten haben, die von erhabener Eindrücklichkeit sind. Beispiele sind die → SCHWYZER HIMMELFAHRTSSZENE, die → FUSSWASCHUNG VON BEROMÜNSTER und etwa die Abendmahlsszene im Beromünster benachbarten Rickenbach. Darin spielte das Löffeleintauchen eine große Rolle. Derjenige, der den Löffel zuerst eintauchte, wurde zum Judas. Eine Form oder Stufe der Weiterentwicklung sind viele Prozessionen. Wir erinnern an die → MENDRISIO-PROZESSIONEN, die füglich eine Zwischenstufe zum Schauspiel zu nennen sind. Hier muß auch die Prozession am → LUMBREINER FEST DER SIEBEN SCHMERZEN MARIEN und der → HAGENWILER UMGANG im Thurgau genannt werden. Der letztere ist lebendig gewordene Historie, eine Schau.

Die Kirchenmaitli

→ DIE DÜDINGER KIRCHGANGMAITLI

Die Kirchtürtrauung

Das war die Trauung vor der Kirchentüre. Hernach betrat der Pfarrer mit dem Brautpaar den Kirchenraum und führte es zum Altar. Dort erteilte er ihm den Segen. Diese Kirchtürtrauung wurde noch vor hundert Jahren in Birseck in Baselland ausgeführt.
Ein Spruch erinnert an den Brauch: Vor d'r Chirche isch en Tritt, wo me d'Liebi zämme git.

Die Kirchweih

→ Die Chilbi

Die Kirchweihmaien

So hieß der bis zum Wipfelbusch entästete und oft entrindete Kirchweihbaum. → Die Chilbi Vielerorts war es Brauch, daß das Jungvolk zu einem Gabenkranz hinaufkletterte.

Das Kirschenzweigeinstellen

Mancherorts in der Innerschweiz stellt die Hausfrau in eine für diesen Zweck bereitgehaltene Karaffe oder eine Flasche aus schönem altem Glas einen Kirschzweig, den ihr Mann von einem Rundgang nach Hause bringt. Wenn das Wasser gewissenhaft erneuert wird, so erfreut sich die Familie zu Lichtmeß eines blühenden Kirschzweiges in der Stube. An der Zahl der Blüten aber wird ersichtlich, wie fruchtbar das Jahr werden wird.

Der Klaus

→ St. Niklaus → Der Chlaus

Die Klopfverse

Sie sind Neujahrswünsche in Versform. Noch im 19. Jahrhundert bestand vielerorts in der Schweiz der hübsche Brauch, seine Neujahrswünsche in Versform zu entbieten. → Das Neujahransingen → die Neujahrsblätter Nach Zimmerbetreten, d.h. nach höflichem Anklopfen, rezitierte man die sorgfältig aufgesetzten Wünsche. Der älteste erhaltene Klopfvers stammt aus dem 15. Jahrhundert. Er lautet: Klopf an, klopf an, ein selig neues Jahr geht Dich an. Alles, was Dein Herz begehrt, das wird Dir in diesem Jahr gewährt. → Das Schenken

K. M. B.

Das sind die Initialen von Kaspar, Melchior und Balthasar, der drei Weisen aus dem Morgenland. Diese Initialen werden heute noch in Obwalden und Uri am Dreikönigstag mit gesegneter Kreide überm «Türgericht», dem Türsturz, angebracht.

Die Knabenschaften

Es gibt sie immer noch, vor allem in Bünden. Im Quellgebiet des rätischen Rheins heißen sie cumpignias de mats. Sie sind Knabeninnungen, und man erkennt volkskundlich in ihrer Hauptfunktion das, was den Initiationsriten der Naturvölker innewohnt. Ihr heutiges Gepräge ist vierfältig: sakral, ethisch, gesellschaftlich und militärisch.
Oft organisieren die Knabenschaften festliche Anlässe. Das ist nur eine Aufgabe aus dem früher großen Pflichtenkreis. So nahmen sich die Knabenschaften der Weiterbildung auf allen möglichen Gebieten an, die heute kommunal organisiert ist.

Das Knabenschiessen

→ Das Zürcher Knabenschiessen

Die Knappenuniform

Damit meinte man eine besonders schmucke Ausführung der Berufskleidung, die von den Bergleuten am Gonzen zur St. Barbarafeier getragen wurde. → Die Gonzener Barbarafeier Sie bestand aus einem grüngestreiften Tuchrock, einem Käppi mit denselben grünen Streifen und Beinkleidern im selben Ton.

Die Kommunion

Sie ist ein katholischer Brauch und bedeutet den Empfang der → Eucharistie. Die priesterliche Übergabe an den Kommunizierenden kann auf dessen Zunge oder Hand erfolgen. Auch erlaubt der Brauch, daß Letzterer kniet oder steht.
Die Erstkommunion fällt meist auf den → Weissen Sonntag. Zur Osterkommunion ist jeder Gläubige angehalten. Unter Frühkommunion versteht man die Erstkommunion der Kinder, sobald ihnen der Vernunftsgebrauch zugebilligt wird. Dem Kommunionsunterricht der Pfarrei wird ein eigentlicher Erstkommunionsunterricht vorangestellt.

Waffenerziehung. Diese Szene belegt das allmähliche Zustandekommen des militärischen Vorunterrichts.
Stich von Johann Heinrich Meyer, 1793. (Graphische Sammlung Zentralbibliothek Zürich)

Die Konfirmation

Alle nichtkatholischen Denominationen christlichen Glaubens kennen eine der → FIRMUNG entsprechende Bestätigungsfeier. Die Konfirmation der schweizerischen Evangelisch-Reformierten unterscheidet sich im Wesentlichen von der Firmung in der katholischen Kirche dadurch, daß der Akt nicht sakramental, d.h. als Vollendung der Taufe, sondern als deren Bestätigung aufgefaßt wird. Im Alter von sechzehn Jahren wird der Jungchrist, meist nach einjährigem Unterricht, in die Gemeinde der Erwachsenen aufgenommen.

Diese Aufnahme erfolgt neuerdings in der Form von Wechselgesängen und Gesprächen zwischen Geistlichem und Konfirmanden. Es findet darin die wortformelle Aufnahme durch den Geistlichen und das aktive Bekenntnis der Konfirmanden zur Übernahme von Pflichten und Rechten in der Erwachsenengemeinde, das Bekenntnis zu Christus im praktischen Leben, seinen Ausdruck.

Der Ritus der Handauflegung ist meistenorts anderen Riten gewichen. Geblieben ist die Übergabe eines individuellen Konfirmationsgedenkwortes, eines Bibelverses, auf einem eindrücklich-künstlerischen Blatt durch den Pfarrer.

In gewissen Gegenden wird für die Konfirmation an schwarzer Kleidung festgehalten. Es kommt vor, daß sich der Brauch dort, wo er verschwunden war, wieder eingebürgert hat.

Vielfach wird, anschließend an die kirchliche Feier oder später, ein gemeinsamer Ausflug unternommen. Auch kennt man die gegenseitige Bewirtung von Konfirmanden und Konfirmandinnen.

In der Schweiz findet die Konfirmation meist am Palmsonntag statt. Ihre Ergänzung findet sie durch die Teilnahme am Abendmahl, die am Karfreitag üblich ist. → DIE ABENDMAHLTEILNAHME DER KONFIRMANDEN

König Rabadans Einzugsfeier

König Rabadans Einzug! So heißt das überwältigende Fasnachtssonntagsfest der Bellenzer. Man sollte aber einer der ihren sein, man sollte ihre Sprache sprechen und sollte mit dem Hort ihrer komplizierten Geschichte wohlvertraut sein, um früh genug herzlich lachen oder schmunzeln zu können, wenn die überlebensgroßen Figuren des langen Umzuges Akzente setzen. Der Höhepunkt ist die Übergabe der Stadttorschlüssel. Symbolverständig nimmt König Rabadan sie entgegen, um seine Eintagsherrschaft unangefochten, traditionsgeheiligt, auszuüben.

Die Kopfputze

Der Kopfputz, der zu den Volkstrachten → DIE TRACHTEN gehört, ist eine wundersame Zeichensprache, die, oft deutlicher als die übrige Tracht, auf eine Landschaft hinweist. Die Kopfputze können auch die Funktion haben, auf einen Stand hinzuweisen. → DIE BRAUTKRONEN → DAS SCHÄPPELI
Vor allem sind es Fasnachtsfiguren, die sich durch auffälligen Kopfputz auszeichnen. Der Kopfputz der Altstätter Röllibutzen stellt ein Kunstwerk von nahezu Meterhöhe dar, ein eigentliches Gebäude. Es besteht aus aufgetürmten bunten Glaszieraten, aus schimmernden Perlmutterkugeln, aus seidenen Blumen und, das Ganze krönend, aus wallenden Federn. → RÖLLIBUTZENUMZUG UND -POLONÄSE IN ALTSTÄTTEN Diese Form des Kopfputzes ist jüngeren Datums. Uralt aber sind prinzipiell die die menschliche Gestalt verlängernden Putze, um Geister – und Mitgeschöpfe – zu beeindrucken.
Noch eigenartiger und imposanter ist die Kopfbedeckung der Appenzeller Sylvesterkläuse, die am 13. Januar mittags durchs Land ziehen. → DIE SYLVESTERKLÄUSE Der Brauch ist heidnischen Ursprungs, der die kunstvollen Aufbauten – miniaturtechnische Wunder wie die Wiedergabe der Gmünder Tobelbrücke und anderer topographischer oder kultureller Merkwürdigkeiten – in einem Licht zeigt, das uns nicht nur verblüfft, sondern uns nachdenklich stimmen muß. Es benötigt kräftige Männer, um die bis zu einem Quadratmeter ausladenden Plastiken stundenlang auf dem Kopf zu balancieren.

Das Körnerwerfen

Heute wirft man mit Konfetti. Im letzten Jahrhundert warf man noch mit Spreu. Ursprünglich benützte man Körner. Das Bewerfen von erwachsenen Mädchen und jungen Frauen – meist, wenn in ihrer Mitte sich ein Brautpaar befindet – ist unverkennbar ein → FRUCHTBARKEITSZAUBER.

Die Krähhahnenfeste

Im Zürcher Oberland sind sie immer noch beliebte Feiertage, hauptsächlich dem Tanzen gewidmet. Etwas von → ERNTEFESTEN haftet den Krähhahnenfesten an. Die Teilnehmer machen sich darauf gefaßt, daß der Hahn kräht, wenn sie zum letzten Tanz antreten.

Der Krankheitszauber

Besser hieße er der Zauber gegen Krankheit. → Die Zaubermittel Der Krankheitszauber wird immer noch angewendet. Nicht bloß auf dem Lande, auch in urbanen Verhältnissen haben sich Bräuche erhalten, die auf magischem Wege Krankheiten beizukommen suchen. → Die Allermannsharnischwurzel

Die Kreuze

In manchen Landesteilen erhofft der Gläubige Hilfe vom Benediktuskreuz und vom Antoniuskreuz. Das erstere hat zwei, oft drei an den Enden verdickte Querbalken. Das letztere hat trapezförmige Querbalken. In Pestzeiten nahm man zum Zachariaskreuz und zum Ulrichskreuz Zuflucht. Ein seltsames drittes Pestkreuz ist das mit den Trèfle-Enden; es ist wohl kabbalistisch zu erklären.

Der Kreuzstrich

Er ist, wie der → Grosse Strich, Tonerzeugung und physische Geschicklichkeit in einem, ein Kunststück. Mit der gewaltigen Geißel wird das Phänomen der schwingenden Schlinge hervorgebracht, so daß diese zwischen Kopf und über ihn gehaltener linker Hand hindurchsaust.
Ein Kaltbrunner namens Andreas Steiner, der zu Anfang des Jahrhunderts lebte, soll nie mehr im Kreuzstrich übertroffen worden sein, auch nicht im Großen Strich. Dieser König unter den → Geisselern soll es fertig gebracht haben, daß man den Knall oder das Knallen seiner Striche im Umkreis einer Stunde gehört habe.

Der Kreuzweg

Zu den Andachten, die religiöse Menschen in immer noch ergreifendem Brauchtum üben, gehört der Kreuzweg mit den vierzehn Stationen. Das Stationenbeten hat die katholische Kirche den Franziskanern zu verdanken, die den Brauch im 15. Jahrhundert in Europa einführten als Erinnerung an die via dolorosa von Jerusalem.

Die Krienser Fasnacht

Mit ihr haben wir es mit der ältesten Tradition im Luzernischen zu tun. Am Mittag des Güdisdienstag findet der immer originelle Umzug statt. Zu seinen eindrucksvollsten Masken gehören die wahrhaftig furchterre-

genden → KRIENSER TECHEL. Nirgends sonst hört man ihr so auffälliges Gurren. → DER GURRI
Hauptfigur ist der wilde Techelböögg mit den Hanfzöpfen, die unter dem Schlapphut hervorschauen, mit dem weißen Hemd, dem roten Gilet und dem blauen Militärmantel darüber. Vor dem Gesicht trägt er die erschreckende hölzerne Maske mit den abgebrochenen Zähnen. Er hat eine Säufernase, und die Augen sind weit aufgerissen. Er ist umgeben von Puurewybern. Paradoxerweise – oder soll man sagen versöhnlicherweise? – sind diese Häßlichen und Verwerflichen in die schönsten alten Trachten gekleidet.
Man geht wohl nicht fehl, im Techel und den Wybern Waldgeister zu sehen und sie mit den → WILDLÜTLI in Verbindung zu bringen, die in den Volksbräuchen der Waldstätte eine so große Rolle spielen.

DIE KRIENSER TECHEL

Der Krienser Techel oder Techelböögg ist die charakteristische Krienser Fasnachtsfigur. Seine Maske gleicht entfernt jener der → ROITSCHÄGGÄTÄ fürs Lötschental. Nicht nur sind beide aus Holz geschnitzt und Zeugnisse künstlerischer Phantasie, sie sind beide Ausgeburten des Grauens und dazu angetan, zutiefst zu erschrecken. Der Krienser Techel ist außerdem abgründig häßlich.
Die Techel knurren immerzu wie böse Hunde – Techel hängt übrigens mit Dackel zusammen – und gemahnen auch in ihrem Gang an die Krummbeiner. Vielleicht gibt es einen Zusammenhang zum Tierreich der Mythologie. Wie die Einsiedler Joheen und die Löli der Zuger Fasnacht (→ GRET SCHELL UND IHRE LÖLI) führen auch die Krienser Techel Schweinsblasen mit sich. Ständig führen sie übrigens drohende Bewegungen aus mit den Röhrenknochen in ihrer Hand. → DIE KRIENSER FASNACHT → DAS TECHELN

DIE KRIPPEN

Im 4. Jahrhundert fing man an, Weihnachten zu feiern. Aber nochmals vergingen einige Jahrhunderte, bis man in Italien das Wunder der Menschwerdung Gottes im Stall zu Bethlehem mit der Krippe und ihren Figuren volkstümlich vergegenständlichte.
Kirchenkrippen sind im allgemeinen mit größerem Aufwand hergestellt als Heimkrippen. Heute gibt es in der Schweiz Krippen und Krippenfiguren, die holzgeschnitzt, aus Papier verfertigt, aus Leder oder Tuch gemacht, in Glas gegossen und geschliffen, oder in Kunststoff gepreßt sind.

Am meisten freuen wir uns über die der naiven Volksphantasie entsprungenen Schöpfungen. Wo der Glaube stark ist, findet er nicht bloß den Ausdruck, sondern auch die Mittel für überzeugende Krippendarstellungen. Man denke an den Ton aus einer Grube!
Der mittelalterliche Brauch, zu Weihnachten eine Krippe aufzustellen und vor ihr Kerzen zu entzünden, ist nicht erloschen. Seit sich in unserem Lande der Brauch des → CHRISTBAUMS eingebürgert hat, steht meistenorts unter dem Weihnachtsbaum auch eine Krippe.
Der Sammlerleidenschaft verdanken wir nicht nur einen Überblick über die Krippenschöpfungen, die den Volkscharakter in den verschiedenen Ländern und die Epochen widerspiegeln, sie hat uns auch bewußt gemacht, daß hier eine Kunstgattung bezaubernde Kleinode hervorgebracht hat.
Zentralfigur der Krippe ist das → CHRISTKIND. Das älteste Krippenchristkind der Schweiz ist das liebliche Sarnerkind aus dem 14. Jahrhundert.

DER KRUMME MITTWOCH

→ DIE RUMPELMETTE

DIE KUHGLOCKEN

Sie sind Glocken, die dem weidenden Vieh um den Hals gehängt werden. Dies geschieht weniger aus einem musikalischen Hang, als um der akustischen Kontrolle willen. Ein abseits weidendes Tier auf einer weitläufigen Alp kann leichter aufgefunden werden. – Man unterscheidet die eigentlichen Kuhglocken, die im Gußverfahren hergestellt werden, und die aus gewalztem Metall gemachten. Letzter haben regionale Bezeichnungen wie → TREICHELN, Plumpen usw.

DIE KUHKÄMPFE IM WALLIS

Kuhkämpfe kennt man auch in verschiedenen Gebieten südlich der Alpen. Aber die Walliser Kuhkämpfe haben um ihres spektakulären Charakters willen Weltruhm erlangt, und jeder Bewohner aus dem Walliser Kulturkreis versteht sie als Naturphänomen. Die Leitkuh nämlich, die Beherrscherin der für die Sömmerung auf den Hochalpen gebildeten Herden, wird nicht von den Besitzern, sondern von den Kühen bestimmt. Schon bei der Zusammenstellung der Herden und während des Alpaufzugs schält sich in Geplänkeln und eigentlichen Vorkämpfen die Hierarchie der Herde heraus, mit einer «Königin» an der Spitze. – Eine Unter-

haltung für die Götter dann könnte man die Kuhkämpfe bezeichnen, welche die Sennen auf der Alp veranstalten.
Die kampffreudigsten sind die Eringer, eine agile Rasse, aus dem Val d'Hérens stammend, kaum größere Tiere als ausgewachsene Hirsche. Sie sind das Vieh der Mittel- und Unterwalliser Bauern. Im Oberwallis kennt man andere Rassen, vor allem pflegt man das rote Fleckvieh, die Tschäggen.
Ganz andere Bedeutung als die Kuhkämpfe auf hoher Alp haben jene im Tal. Sie sind eine Gegenüberstellung der Alpköniginnen zur Ermittlung der Regionalkönigin und schließlich der Kantonskönigin. Das Spektakulum in großem Rahmen der Talkuhkämpfe lockt Zuschauer von weither an.
Sie ereignen sich zweimal jährlich, vor dem → ALPAUFZUG und nach der → ALPABFAHRT.

DER KULT
→ DIE TAUFE (Einleitung)

DIE KUNKELSTUBE
So nannte man den Ort der abendlichen Zusammenkunft der Spinnerinnen. In der Kunkelstube stellten sich ab und zu auch die jungen Burschen ein. Vorerst durften sie die Spinnerinnen in ihrer Tätigkeit nicht stören. Schließlich bahnte sich eine Unterhaltung an. Es ist verständlich, daß aus dieser Gepflogenheit die Kunkelstube eine zweite Bedeutung erhielt: sie wurde zum eigentlichen Zentrum der dörflichen Geselligkeit. → DIE STUBETE

Der Lachner

Er ist der Chlaus mit der Holzmaske. Durch sein aggressives → Lärmen verrät er seine vorchristliche Abkunft. Er tritt auf an der Fasnacht, und dann hat er es nicht leicht. Um immerzu mit dem schweren → Geröll rasseln zu können, muß sein Körper in ständiger Bewegung sein. Das erreicht er durch das Tänzeln, das ihn auszeichnet. Aber das im dicken Wollstoffkleid! Es ist mit Stoffstücken und Blätzen besetzt, was ihn zu einem Blätzliböögg stempelt. → Das Blätzlikleid Selbst der Schulterüberwurf ist geblätzt, aber er wird dadurch, daß er bis über den Kopf hinaufreicht, zu einer Kapuze. Das ist ein Indiz, daß der Lachner ein Chlaus, ein lärmender Chlaus ist und kein → Bajass.

Die Bürger von Lachen – die außerfasnächtlich Lachener heißen – leihen, oder liehen vielmehr, ihre Kostüme aus. Frisch gereinigt, in große Kisten verpackt, gelangten sie z.b. nach Stäfa und Männedorf, wo sich dann an der Fasnacht echte Lachner unter die einheimischen Ritter und Domino mischten. Letztere stiegen von der säuberlichen Aufbewahrung von der Stange eines halbamtlichen Estrichs zum fasnächtlichen Treiben herunter. Kostüme sich auszuleihen war hier Regel und Sitte.

Noch sieht man die Lachner weit herum im Lande. Doch wenn so einer – in Bilten, Benken oder Altendorf etwa – zum Verschnaufen die schwere Holzmaske (→ Die Masken), die mit dem Überwurf eine Einheit bildet, hochklappt, dann prüfen mißtrauische Blicke, ob der Entmummte ein «fremder Fetzel» sei.

Der Lachner Böögg

Er ist der Chlaus mit der Holzmaske. Er lärmt mit Schellen oder Treicheln. Dieses aggressive → Lärmen verrät die vorchristliche Abkunft des Lachner Bööggs. Dieser Fasnachtsfigur – das ist er in erster Linie – begegnet man mancherorts um den oberen Zürichsee und in den Dörfern bis auf die Höhe von Stäfa hinunter. Durch das → Stäfner Chlausenspiel hat der Lachner Böögg ja Berühmtheit erlangt. → Der Lachner

Die Läckerli

Unter dem Kleingebäck, das man seit Jahrhunderten als Trinkzugabe anbietet, nehmen die Läckerli die erste Stelle ein. Früher hatte die Hausfrau zur Wahrung ihrer Gastgeberehre im Falle eines Überraschungsbesuches in einem Messing- oder bemalten Eisenblechtruheli stets verschiedenes Trocken- oder Hartgebäck bereit. Im Züribiet sind bis auf den heutigen Tag zur Winterszeit → Tirggel zu haben, ebenfalls ein haltbares Gebäck.

Um Weihnachten war die Auswahl groß, man denke nur an die Mailänderli, die Zimtsterne und die Anis-Chräbeli.
Die Läckerli enthalten all die Gewürze, die den Lebkuchen auszeichnen und deren dominantes Ingwer ist. Im Grunde genommen sind die Läckerli in kleine Rechtecke geschnittene Lebkuchen. Aber die Arten, die es gab! Räße, krätzige oder «ordinäre» hießen die einfachen. Dann gab es honigüberzogene, mit feinerem Mehl gemachte und «gefüllte». Zu letzteren gehörten die Chütteneläckerli (Chüttene = Quitten), die spanischen – mit einer Hausmischung – und die schokoladegefüllten. Am längsten hielten sich die «ordinären», an denen man sich nach Monaten – wörtlich zu nehmen – die Zähne ausbeißen konnte.

DIE LÄGELINACHT IN FLAWIL

Man sagt, der Name komme von Lägeli, einer kleinen Tanse, mit welcher aus dem Thurgau früher der Wein für dieses Fest am 16. September hergeschafft worden sei. Den Höhepunkt bildet eine Lichterorgie, derjenigen von Richterswil vergleichbar. → DIE RICHTERSWILER RÄBECHILBI Die nach Hunderten zählenden kleinen Lichtträger werden nach dem Umzug mit Würstchen und Brötchen belohnt. Früher standen die Erwachsenen im Mittelpunkt, d.h. ihr ausgiebiges Schmausen und Trinken, welches sich jetzt beschränkt hat auf ein Mahl mit Speck und Sauerkraut oder Marroni mit Most oder Landwein. Wer Glück hat, wird in einen Weinkeller geladen, wo ein Faß angezapft und der junge Wein gekostet wird. Dabei erinnert er sich daran, daß die Lägelinacht in Flawil ein St. Othmarsfest ist. → DAS OTMÄRLEN

DIE LAICHEIBLI

Im Worte steckt die Auskunft: Lai heißt Lehm, und Cheib ist ein siecher Körper. Laicheibli sind keine kostbaren Weihgeschenke aus Silber und Gold. Sie sind aus Ton geformte Kleinplastiken, rührend primitiv, und waren ursprünglich von den Geheilten selbst geformt worden. Wir treffen sie in unseren Wallfahrtskirchen an, oft in großer Zahl, Ausdruck dankbarer Erinnerung an eine Heilung, Votivgaben.

DIE LÄNDLERMUSIK

Für sie sagt man auch Bauernmusik, Älplermusik, und Appenzellermusik, wenn die Musikanten Appenzeller sind. Deutlicher drückt sich aus, wer Ländlerkapelle, Bauernkapelle, Älplerkapelle und Appenzellerkapelle sagt, denn es handelt sich immer um ein Tanzorchester. Die musikalischen Bauern und Kleinhandwerker, die sich seit alters zusammenfinden als Trio, Quartett, Quintett oder, seltener, als Sextett, sind bewunderungswürdig in ihrer Kreativität und ihrem Können. Die Orchestrierung alter und neuer Volksweisen besorgen die meist des Notenlesens Unkundigen selbst. Bei den Appenzellern ist das → HACKBRETT im Mittelpunkt. Geige und Baßgeige fehlen nie. Spielt die Kapelle nicht unter freiem Himmel, sondern in einem Saal auf, so ist sicher unter den Musikanten einer, gewöhnlich ein Handorgelspieler, der sich genügend auf der Tastatur eines zur Verfügung stehenden Klaviers auskennt. Für private Unterhaltungen und öffentliche volkstümliche Anlässe zieht man gerne Ländlerkapellen zu. Es gibt solche, die einen Namen, ja Berühmtheit haben.

DIE LANDSGEMEINDEN

Es sind ihrer zwei Gattungen zu unterscheiden, die regionalen, die meist eine historisch bedeutsame Entstehung aufweisen, wie die der neununddreißig bündnerischen Kreise, und die der Länder, will sagen, der Kantone oder eidgenössischen Stände. Die letzteren besonders sind in Anbetracht der Distanzen, welche die Stimmbürger oft zurücklegen müssen, als imposante Bürgerleistungen zu werten und beinahe als Wunder im heutigen schweizerischen Brauchtum. Für den staatsrechtlich interessierten Besucher ist es ein überwältigendes Erlebnis, die persönliche Anwesenheit der Stimmbürger bei ihren Wahlen und Abstimmungen zu sehen. – Noch gibt es die → APPENZELLER LANDSGEMEINDEN – die Innerrhoder in Appenzell, die Außerrhoder in Trogen oder Hundwil (→ TROGENER LANDSGEMEINDE → HUNDWILER LANDSGEMEINDE) –, und die Unterwaldner Landsgemeinden (→ DIE NIDWALDNER LANDSGEMEINDE → DIE OBWALDNER LANDSGEMEINDE) sowie die → GLARNER LANDSGEMEINDE.

DER LANGUS

So heißt ein sarganserländischer Volkstanz im Zweivierteltakt. → DER GALOPP

DAS LÄRMEN

Als für den Menschen das Noch-nicht-Erkannte in der Natur vorherrschte, als des Menschen Weltbild weder durch Wissenschaft noch Technik Korrekturen erfahren hatte, war sein Lebensbezirk ein Schauplatz voller Rätsel. Und die Rätsel waren meistens Schrecken.

Die Tiefe der Erde barg Kräfte, die aufzuwecken gefährlich war. In der Weite unserer Urwälder und in der Ferne hinter den Horizonten wohnten Mächte, die unerwartet heranbrausen und den Menschen vernichten konnten. Aus der Unendlichkeit des hohen Himmelsgewölbes, besetzt mit Sternfiguren und Wolkengebilden, schleuderten allmächtige Wesen blitzende Pfeile. Aber auch in unmittelbarer Nähe, besonders wenn sie verdunkelt war, lauerte das Verderben. Es war das Verderben der dämonisierten Welt. Konnte man sich überhaupt wehren? Es mußte auch gute Geister oder Götter geben! Ihre Hilfe mußte zu gewinnen sein durch inständiges Flehen. Vielleicht konnte sie erkauft werden durch Opfer, und wenn es das Teuerste, das Erstgeborene war! Des Bösen Herr zu werden verlangte also eine rituelle Praxis. Zu den Mitteln, deren der Mensch der Frühzeit sich bediente, gehörte die mystische Formel similia similibus. Nur mit Gleichem konnte man den Dämonen auf den Leib rücken. Ihrem Schrecken mußte man mit Fürchterlichem begegnen. Die Züge einer Maske für den Dämonenbekämpfer konnten nicht grausig genug, die Farben nicht grell genug, die Tanzbewegungen nicht grotesk genug, die Schreie nicht schrill und durchdringend genug sein.
Ein solcher → ABWEHRZAUBER, ein akustisches Kampfmittel also, war das Lärmen, vergleichbar dem → SCHLAGEN. Traditionelle Lärminstrumente bei uns sind die Peitsche, die knallt, die Rätsche, die entweder knarrt oder surrt, Pfeifen, die schrillen, und Hörner, die erschütternd ins Gemüt dringen.
An der Fasnacht offenbart sich eine unerschöpfliche Phantasie; denken wir an die Kombination von Schellen im → GERÖLL der → BUTZEN, an die knatternden Frösche und «Nonnenfürzli», deren die Knirps sich bedienen, und an die Varianten der Narrenpritschen bei Bällen und im Straßentreiben. → DIE LÄRMUMZÜGE

DIE LÄRMUMZÜGE

Die Lärmumzüge, noch in vielen Gegenden der Schweiz in voller Blüte, werden von der Jungmannschaft mit Hingebung durchgeführt, sind aber selten mehr furchterregend. Hauptsächlich zur Zeit der → ZWÖLFTEN und in der anschließenden Fasnachtszeit haben sie sich erhalten, diese einstigen Bemühungen zur Vertreibung der bösen Geister. → DAS LÄRMEN → DER ANALOGIEZAUBER Der Mittelpunkt eines jeden Lärmumzuges ist eine Gestalt, die schreckerregender sein soll als die Gespenster der entfesselten Natur. Solche Gestalten sind die → STRÄGGELE, die → CHLUNGGERE, die → HAAGGERI und die → SCHNABELGEISS.

DIE LARVE

Larve heißt im Lateinischen Gespenst. Abergläubische Römer erkannten in ihnen Abgeschiedene. Im schweizerischen Brauchtum finden sich Larve und Maske als Begriffspaar. Eine Fasnachtslarve ist schlechthin eine Maske. → DIE MASKEN DER SCHWEIZ

DER LAUBERMANN

So hieß noch zu Anfang dieses Jahrhunderts im schaffhausischen Rüdlingen eine dem → PFINGSTBLÜTTLING verwandte Figur.

DAS LEIDMAHL

→ DAS BEGRÄBNIS

DIE LEITKUH

Sie ist die Anführerin und beherrscht, nicht anders als das Leittier im Rudel der Wildtiere, die Herde, welche zusammengestellt wird vor der Bestoßung einer Alp. Auch Bezeichnungen wie Meisterkuh und Heerkuh sind geläufig. Im Wallis huldigt man der Leitkuh als «Königin». → DIE KUHKÄMPFE IM WALLIS

DER LENZBURGER CHLAUSMARKT

Er hat nicht nur Marktbedeutung fürs Bünztal und untere Seetal, er muß als das bedeutendste Chlausen-Ereignis in einem großen Umkreis bezeichnet werden. Niederlenz, Ammerswil, Hallwil, Hunzenschwil und Refenthal haben eine Chlaustradition, die jeden Brauchtumsfreund begeistert. Höhepunkt des Lenzburger Chlausmarktgeschehens ist das in Wettbewerbsform geübte Spektakel des Chlaus-Chlöpfens auf der Schützenmatte. → DIE GEISSELER

DIE LESESONNTAGE

Die Winzer am Ufer des Bielersees feiern die beendete Lese in herkömmlicher Festlichkeit. Zu den Bräuchen gehören Umzüge, die durch Trachten belebt sind und die immerwiederkehrend aus der Lokalgeschichte Anregung holen und Begeisterung entfachen. Tanz aber verleiht den Lesesonntagen den eigentlichen Glanz. → DIE WINZERFESTE

WINZER-FREÜDEN.
Alpenrosen. 1822.

Lokales Winzerfest mit Spiel und Tanz und Mummenschanz. Im Vordergrund bringt ein Gefährt den neuen Traubensaft. Der Hintergrund ist eine herbstliche Kulisse nach der Natur.
Radierung von J. G. Eichler, um 1800. (Graphische Sammlung ETH Zürich)

Der Lichtbraten

Das ist ein nicht mehr viel gebrauchter Ausdruck für die → Martinigans.

Das Lichtbrot

Es war eine offizielle Gabe an den Totengräber, nämlich die Entschädigung für die Erstellung des Grabes und die anderen Dienste bei einem Begräbnis. Das Lichtbrot war in verschiedenen Gegenden der Ostschweiz und des Züribiets bekannt. Über den Ursprung der Bezeichnung herrscht Unklarheit.

Das Licht-den-Bach-ab-Schicken

Damit meint man das → Lichterschwemmen.

Das Lichterschwemmen

Das Lichterschwemmen findet statt am Fridolinstag, also am 6. März, oder am Josephstag, dem Mittfastensonntag. Der Brauch ist beheimatet an fließenden Gewässern, jedoch an solchen, die nicht zu wild sind, Lichterschifflein zu tragen.
Lichterschiffe? Das waren früher dicht gemachte Weidenkörbe oder eigentliche Boote als Feuerträger. Sie trugen lodernde Kienspäne, funkensprühende Pechfackeln oder bescheidene Talglichter. Heute finden meist kleine Floße Verwendung, und sie tragen brennende Kerzen in die Nacht hinaus.
Das ist wohl brauchtümlich das zauberhafteste Geschehen in den Tagen des Vorfrühlings. Bis zur Jahrhundertwende hatte es aber für die Beteiligten eine unmittelbare Bedeutung. Bereits genoß man die kürzeren Nächte. In Haus und Hof konnte man der erbärmlichen Lichtquellen mit den rauchenden Dochten entbehren. Man konnte diese Lichter bachab schicken! Man tat es mit Jauchzen und Freuderufen.
Aber der urzeitliche Brauch hat auch eine urzeitliche Bedeutung. Der immer bedrängte, von der dämonisierten Natur ständig verängstigte Mensch brachte Lichtopfer dar. Sein Feuerschiff war eine schwimmende Zauberflamme, war gegen das Unheil des Flusses ein Antiwasserzauber. Der rachsüchtige Wasserdämon kann zwar niemals besiegt, muß aber besänftigt werden! Die Macht des Feuers kommt in der germanischen Mythologie vielfach zum Ausdruck. → Das Ermenseer Lichterschwemmen → Das Unterengstringer Lichterschwemmen → Das Islikoner und Kefikoner Lichterschwemmen → Das Biltener Lichterschwemmen

Die Lichtgans

So pflegte man auch die → Martinigans zu benennen.

Die Lichtmess

Lichtmeß, einst ein wichtiger Zins- und Dienstbotentermin, fällt auf den 2. Februar, auf Mariae Reinigung. Für die Bauern bedeutet Lichtmeß Winterende. Aber sie wünschen an diesem Tag weder Sonne noch Wärme. Im Sarganserland besagt eine Bauernregel: «Schynt d'Sunnä in d'Kerzä, so schneits in Palmä» (Palmsonntag).
Wie sehr der Tag herbeigesehnt wird, verrät ein anderer Spruch: «Lichtmessen, der Winter halb vergessen.» Den Kampf gegen die Wintergeister haben zwar die Lichtgeister noch nicht zu ihren Gunsten entschieden, doch wächst das Vertrauen ins Himmelslicht. Lichtmeß ist ein Tag der Freude, das Gefühl des Dankes ist tief.
Man bringt keine Brandopfer mehr. Die vorchristlichen Kultfeuer aber brennen weiter als Höhenfeuer (→ Funkensonntag) und als das bescheidene Lichtlein vom Docht geweihter → Kerzen.
Kirchengeschichtlich ist die Kerzenweihe am festum purificationis Mariae kein naturbezogenes Ereignis. Seit dem 5. Jahrhundert bekannt, erinnert sie an Mariens Tempelbesuch mit dem Jesuskind. In der feierlichen Prozession werden die entzündeten Kerzen einhergetragen. Welch eindrücklicher Widerschein des himmlischen Lichtes!
Lichtmeß volkskundlich also: christliche Lichterprozession und Tag, an dem das Licht so offensichtlich sich messen, fast greifen läßt!

Die Lichtstubete

Sie war die → Stubete «für beiderlei Geschlecht», und die beliebteste. Die Jungen im Dorfe fanden sich zusammen in einer kachelofengeheizten Stube beim Kerzenlicht, später beim Licht der Petroleumlampe. → Die Kunkelstube

Die Liebe

→ Die Formungskräfte im Brauchtum

Das Liebesorakel

→ Das Orakeln

Der Liebeszauber

Er ist im wesentlichen ein → Bildzauber. In einem Brauchtum aber, das wohl endgültig im 19. Jahrhundert verklungen ist, sind Liebeszauberhandlungen ohne Bildgebrauch überliefert, wie etwa diejenigen der Mädchen, die aus einem Feuerstein Funken schlagen oder aus einem Schwamm Wasser auf ein rotes Wachsherz tropfen. Der künftige Liebhaber sollte darauf erscheinen.

Die Liechtensteiner Funken

→ Der Chüächlesunntig in Liechtenstein

Der Liechtlisonntag

Das ist im thurgauischen Islikon der Tag des → Lichterschwemmens. Er fällt auf den Kirchensonntag Lätare.

Das Lindauerli

So nennen die Appenzeller ihre geliebte silberbeschlagene Tabakpfeife. Seinen Namen hat es davon her, daß es die Hausierer seinerzeit von Lindau übers Schwäbische Meer brachten.

Die Lindenhofspiele in Zürich

Der Spieltrieb gehört zu den Urkräften, die den Menschen kulturell gehoben haben. Die Freude am ästhetischen Spiel mit Farben, im Verein mit kultischen Absichten, hat die überwältigende Malerei an den Höhlenwänden von Lascaux hervorgebracht. Die Lust am Ballspiel hat nicht nur das gesellschaftliche Leben der Azteken beschwingt, sondern erhebt immer aufs neue jede Kindergeneration in die Sphäre körperlicher und geistiger Agilität. Die Erfindung der modernen Spielplätze ist keineswegs ein Ghetto für die jugendlichen Störefriede, sie sind Entwicklungsrefugien. Der Lindenhof in Zürich war das bereits vor Jahrhunderten. Die Bürschchen, welche für ihre Schleudern in den engen Gassenschluchten günstige Ziele suchten und die unwahrscheinlichsten Fensterscheiben dann zum Klirren brachten, wurden von der Obrigkeit sowohl für ihre Unfugspiele als auch für besseren Zeitvertreib entweder vor die Mauern der Stadt, oder – auf den Lindenhof verwiesen! Ein Bericht von 1474 beschreibt ihn als von 52 stattlichen Linden bestanden. Heute sind es ihrer 60, die einen einzigen lindengrünen Schirm über das Herz der Stadt spannen. Dieser

Hof ist keiner in der Tiefe, sondern krönt einen lichten, historieumwobenen Hügel. An seinem Südfuß plätscherten einst die Wellen des Sees, und die keltischen Fischer siedelten dort. Später errichteten die Römer für ihre Stadthalter auf dem Scheitel eine Burg. Es ist noch nicht lange her, daß man nach den Pfalzfundamenten des Mittelalters gegraben hat. Sie sind gefunden, aber rasch wieder zugeschüttet worden, denn noch benützen die Spieler intensiv den Platz: die ballspielenden Kleinsten bis zu den Großen und Ältesten, die mit halbmannshohen Holzfiguren Schach spielen auf steinernen Quadraten, die in den Boden gelassen sind. Am flußwärtigen Abhang gegen die Schipfe zu befand sich einst die Zielstatt der Armbrustschützen. Edle und Bürger schossen vom jenseitigen Ufer über die Limmat. Ein ingeniöser Bolzenzug aber, eine Einrichtung mit Seilen, ermöglichte das prompte Zurückschicken der Geschoße. Oben unter den Linden indes spielte man vielerlei Brettspiele, neben Schach vor allem Dame. Ein Regierungserlaß setzte dem Würfelspiel ein jähes Ende. → DIE MANDATE Doch die holzdumpfen Töne von den Kegelbahnen her hallten weiterhin bis in die Gäßchen der minderen, und wenn es der Regenwind wollte, auch der mehreren Stadt.
Wem Singen auch Spiel ist, der rechnet das Geschehen in der Nacht zum 1. Mai zu den Lindenhofspielen. → DAS MAI-EINSINGEN AUF DEM LINDENHOF → DIE MAIZÜGE ZU DEN HÖHEN

DAS LOBEN

Soll man sich der Meinung anschließen, dies sei der Brauch, dessen Verschwinden am meisten zu bedauern sei? Hinten im Kanton Glarus gab es noch im 19. Jahrhundert jeweils im Mai jene Gemeindeversammlung, bei welcher jedes Gemeindeglied vor den Vorsteher treten und einen allfällig begangenen Verstoß gegen die Gesetze nennen mußte. Dann hatte er zu (ge)loben, hinfort ehrenhafter zu handeln.

DER LOCARNESER KARNEVAL

Er spielt sich hauptsächlich oben auf dem intimen Platz von Sant'Antonio und unten in Muralto ab.
Auf Sant'Antonio ist ein imposanter Thron aufgebaut, von welchem herab Relipac, der Karnevalsprinz – sein Name ist in Karnevalslaune durch Namensverkehrung eines köstlichen Lokalgetränkes geschaffen worden – zum dicht gedrängten Volke spricht. – In Muralto gebabt sich königlich Sbotapiss. Der Name des lustigen Königs sagt, daß seine Vorfahren Fischausnehmer gewesen seien.

Die Locarneser Karfreitagsprozession

Sie findet in der Nacht statt. Durch die engen Schluchten des Sant'Antonio-Quartiers zieht der Zug der Nonnen mit der brennenden Kerze in der Hand, der schwarz gekleideten Frauen, der Mädchen, verhüllt von weißen Schleiern, und der Knaben. Unterbrechungen zwischen den lebenden Gliedern der sich schleppend vorwärts bewegenden Kette sind der Katafalk mit dem toten Christus und, unter schwankendem Baldachin, die Marienstatue. Flackernd und doch trostvoll unterbrechen die Schwärze der Häuserflanken kleine Öllichter auf den Fenstergesimsen. Von der Kirche Sant'Antonio herkommend, mündet schließlich – von der Menge sehnlich erwartet und ein hoheitsvoller Anblick – die Prozession in die Piazza Grande ein.

Das Locarno-Monti-Traubenfest

Es ist ein → Winzerfest, ein ungewöhnliches von karnevalhaftem Gepräge. Sein Umzug ist keineswegs von Quelconque-Charakter. Jedes Jahr erweisen sich die mobilen Überraschungen als Ausbund eines schöpferischen, profilierten Lokalhumors.

Der Löli

Der Löli ist eine Zuger Fasnachtsfigur, die immer in der Mehrzahl auftritt und zwar im Gefolge der Gret Schell. → Die Gret Schell und ihre Löli Möglich, daß sie historisch erklärbar ist als Verwandlung der lästernden Buben, die hinter der Gret herliefen, als sie den betrunkenen Gatten heimschleppte. Wahrscheinlicher ist die Erklärung als einer selbständigen Erscheinung, verwurzelt in der Wintergeister-Mythologie, in welchem Falle wir es mit geistervertreibenden Schreihälsen zu tun haben. → Das Lärmen

Die Lostage

So werden eine Anzahl – für das Brauchtum besonders wichtige – Kalendertage benannt, die es in sich haben, zukunftgerichtete Fragen beantworten zu können und Wünschen gewissermaßen ihr mystisches Ohr zu leihen. Man bediente sich dabei uralter Methoden. → Das Orakeln → Das Bleigiessen → Die Kerzen Es sind die Abend- und Nachtstunden, die sich besonders dafür eignen, über Wetterbedingungen, über Heiratschancen und über andere lebenswichtige zu erwartende Ereignisse Auskunft zu geben.

Die Lostage fallen nicht zufällig auf heidnische oder christliche Festtage oder deren Vorabende. Ihre Macht oder Gunst entspringt Natur oder Religion. → DER SYLVESTER → DIE EISHEILIGEN → DAS NEUJAHR → DER DREIKÖNIGSTAG

DAS LOVEIGNOZER ALPFEST

Loveignoz ist der Name eines Dorfes, aber auch der einer 2179 Meter hoch gelegenen Alp im Val d'Hérens. Dort oben feiern die Loveignozer zu Ehren des Schutzheiligen der Hirten, Fischer und Rebleute am 24. August ein fröhliches Fest. Das Fell der Eringerkühe glänzt frisch gestriegelt. In großen Kupferkessi wird ein Süßgericht aus Milch und Quark und Reis gekocht. Im Freien genießt jeder seine Portion und verwendet beim Essen einen mitgebrachten Holzlöffel. Am Abend ist → CHÄSTEILETE.

DIE LÜDERECHILBI

So ist ein bekanntes Bergfest im Emmental benannt. Es findet am Sonntag vor oder nach dem 10. August statt. → DIE BERGFESTE

DAS LUMBREINER FEST DER SIEBEN SCHMERZEN MARIENS

Im bündneroberländischen Lumbrein hat das Fest der sieben Schmerzen Mariens einen brauchtümlich ungewöhnlichen Niederschlag gefunden. Diese Andacht fand, im 14. Jahrhundert aus der bildlichen Darstellung der von sieben Schwertern durchbohrten Märtyrerkönigin angeregt, eine große Verbreitung. Die sieben schwersten Schmerzerfahrungen der Maria nun fanden ihren dramatischen Ausdruck in sieben Stationen. Die Lumbreiner haben eine volkstümlich-farbige Interpretation gefunden, abstrahierend und genial biblische Gestalten verbündnernd. Wir greifen ein paar Beispiele heraus. Ein schwarzgekleideter Junge, Geni geheißen, ist die Schmerzpersonifikation. An die Siebenzahl der Schmerzen erinnern schlicht sieben Mädchen mit Fähnchen. Sie werden einzeln von Hellebardieren abgeschirmt. Die Maria erscheint – in dunklen alten Trachten und einem roten Vorsteher – in der eindrücklichen Dreizahl! Den Brauchtumsfreund wird das Lumbreiner Prozessionserlebnis nie mehr loslassen. Bis vor kurzem fand das Fest am dumeniga de caschiel, dem Käsesonntag, also am dritten Sonntag nach Ostern, statt.

Die Lumbreiner Karfreitagsprozession

Das Dorf Lumbrein im Lugnez ist nicht so hoffnungslos verloren, wie man glauben könnte. Es ist die Hüterin und Züchterin des steinzeitlichen Torschafes, es hat dem Kloster Disentis einen Abt, dem Grauen Bund einen Landrichter, Calvern einen Schlachtenhelden geschenkt. Im → Lumbreiner Fest der sieben Schmerzen Mariens bringt es alljährlich eine Prozession volkskünstlerischer Prägung hervor. Die Karfreitagsprozession nun ist eine der eindrücklichsten in Graubünden. In den Achtzigerjahren wurde noch die romanische Sprache verwendet.

Die Luzerner Fasnacht

Gewiß hat jedes Fasnachtstreiben seinen Ursprung im heidnischen Kampf gegen die Winterdämonen. Daran erinnerte auch im Luzern des letzten Jahrhunderts die Tatsache, daß am Fridolinstag der Fritschi verbrannt wurde. Er war eine Symbolpuppe und diente der Winterverbrennung. Heute verbinden sich im Bewußtsein des fasnächtlichen Luzerners mit dem Begriff des Fritschi andere Assoziationen.

Es sind besonders zwei Tage, die der Fasnacht reserviert sind: der Schmutzige Donnerstag mit dem einen großen Umzug, als dessen Symbol der Fritschiwagen rollt (→ Die Fritschi-Familie), und der Güdimontag mit dem anderen großen Umzug, dessen Symbol der Weywagen ist.

Im Weywagen thront der Froschkönig, der – sinnvoll für die See- und Reußstadt – aus dem Rohricht des heutigen Weyquartiers gestiegen ist! Realistischer ausgedrückt: die Weyzunft hat den Luzernern mit dieser Symbolbelebung ein großes Fest geschenkt.

Es ist unverkennbar, daß mit der Luzerner Uusgüügete beim Basler Morgestraich eine Anleihe gemacht worden ist. Auch Zapfenstreicherinnerungen werden in der soldatischen Stadt mitspielen. Doch der fasnächtliche Drang zum → Lärmen ist sicherlich die Haupttriebfeder, die das alljährliche Inferno in Gang bringt. Der luzernischen Phantasie sind keine Grenzen gesetzt, wenn die → Guggenmusiken in Aktion treten, wenn die «schränzenden» Gruppen durch die Gassen und Straßen und vor die Häuser der Zunftmeister ziehen.

Das Luzerner Sternsingen

Dem Sterne folgten die drei Weisen aus dem Morgenland. Seit alters erinnern in manchen Schweizer Gegenden, besonders im Luzernischen, Sternsinger daran, daß drei Menschen das Zeichen am Himmel verstanden hatten.

Das Luzerner Sternsingen ist ein wiedererweckter älterer Brauch; er ist jedoch nicht so alt wie das Dreikönigstag-Sternsingen. Dieses Sternsingen findet in der Christnacht statt. Überaus lieblich wird mit Liedern der Geburt Christi gedacht: nicht nur mit Adventsgesängen, sondern mit einem feierlichen Lichterumzug. Ein Ministrant trägt einen → ADVENTSKRANZ voraus mit den stehenden vier Kerzen. Dann folgen die dunkel gekleideten Sänger, dann ein Engel, der den leuchtenden Stern trägt, dann eine heilige Familie. Maria mit dem Kinde reitet auf dem Eselein, von Joseph beschützt, von den Hirten gefolgt und von den Magiern abgesichert auf der unwirklichen Wanderung durch eine Schweizerstadt im 20. Jahrhundert.

M

Die Maggiolata

Das ist das Tessiner Maiensingen. → Die Maifeste Vielerorts begrüßen Kinderchöre mit ihren fröhlichen Liedern den Frühling. Wie auf der Nordseite der Alpen ist das Kalenderdatum der 1. Mai, und beiderseits der Alpen tanzt gelegentlich noch die Dorfjugend um einen → Maibaum, wie etwa im Malcantone.

Der Maibär

→ Der Majbär

Der Maibaum

Es handelt sich zwar um einen Frühlingsbrauch, doch heute wird der Maibaum ohne kultische Bedeutung, ohne die Erinnerung an einen Vegetationsritus, errichtet. Man stellt ihn auf als Mittelpunkt für ein Dorffest, für eine → Chilbi, die in jede Jahreszeit fallen kann. → Die Maifeste
Die solothurnischen Maibäume sind nur entfernt mit dem Maibaum-Brauch verwandt. Sie sind individuelle Demonstrationen der Verehrung eines jungen Burschen vor dem Haus seines Mädchens.

Das Mai-Einsingen auf dem Lindenhof

In einer Nacht, wenn auf dem mit keltischer, römischer und mittelalterlicher Historie durchsetzten Hügel in Stadtmitte die Linden grünen, ziehen die Singstudenten dort hinauf. Bald wird es 1. Mai sein, wenn sich nämlich am benachbarten St. Peter die Zeiger der angeblich größten Turmuhr der Welt vor der Ziffer XII übereinanderschieben. Der Dirigent hebt die Arme, und frohlockend bricht aus den Sängerkehlen Frühlingsgesang hervor, so daß die Herzen der unsichtbaren tausendköpfigenMenge im Nachtdunkel unter den Linden höher schlagen. Der beglückende Zürcher Brauch reicht generationenweit zurück. Der Ruf des Chores ist bedeutend, und unter den Dirigentennamen sind namhafte wie der Hans Lavaters.

Die Maifeste

Für die Astronomen ist der 22. Juni Übergang vom Frühling zum Sommer. Für den Bauern ist der Maimonat Frühlingsvollendung. Verdunkelte die frühen → Frühlingsfeste noch Winterbedrängnis (→ Die Bööggenvernichtung), so haben die Maifeste durchwegs ein lachendes Gesicht

Die Maizüge zu den Höhen sind ein urzeitliches Phänomen. Das Bild zeigt eine jugendliche Gruppe mit Lastträger auf dem Weg zum Uetliberg bei Zürich. Salomon Schinz hat schon 1774 eine solche Wallfahrt beschrieben.
Stich von Johann Heinrich Meyer, 1790. (Graphische Sammlung Zentralbibliothek Zürich)

und stehen unter dem Zeichen des Gesangs. → DIE MAIZÜGE ZU DEN HÖHEN → DAS MAI-EINSINGEN AUF DEM LINDENHOF → DIE PFINGSTEN → DIE MAGGIOLATA

DER MAISBRIEF

Das ist ein Sündenregister und gleichzeitig der Name für einen Nachtbubenstreich, bei welchem allerdings das rechtfertigende Element der dörflichen Justiz zutage tritt. → DIE NACHTBUBENSTREICHE Durch den Maisbrief wird eines Mädchens Mißachtung seiner Frauentugenden drastisch angekreidet. Aus jüngster Zeit sind keine Maisbriefe mehr bekannt.
Die körnerlosen Maiszäpfli, Maisstroh und Haberstreu wurden in der Stille der Nacht vors Haus des Mädchens gestreut, auffällig genug für die Vorübergehenden und ein Fingerzeig für die Gescholtene: vor ihrer Türe finde sie den Maisbrief. Im diskret-anzüglichen Schreiben – es konnte in Versform abgefaßt sein – las die Überraschte den Katalog der Mängel ihrer Zurückhaltung.

DER MAITSCHIMÄRIT

→ DER ZIBELEMÄRIT

DIE MAIZÜGE ZU DEN HÖHEN

Sie sind kein nurschweizerisches Phänomen. In verschiedenen europäischen Gegenden offenbart sich ein sonderlicher Frühlingsdrang, Höhen zu erwandern. Einzeln oder in Gruppen, meist in der Nacht schon, bricht man auf, um von einer Höhenkuppe aus, oder gar einer Bergspitze, die aufgehende Sonne zu begrüßen.
Vage spricht man von einer Huldigung an den Frühling. Einer Huldigung gleich kommt allerdings das Meisterwerk des Kupferstechers Johann Rudolf Schellenberg mit der andächtigen Siebnergruppe. Ebenfalls näherte sich dem «Utogeheimnis» der Dichter Klopstock mit großer Ehrfurcht. Der Wissenschaftler Salomon Schinz nahm sich die Mühe des Erwanderns und gab eine eingehende Beschreibung.
Das Erwachen der Natur hat auch eine österlich-christliche Interpretation erfahren. Es ist gleichwohl am naheliegendsten, in den Maizügen zu den Höhen einen Kult der Wahrnehmung des Naturerwachens zu erblicken. Wohl durch Jahrtausende nie erloschen, läßt er an heidnischen Ursprung denken.

Der Majbär

Der Brauch mit den Majbären ist urtümlich. Offensichtlich handelt es sich um ein Opfer, das den Vegetationsdämonen dargebracht wird. Eindrücklich endet das Ritual mit dem Eintauchen ins Wasser. → Der Pfingstblüttling Auf das Wasser soll der Segen übergehen, und die Fluren soll das gesegnete Wasser tränken! – Die andere Vorstellung, daß die Majbären die Dämonen selbst darstellen und diese dann, besiegt ins Wasser stürzend, wiederum ihre Kraft den Fluren überlassen müssen, ändert nichts am tieferen Sinn des Frühlingsbrauches.
Für das Jungvolk sind die Ragazer Majbären ein fröhlicher Frühlingsbrauch und für die Erwachsenen ein bezauberndes Schauspiel, wenn die grünen Majbären sich erheben, ihr Schmuck, kleine Wappen, aufleuchten und farbige Blätter flattern, wenn sie sich, getragen von unter sich verborgenen Knaben, auf den letzten Weg begeben, um am Rande der Tamina ihr dramatisches Ende zu finden.
Für die Ragazer Majbären gibt es noch eine Interpretation, die erwähnenswert ist. Unweit Ragaz, oben in Chur, gab es ein Kinderspielzeug Cholibar, das im wesentlichen aus dem Wipfel eines Tännchens bestand. Es ist nicht ausgeschlossen, daß der Ragazer Majbär vielleicht mit dem Cholibar verwandt ist. Maj kommt von mähen, abhauen, und mit gemähtem Gras oder anderem Grünzeug überzieht man die kegelförmigen Histen, daß sie von weitem fast wie Tännchen aussehen. Die i-Schreibung, die auch vorkommt, reiht den Maibären unter die Mai-Bräuche ein. Aber was hat es mit diesen Majbären auf sich, die herumgetragen und schließlich, Höhepunkt der Zeremonie, vom Jungvolk in die wilde Tamina geworfen werden? Gibt die zweite Worthälfte Auskunft? Bar könnte auf ein wildes Fest hinweisen. → Barrete war noch unlängst eine wohlverstandene Bezeichnung für laute Spiele der Jugend.

Die Mandate

Das waren zürcherische Regierungserlasse. Sie befaßten sich im 16. und 17. Jahrhundert mit den Sitten. Überbordenden Trink- und Eßbräuchen sowie Lästerungen wurden Grenzen gesetzt. Aber mit welchen Mitteln! Fluchen konnte mit dem Tode bestraft werden. → Der Herdkuss Es grassierte allerdings bereits in der Schülerschaft wie die Pest, heißt es. Zu große Patengeschenke duldete die Obrigkeit nicht. → Das Schenken → Die Ybindete Der abendliche Besuch der Burschen bei den Spinnerinnen (→ Die Lichtstubete → Die Kunkelstubete) wurde eingeschränkt, so auch die Kirchweihlustbarkeiten. Der sonntägliche Warentransport, vor allem Wein- und Salzfuhren, wurden als Verletzung der Sonntagsheiligung untersagt. Zweifel an der Nachhaltigkeit solcher Methoden drängen sich auf. Würden sie heute verfangen?

Der Marché-Concours von Saignelégier

→ Der Saignelégier-Pferdemarkt

Der Märchler

Er ist eine unspektakuläre, bauernschlaue Fasnachtsfigur und stammt aus der schwyzerischen March. Der Märchler tritt auf vielen Schauplätzen des Kantons auf. Im Hauptort fehlt er nie. Auffällig ist nur seine ährengelb getönte Jacke. Ganz unauffällig ist die lange Hose aus derbem Stoff, die dem bäuerlichen Habitus entspricht. Die dunkelbraune Holzmaske aber, die er vor dem Gesicht trägt, ohne Bart, steigert ins Künstlerische die eigenen Züge: eine schöne Variante der typischen Schwyzer Maske. → Die Schwyzer Fasnacht

Die Maria Schnee-Wallfahrten

Sie finden am 5. August zu den Maria Schnee-Kapellen statt. In hoher Berglage gibt es dieser Kapellen eine ganze Anzahl. In ihnen findet sich – die Herkunft ist meist ungeklärt – ein Abbild der Santa Maria Maggiore in Rom. Erwähnt seien die bekanntesten dieser Wallfahrtsziele: Maria zum Schnee in Zarkuns im Tavetsch und Maria Schnee beim Rigi Klösterli.

Mariae Himmelfahrt

→ Der Muttergottestag im Augsten

Die Märkte

Von alters her spielten sich Verkauf und Tausch von Waren aller Gattungen auf prominenten Plätzen der Städte ab. Wo prekäre topographische Verhältnisse keine weiten Plätze zuließen, übernahmen Straßenzüge die Marktfunktion. In Zürich gibt es darum nur eine Marktgasse und die platzähnlich erweiterte Gemüsebrücke (Rathausbrücke).
Ehrgeizige kleinere Orte entwickelten sich zu Marktflecken mit kalendergebundenen weitbekannten Märkten. Bedeutung haben heute noch viele historische Märkte wie die Zurzacher Messe, der Locarneser Markt, der

von Saint-Denis in Bulle, der von Vevey und viele andere. Martini- und Thomasmärkte gibt es eine Reihe. → DER GANSABHAUET VON SURSEE → DER ST. THOMASTAG

DER MÄRSTETTER HILÄRI

Der → HILARIUSTAG ist immer noch ein wichtiges Ereignis und im thurgauischen Märstetten voller Bedeutung. Mit dem Heimatschein bewaffnet, stellt man sich morgens um 9 Uhr zur Bürgergemeindeversammlung ein. Am Nachmittag geht es in die Gemeindewaldungen zur Holzgant. Am Abend findet das fröhliche Hilärimahl statt, das aus einer Salzisse – beileibe nicht zu verwechseln mit dem Bündner Salsiz – Brot und Bachtoblerwein besteht. Und den traditionellen Plaudereien. Zum mitternächtlichen Abschluß gehört eine Mehlsuppe. Daß man aber Freunde einlädt, ist die Vorbedingung für einen erfolgreichen Märstetter Hiläri.

MARTINI

→ DER ST. MARTINSTAG → DAS MARTINIESSEN

DAS MARTINIESSEN

Das Martiniessen ist ein Festessen und zwar in manchen Landesgegenden das prominenteste des Jahres. Meist ziert ein Gänsebraten die Tafel, aber es kann auch ein anderer Braten sein, um welchen der Herbst aus Garten, Feld und Weinberg seine gesegneten Geschenke türmt. → DIE MARTINIGANS → DAS MARTINIGEBÄCK → DER MARTINITRANK → DAS HÜHNERMAHL Allen Bevölkerungsschichten ist das Martiniessen gleich vertraut. Ursprünglich bedeutete es natürlich am meisten dem Landammann. Aber gibt es eine Zunft, der das Martinimahl nicht Höhepunkt der gesellschaftlichen Anlässe bedeutete? Immer noch verbinden viele Zünfte mit diesem Mahl die Rechnungsabnahme. Das erinnert uns daran, daß man unter Martini lange schlechthin Abschluß des Wirtschaftsjahres verstand. Martini war der wichtigste Termin- und Zinstag. Dem Martinimahl liegt deshalb ein Dreiklang zugrunde: Arbeit, Lohn und Segen. Es ist kein Zufall, daß ein so überaus bedeutendes Kloster wie das von Disentis aus der merenda, dem Vesperbrot, die merende de Soign Martina, das Martiniessen par excellence machte. Es wurde eigens ein Rind geschlachtet. Der Brauch ist erst seit kurzem erloschen.
Wer sich heute an den Tisch zu einem Martiniessen setzt, ist wohlberaten, wenn er vor dem Schmausen sich die Geschichte des Martinitages vergegenwärtigt. → DER ST. MARTINSTAG

Die Martinigans

Im europäischen Kulturkreis gehört die Gans zu den frühesten Opfertieren. Im Mittelalter war sie mit Hammel, Schwein und Rind zusammen ein bevorzugtes Schlachttier. Seit dem Aufkommen des Martinitages aber ist sie zu dessen Inbegriff geworden. → Das Martiniessen Das hat wohl zwei Gründe: ihre Eignung als schmackhafter und erschwinglicher Festbraten und dann wegen der symbolischen Bezüge. Wenn man an den heiligen Martin denkt, denkt man auch an die Gänse. Ohne sie wäre der Gute nach der Legende nie Bischof geworden! → Der St. Martinstag → Der Gansabhauet von Sursee → Das Hühnermahl → Die Michaelisgans

Das Martinigebäck

Das Martinigebäck ist ein → Festgebäck und meist identisch mit dem → Weggen. Aber auch → Gebildbrote anderer Form können zu Martini dienen. Wenn es das Hörnchen ist, so heißt es Martinihorn, auch wenn es ein → Hirschhorn ist.

Die Martinilichter

Dies ist ein anderer und jahreszeitlich wohlbegründeter Name für die Räbenlichter, die von den Kindern und für Kinder gemacht werden. Die blau-rote Oberfläche der Räben eignet sich besonders zum Einkerben von Bildern und Ornamenten. Letztere schimmern weißlich als Transparente, wenn die Feldfrucht bis auf wenige Millimeter ausgehöhlt und durch Kerzenschein von innen beleuchtet ist. In den Dörfern und Städten, besonders der Ostschweiz, schließen sich sporadisch die kleinen Lichtträger beim Einnachten zusammen. Stolz vergleichen sie ihre kunstvollen Schnitzwerke und ziehen dann damit umher. Wo organisierte Umzüge zur Tradition geworden sind, gedeihen sie dem Ort zur Ehre. Unter anderen hat der Richterswiler Räbeliechtliumzug Berühmtheit erlangt. → Die Richterswiler Räbechilbi

Das Martinisümmerli

Interessanterweise stellt sich, ähnlich wie das kalte Phänomen der → Eisheiligen, das warme Phänomen des Martinisümmerli mit einer nicht zu verkennenden Regelmäßigkeit ein. Um Martini herum hebt für einige Tage ein starker Föhneinbruch das Regiment des Winters auf. Wenn der Schnee ganz weggefegt wird, spricht man seit alters vom Martinisümmerli.

Die Martinsfeuer

Feuer, von der ländlichen Jugend angezündet, begleiten die Martinifestlichkeiten. → Der St. Martinstag Eigentlich haben sie ihren Ursprung in heidnischen Kultfeuern. Oft gehen sie einher mit der Verbrennung einer Strohpuppe.
Ungern nahm der Mensch den Verlust des Sommers hin, und jetzt war er im Begriffe, den Erntesegen einzusammeln. Aber die Freude war nicht ungetrübt, im Nacken saß die Furcht vor dem langen Winter. Unverzüglich mußte man daran denken, mit Zauber und Opfern die gotthaften Naturgewalten wohlwollend zu stimmen, daß sie den Frühlingsbeginn nicht zu lange vorenthielten. Die Martinifeuer sind Kultfeuer, Fruchtbarkeitszauber. Symbolhaft übermittelte man den gefürchteten Mächten im Lodern der Flammen kleine Erntegaben. Die Opfer konnten auch ohne Feuer dargebracht werden. Noch in unserem Jahrhundert werden sie – mit christianisierten Vorstellungen – gespendet. Man denke nur an das → Glückshämpfeli. → Der Fruchtbarkeitszauber

Die Martinslieder

So heißen die Bettelliedchen, die am Martini-Vorabend von Kindern und Jugendlichen gesungen werden, früher, um Holz und Torf fürs Martinsfeuer zu erlangen, heute, um Eßwaren und Süßigkeiten zu ergattern.
→ Die Martinsfeuer

Der Martinstrunk

Gewiß fehlt bei keinem → Martiniessen ein guter Trunk. Doch man spricht heute weniger mehr vom Martinstrunk. Früher gab der Gastgeber einen solchen Trunk mit nach Hause. Und die Klöster kannten allgemein den Brauch der Weinspende. Das Kloster Disentis beispielsweise beglückte mit Martinswein seine Tavetscher.

Die Masken

Kultur, diese teils materielle, teils geistige Schöpfung, erhebt den Menschen über das Tier. Zu den frühesten kulturellen Leistungen zählt die Maske. Das ist eine erstaunliche Feststellung. Was hat nur die Maske für den Menschen so vordringlich gemacht?
Verschiedene Grundbedürfnisse: Da die Maske verbirgt und abschirmt, gewährt sie dem verletzlichen Menschen Schutz. Indem sie den Träger aus seinem Selbst heraushebt und zu einem anderen macht, meist einem

mächtigeren, wird sie zum magischen Kampfmittel. In schreckerregender Ausführung, als Teufel oder als Unwesen beispielsweise, soll sie Dämonen vertreiben. Als Tiermaske ist sie für Primitive zum Mittel magischer Kräftegewinnung geworden. Durch Verbildlichung der Götter hat die Maske den Sinn eines religiösen Kontaktmittels angenommen. Religiös begründet ist auch die Totenmaske. Sie ist die Ausnahme unter den Masken. Als präzise Porträtmaske dient sie nicht der Identitätsverwandlung, sondern der Identitätserhaltung.

Dieser Überblick zeigt, daß die verbreitete Meinung irrig ist, die Maske sei eine Ausgeburt der Urangst des Menschen. Im Kampfe gegen böse Geister natürlich ist die angestrebte Kraftsteigerung durch die Angst veranlaßt. Aber die Vorstellung des Kraftgewinns ist auch beglückend. Mehr als auf die Urangst sollte man auf die Urlust am Gestalten hinweisen. Sie hat wesentlich die Maske miterschaffen und tut es immer noch phantasie- und machtvoll, manchmal auch künstlerisch.

Die Masken der Schweiz

Man müßte sich zuerst die Erkenntnisse zunutze machen, die das Brauchtum der maskophilen Völker ergibt. Dann erst sollte der Erwartungsvolle vor den schweizerischen Maskenhort treten.

Diesen Hort muß es doch geben! Zaubermasken haben sicherlich unsere geisterglaubigen Vorfahren zur Abschreckung von Naturdämonen, die uns aus der germanischen Mythologie bekannt sind, verwendet. Und der antike Glaube an die Rückkehr der Toten – Larven nannten die alten Römer die «Jenseitigen auf Urlaub», die sich unter die Lebenden mischten und Entsühnungstribute heischten – hat in unserem Lande durchs ganze Mittelalter bis in die Neuzeit hinein geherrscht. Das bezeugt der große Sagenschatz. Über das Vorhandensein von Masken werden wir auch urkundlich unterrichtet. Und doch stehen wir vor – leeren Truhen! Oder beinahe leeren! Wo sind die Masken aus den Jahrhunderten geblieben, aus denen wir doch Hausrat und Gerätschaften besitzen? Waren die Masken der Alpenregion nicht aus denselben Hölzern geschnitzt, aus denen Tische und Stühle gemacht waren? Des Rätsels Lösung ist uns nicht unbekannt. Da war die maskenfeindliche Reformation. Aber schon vorher hatten Kirchenverbote und Regierungserlasse in vielen Gegenden zum Verschwinden der Masken geführt. Weil die Bräuche des → Maskenlaufens und des Heischens (→ Heischebräuche) eine unselige Verbindung eingegangen waren, wurden sie untersagt. D.h. der Maske wurde das Todesurteil gesprochen, weil sie dem Diebstahl Vorschub leistete und Morde erleichterte. Bevor die Häscher kamen, wanderten natürlich die

Diese Tschäggätä, damals Roitschäggätä genannt, stammt aus der Frühzeit der Lötschentaler Maskenbildnerei. Ihr Alter ist nahezu hundert Jahre und sie verströmt noch immer einen starken Arvengeruch. Sie ist eine Teufelsmaske mit weinroten Bäckchen. Es sind Löcher zum Einsetzen von Hörnern vorhanden. (Sammlung Homberger Zürich)

Indizien ins Feuer. Oft wurden in einer verdächtigen Gegend sämtliche Masken verbrannt, die holzgeschnittenen, die aus Wachs, aus Stoff und aus Pappe. Kaum welche Zeugnisse fasnächtlichen Geistes sind uns erhalten. Zum Glück gibt es die streng-schöne Hegnauer Maske aus Blech! Wie sieht unser kleiner Maskenhort aus? Die Bildner der Sarganserlandmasken, jener Bündens und der Innerschweiz arbeiteten gerne in Linden- und Erlenholz, so auch die Appenzeller, die des Lötschentals schnitzten in Arvenholz. Und was stellten sie dar? Unter → DIE MASKEN finden wir eine Zusammenstellung der Kräfte, die des Schnitzers Hand führen mögen. In den riesigen → ROITSCHÄGGÄTÄ des Lötschentals – es gibt ihrer nicht allzu viele, und sie weisen kein allzu großes Alter auf – wollen groteskerweise Modernisten nur ein spaßiges Tun sehen, ausschließlich angeregt durch Presseillustrationen. Naheliegender ist, die von der Forschung anerkannten Formungskräfte auch fürs Lötschental vorauszusehen: etwa der Glaube an Vegetationsdämonen. Er hat im Sarganserland das Phänomen des → BUTZ(I) hervorgebracht.

Daß aber unter den Händen des Schnitzers von Vilters ein christushaftes, staunendes, nicht schreckerregendes Gesicht entstanden ist, mutet als ein kulturhistorisches Wunder an. Die übrigen Sarganserlandmasken – die meisten stammen aus Flums – sind Portrait- und Typenmasken. Zu letzteren gehören die Großnasenmasken, der doppelkinnige Chrottni, der gemütliche Schlumpf, der pausbackige Josni. Die Innerschweizer Masken sind untereinander stilistisch stark verwandt. Leicht erkennt man die Obermarch-Röllitypen. Sie sind «glatthäutig», weißrot, und der Träger führt immer einen Reisigbesen, eine Stielbürste und eine Stange mit Eierringen, kleinen Ringbrötchen, mit sich. Die Einsiedler- und Schwyzermasken haben etwa so viel Ähnlichkeit miteinander wie die Krienser- und die Luzernerlarven. Braunrote Tönung herrscht vor. Sie sind keine Fratzen. Meist eignet ihnen ein fröhlich-ironischer Ausdruck. Der Tyroler von Rothenturm und Schwyz gehört zu den schönen Masken wie die Appenzellermasken, welch letztere man am besten an den Urnäscher Chläusen studiert. → DAS URNÄSCHER SYLVESTERCHLAUSEN

Die Bündnermasken sind beinahe so großformatig wie die Lötschentaler. Ihre auffällige stilistische Einheitlichkeit erklärt sich daraus, daß sie auf einen einzigen Urheber zurückgehen, einen Domater Bauern, der sie – wie er selbst meinte – aus Lust am Gestalten erschuf. Doch das Phänomen, daß der Schnitzer den den Bündnern adequaten Maskentyp hervorbringen konnte, werden wir nicht ergründen. Heute pflegen auch andere Schnitzer die Bündnermaske. Der beste ist kein Bauer mehr, sondern ein Musiker.

Eigenständig sind die Aargauer Maskentypen. Sie waren immer bekannt,

aber sie sind neu erschaffen worden. Die groteske Larve ist meist aus einer Pappklebemasse und grell bemalt. Man unterscheidet den Schneckenhäusler, den Holzspänler und den Straumuni, die zusammen «die Dürren» heißen. Die Tannenkreesler, die Stechpälmler und die Spielkärtler bilden zusammen «die Grünen». Der ganze Körper, vom Hals bis zu den Waden, ist jeweils lückenlos überdeckt mit den sie auszeichnenden Symbolobjekten.
Den Bestand der Schweizer Masken machen noch weitere Typen aus. Jährlich wächst er noch an.

Das Maskenlaufen

Daß wir in unserem Lande keinen Maskenbestand von nennenswertem Alter besitzen, könnte unser Erstaunen erregen. Es ist mit Sicherheit anzunehmen, daß auf unserem Boden schon in vorchristlicher Zeit Maskenbräuche anzutreffen waren. Und aus frühen historischen Zeiten ist das Vorkommen von Masken belegt, im Mittelalter urkundlich für viele Gegenden. Doch die Erklärung für das Verschwinden des Maskentragens ist nicht allzu schwierig. Es ist auf den Einfluß der Kirche und auf die Verbote der Behörden zurückzuführen.
Der Maske bedienten sich immer mehr die Heischegänger und die Diebe. → Die Heischebräuche Unter Dieben sind hier Knabenschaftsangehörige, Mitglieder von Gemeinschaften zu verstehen, die gewohnheitsrechtliche Aneignungen ausführten. Die maskenmäßige Unkenntlichmachung leistete dem Verbrechen Vorschub. Gegen die Überbordungen mußten die Behörden streng durchgreifen. Morde sogar wurden ja von Maskierten ausgeführt. Der Mörder von Jürg Jenatsch trug eine Maske. Wir verstehen, daß das «butzengan», ein Heischbrauch – dem thurgauischen → Bochseln ähnlich – im 15. Jahrhundert vom Grauen Bund schwer geahndet wurde.
Einige Maskenbräuche haben überlebt. Wir erinnern an die Otscheni im Lötschental. Sie sind lumpenvermummte Maskentypen, die Neuzeitlarven und einen Männerhut tragen. Sie dringen in die Häuser ein wie es ihnen paßt, betreten die Stube, wirbeln darin herum und heischen Bewirtung. Ähnliche Bräuche des Maskenlaufens in Graubünden sind vor wenigen Generationen erloschen; wir erwähnen jedoch die Maschgeroda in Avers und die Umzüge im Valsertal, weil die Figuren der Alte (Herr) und das Alte Wyb vorkamen, die an der → Einsiedler Fasnacht noch weiterleben. Bündnerischem Maskenlaufen begegnen wir nur mehr in der Kantonshauptstadt und in einigen Dörfern wie Fetan.
Zur Zeit der Reformation wurde das Maskenlaufen mancherorts fast

völlig unterdrückt. In Zürich verlor es jegliche Bedeutung. Basler Besucher stellen immer wieder fest, daß sich die Zürcher Fasnacht noch nicht erholt habe. Es sei aber erwähnt, daß es Orte gibt, in welchen das Maskenlaufen große Dimensionen annimmt. → DER HEMDGLONKER UMZUG IN EMMISHOFEN

DIE MASTRALIA

So nennt sich die im Dorfe Tschlin im Unterengadin abgehaltene → LANDSGEMEINDE des Kreises Remüs. Sie ist nicht mit der Tschliner Dorfgemeinde zu verwechseln. Sie findet statt am ersten Maisonntag und ist ein fröhliches Fest, das den neu gewählten Mistal (Mastval, Mastrel) oder Landammann einen hübschen Batzen für Veltlinerwein kostet.

Mistal leitet sich von ministeriales her, wie im frühen Mittelalter die bischöflichen Dienstleute hießen. Bei den Oberländern wird die Landsgemeinde cumin genannt, allgemeinbündnerisch für Landsgemeinde.

DER MEITLISUNNTIG VON FAHRWANGEN UND MEISTERSCHWANDEN

Gewiß ist seit 1920 der Meitlisunntig in erster Linie als Volksfest zu betrachten, so etwa, wie die → TESSINER DORFFESTE zu bewerten sind. Einst sorgten die Frauen des Seetals in Fahrwangen und Meisterschwanden für eine faszinierende Rückversetzung ins frühe 18. Jahrhundert. Sorgfältig gestalteten sie Umzüge mit historischen Trachten aus der Zeit des zweiten Villmergerkrieges. Damals hatten die Frauen – so die Überlieferung – wesentlich zum Sieg über die Innerschweiz beigetragen und damit zur Entlassung ihres Gebietes aus dem Untertanenverhältnis. Doch daran denkt heute kaum jemand. Jedes dritte Jahr gibt es zwar noch Meitliumzüge, doch die Trachten weisen in ausgewählte Epochen. Außerdem leuchten geistreich die Darstellerinnen in die problemgeladene Gegenwart hinein.

Auch in den beiden umzugfreien Jahren bleibt den Frauen und Mädchen viel zu tun. Schon am einleitenden Meitlidonnschtig und erst recht am Meitlimentig krempeln sie festlich und gründlich die Seetaler Lebensgewohnheiten um. Durch die Beharrlichkeit der Frauen, auf soziale Fragwürdigkeiten hinzuweisen und politische Machtverhältnisse zu kritisieren, sind die Tage der «Weiberherrschaft» zu einem brauchtümlichen Unikum geworden.

Die Mendrisio-Prozessionen

Dieser Titel ist nur teilweise richtig, doch er weist darauf hin, daß der Brauch, welcher zwei Tage lang Mendrisio in Bann schlägt, mit Prozessionen zu tun hat.

Am Karfreitag findet die traditionelle Prozession statt. Sie weist alle Charakteristika einer großen kirchlichen Prozession auf. Schon schwindet das Licht des Tages, die Transparente werden bereits lesbar. Ernst ziehen an uns die Bruderschaften vorbei, würdig die Patres.

Für das Geschehen am Gründonnerstag aber sollten wir uns vorbereiten mit der Vergegenwärtigung der mittelalterlichen → MYSTERIENSPIELE. Das ist keine eigentliche Prozession, sondern ein eindrückliches, in seiner Absicht erschütterndes Schauspiel. Ein nicht stationäres, löst es sich prozessionsartig auf. Die Szenen bewegen sich, sozusagen, Christi Leidensweg entlang. Alles erleben wir, angefangen mit dem Gericht auf der Burg bis Golgotha: die römischen Soldaten, das Volk von Jerusalem, überhaupt alle Figuren, die uns vertraut sind durch die biblische Überlieferung und die Legenden. Aug' in Auge stehen wir gegenüber Herodias, Pilatus, den Schriftgelehrten, den Pharisäern, den Hohepriestern, dem Simon von Kyrene. Wir erleben den dornengequälten Christus und die ihn säumenden Schächer. Kein Zuschauer wird seiner Lebtage dieses Schauspiel von des Herrn Leiden vergessen.

Die Menznauer Teufel

Sie waren ein wundervoller, noch zu Anfang des Jahrhunderts geübter Brauch, ein kirchlicher Volksbrauch, aus tiefer Religiosität erblüht. Einige als Teufel aufgemachte Burschen hielten zu Menznau im Kanton Luzern das Kirchenportal von innen her verschlossen, während die Prozession um die Kirche zog. Nach dem dritten Anklopfen des Priesters dann mußten die Teufel die Riegel zurückschieben und das Feld räumen.

Eine dramatische Geschichte, die jeder Menznauer kennt, erklärt das unvermittelte Erlöschen des Brauches. Die Teufelsburschen waren eben daran, gemeinsam die schweren Riegel zu schieben, als schieres Grauen sie lähmte. Sie wurden inne, daß ihrer einer zuviel war: der Leibhaftige hatte sich persönlich unter sie gemischt!

Die Messe (relig.)

In der lateinischen Kirche hat das → ABENDMAHL eine umfassendere Bedeutung als bloßen Gedächtnisaufruf zum Kreuzestod Christi, nämlich als Meßopfer.

Als Form des Gottesdienstes kennt die Messe örtliche und zeitliche Besonderheiten, aber die liturgische Struktur ist die folgende: der Einleitung, gebildet aus Stufengebet, Introitus, Kyrie, Gloria, Kollekte, folgen Epistel und Evangelium als Leseteil, Akzente darin bilden Gradual-, Alleluja- und auch Traktusgesänge. In der Predigt dann wird der Mensch direkt angesprochen. Die Kulmination bildet das Credo. – Es folgt die dreiteilige → EUCHARISTIEFEIER, die Bereitung (der Herzen und der Darbringungsmaterie), die Darbringung (der verwandelten Gaben) und die Speisung.

Zur Darbringung mit dem Abendmahlsbericht, der Konsekration und dem Anamnese geheißenen Gebet als Zentrum gehört ein Begleitgesang mit abschließender Sekret. Das Hochgebet, ein gesungenes, aus stillen Gebeten herausragendes Dankgebet, folgt: Präfation mit Sanctus und Benedictus. Der Lobpreisung (Schlußdoxologie) folgt das Amen des Volkes und das Paternoster. Speisung heißt die Kommunion von Priester und Gläubigen. Sie ist getragen vom Communio genannten Gesang. Mit dem Postcommunio Ite missa est oder dem Segen Benedicamus domino endet die Messe.

Man unterscheidet die gesprochene Messe (Missa lecta), die gesungene Messe (das Hochamt) und das Pontifikalamt, die festlichste Form. Spezielle Messen sind die Priestermesse, die Brautmesse, die Totenmesse (Requiem) u.a.

DIE MESSE (braucht.)

Die Profanbedeutung von Messe leitet sich her von der Verknüpfung von kirchlichem Weihakt und Volksfest im 10. Jahrhundert. → DIE CHILBI Historisch haben Kirchweih und Jahrmarkt nichts gemeinsam.

Wir sind Gegenwartszeugen des Hinübergleitens des Begriffs Messe zur Bezeichnung von Großanlässen von Industrie und Kommerz.

DIE MICHAELISGANS

Die Michaelisgans ist ein genau so guter Gänsebraten wie die → MARTINIGANS. Martini, also der 11. November, ist eine bedeutsame Kalenderzäsur weiterum, deshalb ist auch die Martinigans die bekanntere von beiden. → DER ST. MARTINSTAG Doch in einigen Fällen in der Schweiz, so im Greyerzerland, ist St. Michael – im Volksglauben ein unbesiegbarer Rittersmann und ebenso stark wie der Drachentöter St. Georg – zur herbstlichen Kalenderzäsur geworden. Ihm, St. Michael, wohl seitdem er Wotan aus dem Bewußtsein verdrängt hat und zum obersten Beschützer der

Bergbauern geworden ist, dankt man die Segnung der Ackerarbeit. Am 29. September gedenken seiner jene Gegenden, die nicht Martini feiern. Für sie heißt der Braten nicht Martinigans, sondern Michaelisgans.

Die Michaelisrose
→ Die Weggen

Die Milcheimerbödeli

Wie auch die → Gebsenbödeli sind sie zu bauernkünstlerischer Berühmtheit gelangt. Es ist ein Phänomen, daß appenzellische Gefäße der Milchwirtschaft so liebevolle künstlerische Ausschmückung erfahren.

Das Misoxer Epiphanien-Jugendfest

Es ist ein typisches Überbleibsel aus heidnischer Zeit. Das ist schon so, obwohl wir daran gewöhnt sind, → Epiphanien rein christlich zu deuten. Das → Lärmen ist das Wesentlichste an diesem alten Jugendfest. Offensichtlich wird den Winterdämonen energisch der Garaus gemacht. Am Dreikönigstag werden durch die engen Gassen der Misoxer Dörfer Fässer, Holzklötze – alles, was kollert und rumpelt – hinabgerollt.

Die Mitsche
→ Die Weggen

Die Mittfastenfeuer

Im Limmattal in Engstringen flammten bis vor einigen Jahrzehnten am dritten Mittwoch nach Aschermittwoch die Mittfastenfeuer auf. Genau in die Mitte der Fastenzeit fällt der Brauch in der Innerschweiz, weithin sichtbare Holzstöße zu entzünden, die von der Jugend umtanzt werden. Umtanzt heißt in diesem Falle umsprungen. Die Teilnehmer sind Wettbewerber: sie sind bestrebt, sich gegenseitig zu überbieten. Zweifellos stellt dieser Frühlingsbrauch ein Restglied aus der Ritualkette eines → Fruchtbarkeitszaubers dar.

Der Mohrentanz
→ Moriskentanz

Die Molchne

Das ist eine Berner Oberländer Bezeichnung für → Chästeilete.

Das Morgenläuten

Der Brauch, weckend und segnend, mit einem Glöcklein oder auch mehreren Kirchenglocken, den Tag zu beginnen, hat sich in der ganzen Schweiz, im Dorf und sogar in der Stadt, erhalten. Die Schlafenden zur Tätigkeit zu rufen, ist aber nicht der ursprüngliche Sinn des Morgenläutens. Das Morgenläuten ist die Ergänzung zum Abendläuten, welches einst hieß: Feuerauslöschen! Wegen der Feuergefahr mußten die Herdfeuer ausgelöscht werden. Erst wenn der Morgen anbrach, durften sie wieder entfacht werden. In Föhngebieten bestehen auch heute noch, selbst für den Tag, strenge Vorschriften.

Der Morgenstraich

So heißt die Eröffnungsphase der Basler Fasnacht, die seit 1835 um vier Uhr in der Frühe ihren Anfang nimmt. Man könnte von einer Erschütterung aus dem Kosmos her reden, wenn darin nicht eine kulturelle Komponente mitschwänge. Genial hat der Komponist für den Morgenstraich-Marsch ein alteidgenössisches Sammlungssignal verwendet! Bevor sich Trommler und Pfeifer in Marsch setzen, vom Stand aus, lassen sie präzise und durchdringend ihre Instrumente wirbeln, respektive schrillen. Nach diesem Auftakt ziehen die Cliquen einzeln durch die Straßen- und Gassenschluchten. Sie schlagen diese nicht nur akustisch in Bann, sondern verzaubern sie auch optisch. Den gewaltigen, schaukelnden Transparenten entströmt vielfarbenes Licht. Wenn aber die Geisterrotten sich begegnen, wenn Clique auf Clique stößt, so fühlt man sich in eine gänzlich unirdische Atmosphäre versetzt. Von den Stecken- und Hutlaternen springen Funken über, und von diesem Augenblick an gibt es keinen Normalbürger aus der Vorfasnachtszeit mehr. An die physische Normalexistenz erinnert nur noch vorübergehend das Bedürfnis nach Zibelewaie und Mehlsuppe, nämlich bei den Zwischenhalten. → Die Basler Fasnacht

Der Moriskentanz

Das ist ein Maurentanz, denn es handelt sich um eine Ableitung von morisca, einer spanischen Bezeichnung für Mauren. Wir wissen nicht, ob der Moriskentanz ein bei uns von den Kreuzrittern eingeführter Brauch ist. Dieser Gruppentanz in Mohrenverkleidung feiert bei manchen festlichen Anlässen, wie solchen der Zünfte, Auferstehung.

Das Mörserschiessen

Bei Hochzeiten und bei Tauffesten war einst die lärmende Begleitung unabdinglich. Mit Feuerwerkerei, mit Gewehrschießen und – am eindrücklichsten – mit Mörserexplosionen bereitete man den ganzen Umkreis vor. Kein Mensch war sich natürlich mehr bewußt, daß der Sinn der war, die «Luft zu reinigen», die unheilvollen, neidischen Geister in die Flucht zu schlagen.
In Les Genevez findet noch heute um des Knallens willen ein Dreitageschießet statt. → Lärmen ist der eigentliche Festanlaß.

Der Mühlesteiper

Er ist, wie sein Bruder → Drapoling, eine urnerische Variante des schwyzerischen → Blätz.

Die Müllerei

Jede Gegend hatte bis vor wenigen Jahrzehnten ihre Mühlen. Wo viel Korn gepflanzt wurde, standen viele Mühlen, oft versteckt in einem Tälchen oder einer Schlucht. Heute sieht man keine tätigen Wasserräder mehr. Der Kleinmüller ist ausgestorben. Die Bauern sind ja keine Selbstversorger mehr, die ihre eigene «Frucht», ihr Korn, anpflanzen und zum Mahlen bringen. Mit seinen primitiv behauenen und von ihm jeweils selbst wieder aufgerauhten Mühlsteinen mahlte der Müller zwar nicht so feines Mehl, wie es die großen Industriemühlen von heute können, doch vermochte er Mehl nach verschiedenem Ausmahlungsgrad herzustellen, helles Weißmehl und dunkles Mehl. → Das Bauernbrot Daß die Dorfmühle in der Poesie der Romantik eine so große Rolle spielt, hängt nicht nur mit dem klappernden Wasserrad in der idyllischen Lage an einem Bache zusammen, sondern damit, daß sie ein Symbol war. Geheimnisvoll wurde an dieser Stätte die Frucht des Bodens (Korn nennt der Bauer auch «Frucht») so umgewandelt, daß der Mensch sein Brot erhielt. Übrigens genoß der Müller ein Vertrauen allergrößten Ausmaßes... Denn wie konnte der Bauer schon wissen, ob er «sein» Mehl bekam? – Die Mühlenindustrie der Gegenwart hat dazu geführt, daß es in unserem Lande nur noch wenige Mühlen in hergebrachter Form gibt. Einige Großmühlen haben die Versorgung mit Mehl übernommen.

Die Mummerien von Einsiedeln

Die unzertrennlichen Gefährten der schwerblütigen → Joheen sind die fröhlichen Mummerien, die jenen im großen Umzug vorangehen und nachfolgendes Geleite sind. Nicht kurzhosig wie sie, aber auch in grellfarbenem gestreiftem Kleid, tragen sie über den Leib einen Schräggurt mit Geröll. In der Hand schwingen sie einen Roßschweif. Warum? Wie der Johee hat auch der Mummerie all sein Gut verpraßt. Vom Rößlein, dem er seinen Verdienst verdankte, ist ihm nur der Schweif geblieben und ein paar Schellen. Ist er nun ein Hans im Glück? Jedenfalls sind Mummerien und Joheen getragen von einem bodenlosen Vertrauen in die himmlische Vorsehung. Sie säen nicht und sie ernten nicht, und Gott ernährt sie doch. Ja, ausgerechnet ihnen ist die Aufgabe des → Brotauswerfens zugefallen.

Die Muotathaler Osterfeuer

Die Muotathaler Osterfeuer sind ein überraschendes Phänomen für denjenigen, dem der Begriff des kirchlichen Osterfeuers gegenwärtig ist. → Das Osterfeuer Diese Feuer nämlich sind vorchristlichen Ursprungs, sie sind Frühlingsfreudenfeuer in der offenen Natur. Bis vor kurzem entzündete sie die Jungmannschaft des abgelegenen Tales bei sporadischem Zusammentreffen zur Osterzeit. Ein anderer Frühlingsbrauch ist noch nicht ganz verschwunden; ihm widmen sich in aller Ruhe die älteren Bauern, dem → Emausen.

Die Murtener Schlachtenfeier

Was ist der Kern des heutigen Brauches? Ist er die Vergegenwärtigung des Spektakulums eines Sieges? Gedenkt man lediglich der Schlacht in den Burgunderkriegen, die für die Eidgenossen glorreich verlief? Erinnert man stolz an den Überraschungsangriff auf die 30 000 Mann starken Truppen Herzog Karls des Kühnen, an den gigantischen Kampf der Reiterei auf der Höhe von Chantemerle, an das rechtzeitige Eingreifen der Truppenblöcke der Langspießer unter Waldmann und Halwyl, an die Panik des siegsgewohnten burgundischen Fußvolkes und an die das Drama beschließende Flucht des stolzen Herzogs mit einigen Getreuen nach Morges?

Alle Reden, die heute gehalten werden, sind weniger Rekonstruktionen der Kampfhandlungen als Erörterungen der Murtener Weichenstellung für die eidgenössische und europäische Politik.

Durch Murten wurde die stärkste Kontinentalmacht zerschlagen. Mit

Murten erkämpften die Eidgenossen einen Sieg für die Franzosen, die den mächtiger als der König gewordenen Herzog ebensosehr fürchteten. Bei Murten waren der König aber und die Eidgenossen ins gleiche Lager geraten. Ein siegreicher Karl der Kühne hätte uns sicherlich in sein Reich integriert. Von politischer Selbständigkeit wäre wenig geblieben. Allerdings wurden wir so nicht teilhaftig des burgundisch-flämischen Reichtums, d.h. einer Kultur, die der Herzog noch über weite Teile Europas auszubreiten gedachte. Alle traumhafte Schönheit seines Hofstaates und der große persönliche Besitz, den er mit sich führte, fielen unseren simplen Kriegern als Beute anheim, aber sie wußten nichts damit anzufangen. Mit funkelnden Juwelen gingen sie um wie spielende Kinder mit bunten Kieselsteinen. Das silberne Tafelbesteck warfen sie weg. So sind wir Bauern geblieben. Doch wir haben unsere Freiheit.

Ob es die Freiheit ist, die 1476 bei Murten nicht verloren ging, das erörtern jedesmal am 22. Juni die Redner an der Murtener Schlachtenfeier.

Der Museggumgang in Luzern

Der Museggumgang fällt auf Mariae Verkündigung und ist eine Prozession um die alte Stadt und die Ringmauer auf Musegg. Auf Musegg wird der Ablaßbrief verlesen.
Die Prozession heißt auch → Romfahrt. Einst war sie die bedeutendste der Innerschweiz. Bruder Klaus hat sie besucht. Volk von weit her scheute die Mühe nicht, nach Luzern zu kommen.
Es ist wohl richtig, den Museggumgang als einen der berühmtesten schweizerischen → Flurumgänge zu bezeichnen.

Die Mütschli

Das sind kleine Weißbrötchen, vielerorts auch Semmeln genannt. An der Einsiedler Fasnacht werden die Mütschli von den Joheen und Mummerien ins umzugsäumende Volk geworfen. → Das Brotauswerfen Auch in zürcherischen Gegenden kennt man die Benennung Mütschli. Früher waren sie ein Sonntagsbrot.

Der Muttergottestag im Augsten

So nennt das Volk in der katholischen deutschsprachigen Schweiz Mariae Himmelfahrt. In volkskundlicher Ausrichtung weist der Muttergottestag im Augsten auch die vornehme Eigenschaft eines Erntedankfestes auf.

Bereits können die Sennen den Segen der Sömmerung überblicken und dem Himmel Dank abstatten. Auf dem Sennenstein im Taminatal entzünden sie, wenn der Sommer ohne Unglück war, den «Funken». Im Turtmantal wird, wie einst, den Wenigerbemittelten Brot und Käse überreicht. Im Tiefland sind mit dem Muttergottestag auch Dankbräuche verknüpft. Feld- und Gartenblumen schmücken vielfach Kirche und Haus. Wo die ersten Trauben reifen, drückt man der Mutter Gottes eine Dolde in die Hand. → Das Erntedankfest

Die Mysterienspiele

Wunderbarerweise treten im 14. Jahrhundert (in England als mystery plays, in Frankreich als mystères) die geistlichen Spiele, von Geistlichen gespielt, aus dem sakralen Raum heraus auf den Platz vor der Kathedrale, wo die Darstellung aber von Laienspielern übernommen wird. Für uns ist weniger wichtig, daß dadurch das moderne Drama geboren worden ist, als die Tatsache, daß von da an Schauspielergilden Mysterienspiele aufführen.

Die Verkündigung der christlichen Kernwunder, die Geburt des Gottessohnes, dessen wunderreiches Leben, sein Opfertod, die Auferstehung und die Ausgießung des heiligen Geistes, hatten im frühen Mittelalter in der Liturgie und in den → Geistlichen Spielen darstellerischen Ausdruck gefunden, unterstützt durch Lehrbildzyklen an den Innenwänden der romanischen Kirchen und der gotischen Glasfenster.

Die ältesten unter den Mysterienspielen sind die → Osterspiele, und das älteste unter den deutschsprachigen stammt aus dem Kanton Aargau. Im Kloster Muri wurde es anfänglich noch von Klerikern aufgeführt. Das erste deutsche Passionsspiel ist das St. Galler Passionsspiel. → Die Kirchenfestszenen und -spiele In diesem Zusammenhang sind auch die Weihnachts- und Dreikönigsaufzüge zu erwähnen.

Neben den eigentlichen Mysterienspielen gehen, von Bruderschaften und Gilden aufgeführt, die Geistlichen Spiele einher, die sich nicht nur mit den Wundertaten Christi, sondern auch mit denen der Heiligen befassen. Sie sind aber für die Mysterienspiele von großer Bedeutung, denn aus ihnen entstehen die Vorspiele, die oft mehrere Tage – in Paris sogar Wochen – dauerten.

Für den Volkskundler sind die Passionsspiele nicht tot. Es gab ihrer viele in unserem Lande bis in die Barockzeit hinein. Als besonders theaterfreudig erwies sich die Bevölkerung sowohl des deutschsprachigen Oberwallis wie auch jene des französischsprachigen Unterwallis. Die → Selzacher Passionsspiele zeigen einen Versuch zur Wiederbelebung der Spiele.

Sie haben aber einen lebenskräftigen neuen Modus gefunden ohne Bühne, in einer Prozessionsform. Den «pleureuses» an der Karfreitagsprozession von Romont im Freiburgischen fällt zwar, wie der Name besagt, keine größere Aufgabe zu, als Trauer auszudrücken, wenn sie auf roten Kissen die Marterwerkzeuge und die Dornenkrone Christi einhertragen, doch das Karfreitagsgeschehen von Mendrisio ist kaum weniger als ein Passionsspiel. → DIE MENDRISIO-PROZESSIONEN

MYTHEN UND SAGEN

Kenntnis vom Sagenschatz unseres Landes öffnet manches Tor zum schweizerischen Brauchtum. Sagen lieben heißt aber nach den Mythen forschen, die darin weben. Es lohnt sich, in die Vorstellungswelt der alten Germanen einzudringen.
Hier begnügen wir uns mit Hinweisen. Es gab das ältere Göttergeschlecht der Vanen, und es gab das jüngere der Asen mit Wotan, Thor und Thyr. Mit letzteren kommen wir in den Bereich der Mythen, die in unseren Sagen weiterleben. Von Fall zu Fall nur können wir uns hier mit ihnen vertraut machen.
Unumgänglich ist der Hinweis auf Wotan. Wotan hängt mit Wut zusammen. Das Wesen Wotans ist kriegerisch. Als Krieger vor allem steht er an der Spitze der germanischen Naturgötter. Aber er führt auch die Jagd an in der Eigenschaft eines Sonnen- und Frühlingsgottes. Der gewaltigen Jäger sind zwölfe. Dies zu wissen erleichtert schon unser Verständnis für die → ZWÖLFTEN. Die dämonische Jagd streift die Gefilde der Menschen. Sie sind nicht erstaunt, daß ihre Welt auf Schritt und Tritt dämonisiert ist.
Es ist wichtig für den Menschen, mit den Göttern in Berührung zu kommen. Am besten gelingt das auf kultischem Wege. Er erfährt so etwas über das zweigeteilte Jenseits, das einen oberen Raum, Walhalla, für die ehrenvollen Krieger und einen unterweltlichen bei der Göttin Hel hat.
In den Sagen wird verschlüsselt noch viel vom Tun der Götter erzählt und von den zu Halbgöttern aufgestiegenen Helden. Auch ist in den Sagen viel die Rede von Riesen. Noch zu römischen Zeiten finden sich bei ernst zu nehmenden Historiographen Berichte über menschenfressende Fabelvölker wie die Etionen und Hellusii. Letztere haben bei uns bis in die jüngste Zeit hinein als → WILDLÜTLI (→ DER WILDE MANN) Vorstellungskraft behalten. Karl der Große übrigens machte den Riesen Hidde zum Vogt seiner Wälder.

Die Nachtbubenstückli

Bub heißt in schweizerischen Dialekten alles vom Büblein bis zum starken, edlen Ritter. Es ist deshalb nicht verwunderlich, daß uns das schweizerische Idiotikon nur auf Umwegen zum Sinn der Nachtbubenstückli vordringen läßt. Vorwiegend in Dörfern sind Nachtbuben durch ihr randalierendes Unwesen von jeher gefürchtet gewesen. Die Behörden wußten ihrer so wenig Herr zu werden wie sie heute in den Städten mit den Rowdies nicht fertig werden, welche Passanten anfallen, Parkbäume umsägen und Hauswände mit obszönen Sprüchen verschmieren. Gotthelf sagt, niemand, nicht einmal die Gespenster, seien vor ihnen sicher. Nun kennen wir auch Fälle, in welchen es sich um zielgerichteten Unfug handelte. Nur selten kann man vom Mitspielen der dörflichen Justiz als gelinder Rechtfertigung sprechen.

In Stans vertrieben die Nachtbuben, in der Rolle von Geistern, eine unbescholtene, jedoch von manchen Bewohnern gehaßte Familie. Sie machten ihr das Verbleiben im eigenen Heim unmöglich. Im Sarganserland haben die Nachtbuben weitgehend freie Hand in der ersten Maiennacht. Sie rekrutieren sich dann hauptsächlich aus den Ledigen. Ihre Nachtbubenstückli bereiten zugleich Ärger und Ergötzen. Ihr Ziel ist die Jungfrauenwelt. → Der Maisbrief

Der Nachtwächter

Noch ist es nicht so lange her, daß nicht jeder eine Uhr auf sich trug. Auch öffentliche Uhren fanden sich selten. Wenige Kirchtürme zierte ein Zifferblatt, und wenn schon, so war seine Nützlichkeit häufig durch das Fehlen des Minutenzeigers eingeschränkt. Und nicht jede Turmuhr hatte ein stundenverkündendes Glockenwerk eingebaut. So war der Nachtwächter für die Bürgerschaft nicht nur eine tröstliche, sondern eine notwendige Einrichtung. In größeren Ortschaften machte er, mit seinem charakteristischen Singsang die Zeit kündend, die Runde. «Hört Ihr Leut und laßt Euch sagen», kündete seine beruhigende Stimme, «die Glocke hat ... geschlagen.»

Der Nachtwächter war auch der Hüter der öffentlichen Ordnung. Es konnte vorkommen, daß Randalierer oder Gelichter ihm das Amt schwer machten. Er war ein Polizist mit beschränkten Befugnissen.

Der Nachtwächter verkörperte den guten Geist, der eine Ortschaft schützte. Noch zwischen den beiden Weltkriegen vernahm man an verschiedenen Orten – z.B. in Ragaz – den wohlgemuten Stundengesang des Nachtwächters.

Die Näfelser Fahrt

Sie ist in ihrem Wesen eine Gedenkprozession und in ihrer Art einzig, denn sie besteht aus zwei gesonderten Zügen, einem katholischen und einem protestantischen. Am ersten Donnerstag im April wallen die beiden von Glarus aus an den Fuß des Rautiberges, wo am 9. April 1388 ein glarnerisches Häuflein von 600 Mann 6000 Österreichische Ritter mit ihren Knechten vernichtend schlug.

In Schneisingen hält der Landesstatthalter oder der Landammann eine Rede vor den Tausenden, die den langen Weg nicht gescheut haben. Dann nimmt die katholische Prozession den Weg unter die Füße, der an den elf kranzgeschmückten Gedenksteinen vorbeiführt, wo Gebete verrichtet werden. Man erreicht in Näfels den «Fahrtsplatz», Ziel und Höhepunkt der Näfelser Fahrt. Der Landesschreiber verliest den → Fahrtsbrief. Die Festpredigt wird abwechslungsweise von einem katholischen und einem protestantischen Pfarrer gehalten. Beim Schlachtdenkmal endet die Fahrt, und in der Pfarrkirche findet ein Hochamt statt.

Der Namenstag

Den Namenstag zu feiern ist in der Schweiz ein alter Brauch. Deshalb gibt es, oder gab es, viele Festgepflogenheiten. So würgte man gelinde das Namenstagskind und nannte das Geschenk die Würgete. Die Benennung ist nicht mehr geläufig, aber Helsete versteht man noch, weil man gelegentlich noch umhalsen sagt. Es klingt so gut wie umarmen. → Die Helsete

Der Näpeler

Vom Übernamen Näpi für Napoleon ist der Name Näpeler abgeleitet, einer Einsiedler Fasnachtsfigur. → Die Einsiedler Fasnacht

Das Narrenangli

Das ist ein anderer Name für die → Inful des Zürcheroberländer Chlauses.

Der Narrenbajass

Damit wird der Bajaß der → Einsiedler Fasnacht präzisiert. Er trägt nämlich eine weiße Narrenkappe mit roten Samthörnern daran. → Bajass

Das Narrenfest

Es war ein mittelalterliches Kinderfest. Erstaunlich, daß es damals schon so etwas gab. Richtiger und aufschlußreicher wäre allerdings die Bezeichnung Schülerfest. Das Narrenfest war in Klosterschulen entstanden als eine Art Ventil. Die Schüler durften Kritik üben als Narren unter der Aegide eines Narrenpapstes oder Kinderbischofs. Oft überbordeten diese Feste. In unserem Lande fand die Kirche einen Ausweg: sie trennte die Übermütigen und erlangte so die Ordnung wieder. Für die Jüngsten organisierte man am 6. Dezember – die Narrenfeste fanden meist am 28. Dezember statt – eigene Unterhaltungen. Das waren die kostümierten Aufzüge des St. Nikolaustages. Sie fanden in größeren Ortschaften, meist solchen mit Kollegiatsschulen, statt. Der Zug gruppierte sich um den Knabenbischof. Dieser hatte ein schmuckes Gefolge, Hauptleute und Krieger. Mit Gesängen zog der Zug schließlich in die Kirche ein. In Schwyz durfte des Bischofs Narr bei den Marktleuten im Vorbeiweg einen Obolus einziehen. Das war 1634. Altdorf in Uri und Beromünster kannten fast identische Bräuche. Zu einem pompösen Fest entwickelte sich der St. Nikolauskult in Freiburg im Uesgau. → Das St. Nikolausfest in Freiburg

Die Narrenfreiheit

Die frühmittelalterlichen Narrenfeste, die in Nordfrankreich und Belgien durch die Dom- und Stiftschülerschaften das Leben der Städte fasnächtlich aus den Fugen hoben, genossen Narrenfreiheit. D.h. die Narren wählten einen Narrenbischof oder -papst mit einem parodistischen Zeremoniell, bei dem sie sich sonst undenkbare Freiheiten herausnahmen. Die extreme Narrenfreiheit der Kritik war ja von jeher ein hofnärrisches Vorrecht gewesen. Die witz- und geistreiche Basler Fasnacht zeitigt in unseren Tagen immer noch edle Früchte der alten Narrenfreiheit, kulturkritische und politikkorrektive.

Der Narrenpapst

→ Das Narrenfest

Das Narzissenfest von Montreux

Es ist ein charakteristisches Frühlingsfest, das in unserem Lande nicht seinesgleichen kennt. In unseren Breiten ist nach den kalten Wintern der Drang groß, den Frühling zu begrüßen. Man bringt ihm Blumenopfer dar. Festmotive sind das pflanzliche Sprießen und das Aufbrechen der Erde. Mit Tanz und Musik gibt man der Lebensfreude Ausdruck.

Ende Mai und Anfang Juni blühen Narzissen auf den Höhen oberhalb Montreux in verschwenderischer Zahl. Keine Frühlingsblume duftet aber so betörend wie die weißen Sterne. Ein trauriges Wunder wäre es, wenn Montreux kein Narzissenfest hervorgebracht hätte. → DIE FRÜHLINGSBRÄUCHE → DIE MAIFESTE

DER NATIONALFEIERTAG

→ DIE 1.-AUGUST-FEIER

DIE NATIONALSPORTE

Es ist wohl richtig, einige Sportarten als spezifisch schweizerisch zu bezeichnen. Es gibt keine Nation, bei der das Schwingen so beliebt ist, wo der Kalender so viele → SCHWINGET aufweist. Auch so manchen regionalen → SCHIESSET wie bei uns gibt es kaum anderswo. Das → FAHNENSCHWINGEN ist auch eine charakteristische Übung. Und das → HORNUSSEN, hauptsächlich im Bernischen gepflegt, kennt im Ausland nur Ähnliches, aber nichts Gleiches.

DIE NEUENBURGER VERFASSUNGSFEIER

König Rudolf III. von Burgund, der seiner schönen Gattin Irmgard Neuenburg zum Geschenk machte, sprach von einem «sehr königlichen Sitz». Und die diesen wahrhaftig sehr königlichen Sitz umkränzenden Häuser – sie stammen vornehmlich aus dem 16. Jahrhundert – bilden mit diesem die unvergleichlich schöne Stadt, die wir kennen. Aber ihre Geschichte war mühereich und eine Kette von Feuersbrünsten. Endlich, 1848, kehrte, im Schoße der Eidgenossenschaft, eine verfassungsrechtlich garantierte Ruhe ein und die endgültige Trennung von Preußen. Die Bürger feiern jeweils dieses Ereignis am 1. März und gedenken seiner mit Umzügen und historischen Aufführungen. Wichtige Momente aus der unruhigen Geschichte leuchten auf. → DIE UMZÜGE UND AUFFÜHRUNGEN

DIE NEUENEGGFEIER

Alljährlich findet der Neuenegg-Schießet statt. → DER SCHIESSET Es ist ein typisch schweizerischer Brauch, mit einem Schießet einer gewonnenen Schlacht zu gedenken. Eigentlich handelte es sich um ein Gefecht, das die zahlenmäßig unterlegenen Berner ehrenhaft bestanden und das in der Nacht vom 4. zum 5. März 1798 stattfand. Sie wurden befehligt von Weber und Graffenried, die Franzosen von Brun und Pigeon.

Das Neujahr

Es nimmt seinen Anfang mit der geheimnisvollen Stunde, die sich für den einsam Feiernden undramatisch an die letzte Sylvesterstunde anreiht. Ein Glied in der Kette Zeit. Sind aber ein paar Menschen beisammen, ob im entlegenen Bauernhaus oder in einer hochgelegenen Alphütte oder in einer städtischen Stube, so erhält die Geburtsstunde durch das Element Geselligkeit ein verwandeltes Gesicht. Geheimnisträchtiger? Jedenfalls versucht man gemeinsam den schweren, dichten Vorhang vor der Zukunft beiseite zu schieben. Da nicht manchem das Denken leicht fällt, wenigen die Selbständigkeit des Bäuerleins Bräker aus dem Toggenburg eignet, gräbt man nicht im Schatz der eigenen Überlegungen und Erfahrungen, sondern nimmt zum → Orakeln Zuflucht. Das seit Generationen betriebene Spiel, das für viele halb ernst ist, macht viel Spaß. Die Nacht wird damit kurz. Tanz und Musik kommen auch zu ihrem Recht. In der Frühe – uralt ist der Brauch und nicht überall ausgestorben – macht man sich auf, das Neujahr anzusagen. Man wünscht seinen Freunden Glück, man wünscht ihnen Segen, man bringt Geschenke mit. → Der Neujahrstag → Das Neujahransingen → Die Neujahrsblätter → Das Neujahrskalb

Das Neujahransingen

Das Neujahransingen, wobei man früher selbst die Mühe eines weiten Weges zu seinen Freunden nicht scheute, kennt auch eine feierliche Form. Im allgemeinen versteht man jedoch unter Neujahransingen keine Aktivität am bereits hell gewordenen Morgen, sondern Chorgesang in der nächtlichen Geburtsstunde des neuen Jahres. So tun sich in Sargans die Ledigen des Städtchens zusammen und singen nach dem zwölften Glockenschlag einem zu Ehrenden nach alter Melodie den folgenden Text:

Lousend, was will i ou sägä,
d'Gloggä hät zwölfi g'schlagä, zwölfi!
Jetzt wünsche mir dem...,
Syner Frau, syna Söhnä und Töchterä
As guets nöis Jour.
Und was m'r wünschend, 's werdi wour:
Gott gäb is allnä ä guets nöüs Jour!

In Celerina im Oberengadin versammelte bis vor kurzem oben im Kirchturm der Dorfschulmeister einen Kinderchor, der Weihnachtslieder und Neujahrsmelodien über die verschneiten Dächer in die unirdisch glitzernde Landschaft hinaussang. Dann war das junge Jahr eingeweiht.

Der Brauch, am Bächtelitag Neujahrsblätter zu überreichen, ist bis zum heutigen Tag derselbe geblieben. Der Wächter mit Dreispitz, Waffenrock und Flinte fehlt heute, doch an der zentralen Übergabehandlung hat sich nichts verändert. Beachtenswert der Begleitvorgang auf der Estrade: Orchestermusik mit Sängern, Flöten, Cembalo, Hörnern, Bratschen und Kontrabaß.
Stich von Johann Heinrich Freudweiler, 1784. (Graphische Sammlung Zentralbibliothek Zürich)

Die Neujahrsblätter

Der Brauch, als Neujahrsgeschenk – meist am → BÄCHTELITAG – eine würdige, womöglich bedeutende Schrift herauszugeben, ist von den kulturellen Gesellschaften im Zürich des 17. Jahrhunderts ausgegangen. Einige andere Städte haben dem Beispiel Folge geleistet.

Über die Entstehung der → NEUJAHRSKUPFER, die als → GEGENGESCHENK erstmals über süßes Backwerk für die Kinder hinausgingen, erfahren wir aus dem Protokoll der Stadtbibliothek Zürich vom 19. Dezember 1644, daß ein Zeichner und ein Zuchtherr (→ DIE TISCHZUCHTEN) beauftragt worden waren, gemeinsam für eine Schrift besorgt zu sein, die sich «mit Discretion distribuieren» ließe, also als würdige Neujahrsgabe zu gebrauchen wäre.

In einem Bericht von 1856 erhalten wir weitere Aufschlüsse: die erste Nachahmung fand die Sache durch die Bürgerbibliothek Winterthur. Sie begann in Zürich mit der Austeilung von Neujahrsblättern im Jahre 1663. Dann folgte im Jahre 1685 die Gesellschaft des Musiksaals, 1689 die Gesellschaft der Constaffler, im Jahre 1713 die Musikgesellschaft auf der deutschen Schule, im Jahre 1744 die Militärische Gesellschaft der Pförtner, 1779 die Gesellschaft der Chorherren, 1786 die Gesellschaft der Ärzte und Wundärzte, im Jahre 1799 die Naturforschende Gesellschaft, im Jahre 1801 die Hülfsgesellschaft, im Jahre 1805 die Künstlergesellschaft und im Jahre 1837 die Gesellschaft für vaterländische Alterthümer.

Seither sind weitere Gesellschaften hinzugekommen. Der Brauch, am Bächtelitag Neujahrsblätter zu überreichen, ist bis zum heutigen Tage lebendig geblieben.

Das Neujahrskalb

Das ist eine innerschweizerische Bezeichnung für den am Neujahrstag am spätesten Aufgestandenen, im Gegensatz zum → STUBENHUND, dem Erstaufsteher im Hause.

Die Neujahrskupfer

Das ist eine Bezeichnung des 18. Jahrhunderts für die Kupferstiche, welche die → NEUJAHRSBLÄTTER auszeichneten. Die Künstler waren meist namhafte Kupferstecher.

Der Neujahrstag

Mit «bun di, bun an» sagt man im Engadin das Neujahr an, also mit ei-

ner Doppelbegrüßung. Noch bevor man ans Jahresganze denkt (→ DAS NEUJAHR), spricht man vom Anfang: dieser erste Tag soll ein lachendes Gesicht zeigen. Verheißend lächeln wenigstens soll es!
Für Bauer und Städter wird die Arbeit aufs Notwendigste beschränkt. Man sucht seine Freunde auf und erhält selber Besuch. Am Abend wird gefeiert, wenn es auch nicht so hoch her geht wie am Vorabend. Den Höhepunkt werden die Lustbarkeiten am kommenden Abend, überhaupt am → BÄCHTELITAG, erreichen.
In den Städten mit der Tradition alter Männergesellschaften und Zünfte findet für diese meist eine Mahlzeit und ein Abendtrunk statt. Das sind Auftakte zu den Bächtelifeiern. Am Morgen, nach der Predigt, wurden in Zürich einst die → STUBENHITZEN abgeliefert. Aber nicht diese Gebührenabgabe an sich war wichtig, sondern das Drum und Dran: die Kinder waren es, welche die Stubenhitzen überbrachten, meist begleitet von ihren Vätern. Riesig freuten sie sich auf die kleinen → GEGENGESCHENKE, die aus Tirggel, Läckerli und Semmelringen bestanden. Etwas von diesem Brauch lebt weiter in der immer noch getätigten Übergabe der → NEUJAHRSBLÄTTER am Bächtelitag.

DIE NEUJAHRSWÜNSCHE

Mannigfaltig sind die Übermittlungsformen für die Wünsche, die man zu Neujahr für seine Lieben und Freunde hegt. Wir wollen einige von ihnen uns vergegenwärtigen:
Das Neujahransagen. → DER NEUJAHRSTAG Es kennt manche Weisen. Denken wir nur an die → KLOPFVERSE. Dann das → NEUJAHRANSINGEN. Ferner das persönliche Überreichen von Visitenkarten. Dies wurde zur Sitte im gehobenen Bürgerstand des 17. Jahrhunderts. Kein großer Schritt war es mehr, gedruckte Bilder, meist Stiche, zu verwenden. Das älteste derartige Bild stammt aus dem kunstsinnigen Paris von 1466. Im Zürich des 17. Jahrhunderts sind aus den damals allgemein bekannten Neujahrsbogen oder -blättern eigentliche, meist bebilderte Schriften entstanden. Der Akt ihrer Überreichung ist zu einem kulturell hoch zu wertenden Brauch geworden. → DIE NEUJAHRSBLÄTTER → DIE NEUJAHRSKUPFER Er ist bis heute lebendig geblieben.

DIE NEUNERLEI

Sie ist ein besonders interessantes → GEBILDBROT, ein → WEGGEN in Neunerform. Was verrät diese? Sie verrät einen Zauber, sie ist ein Fruchtbarkeitssymbol. Die heilige Neun ist, jedem verständlich, eine Potenzierung, sie ist die glückverheißende Drei mit sich selber potenziert. An vielen Orten sagt man nicht Neunerlei, sondern man spricht von einem Neunerlaib.

Die Nidleten

So hießen gegenseitige Einladungen im Zürcher Oberland. Oft standen sie im Zusammenhang mit Erntefesten. Aus geschlagenem Rahm wurde der → Gepfitzte Nidel. Ein Hauch feinen Zuckers, vermengt mit Hafermehl, «pfitzte» den Rahm, die seltsame Luxusfestspeise der Nidlete.

Die Nidwaldner Landsgemeinde

Sie findet parallel zur Landsgemeinde von Obwalden statt, und zwar unter freiem Himmel in Wil an der Aa am letzten Sonntag im April. Bei ungünstiger Witterung – das war bis heute erst dreimal der Fall – wird sie in die Stanser Pfarrkirche verlegt. → Die Landsgemeinden

Das Niggele

Man hat schon einen Vergleich zum Hornussen gezogen. Es wäre richtiger, an das englische Cricket-Spiel zu denken. Doch ist es zwecklos, Zusammenhänge ergründen zu wollen. Es spielen sich zwei Mannschaften einen kleinen Klotz zu. Die eine Mannschaft befördert ihn durch Stockschwung von einer erhöhten Unterlage in die Luft. Die andere fängt ihn von Hand auf und schleudert ihn zurück. Die Wertung nach Punkten geschieht wie beim Hornussen.
Warum ist der Brauch verschwunden, der einst bei der Zürcher Jugend so beliebt war? Nun, er wurde auf den nicht eben geräumigen Plätzen der Altstadt geübt, und häufig klirrten die Scheiben. Die Niggeler traf der Zorn der Geschädigten. Ein Regierungserlaß – das war im 16. Jahrhundert – verwies die jungen Spieler auf den Lindenhof und vor die Tore der Stadt. → Die Lindenhofspiele → Das Hudum

Der Nikolaus

→ Der St. Nikolauskult

Das Nüsselen

Das Nüsselen, oder der Narrentanz von Schwyz, ist ein Charakteristikum des Schwyzer Narrentreibens. Der bedeutsamen Maskentypen gibt

es eine ganze Reihe, und sie alle finden sich zusammen. Angeführt von Pfeifern und Trommlern, bilden sie dann eine Rott.
Einer solchen Rott in den Gassen und Straßen des Fleckens zu begegnen, ist ein unvergessliches Erlebnis. Doch den Höhepunkt der → SCHWYZER FASNACHT bildet der Narrentanz auf dem Rathausplatz, das Nüsselen.
→ DER NÜSSELER

DER NÜSSELER

Der Nüsseler hat seinen Namen vom Nüssewerfen. Der Brauch des Nüssewerfens aber hat seinen Ursprung im Fruchtbarkeitszauber des → KÖRNERWERFENS. Im Kanton Schwyz sind die Nüsseler zu Brotauswerfern geworden. Daß ihr Fasnachtskleid sich vom italienischen Harlekin herleitet, soll uns nicht verwirren. Die Hauptfigur der Schwyzer Fasnacht ist ein Nüsseler und heißt zutreffenderweise Blätz.
Er trägt ein Blätzlikleid. Den Kopf bedeckt ein breitrandiger Schinhut. Schräg über den Oberkörper läuft meist ein schellenbesetzer Gurt. In der Hand hält er einen Besen.
Das Bedeutsame an der Figur des Nüsselers ist – wenn wir von seiner Funktion als Brotauswerfer absehen – das seltsame, aber überzeugende Gehaben: sein Gang mit den merkwürdigen Verzögerungen, das retardierte Hüpfen, Tänzeln und Wippen mit Vierteltaktakzenten. Das ist ein Ritus, dessen Zauberkraft so lebendig wirkt wie vor Jahrtausenden.
Zauberkraft? Dem Zuschauer, der von der magischen Welt mehr wissen will, sei geraten, sich über den Besen Gedanken zu machen. Er ist nicht weniger als der Schlüssel zu ihrem Tor, der nimmerruhende, immergrüne Reiserbesen. Es ist vernünftig, in ihm ein Wachstumsinstrument zu sehen, ein segnendes für den Boden, etwa wie das Aspergill eines ist zum Besprengen der Gläubigen.
Unzweifelhaft ist der Nüsseler ein Zauberer, der Kraft verströmt, und er ist eine wundervolle Figur an den Schauplätzen der kantonsschwyzerischen Fasnacht. → DAS NÜSSELEN → DIE SCHWYZER FASNACHT

Die Oberschaner Sylvesterkläuse

Wenn in der Sylvesternacht der Föhn erkaltet ist, sind aus den Furchen, die das Hochtälchen von Oberschan durchziehen, die funkelnden Falten eines riesigen, kristallgeschmückten Mantels geworden. In den Furchen aber regt es sich.
Spukgestalten, immer zwei, tragen Masken, turmhohe, pappgekrönte. Plötzlich heben sie die → Pretsche, und ein Knallen sondergleichen beginnt. Die Ziegenschellen am Oberarm und am Gurt rasseln. Jeder der Kläuse schleppt einen Sack, mit Ausnahme des einen, der Kannenträger ist.
Die Oberschaner Sylvesterkläuse sind unterwegs zu den Kindern, für die sie ernste Mahnungen und süße Feuersteine bereit halten. Nur der Kannenträger wendet sich an die Eltern und erwartet, daß sie mit Wartauer die Kanne füllen.
Wer sind eigentlich die geheimnisvollen Oberschaner Sylvesterkläuse? Sie sind die ledigen Burschen, die sich zu Erben und Trägern eines uralten Brauches gemacht haben. Wir staunen, daß ein heidnisch begründeter und frühchristlich umgeformter Brauch in der Wartauer Gegend durch die Jahrhunderte hat Bestand haben können. Dieses Land ist wie kaum eines von Kriegswirren, Pestnot und Glaubensstreit ständig erschüttert worden.

Das Oberwalliser Trommler- und Pfeiferfest

Dieses Fest ist nicht aus einer Lokaltradition großen Alters hervorgegangen. In der Tat wechselt es jeweils den Schauplatz. Seine Hauptträger sind die Trachtenvereine, die ihm Buntheit und Lieblichkeit verschaffen, und die Pfeifer- und Trommlervereine, die für die Magie der durchdringenden Töne sorgen. Wenn jemand vom Heidenspektakel des Oberwalliser Trommler- und Pfeiferfestes spricht, so soll er gleichzeitig darauf hinweisen, daß so heidnisch das Fest auch wieder nicht ist. Die Teilnehmer werden durch Glockengeläute zur Messe gerufen! Daß an diesem Walliser Fest der jüngeren Jahrgänge der Fendant reichlich aus den Schnäbeln der Zinnkannen fließt, das kann man sich denken.

Die Obwaldner Karfreitagsprozession

Sie war einst die wichtigste Prozession in Obwalden und stellt als längster Prozessionsfußmarsch des Landes große Anforderungen an die Teilnehmer. Sie führt zu den drei ältesten Landeskirchen, jener von St. Niklausen im Melchtal, jener von Stalden bei Sarnen und der von Ennetmoos zwischen Kerns und Stans. Ihr Leitstern war die Bitte um österliche Gesinnung, Gedanken und Gnade. → Die Karfreitagsprozessionen

Die Obwaldner Landsgemeinde

Sie ist die gesetzgebende Behörde des Halbkantons und entscheidet über Verfassungs- und Steuerfragen. Sie wählt die Regierungsmitglieder. Besammlungsort ist der Landenberg ob Sarnen, und sie findet statt am letzten Sonntag im April. → Die Landsgemeinden

Das Orakeln

Heute gibt es akademische Lehrstühle für Futurologie. Wissenschaftlich will man den Geheimnissen der Zukunft auf die Spur kommen. Um den Vorhang zu lüften, geht das Volk eigene, phantasievolle Wege. Mancher Brauch von ehedem wird heute belächelt, doch nicht immer als Aberglauben abgetan. → Der Aberlauben Augenzwinkernd wird er weiterhin geübt. Zu diesen Bräuchen gehört das Orakeln in der Sylvesternacht, gelegentlich auch an anderen festlichen Winterabenden, wie am Johannisabend. → Der Johannistag Zum Orakeln eignet sich ganz besonders das → Bleigiessen. Flüssig gemachtes Blei wird am Stubentisch aus einem Bratpfännchen in einen Topf mit kaltem Wasser gegossen. Aus den bizarren Formen, deren Entstehen man mit einiger Geschicklichkeit beeinflussen kann, liest der Phantasiebegabte Bilder heraus, die Aufschluß über die Zukunft geben. Heiratslustige Mädchen erweisen sich als besonders geschickte Symbolleserinnen. Es gibt Gegenden, in denen die Bauersleute am Weihnachtsabend das Zwiebelorakel befragen. → Die Zwiebelrose

Die Osterbräuche

Wenn man die wesentlichen Osterbräuche unseres Landes überblicken möchte, sollte man mit der Aufzählung bei den Bräuchen rund ums Ei beginnen. Warum sind sie so zahlreich? Zweifellos wegen der überwältigenden Eindringlichkeit des Eisymbols. → Das Osterei Das Schmücken allein ist eine so vielseitige Angelegenheit, daß darüber eine reichhaltige Literatur entstanden ist. Das Eiersuchen bleibt der Kinder liebste Osterunterhaltung. Je nach der Witterung, hat der → Osterhase – Vater oder Mutter – die Eier im Freien oder in den beschränkteren Verstecken der Wohnstube versteckt. Einige Orte gibt es, wo der Akt des Eierüberreichens ein feierlicher Osterbrauch ist. In Sursee überbringen die Kinder in einem Körbchen dem Pfarrer besonders liebevoll geschmückte Eier. Das → EIERTÜTSCHEN hat sich z.B. in Zürich sogar als öffentlich geübter Brauch erhalten.

Brauchbildende Faszination geht auch von anderen Ostersymbolen aus, besonders vom Lamm (→ DAS OSTERLAMM), vom → FISCH und vom Hasen. In den Klöstern wurden vielfach Lämmchen aus Wolle gestrickt zu Geschenkzwecken.

Alle Symbole fanden Verwendung im Brauch der Osterspeisen. Schon im frühen Mittelalter hat sich auch die ärmere Bevölkerung nicht nur trockene → GEBILDBROTE mit den erwähnten Symbolen geleistet, sondern Gebäck aus Eierteig. → DER WEGGEN → DER EIERRING Die Wohlhabenden genossen nach den Fasten Fleischpasteten. Die Osterbezogenheit der Speisen kommt in manchen Klöstern unseres Landes heute noch schön zum Ausdruck, wenn das Mittagsmahl auf dem Teller neben Binden- und Rauchfleisch auch, fürs Auge getrennt, das hartgekochte Eiweiß und Eigelb enthält.

Der allgemeinreligiösen Osterbräuche sind noch viele, man denke an die → MUOTATHALER OSTERFEUER, der rein christlichen oder kirchlichen gibt es nicht mehr so viele wie früher. Da ist die → OSTERKOHLE zu erwähnen und das → OSTERFEUER. Ein liebenswerter profaner Brauch war das → ÖSTERLEN.

DAS OSTEREI

Seit urältester Zeit spielt das Ei eine große Rolle, bei uns und in den Gebieten nördlich von uns. → DIE EIERSYMBOLIK Dort begriff man es als Zeichen der Fruchtbarkeit. Die Bemalung in germanischen Landen war meist gelb oder rot. Ist das Osterei aber nicht ein Geschenk des Ostens, wo es immer von überragender Bedeutung gewesen ist? Die Westgoten, deren Stämme das germanische Gebiet durchsetzten – vergegenwärtigen wir uns, daß die Sorben heute noch an der Spree wohnen und ihre Sprache nicht vergaßen – könnten das Osterei gebracht haben.

In der christianisierten Welt ist das Ei zum Symbol des ewigen Lebens geworden, man versteht es als Siegeszeichen des Lebens über den Tod.

Mit der bloßen Einfärbung des Eis begnügt man sich selten. Viele Gegenden haben unverwechselbare Eigenornamentierungen entwickelt. Unzählige Techniken kommen vor. Durch Wachsreservierung, durch Kratzen und durch Ätzen werden Mehrfarbenbilder erzeugt. Wahre Meisterwerke gibt es aber schon in einfacher Schwarz-weiß-Kontrastierung. Häufig ist der weiß-rehbraune Kontrast, weil man vielerorts Gräser und Kräuter auf die Schale bindet und dann leicht durch ein Teebad die Tönung erzeugt. Natürlich sind die Handbemalungen etwas vom Schönsten. Unerwartet bringt eine Gegend eigentliche Kunstwerke hervor, Ostereier mit einem Medaillon, das einem Miniaturenmaler der Barockzeit zur Ehre gereicht hätte. Die Namen einer Reihe von Bauernkünstlerinnen sind berühmt geworden, und namhafte Sammler reißen sich um ihre jährlich sich erneuernden Erzeugnisse. Das Schweizerische Heimatwerk veranstaltet begeisternde Ausstellungen der lebendigen, so liebenswerten Volkskunst verschiedenartigster Ostereier.

Das Osterfeuer

Obwohl es in die Zeit des Frühlingsbeginns fällt (→ Die Bööggenvernichtung), hat das Osterfeuer in der Kirche als logisches Glied im Aufbau der → Karsamstagsfeiern vornehmlich eine christliche Erklärung. Die Auferstehungsgewissheit hat es entfacht, es lodert verfrüht, noch ist nicht Ostern, aber es sind nicht die Flammen der heidnischen Frühlingsfeuer. → Die Muotathaler Osterfeuer

Das Ostergelächter

Es ist eine aus dem Ostergottesdienst verschwundene Phase. Der Geistliche pflegte von der Kanzel herab das Ostermärlein in seine Predigt einzuflechten, einen kleinen Schwank, auf welchen die Gemeinde wartete und, traditionell, mit schallender Heiterkeit antwortete.

Der Osterhase

Er ist ein seltsames Wesen. Nicht scheu wie seine Artgenossen, tritt er schwer beladen unter die Menschen. Wie er sich aber die bunten und zierreichen Hühnereier beschafft hat, das fragen sich nicht bloß die Kinder. In der Tat vollzieht sich hier ein brauchtümliches Osterwunder. Das Fest des auferstandenen Christus wird gefeiert mit handgreiflichen Symbolen des Werdens: mit dem allergeheimnisvollsten, dem Ei, und dem Fruchtbarkeit verheißenden des Hasen. → Die Eiersymbolik → Das Osterei Ist das Zufall? Der Forscher erkennt, daß der Osterhase mehr als nur eine Zufallsverknüpfung sinnverwandter Symbole ist. Aus der Psychologie ist die Tatsache bekannt, daß Summierung oder Multiplizierung auf die Erhöhung der Wirksamkeit abzielt. Die Zahlen 14 oder 21 z.B. werden in der orientalischen Numerologie als verstärkte Glückssieben aufgefaßt. Und rufen wir uns die Zusammenlegung der Sakralsymbolik von Wasser und von Salz in Erinnerung! Der Brauch der Benützung gesalzenen Weih-

wassers war einmal verbreitet. Der aufmerksame Priester gewahrte im Gemüte seiner Gläubigen eine vertiefende und verinnerlichende Wirkung.
Im Osterhasen erkennen wir eine geradezu unwahrscheinliche, glückhafte Symbolsummierung.

DIE OSTERKOHLE

Früher versuchte man, kleiner Resten des durch Priesterhand entfachten Karsamstagsfeuers habhaft zu werden, der Osterkohle. Als wertvoller Schatz wurde sie in der Küche in Reichweite des Herdes gehortet. Zog ein unheildrohendes Gewitter auf, so griff man nach der Osterkohle und verbrannte sie. → DER ABWEHRZAUBER

DAS OSTERLAMM

Wir fragen zuerst nach der Bedeutung des Passahfestes (= Paschah), hebräisch Pessach. Es ist in erster Linie das Erinnerungsfest an den Auszug aus Ägypten und wurde mit einer Lammopferung gefeiert. Christus formte es um – am Vorabend seiner Gefangennahme im Kreise seiner Jünger – zum Erinnerungsfest an seinen Opfertod. → DAS ABENDMAHL
Das Selbstverständnis der Lammbedeutung für den Morgenländer vor 2000 Jahren kann man für den heutigen Abendländer nicht voraussetzen. Das Lämmchen – zwar der Liebe und besonderen Fürsorge des Hirten gewiß – war das Opfertier par excellence. Kein anderes Tier läßt sich so willig hin zur Schlachtung führen. Johannes der Täufer nannte Christus, den «Gottesknecht», das Lamm Gottes, das die Sünde der Welt hinwegnimmt. Die Symbolik Christus / Gotteslamm war ohne weiteres verständlich.
Das Lamm als Symbol für Christus (den Auferstandenen) ist in die Liturgie eingegangen. Denken wir an den Hymnus Gloria in excelsis, der beim Kommunionsempfang gesungen wird, jedoch besonders wichtig im Ostergottesdienst ist. Die katholische Kirche feiert also ein immerwährendes Paschah zur Erinnerung an das Agnum dei, qui tollit peccata mundi. In der künstlerischen Darstellung ist das Gotteslamm Osterlamm geworden. Im Genter Altarbild der Brüder van Eyck ist es sakrale Mitte des eucharistischen Kultes.
Uns Brauchtumsinteressierte erfreut der Umstand, daß das Osterlamm zum → GEBILDBROT geworden ist. Wir begegnen ihm in drei Varianten: als Lämmchen, als Lamm mit dem Kreuz und als Lamm mit Fähnchen und Kreuz.

Das Österlen

In Flums war bis vor kurzem die Sitte lebendig geblieben, daß der junge Bursche, welcher beim Tanz, an der Fasnacht etwa, sich in ein junges Mädchen verliebt hatte, diesem einen Besuch abstattete. Der erwartete Besuch fiel in die Osterzeit. Er durfte einige Eier in Empfang nehmen, die meist rot oder gelb eingefärbt waren. → Die Eiersymbolik Sie wurden aufgefaßt als Zeichen des Wohlwollens, der Freundschaft und allfälliger Liebe. → Das Osterei

Die «Österliche Zeit»

Österliche Zeit ist auch ein Begriff kirchlichen Brauchtums. Sie erstreckt sich von der Osternacht bis Samstag nach Pfingsten. Sie wurde schon im 4. Jahrhundert als Bußezeit und, in den letzten zehn Tagen, als Zeit der Freude eingeführt. Abgesehen von der kirchenrechtlichen Bedeutung ist die österliche Zeit vielerorts in der Schweiz ein gängiger Brauchtumsbegriff.

Das Ostermärlein

→ Das Ostergelächter

Das Ostersalz

Es ist vom Priester geweihtes Salz, das früher aus dem Ostergottesdienst fürs Ostergebäck nach Hause mitgenommen wurde und heute noch bei innerschweizerischen Bäckern Verwendung findet. Man schreibt ihm Heilkraft zu. → Die Ostertaufe

Das Ostersingen

Dieser Brauch der in Grüpplein herumziehenden Jugend, welche als Gegengabe allerlei Ostergebäck wie Lebkuchen und Zuckerlämmer erwartete, ist erloschen. → Die Heischebräuche → Die Gegengeschenke

Die Osterspenden

→ Die Dankspenden → Die Ferdener Osterspende

Die Osterspiele

→ Die Passionsszenen und -spiele

Der Osterstier

Osterstier wird gelegentlich noch heute als Schmähwort für einen aufgeblasenen Mann oder auch für eine aufgeputzte Frau verwendet. Der Ursprung liegt im Bekränzen des österlichen Schlachtviehs. → Pfingstochse

Die Ostertaufe

Die Ostertaufe heißt auch das an Ostern geweihte Wasser. Ursprünglich brachte der Kirchgänger zur Weihe nur solches Wasser mit, das er aus einer reinen Quelle geschöpft hatte. Dem Gewissenhaften war selbstverständlich, daß nur das Reine weihwürdig war. Wo der Gläubige die Ostertaufe noch kennt, schreibt er ihr auch Heilkraft zu, wie übrigens auch dem → Ostersalz.

Das Otmärlen

Otmar, auch Audemar geheißen, wurde von Chur nach St. Gallen berufen, wo er das Kloster zu neuer Blüte brachte. Ein Asket, hart gegen sich selber, aber unendlich gütig gegen die Kranken, verdiente er nicht das harte Los, im Gefängnis zu sterben. Es ist unerfindlich, weshalb es an seinem Todestag, dem 16. November, in St. Gallen Brauch geworden ist, in den Kellern Wein zu kosten und am Abend zu schmausen, was man dann Otmärlen heißt. In großem Umfang kennt den Brauch des Otmärlens nur noch Flawil. → Die Lägelinacht von Flawil

Der Osterstier. Eine ungewöhnliche Ansicht der Rathausbrücke in Zürich. Im Hintergrund der St. Peterturm und das Hotel Schwert. Links Rathaus, rechts Hauptwache. In der Mitte sieben Stück Schlachtvieh und sieben Metzger. Die Aufmerksamkeit fesselt der bekränzte Osterstier. Auf dem Weinplatz erwarten die Schaulustigen den makabren Zug zum Schlachthof.
Lithographie um 1855, Künstler unbekannt. (Graphische Sammlung Zentralbibliothek Zürich)

Der Pagat

Zu Ende der → EINSIEDLER FASNACHT, nämlich am Dienstagabend, erleidet der Pagat – einer aus der zahlreichen Strohpuppenfamilie der Frühlingsfestbööggen – den Verbrennungstod. Er wird nicht wie der Zürcher Sechseläutenböögg auf turmhohem Schafott hingerichtet, sondern schmählich zu einem Nebenschauplatz gezerrt. Warum nur heißt er Pagat? Etwa, weil er seine Richter und Schergen an die Karte erinnert, mit der man im Tarockspiel, das Söldner einst heimgebracht hatten, den niedersten Trumpf ausspielt? Durch gewisse landläufige Redeweisen wird klar, daß der Pagat eine Figur ist, die man ins Pfefferland wünscht. Im Wallis und in Nidwalden schiebt man gerne dem Pagat und dem Teufel bei einem Mißgeschick die Schuld zu. Es gibt noch eine andere Herleitung, die aber wenig überzeugt. Lateinisch heißt Pagat Heide, und somit wäre die Einsiedler Bööggenverbrennung eine Heidenverbrennung. → DIE BÖÖGGENVERNICHTUNG

Die Palmenprozession in Hochdorf

Die Palmenprozessionen sind in der Schweiz zahlreich. Sie werden sehr feierlich, vielerorts mit phantasie- und kunstreichem Palmenersatz, durchgeführt. In Hochdorf trägt eine Knabengruppe an der Palmenprozession an meterhohen Stangen bis sechs übereinanderbefestigte, bändergeschmückte Grünkränze mit. Wenn man von Palmen spricht, sind das, hauptsächlich in der Innerschweiz, Wacholderzweige, Stechpalmen, Buchs, Sefi, Eibe, Weißtanne und auch Weide, von letzterer vor allem die «Kätzli».

Der Palmesel

Das bescheidene Reittier des Heilands, das er beim Einzug in Jerusalem benützt hat, ist in der Vorstellung des Volkes untrennbar mit dem Palmsonntag verknüpft. An manchen Orten in der Schweiz, z.B. in Chur, wurden in der Prozession lebende Esel mitgeführt. Aber das demütige Grautier wurde auch aus Holz geschnitzt und auf Räder montiert. Das Schweizerische Landesmuseum in Zürich und das Historische Museum in Basel besitzen Palmesel mit dem reitenden Heiland. In beiden Fällen hat religiöses Brauchtum hochwertigen künstlerischen Ausdruck gefunden, der uns ergreift.

Der Palmsonntag

Der Palmsonntag ist das Erinnerungsfest an den verheißungsvollen Einzug des Herrn in Jerusalem. → DER PALMESEL Es wird in allen Gegenden der Schweiz und von beiden christlichen Konfessionen hochgehalten. Im katholischen Bünden wird es durch viele farbige Bräuche bereichert, ganz besonders aber im geographischen Herzen der Schweiz, das brauchtümlich immer noch kräftig durchblutet ist: Im Luzernischen sind neben den Frühlingsbräuchen, den Fasnachtsbräuchen die kirchlichen Volksbräuche besonders vielfältig, und unter den letzteren ragen beglückend die Bräuche des Palmsonntags hervor.

Es sind Prozessionen und Anlässe, bei denen die Palmsonntagspalmen, die keine Palmen sind, eine große Rolle spielen. Was sind sie denn? Sie sind die Stechpalmen mit den leuchtenden Beeren, der dunkelgrüne Wacholder, der Sefi und der Buchs. → DIE PALMSONNTAGSSTRÄUSSE Es kann auch gewöhnliche Weißtanne sein!

An einigen Orten werden rote Äpfel, die kunstvoll an Weidenruten befestigt sind, zu den Bausteinen märchenhafter Torbögen. Farbige Bänder, Skapuliere und Heiligenbildchen sind weitere Schmuckelemente.

DIE PALMSONNTAGSSTRÄUSSE

Mancherorts in der Innerschweiz machen die Schüler zur Verschönerung der kirchlichen Feiern Palmsonntagssträuße aus den Zweigen und dem Laub vieler, nicht zufällig gewählter Bäume und Sträucher: aus wildem Sefi, also dem graugrünen Wacholder, von dem man im Mittelalter unvorstellbare Mengen für das Kirchenausschmücken verwendete und aus dessen Holz, seit dem Altertum, Nardentöpfe gedrechselt wurden, dann aus der Stechpalme mit dem dornig bezähnten wintergrünen Laub und den korallenroten Beeren, dann aus den Totenbaumeiben, den geheimnisumwitterten, blaugrünen Arzneimittelspendern, weiter aus dem Waldhasel, dem Sinnbild der Lebenskraft und dem Schutz vor Blitzschlag, Hagel und Schlangenbiß. Er gab auch das Material ab für die Wünschelrute!

Nicht nur kommen die Hände der dienstwilligen Schmücker mit den städtischer Jugend unbekannten Zeugen einheimischer und fremder Botanik in Berührung, sie retten dabei auch einen kleinen Hort an volkstümlichem Naturwissen und Mystik ins technische Zeitalter hinüber.

DAS PANGRONDS-JUGENDFEST

Nach den beiden Weihnachtstagen gehört der dritte Feiertag der Schuljugend. Das ist der Brauch im unterengadinischen Scuol: Am 26. Dezember ziehen die Knaben der verschiedenen Schulklassen von Haus zu Haus, «dà a mai» rufend. Wo immer eine Mitschülerin ihr Zuhause hat, da kreuzen sie auf und bitten um ein Pangrond. Das Mädchen händigt dieses Birnbrot – nach welchem übrigens auch das Fest benannt ist – nicht wahllos aus. Durch die Übergabe bleibt unverborgen, wer der Schulschatz ist. Minniglich wird die Beziehung für die Frist eines Jahres aufrechterhalten, und die Paargruppierungen für die → SCHLITTEDA sind hinfort allen aufmerksamen Beobachtern klar geworden.

DIE PASSIONSSZENEN UND -SPIELE

→ DIE KIRCHENFESTSZENEN UND -SPIELE → DIE SELZACHER PASSIONSSPIELE

DIE PATEN

Paten und Patinnen, die ja nach christlichem Brauch Vaterstelle und Mutterstelle einzunehmen in der Lage sein sollten, gab man früher dem Täufling in der Vielzahl. Das war nicht unweise, wenn prekäre wirtschaftliche Umstände den Anlaß bildeten. Im 17. und 18. Jahrhundert aber erließ die Zürcher Regierung eine Reihe von → MANDATEN zur Verminderung der Patenzahl. Sie fand, daß die Kumulierung von Patengeschenken etwas Stoßendes habe. Nur noch drei Paten sollten fortan für die geistige und materielle Sicherstellung des Patenkindes bestellt werden: zwei Paten und eine Patin für ein Knäblein und zwei Patinnen und ein Pate für ein Mädchen.

DAS PECHREIFENROLLEN

→ DAS GREGORIFEUER

DAS PEITSCHENKNALLEN

→ DAS CHLAUSCHLÖPFEN → DIE GEISSELER

DER PELZMARTI

Er ist eine Maskenfigur aus dem Frutigtal. An einem einzigen Ort noch feiert der Pelzmarti eine jährliche Wiederauferstehung, nämlich in Kandersteg. Allerdings tritt er nicht mehr wie einst im Schafpelz auf. Seinen sehr lärmenden Jahresbesuch stattet er am Sylvestermorgen ab. Unschwer ist er als Geisterbekämpfer der Zwölftenzeit zu erkennen. → DIE ZWÖLFTEN

Die Per las auras-Prozession

Das katholische Bünden kennt viele Prozessionen am 26. Juni. Sie führen über die Felder und bitten um günstiges Wetter für die reifende Frucht – das Korn – und des Himmels Segen für die Fluren. Sie finden also unmittelbar nach der Sonnenwende statt, wenn man sich der kürzer werdenden Tage bewußt wird.

Die Perchta

Sie ist eine ambivalente germanische Göttinnenfigur, sie verkörpert sowohl das Gute als auch das Böse. Und sie ist keine Geringere als → Wotans Gattin. Daß das oberste Götterpaar sowohl Segensspender als auch respektheischende Gabenannehmer ist, muß dem Brauchtumsinteressierten gegenwärtig sein. Das um seine Existenz ringende Menschlein war wohlberaten, der Perchta reichlich Fruchtbarkeitsopfer darzubringen. → Der Fruchtbarkeitszauber Ihr besonders geheiligte Speisen waren Fische und Hafergrütze. Perchtas Festbrot war der → Eierring. → Die Perchten

Die Perchten

Die Perchten sind germanische Mythengestalten der Mittwinterzeit. Sie stellen ein ungleiches Paar dar; der Percht – auch Perecht – spielt die geringere Rolle. Obwohl man ihm ursprünglich am Ende der → Zwölften unter den tobenden Dämonen einen prominenten Platz eingeräumt hatte, nimmt Perchta im Bewußtsein der späteren Verehrer eine immer gewichtigere Bedeutung an. In den Sagen des Mittelalters schließlich, besonders im Alpenraum, ist sie eine sehr farbige und jedermann vertraute Gestalt geworden. Frau Perchta zieht, Schrecken verbreitend, umher, als Anführerin einer Geisterschar. Sie kann jedoch einer Spinnstubenfrau, die zu später Nachtstunde noch am Spinnrad sich abmüht, erscheinen, um sie überreich zu beschenken. Kinder kann sie auch belohnen, sie ist ihnen aber meist ein Schreck.

Es ist nicht abwegig, in unseren Bächtelifeiern ein Weiterleben der Erinnerung an die gütige Seite der ambivalenten Perchta zu sehen. → Der Bächtelitag

Das Perchtisbrot

Es ist ein → Festgebäck im Aargau. → Die Hirzen

Le Père Chaland

Er heißt auch Fouettard und ist das Gegenstück zu unseren → Chlausbegleitern.

Die Pestkreuze

→ Die Kreuze

Die Pfeifer und Trommler

Dem schweizerischen Volkskundler schlägt das Herz höher, wenn von Pfeifern und Trommlern die Rede ist. Aber an den Flötenspieler denkt er nicht, der doch das älteste melodiefähige Instrument in Händen hat. Uns liegt die Pfeife näher, der man ebenfalls Melodien, aber auch magisch durchdringende Töne abgewinnen kann. Sicherlich ist es aus letzterem Grunde, daß man sie so häufig in Kombination mit dem intensivsten Lärminstrument, der Trommel, vernimmt. Die → Basler Fasnacht hat dafür eine schlechthin klassische Normung gefunden. Pfeifer und Trommler sind aus den schweizerischen Volksfesten nicht wegzudenken. An den → Oberwalliser Trommler- und Pfeiferfesten feiern sie Triumphe.

Die Pferderennen

Man kann sich fragen, ob Pferderennen in der Schweiz in den Rahmen der Volksbräuche hineingehören. Das ist gewiß der Fall, wenn es sich um Bauernpferde handelt wie am → Saignelégier-Pferdemarkt. Und Pferderennen wie dasjenige von Frauenfeld oder das Pfingstrennen von Fehraltorf sind zu Volksfesten für eine ganze Region geworden.

Der Pfingstblüttling

Den Knaben nannte man auch Pfingstlümmel, den die jungen Burschen in eine dichte Laubhülle wickelten, dem sie einen grünen Zweig in die Hand drückten, den sie dann – wichtigster Akt! – in den Dorfbrunnen tauchten, danach den Schlotternden und Triefenden wieder aufs Roß setzten und als Hauptfigur eines Umzugs durchs Dorf führten. Vom Pfingstblüttling mit Spritzern bedacht zu werden, war nicht Spaß, den man gutmütig ertrug, sondern Spaß, den man suchte. Bedeutsam ist, daß ihn sich besonders die jungen Mädchen und Frauen nicht entgehen ließen. Die Spritzergeste ist unverkennbar ein → Fruchtbarkeitszauber. Noch im 19. Jahrhundert war der Brauch in verschiedenen Dörfern der Nordostschweiz bekannt. → Der Pfingstsprützlig

Die Pfingsten

Pfingsten ist ein Maifest und die christlichste Variante aller Frühlingsfeste. → Die Frühlingsbräuche → Die Maifeste Die schönste und größte romanische Kathedrale des Abendlandes, die auf dem Hügel von Vézelay steht, erinnert mit ihrem gewaltigen Tympanon an die Ausgießung des heiligen Geistes 50 Tage nach Ostern. Erst Pfingsten macht aus Christen Christen! Darum ist vielen Pfingsten das wesentlichste aller christlicher Feste. In Hellikon im Aargau führten früher die Mütter ihre Kinder aufs offene Feld hinaus, beteten mit ihnen drei Vaterunser und flehten den Pfingstgeist auf sie herab. In Nuolen am oberen Zürichsee legt man heute noch ein Vortragskreuz aufs Kopfkissen. Im geheiligten Raum des Kircheninnern ereignete sich allerlei liebenswertes Symbolgeschehen, so das Heruntergießen von Wasser von der Empore. Es wurde auch eine hölzerne Taube, Sinnbild des heiligen Geistes, heruntergelassen. Die Verwendung lebender Tauben ist ebenfalls vorgekommen. Kleine brennende Wergbäusche verstand man als Flammenzeichen, wie sie die Jünger gesehen haben sollen.

Den frühlingsfrischem Wasser innewohnenden Segen durch Waschungen in Bächen und Flüssen zu nutzen, geht auf vorchristliche Bräuche zurück. Solches Tun ist noch im Mittelalter bezeugt. Die Vorstellung geweihten Wassers ist im christlichen Bereich nicht nur nicht unbekannt, sondern in bedeutsamen Bräuchen ausgewertet worden.

Daß die Kirche Pfingsten durch Prozessionen würdigt und feiert, liegt auf der Hand. → Die Pfingstprozessionen

Der Pfingsthammel

Viele brauchen das Schimpfwort noch, aber sie sind sich kaum bewußt, daß es aus einem Kreis von Pfingstbräuchen herstammt, die noch vor nicht allzu langer Zeit allgemein bekannt waren. Besonders drastisch nimmt sich die Anwendung des Wortes aufs weibliche Geschlecht aus, nämlich für eine aufgedonnerte Frauensperson: «Sie ist bekränzt wie ein Pfingsthammel.» Oder auch: «Wie ein → Pfingstochse.» Die Erklärung für beide Ausdrücke ist dieselbe und findet ganzjährlich Anwendung!

Das Pfingstknallen

Zu den bäuerischen Pfingstbräuchen, die aber wenig mehr geübt werden, gehört das Pfingstknallen. Es ist ein letztes akustisches Manöver, die Wintergeister zu vertreiben. → Das Lärmen

Der Pfingstlümmel

→ Der Pfingstblüttling

Die Pfingstmannli

Der Brauch im thurgauischen Schlatt, bei dem die jungen Burschen mit Kalkwasser Mannli an die Häuser malten, in denen noch ledige Mädchen wohnten, ist jetzt erloschen.

Das Pfingstmannli ist aber nicht nur eine Schlatter Vorstellung gewesen. Im St. Gallischen Oberried wurden die Mädchen, die einen Schatz hatten, mit einem Pfingstmannli geehrt.

Das Pfingstmannli gehört in den Symbolkreis der Frühlings- und Vegetationsbräuche. Der Laubermann, der heute noch im schaffhausischen Rüdlingen umgeht, ist ihm verwandt. Im St. Gallischen Bauma wurde ein laubverhüllter Knabe auf ein Pferd gesetzt; er hieß der → Pfingstblüttling.

Der Pfingstochse

Wir opfern nicht mehr, wenigstens kultisch nicht und auch keine Tiere. Die Priester unserer germanischen Vorfahren opferten, um Fruchtbarkeit bittend, im Frühling ihren Göttern. Dazu dienten u.a. Hammel und Ochsen, und aus diesen sind nach der Christianisierung Pfingsthammel und Pfingstochsen geworden, Schlachttiere ohne kultische Bedeutung. Im 19. Jahrhundert noch wurden sie auf dem Wege zur Schlachtbank bekränzt. Ihr Fleisch war fürs festliche Pfingstessen bestimmt. → Der Osterstier

Die Pfingstprozessionen

Es ist verständlich, daß das Fest der Ausgießung des Heiligen Geistes ganz besonders Anlaß zu Bittprozessionen wurde. Man bat um die Gnade der Erleuchtung, um auf diese Weise der materiellen und seelischen Nöte Herr zu werden. Mit dem Bitten ist auch immer der Dank verbunden. Ein historisches Beispiel ist die → Wiler Pfingstprozession.

Die Pfingstspenden

Es gibt ihrer viele, wie z.B. die Sempacher Pfingstspende. → Die Dankspenden

Der Pfingstsprützlig

Das ist eine Frühlingsfestfigur aus Sulz bei Laufenburg. Der Pfingstsprützlig ist identisch mit dem → Pfingstblüttling.

Pfitzte Nidel

→ Die Nidlete

Das Plazidus- und Sigisbertfest von Disentis

Es findet am 11. Juni statt. Wenn Pater Notker Curti es das Hochfest der Cadi nennt, so tut er auch allen jenen einen Dienst, die das große Fest der Stifter des Klosters von Disentis besuchen wollen: sie sehen die Talschäftler gesamthaft in die domähnliche Klosterkirche pilgern. Sie erleben die einzigartige Reliquienprozession, die Statuen von außerordentlicher Schönheit mit sich führt und stolze, bunte Fahnen trägt, wenn sie durch die Kornfelder zieht.

Der Plöder

Dies ist eine einheimische Bezeichnung für das Konzert der → Geisseler.

Die Plümpe

→ Die Treichel

Die Potschen

Für die Berner Oberländer sind die Potschen, was die Süblotere den Schwyzern bedeuten. In Interlaken sind die Potschen das akustische Charakteristikum an der → Harderpotschete, aus der → Einsiedler Fasnacht sind die Süblotere ebenso wenig wegzudenken. Beim Oberflächenreiben wird die Schweinsblase zu einem ohrenbetäubenden Lärminstrument, das ein Kreischen in unbegrenzten Variationen hervorbringt.
→ Die Schwiiblouterä

Der Pranger

Die Stätte, an welcher ein Delinquent der öffentlichen Demütigung und Schmähung preisgegeben wurde, konnte eine schlichte Hausmauer mit einem Steinsockel davor oder ein Pfahl sein. Noch heute erkennt man in der Hauptstraße von Vicosoprano im Bergell die Stelle mit dem Felsbrocken als Schemel, wo der Büttel die Ankettung vornahm.

Abgesehen von der physischen Peinigung der stundenlang zu ertragenden Fesselung, war die Strafe des Prangers, oder Schandpfahls, eine moralische Züchtigung, deren sich der Richter des Mittelalters bedienen konnte. Die Strafe war dann keine geringe, wenn die Vorübergehenden ihr Recht der Beschimpfung ausnützten.

DAS PRELLEN

Es ist ein Frühlingsbrauch. Analog dem Verbrennen, dem Ertränken, dem Enthaupten und Erhängen wurde in Lausanne und andernorts durch plötzliches Prallspannen einer Plane eine Puppe in die Höhe geschleudert. Man brach so symbolisch dem Winter das Genick. → DIE BÖÖGGENVERNICHTUNG.

DIE PRETSCHE

Sie ist identisch mit der Peitsche, einem weithin hörbaren Lärminstrument. Es kommt z.B. bei den → OBERSCHANER SYLVESTERKLÄUSEN zur Anwendung.

DIE PRIESTER CONTRA TEUFEL-ZWEIKÄMPFE

Der Kampf des Lichtes gegen die Finsternis, des Himmels gegen die Hölle, gehörte, in drastischer Darstellung, in manchen Pfarreien der Innerschweiz und anderen Landesteilen zur Auferstehungsfeier. Es waren phantasievolle Duelle, die der Ortspriester, immer siegreich, gegen den Teufel ausfocht. Die letzten Orte, an welchen solche ungewöhnlichen kirchlichen Schauspiele stattfanden, waren Altdorf und Beckenried. Aber Menznau kannte einen besonders eindrücklichen, klassisch-bildhaften Brauch. → DIE MENZNAUER TEUFEL

DIE PROZESSION DER MADONNA D'ONGERA

Das Fest von Mariae Geburt fällt auf den 8. September. Da Maria Kirchenpatronin von Ongera ist, wird es da mit einer besonderen Prozession gefeiert. Schwerlich läßt sich etwas Eindrücklicheres denken als diese Prozession von der mit reichem Stuck verzierten Kirche aus – sie liegt unweit Carona – durch den Kastanienwald auf den San Salvatore hinauf. Weiß leuchten Liliensträuße von Baumstämmen beiderseits des Prozessionsweges herab.

Die Prozession der Toten

Unter den religiösen Volksbräuchen nimmt die Prozession eine krönende Stellung ein. Das Wesen der Prozession verstehen, heißt ihre Universalität und Beliebtheit begreifen. → Die Prozessionen Ob es sich nun bei der Prozession der Toten um einen → Bittgang, um eine andere Prozessionsart oder nur um ein Wallen (→ Die Wallfahrt) handelt, das können auch die Leute von Savièse nicht entscheiden. Denn keiner hat mit den Toten gesprochen. Wer wüßte, ob etwa eine büßende Priesterseele zur Begleitung der Monstranz zur Verfügung steht, denn erst so würde aus der Prozession eine katholische Prozession. In Savièse glaubt man zu wissen, daß die Abgeschiedenen, welche noch leiden müssen, hinauf in die Gletscher verbannt sind, an → Allerseelen aber, wenn die Kirchenglocken läuten, den Ort der Pein über den Sanetschpaß verlassen und ins Dorf zurückwandern dürfen, für eine kurze Ruhepause. Die Kraft des Glaubens und der Vorstellung hat das Brauchtum um ein Phänomen bereichert, welches über das Diesseitige hinausreicht, nämlich die Prozession der Toten.

Die Prozessionen

Im Spätlateinischen bedeutet das Wort schlechthin Umzug. Aber ältesten Religionen ist das Wesen der Prozession bekannt, und heute noch ist sie eine wichtige kultische Erscheinung in der katholisch-christlichen als auch in der nichtchristlichen Welt: ein gottheitehrender Zug zu einem geheiligten Ziel meist, oder eine Umschreitung mit geheiligtem Symbol zur Segnung, auch Entsühnung, eines Bezirks.
Mit Vorteil vergegenwärtigt sich der Brauchtumsinteressierte unseres Landes, daß die römisch-katholische Kirche liturgische Prozessionen kennt, die im Kircheninnern stattfinden und der Aus- und Einzug über die Kirchenschwelle sind. Prozessionen können auf ein Fernziel gerichtet sein, doch auch diese Prozessionen sind eucharistisch, theophorisch, was besagt, daß das Allerheiligste mitgeführt wird. → Wallfahrten sind an und für sich keine Prozessionen. Die Massenwallfahrten, welche seit der Barockzeit aufgekommen sind, verdienen hier allerdings Erwähnung, weil sie zu Prozessionen gemacht werden können. → Die Zuger Landeswallfahrt
Welche Arten von Prozessionen empfiehlt es sich für uns im weiteren zu unterscheiden? Da sind die → Bittgänge: Gang und Heiligkeit des Ziels erhöhen die Wahrscheinlichkeit der gnadenmäßigen Erfüllung der Bitten. In den → Bitt-Tagen fanden, und finden noch gelegentlich, Prozessionen von einer Gemeinde zur Nachbargemeinde statt, im Thurgau z.B. zog man bis vor kurzem von Bichelsee nach Dussnang, von Dussnang zog

man nach Fischingen, und auch von St. Martinsberg zog man nach Fischingen.

Von diesen Bittprozessionen unterscheiden sich die → FLURUMGÄNGE. Der imposanteste unseres Landes ist zweifellos der → BEROMÜNSTER AUFFAHRTSUMRITT.

Häufig spricht man von Festprozessionen, obwohl es keine nichtfestlichen Prozessionen gibt. Festprozessionen sind alle zu Ehren eines Heiligen, z.B. die St. Georgsprozessionen. → DIE ST. JÖRGENPROZESSION IN EINSIEDELN Eine spezielle Festprozession fand 1963 statt, als nach 133 Jahren die Holzbüste des heiligen Johannes von Hagnau über den zugefrorenen Bodensee nach Münsterlingen zurückgeführt wurde. Spezielle Festprozessionen können auch von Bruderschaften ausgehen, wie z.B. der von der Fischingen-Iddabruderschaft. Die früher beachteten Monatsprozessionen kennt man nicht mehr. Die Fastenprozessionen fallen – wie der Name besagt – in die Fastenzeit. Herbstprozessionen sind kein kirchlicher Begriff, sondern ein zusammengefaßter Kalenderbegriff und eine dem → ERNTEDANKFEST zugrunde liegende Vorstellung. Es liegt auf der Hand, daß die Bedeutung des betreffenden Tages zum Ausdruck kommt, wenn man von Palmsonntagsprozessionen spricht (z.B. → DIE PALMENPROZESSION VON HOCHDORF), von Karfreitagsprozessionen (→ DIE DISENTISER KARFREITAGSPROZESSION, → DIE MENDRISIO-PROZESSIONEN), von Karsamstagsprozessionen (→ DIE KARSAMSTAGSPROZESSION VON BONFOL), und von Pfingstmontagsprozession (→ DIE VIER-TORE-PROZESSION VON WIL, SG).

Besondere Erklärung verlangt nur die Prozession aller Prozessionen, die Fronleichnamsprozession (→ DAS FRONLEICHNAMSFEST): ihr ist ein demonstratives Element eo ipso eigen seit der Gegenreformation und macht sie prächtig und über alle Maßen eindrücklich. → UNSER HERRGOTTSTAG Von Weihnachtsprozessionen ist nie die Rede, es ist jedoch hier angezeigt, auf die prozessionshaften Umzüge zu verweisen, die da und dort in der heiligen Nacht stattfinden. → DAS LUZERNER STERNSINGEN

DIE PUUREWYBER

Sie sind Figuren der → KRIENSER FASNACHT, zweifellos fasnächtliche Nachfahrinnen von Waldgeistern der germanischen Mythologie.

Auf der lavierten Federzeichnung von David Alois Schmid erkennen wir deutlich über hundert Teilnehmer einer Prozession und einige nicht unmittelbar Beteiligte. Es handelt sich um das Jesuitenkollegium Schwyz, dessen Gebäulichkeiten – und im Hintergrund die beiden Mythen, Schwyzer Wahrzeichen – auszumachen sind.
(Graphische Sammlung ETH Zürich)

Q

Die Quartierfeste

Volksbräuche sind gesellschaftliche Kristallisation menschlichen Glaubens und menschlicher Furcht. In jungen Bräuchen ist der Prozess noch nicht weit gediehen, sie beweisen lediglich lokale sozietäre Bedürfnisse. In den zu Riesenquallen angeschwollenen Großstädten bilden sich Volksbräuche, die rührend Traditionselemente zusammensuchen, um durch ihre Verbindung und Wiederbelebung die Menschen sich wiederfinden zu lassen. Ein solcher Geselligkeitsanlaß ist z.B. das → ZÄHNTEHUSFÄSCHT in Neuaffoltern, Zürich. Es wird mit Reden zu Lokalproblemen, mit Tanz und Musik begangen.

Die Quartierlichterchläuse

Zu den Bräuchen jüngerer Tradition, die uralte Motive aufgenommen und zum Klingen und Leuchten gebracht haben, gehören die Lichterchläuse von Oberstraß und die Lichterchläuse von Unterstraß. Die Route ihrer Umzüge führt nicht wie die der → WOLLISHOFER CHLÄUSE ins Stadtzentrum an der oberen Limmat, sondern, sinnvollerweise, zu einem anderen Quartier, nämlich nach Höngg.

Rabadan

→ König Rabadans Einzugsfeier

Der Räbechüng

Er ist, wie aus dem Namen hervorgeht, ein König, nämlich Königs- und Schlüsselfigur in Baar im Zugerland. Er ist auch Anführer der reizenden Polonaise, welche dem ortsfasnächtlichen Treiben den Schlußstein setzt.

Die Räbenlichter

→ Die Martinilichter → Die Richterswiler Räbechilbi → Der Bülacher Räbeliechtliumzug

Die Räbenmannli

Aus Räben, auch aus Kürbissen, schnitzte man einst – im Sarganserland noch im 19. Jahrhundert bezeugt – Mannli. Diese ersetzten die Strohmannli, die vielerorts nach der Kornernte angezündet wurden. Sie waren Flammenzeichen, die das Sommerende markierten und die wohl eine Erinnerung an heidnische Kultfeuer waren.

Die Raffeln

Sie sind Lärminstrumente, deren Reibegeräusch seit jeher gerne mit dem Geräusch der → Rätschen kombiniert wird. Bei den Turmraffeln ist ein Hammersystem mit einem Spindelsystem verbunden. → Das Glockenschweigen

Das Rapperswiler Niklausfest

Hier trägt der → Chlaus einen weißen Mantel. Er hat eine Bischofsmitra auf dem Haupt. Er ist in Begleitung des → Schmutzli. Am Festvorabend findet ein Umzug statt, dessen Hauptgestalten das Chlausenpaar sind. Im 18. Jahrhundert war das Schauspiel komplizierter, denn es nahm daran eine ganze Anzahl von Bischöfen, jeder mit seinem Schmutzli, teil.
Der Chlaus ist in Rapperswil nicht nur Intimus der Familie, Mahner im Familienrahmen, er liest in der Schule aus dem «Buch der Weisheit» vor, er rügt also öffentlich.

Die Rapperswiler Rathaususteilete

Wo Feste gefeiert werden, da wird auch getafelt, meist als Höhepunkt und Abschluß. Für die am Mittag des Fasnachtsdienstags Versammelten jedoch hat es keineswegs mit dem bekannten Honoratiorenessen sein Bewenden. Bevor dieses zu Ende geht, schwillt auf dem Platz das erwartungsfrohe Stimmengewirr der versammelten Rapperswiler Kinder derart an, daß die Herren sich erheben, an die Fenster treten und einer von ihnen die sehnlich erwartete Frage tut: «Sind mini Buebe alli do?» Hundertstimmig erschallt der Antwortruf: «Eis, zwei, Geißebei!»
Handelt es sich bei dem, was nun folgt, um den wiedererweckten Brauch des mittelalterlichen → Brotauswerfens, oder hat die Sitte ihre Wurzel im Alten Zürichkrieg, der beim Tode Friedrichs von Toggenburg entbrannt war, und als die Rapperswiler Kinder bitter litten und hungerten?
An Schnüren lassen die Herren festliche Kleinigkeiten herunter wie Viktualien und schwarz umwickelte Münzen. Unermüdlich werfen sie auch Bürli und bunt verpackte Cervelats, Dörr- und Frischobst hinunter. Früher gehörte zu diesem Himmelsmanna auch Lebkuchen. Die haschenden Kinderhände scheinen geschickter als anderswo; selten fällt etwas zu Boden.
Die Austeilete an die sehr zahlreich gewordene Schar ermöglicht insbesondere die «Große Bööggete», die Fasnachtsspende der Rapperswiler Ledigen. Vor hundert Jahren war diese Spende eine von der Rapperswiler Rathaususteilete getrennte Aktion.

Die Rätsche

Auf nichtschweizerischem Gebiet heißt das uralte Instrument zum → Lärmen Rätsche. Bei uns hat das bei den jungen Burschen so beliebte, ingeniös variierte Profan- als auch Sakralinstrument viele Namen: Raffle, Ruffle, Rärri, Bilappi, Rällu und Chlappere.
Sein Mechanismus kennt zwei Prinzipien. Die Schlenkrätschen haben einen Stiel, an welchem bei Rotierbewegungen – Schlenkern – ein Schindelrad scheppert, rasselt oder klappert. Die Drehrätsche hat eine gerillte Kurbel, die federnd gegen Schindelblätter oder Hämmerchen drückt und «raffelt». Nun gibt es raffinierte Kombinationsmechanismen, darunter solche, die so ohrenbetäubend lärmen, daß sie vom Kirchturm weithin ins Land vernehmlich sind. Letztere heißen Turmrätschen. Auch nicht eben säuselnd, doch bescheidener, lärmen die Altarrätschen. Die Ministranten, die Rätschenbuben, betätigen sie mit Lust. → Die Rumpelmette

Die Rauhnächte

Im ganzen Alpengebiet waren das einst gefürchtete Spuknächte. Es waren die vier mittwinterlichen Nächte, welche der Thomasnacht unmittelbar folgten. → Der St. Thomastag → Die Zwölften

Die Reiftänze

Sie sind aus unserem Brauchtum verschwunden. Noch im Spätmittelalter wurden sie von Gildenmitgliedern zur Fasnachtszeit auf öffentlichen Plätzen in Stadtmitte aufgeführt. Die reifartigen Grüngewinde bestimmten die einfache Choreographie dieses Gruppentanzes. → Der Volkstanz

Das Restaurationsfest von Genf

Sein Sinn ist, am Jahresende an die Wiederherstellung der vornapoleonischen Freiheit zu erinnern. Das Fest wurde einst mit den Klängen der Clémence – einer der größten Kirchenglocken der Schweiz – eingeleitet und dauerte eineinhalb Tage.

Die Rhäzünser St. Georgsprozession

St. Georg ist das älteste Lokalheiligtum. Es hat eine vorchristliche Tradition mit einem steinernen Zeugen, besteht aber aus einer lieblichen Kapelle mit vielbewunderten Fresken aus dem 14. Jahrhundert.
In einer Höhlung des erwähnten Steines, der nach dem Kirchenpatron von Feldis Crap S. Hipeult benannt ist, wird heute noch das Prozessionskreuz hineingestellt.
Die Rhäzünser St. Georgsprozession ist das Beispiel par excellence für eine Prozession mit dem Doppelcharakter eines Bittganges und eines Umgangs. → Die Bittgänge → Die Flurumgänge

Die Richterswiler Räbechilbi

Die Räbenlichteranlässe, die der Natur nach → Erntefeste sind, kennt man besonders am linken Ufer des Zürichsees, im Zürcher Unterland und in der Ostschweiz.
Das größte dieser Feste ist die Richterswiler Räbechilbi. Am 11. November findet ein Umzug statt, an welchem von bekränzten Wagen herunter ungezählte Räbenlichter leuchten. Am besten sieht man die gekerbten Transparentbilder der jugendlichen Künstler, welche zu Fuß gehen. Man

sieht auch in ihren Gesichtern am besten die Freude aufleuchten. Die festfrohen Erwachsenen säumen in großer Zahl die Straßen durch die Ortschaft.
Daß die Räbenlichter auch Martinslichter heißen, erinnert daran, daß St. Martin Richterswiler Kirchenpatron ist. Allerdings ist Martinslicht für Rächenlicht eine weitherum verstandene zweite Bezeichnung. → DIE MARTINILICHTER

DAS RICHTFEST
→ DIE AUFRICHTE

DAS RIFFELMATT-SCHÄFERFEST
→ DIE SCHAFSCHEID → DIE SCHÄFERFESTE

DIE RINGLI
Sie sind ein kleines Hartgebäck. Im Luzernischen und Oberaargauischen beheimatet, sind sie eine Bereicherung fürs Weihnachts- und Neujahrsfest im ganzen Lande, etwa so, wie vom Solothurnischen aus die → BREZELN das Land erobert haben.

DIE RISOTTATA DI CARNEVALE
So heißt ein Brauch, der im Tessin an mehreren Orten Wurzeln geschlagen hat. Schneeweiß gewandete Köche bewirten jeden Gast – er muß den Beutel nicht ziehen – auf dem Hauptplatz mit gewaltigen Kellen aus Riesenkesseln heraus, und die Portionen sind nicht kleinlich bemessen.
Die Risottata di Locarno konzentriert sich an zwei Punkten des Stadtbildes, und zwar am Samstag vor der Kirche Sant'Antonio, am Dienstag aber in Muralto. Mittelpunkt des fröhlichen Tuns sind König Risotto und seine Gemahlin. Die Risottata di Lugano wickelt sich mit einer schätzungsweisen Beteiligung von 5000 Personen auf der Piazza di Riforma ab. Die Risottata di Ascona findet am Fasnachtdienstag statt, die Risottate von Brissago und Tesserete am Samstag nach Aschermittwoch.

DIE RITEN
→ DIE TAUFE (Einleitung)

Die Roitschäggätä

Im Namen verbirgt sich «gescheckt», was wohl vom Eindruck der grellen Kontraste in der Erscheinung der Roitschäggätä herkommt. Wenn der Wortanfang nichts mit rot zu tun hat, dann hängt er – die andere Erklärung – mit Rauch zusammen. Oft sind die Dämonenfratzen rot oder rötlich, sie sind struppig fellumrahmt, und zur Körpervermummung werden Schaf- und Ziegenfelle verwendet. Übrigens spricht man heute in der Gegend mehr von Tschäggätä.

Dem an einer Häuserecke Überraschten – auch einem Lötschentaler selbst – steht beinahe das Herz still, wenn ein halbes Dutzend Tschäggätä mit markerschütterndem Gebrüll, mit heftigem Schellenrasseln, mit drohenden Gesten – wahrhaftige, leibhaftige Dämonen – ihn umringen. Er kann von Glück reden, wenn nicht grelles Licht auf die Maskengesichter fällt.

Dämonen selber müssen die Hand der Lötschentaler Schnitzer geführt haben und noch führen. Ihr Messer grub, und gräbt immer noch, die Züge unvorstellbarer Wildheit ins Lärchen- oder Arvenholz. Die Frage, warum diese Schnitzer so empfinden, ist noch nicht beantwortet. In anderen Bergtälern, mit ähnlichen Lebensbedingungen, sind keine Masken mit so abgründig erschrockenem Ausdruck entstanden. Spiegelt sich in ihnen eine immergegenwärtige Furcht? Besonders nachdenklich stimmt uns die Tatsache, daß der Roitschäggätäbrauch keine hundert Jahre alt ist. → Die Masken → Die Masken der Schweiz

Der Rölli

Der Rölli der schwyzerischen March ist unverkennbar ein Verwandter des → Butz, Butzi oder → Röllibutz, der, geographisch, etwas weiter oben haust. Wenn schon das Land, das lange als die pontinischen Sümpfe der Schweiz, als ein Abbild der Erbärmlichkeit, verschrien war, so heftete sich die Kultur doch an die warmen und gesicherten Osthänge des Zürichseegewässers, das einst bis über Uznach hinaufreichte. Die Schüler des heiligen Gallus kamen durchs Seetal hieher und brachten den hier Ansässigen die Christbotschaft. Was war da an Völkern und Rassen schon alles durchgezogen! Kelten nördlicher Prägung, Rätier, Römer, Germanen. Was Wunder, daß die Fasnachtsbräuche hier farbig und als eine Abwandlung jener im Sarganserland erscheinen! Urtümlich sind sie vor allem geblieben, weil die Sommer der March heiß und die Winter kalt sind. Den fasnächtlichen Aufmarsch könnte man als Zeugnis vom alten Kampf gegen die Dämonen zur Zeit der → Zwölften auffassen.

Interessant ist die Stoßkraft, die der Rölli bewiesen hat. Er ist verbreitet bis hinüber in die Waldstätte. In Gersau z.B. ist er die fasnächtliche Zentralfigur.

Der Röllibutz

Er ist die bekannte Gegenwartsform des Butzi im Sarganserland. In angrenzenden Gebieten heißt er → Rölli. → Der Butz Schlechthin beherrscht er die fasnächtliche Szene. Noch immer gleicht er dem Urbutzi, dem Zauberer, dem der Kampf gegen die Winterdämonen bitter ernst war. Noch bis ins 19. Jahrhundert hinein (nach Werner Manz) war er da und nahm die Mühe der garstigen Reisigvermummung auf sich. Man muß es aber den Röllibutzi von heute lassen, daß sie es sich in einer Beziehung auch nicht leicht machen: im Rasseln mit dem → Geröll, was ein unermüdliches Tänzeln mit dem beträchtlichen Gewicht erfordert.
Seit über zwei Jahrhunderten werden im Seeztal aus Linden-, Erlen-, Birken- und Nußbaumholz Masken geschnitzt, deren Züge unverwechselbarer Ausdruck und Stempel des Sarganserlandes sind. → Die Masken
Die Röllibutzi erscheinen zur Fasnachtszeit in allen Dörfern der Gegend, meist mit der Bösen Alten in ihrer Mitte, den → Huttli. In Walenstadt sind die Röllibutzi von Kopf bis Fuß röllibedeckt. Meist aber, wenn heute von Röllibutzi die Rede ist, denkt man an die Altstätter Röllibutzen, die einen Prozeß der Modernisierung durchgemacht haben. Sie sind zivilisierte Butzi. → Röllibutzenumzug und -polonäse in Altstätten

Röllibutzenumzug und -polonäse in Altstätten

Sie finden statt am Fasnachtdienstag und bilden den imposanten Höhepunkt des gesamten ostschweizerischen Fasnachttreibens. Dem Umzug vorgängig gibt es eine Probe, und am Schmutzigen Donnerstag gibt es ein individuelles Nochmalerscheinen der Röllibutzen.
Der Freund der Volksbräuche will etwas über ihren Ursprung wissen, und er registriert die Erscheinungsformen. Wie überall, wo Butzen auftauchen, handelt es sich darum, dem Frühling den Einzug zu erleichtern. → Der Butz Der schwache Mensch setzt seine Intelligenz und seine List ein im Kampf gegen die immer noch mächtigen Winterdämonen. Die Röllibutzen sind aber grundverschieden von jenen im Seeztal. Der Akzent liegt auf der Beschwörung des Frühlings. Frühlingslieblichkeit und -zauber bestimmen hier das Treiben der Butzen. Sie sind ohne Wildheit, ihr Marsch durchs Städtchen ist ein ästhetisches Schauspiel. Aus den be-

schwörenden Tanzgesten ist eine Polonäse geworden, die Agierende und Publikum gleicherweise beglückt.
Es gibt am Umzug an die siebzig Röllibutzen. Sie tragen weiße Hose, dunkle Jacke, rote Weste und hohe schwarze Stiefel. Überraschenderweise ist die Maske nicht in Holz gefertigt, sie zeigt keine erstarrten Züge des Grauens. Sie verbreitet keinen Schrecken. Sie ist enigmatisch, ein Nichts. Sie besteht aus feinen Gittermaschen, einem Drahtgespinst. Die Aufmerksamkeit des Beschauers wird vom bunten Gebilde auf dem Kopf, einem Federbusch mit Glasperlen und flatternden Seidenbändern, auf sich gezogen.
Doch eine urzeitliche Geste ist den Röllibutzen geblieben, die beschwörende des Fruchtbarkeitszaubers. Sie bespritzen – mit großen Handspritzen – die Wegrandsäumenden. Aber auch jene jungen Altstätter Mädchen, die sich ein wenig zieren, wären unglücklich, wenn sie kein Spritzer des Frühlingswassers der Altstätter Röllibutzen erreichte.

DIE ROMFAHRT

Was eine Romfahrt ist, versteht jeder Pilger. Aber im luzernisch-kirchlichen Brauchtum ist eine bestimmte Ablaßprozession gemeint: → DER MUSEGGUMGANG IN LUZERN. Am Vorabend von Mariae Verkündigung wird auf Musegg der Ablaßbrief verlesen. Die Prozession führt um die Ringmauer und um die alte Stadt. → DIE PROZESSIONEN

DIE ROSENCHÜECHLI

→ DAS FESTGEBÄCK

DER ROSENKRANZ

Es gibt einen gegenständlichen Rosenkranz, eine Gebetsschnur, die als Gedächtnisstütze dient und aus sechs großen und sechsundfünfzig kleinen aufgereihten Perlen, oder Kugeln, besteht. Aber das lateinische rosarium bedeutet eine Gebetsreihung aus «Gesätzen» bestehend, nämlich fünfzehn zu je einem Vaterunser und zehn Ave Maria. Die Gesätze dienen zur Versenkung in die «Geheimnisse», Heilsereignissen aus dem Leben Jesu.
Die Kreuzritter brachten den Rosenkranz im 11. Jahrhundert zu uns, und in der Türkenbedrängnis lehrten die Rosenkranzbruderschaften das Volk die intensivere Anrufung Gottes durch den Brauch des Rosenkranzbetens.

Heute stehen den Gläubigen, zum Teil nach den Vorbildern berühmter alter Gold- und Silberschmiede, wohlfeile Rosenkränze zur Verfügung. Doch was die Märkte der Wallfahrtsorte anbieten, hat nichts mehr mit den rührenden Erzeugnissen früherer Volkskunst zu tun. Rosen- und Buchsholzkugeln und verfestigte Feldfrüchte waren kunstvoll durch Silberdrähtchen miteinander verbunden oder an einer Seidenschnur aufgereiht worden, die schönsten aller Rosenkränze.

DER ROSSGRIND

So heißt auch die → HAAGGERI, das Gespenst, welches wie die → SCHNABELGEISS die Kinnladen bewegen kann, die zum → LÄRMEN geeignet sind.
→ DIE HAAGGERI VOM RICHTERSWILER BERG

DIE ROTT

→ DAS NÜSSELEN

DIE RUMPELMETTE

Sie heißt auch Poltermette, Pumpermette, Finstermette oder Düstermette. Sie ist die Mittwochabendfeier mit gesungenen Lamentationen und Rätschenlärm am Schlusse. Gelegentlich wurde sie früher schon auf den Krummen Mittwoch verlegt.
Es kommt hier zweifellos dem → LÄRMEN eine mehrschichtige Bedeutung zu. Zur vorchristlichen Vorstellung an der Vertreibung des Bösen kommen noch folgende Bedeutungen: es soll an das Beben der Erde beim Verscheiden des Gekreuzigten erinnert werden. Und die Empörung der Gläubigen über den Verrat des Judas findet lauten Ausdruck.
Die Rumpelmette findet nur noch vereinzelt statt.

DAS RUTENGEHEN

Pünktlich in dunkelster Mitternacht schlich sich so ein Rutengläubiger hinaus. Seine Gabel würde ihm die Stelle zeigen, wo der Schatz lag. Er war ja mit dem Teufel einen Bund eingegangen, oder er hatte bei einer Hexe zuverlässigen Rat geholt.
Solches erzählen uns nicht nur die Märchen, sondern amtliche Protokolle. Was hat es also für eine Bewandtnis mit dem Rutengehen? Es ist zu keiner Zeit mit der Wünschelrute Gold gefunden worden, aber sie ist immer noch in Gebrauch. Man sucht jedoch Wasser mit ihr.

Dem schlichten gebogenen Draht wohnt keine geheime Kraft inne. Er kann aber für den Handhabenden übertragendes Werkzeug sein für unwillkürliche Bewegungen der Arm- und Handmuskulatur. Moderne Baufirmen, welche nach Quellen oder unterirdischen Wasserströmen suchen, bedienen sich nicht bloß der Geologen, sondern, mit Erfolg, der Rutengänger.
Noch erhellen die wissenschaftlichen Erklärungen die physikalischen Umstände ungenügend. Und angezweifelt wird der Wert des Aufspürens von Wasserläufen unter der Oberfläche, die verantwortlich sein sollen für das Auftreten von pathologischen Geschwülsten. Erst wenn uns die Forschung mehr über die Erdstrahlung sagen kann, werden wir abschließend über das Rutengehen urteilen können.

Der Rutenzug von Brugg

→ Die Jugendfeste

Die Rütlifahrten

Die Rütliwiese, die Geburtsstätte der Eidgenossenschaft – von der Schweizerischen Gemeinnützigen Gesellschaft und der Schuljugend gemeinsam erworben und seither vom Bund überwacht – ist schlechthin als nationaler Wallfahrtsort anzusprechen. Ungezählte Schulklassen aus den entferntesten Landesteilen, patriotische Vereinigungen und Schützenvereine (→ Das Rütlischiessen) statten dem Rütli einen Besuch ab. Ein schöner Brauch ist die abendliche Siebenschiffefahrt von Luzern nach dem Rütli am 1. August. Das Flaggschiff ist immer die «Stadt Luzern». Beim kurzen Halt wird auf dem historischen Grund, von einem Musikcorps intoniert, von den Teilnehmern die Landeshymne gesungen. Trotzdem Hin- und Rückfahrt Direktfahrten sind, fühlt man sich mit den Uferbewohnern in ständiger Verbindung. Die sieben illuminierten Schiffe, auf deren Deck fröhlich getanzt wird, fahren so nahe wie möglich an den festlich beleuchteten Ortschaften und Heimstätten vorbei.

Das Rütlischiessen

Es wird vom Rütlischießverein durchgeführt, und zwar am Mittwoch vor Martini und bei jeder Witterung. Kamen da im November 1861 einige Luzerner mit ihren Gewehren auf die Rütliwiese. Aber ahnten sie, daß aus diesem Treffen sich rasch ein → Schiesset von nationaler Bedeutung entwickeln würde? Im folgenden Jahr kamen Schwyzer Feldschützen aufs

Rütli. Wiederum ein Jahr später waren auch Urner Schützen dabei. Ein Koch wurde mitgenommen, der eine dicke Suppe kochte und einen starken Kaffee braute, und schon nahm das Rütlischießen Brauchtumsform an.

Aus den zwanglosen patriotischen → RÜTLIFAHRTEN, den einfachen Zusammenkünften von wetteifernden Schützen, die den Sieger aus ihrer Mitte mit einem Stechpalmenkranz ehrten, ist das ehrenvollste nationale Schützentreffen geworden. An diesem Schießet nehmen neben den traditionellen Stammsektionen auch Gastsektionen teil. Man schießt das Programm in der knienden Stellung in offener Schützenlinie, und zwar auf das Kommando «gut zum Schuß». Immer noch wird auf freiem Felde abgekocht. In den letztvergangenen Jahrzehnten bildete den Höhepunkt des Festes die Ansprache eines innerschweizerischen Staatsmannes; heute hält die immer landesweit beachtete Rede sogar ein Bundesrat.

Der St. Agathatag

St. Agatha war in Sizilien beheimatet. Nach der Legende wurde sie auf eine ganz schreckliche Art gefoltert, mit glühenden Zangen gepeinigt. Dieser Zusammenhang mit Glut und Feuer hat sie zur Patronin gegen Feuergefahr werden lassen. Die Bäcker und Knappen verehren sie besonders. Ihr Tag ist der 5. Februar.
Ihr opferte man schon im 13. Jahrhundert geweihte Lichtmeßkerzen. St. Agathazettel mit Bild und Inschrift der Heiligen werden heute noch da und dort an Häusern angebracht. Das Agathabrot wirft man in die Flammen, damit sie in sich zusammenfallen. → Das Agathabrot

Der St. Barbaraschiesset

Die Städte St. Gallen und Basel kennen diesen Schießet immer noch, der seinerzeit zu Ehren der Patronin der Artilleristen eingeführt worden war.
→ Der St. Barbaratag

Der St. Barbaratag

Die letzte Phase des Martyriums der kleinasiatischen Heiligen war besonders dazu angetan, die Erinnerung an sie unauslöschlich zu machen. Ihr haßerfüllter Vater, der sie nicht als Christin sehen wollte, versetzte ihr, an Scharfrichters Stelle, den Todesstoß. Da aber öffnete sich der Himmel, ein Blitzstrahl fuhr hernieder und erschlug ihn. Die Heilige, deren Tag der 4. Dezember ist, ist vornehmlich zur Patronin der Bergleute, aber auch der Artilleristen, geworden. Vor schlagenden Wettern, vor Blitzen und Explosionen soll sie schützend die Hand ausstrecken. Da im Mittelalter der Abbau der zahlreichen, wenn auch nicht großen Metallvorkommen in der Schweiz sich lohnte, waren die Barbarafeiern verbreitet. → Die Gonzener Barbarafeier Es wurde vielerorts geschürft, im Fricktal, in Gösgen, in Vallorbe, in St. Sulpice, im Haslital, im urnerischen Altdorf. Da im S-charl-Tal neben Blei auch reichlich Silber abgebaut wurde, im bündnerischen Rheingebiet und im Goms am Simplon sogar Gold, ging es dort oft hoch her. Die Knappen gedachten nicht nur ihrer Patronin, sondern feierten wilde Feste. – Wichtiger als das Bergwerkswesen ist heute das Wehrwesen, weshalb Barbarafeiern vor allem im Kreise der Mineure und Kanoniere anzutreffen sind. → Der St. Barbaraschiesset

Gondo

Der St. Blasiensegen

«Durch Fürbitte des heiligen Blasius möge dich Gott vor Halsweh und anderem Übel erlösen.» So lautet der priesterliche Segen, der überall im

Schweizerland am 3. Februar erteilt wird. Der Hintergrund ist der folgende: Der armenische Märtyrer Blasius soll einen Knaben vor dem Erstickungstod gerettet haben, indem er in dessen Hals eine Fischgräte vermutete und diese im tunlichen Moment auch entfernt habe.
In Rapperswil ist er verbunden mit einem feierlichen Totenamt für die Opfer der Zürcher Belagerung von 1656. Heute noch empfinden die mit ihrer Vergangenheit verbundenen Rapperswiler beim Tedeum Genugtuung und Freude über den Abzug Werdmüllers, des zürcherischen Oberbefehlshabers. Am Abend ist Tanz.

Der St. Crispintag

Die industrielle Herstellung des Schuhwerks hat den selbständigen Schuhmachern den Boden entzogen. Die Kunst, aus einem Stück Leder eine gut sitzende und schützende Fußbekleidung in einer Schusterwerkstatt zu schaffen, ist fast erloschen. Die Zünfte der Schuhmacher! Wo es noch solche gibt, bestehen sie aus Nichtschuhmachern, haben allenfalls historische Bedeutung und tragen, wie am Zürcher Sechseläuten, zur Festfreude bei.
Ähnlich ist es den Sattlern ergangen. Als man für die rasche Fortbewegung einzig von der Kraft des Pferdes abhing, waren es die Sattler, die Reiter und Fuhrleute ausrüsteten. Begreiflich, daß ihre Zunft hochangesehen war!
Patron beider Zünfte der Lederkünstler war St. Crispin, ein Märtyrer aus Soissons. Nur noch selten wird seiner am 25. Oktober gedacht. Wir erwähnen aber den St. Crispintag, weil ihn einst viele farbige Zunftbräuche auszeichneten.

Das St. Galler Kinderfest

Man soll nicht in jedem Brauch nach Urzeitwurzeln suchen. Das Geselligkeitsbedürfnis und der Wunsch, Feste zu feiern, lassen immer aufs neue volkscharakteristische Bräuche erstehen. Gewiß kann man eine Geschichte des St. Galler Kinderfestes schreiben. Man müßte mit dem Namen des Pfarrers Ruprecht Zollikofer im Bezirksschulrat von 1824 anfangen, und eine Reihe glücklicher Entwicklungsfaktoren könnte man aufgreifen. Doch der Hinweis genügt, daß Ende August jedes zweiten Jahres die Stadt St. Gallen ihrer Jugend ein beispiellos frohes Fest schenkt. Ihm fiebern auch die «Alten» entgegen, die, wenn es so weit ist, den lebenden Saum des Festplatzes am Rosenberg bilden und gerne die Spiele der Schüler und Schülerinnen miterleben. → Die Jugendfeste

Die St. Georgsfeiern

Obwohl die Meinung verbreitet ist, St. Georg sei in der Schweiz ein wenig beachteter Heiliger, so liegt auf der Hand, daß in unserem saumpfadreichen Land die Säumer ihre immer gefährdeten vierbeinigen Schützlinge zur Einsegnung bringen wollten. Die Esel, die Maultiere, die Maulesel und die Pferde wurden dem Schutze St. Georgs unterstellt, dem tapferen Ritter und Reiter und Drachentöter. Er ist übrigens der verbreitetste Heilige des christlichen Abendlandes.

Man könnte von einer St. Georgsstätte reden, wenn man an den Platz vor der Kirche in Turtmann denkt. Turtmann lag an der wichtigen Simplonroute, hier wurde umgespannt. Begreiflich, daß, in großer Zahl, die Säumer ihre Tiere hier zur Einsegnung brachten! Auch heute noch wird der St. Georgstag in Saint-Maurice hochgehalten. In Einsiedeln hat die St. Georgsprozession eine ungewöhnliche Verlegung erfahren, vom 23. April auf den Ostermontag. Das hat der Umstand des notorisch winterlichen Aprilwetters in der Waldstatt bewirkt. Die besonders feierliche Prozession heißt hier → St. Jörgen-Umgang.

Wo Halbjahreszinse Brauch sind wie in den Freibergen, da kennt man St. Georg, den 23. April, auch als ersten Termin- und Zinstag. Martini ist dann der zweite.

Der St. Johannestag

Das ist der zweite Tag nach Weihnachten, und er ist dem Andenken des Evangelisten gewidmet. Wenn er auch gelegentlich St. Johannis genannt wird wie der Todestag Johannes des Täufers, so sollte sich keine Verwirrung ergeben.

Die Aufzeichnungen des Apostels sind jüngeren Datums als die in den anderen Evangelien. Weshalb aber vertraut man so sehr auf ihn, weshalb liebt man den Johannestext so innig? Vielleicht weil er beginnt mit einem prägnanten Satz, einer Aussage, die nicht nur Theologen und Philosophen mit Staunen erfüllt, sondern dem Volke «eingeht». «Im Anfang war das Wort, und das Wort war bei Gott, und das Wort war Gott.»

Daß des Apostels Attribut der Kelch ist, hängt mit einer aufschlußreichen Legende zusammen. Seiner innigen Glaubensstärke wegen konnte, nach dieser Legende, das Gift eines gereichten Trankes ihm nichts anhaben. Das Weiterleben der Johannesverehrung und des Johannesglaubens allein ist verantwortlich für die beträchtliche Zahl von – zum Teil wunderlichen – Bräuchen. So wird in Wein- und Mostfässer erst ein Tropfen Johanniswein getan, bevor die Füllung beginnt. Der Inhalt bleibt dann, man weiß es, bis zur Neige klar. → Der Johannistag

ST. JOHANNIS

Der großen christlichen Gestalten gedenkt die katholische Kirche an deren Todestag. Zwei Ausnahmen bilden Johannes, der Täufer Christi, und Maria, die Mutter Christi; ihre Geburtstage sind ebenfalls offizielle Feiertage. Für Johannes gilt der 24. Juni als Geburtsdatum.
Tiefer im Gedächtnis des Volkes ist jedoch der Todestag verhaftet, der 29. August. Schlechthin heißt er in der Schweiz St. Johannis, und die Bezeichnung «Fest der Enthauptung» ist jedermann geläufig.
Seit spätgotischen Zeiten sind an Johannis Zinnteller und Silberplatten in Gebrauch, oft solche mit ziselierter oder getriebener Nachbildung des abgetrennten Hauptes. → DER ST. JOHANNESTAG

DIE ST. JOHANNISFEUER

→ DIE JOHANNISFEUER

DER ST. JÖRGEN-UMGANG IN EINSIEDELN

Trotz des Namens handelt es sich nicht um einen Flurumgang, sondern um eine Prozession zu Ehren eines Heiligen. → DIE PROZESSIONEN Sie ist aber vom 23. April, dem St. Georgstag, auf den Ostermontag verlegt worden, weil dann im Hochtal von Einsiedeln für die Prachtentfaltung einer großen Prozession bessere Witterungsbedingungen zu erwarten sind. → DIE ST. GEORGSFEIERN
Es gibt noch andere Beispiele dafür, daß die heutigen kalendermäßigen Feste nicht mit Sicherheit auf die Ehrentage der Heiligen fallen.

DER ST. JOSTTAG

Er wird im Luzernischen insofern besonders beachtet, als er gerne als Hochzeitsdatum gewählt wird. Am Bürgenstock und in Blatten bei Malters sind St. Jost ungewöhnlich reizvolle Barockkapellen gewidmet. An den Heiligen wenden sich bittend heiratsgesonnene Jungfern. Jost ist eine schweizerische Form für Jodokar. In seiner bretonischen Heimat gedenkt man seiner am 13. September, bei uns am 13. Dezember.

DER ST. KATHARINENTAG

Das ist der 25. November, aber er hat als Festtag nicht mehr die weite Verbreitung von einst. Bis 1964 wurde er im Freiburgischen mit einer großen Prozession begangen. Doch auch heute noch hat der St. Katharinentag weitherum große Geltung. Das ist besonders im Welschland der Fall, was uns nicht erstaunt, gilt doch dort St. Katharina als Beschützerin der jungen Mädchen. Wir erwähnen in diesem Zusammenhang, daß in Frankreich sinnvollerweise die Midinetten auch Katharinetten heißen. Die Vorstellung von St. Katharina als einer hochgebildeten Frau ist lebendig geblieben. Nach der Überlieferung sollen 50 Gelehrte aufgeboten worden sein, um ihre Argumente zu widerlegen. Sie erlitt, im 4. Jahrhundert, in Alexandrien den Märtyrertod, ist aber bis in die Neuzeit hinein Patronin der Philosophiebeflissenen geblieben.

Zwei Ortschaften in unserem Lande pflegen immer noch den Marktbrauch des St. Katharinentags. → DIE KATHARINENMÄRKTE

DIE ST. LUCIO-PASSWALLFAHRT

Lucio, oder Uguzzo, war ein Tessiner Älpler. Sennen und allen Milchwirtschaftlern in den tessinischen Berggebieten ist der Märtyrer noch heute schützender Patron. Sie pilgern gerne am 12. Juli zu seiner Kapelle auf dem nach ihm benannten Paß hinauf. Dort umschreiten sie betend die Mulde, welche einst ein Seelein ausfüllte, in dem Uguzzo ertränkt worden sei. Der Heilige wird stets dargestellt mit einem Käselaib auf den Armen. An der Wallfahrt haben aber von jeher auch Leute teilgenommen, die absolut keine Verbindung zur Alpwirtschaft hatten. Es waren Augenleidende. Der Name Lucio, vom Lateinischen Lux, nämlich Licht, hergeleitet, weist darauf hin, daß der fromme Einsame manchem Gläubigen das Augenlicht hatte zurückgeben können.

DER ST. MAGNUSTAG

Seine Erwähnung ist angezeigt, obwohl er in der Schweiz wenig mehr beachtet wird. Als man dem Ungeziefer, und insbesondere den Würmern, noch nicht mit Insektiziden zu Leibe rücken konnte, rief man den Patron der Würmer an. Es ist ein einzigartiger Fall, daß ein Schutzheiliger die ihm Unterstellten – fur St. Magnus waren es Tiere – vernichtet. Die Situation ist eine ähnliche wie bei St. Georg, welcher Lindwürmer bekämpfte. St. Magnus befreite, nach der Legende, Füssen im Allgäu vom kleinen Getier. Wenn es die Not gebot, ließen also die Schweizer aus dem dortigen Kloster einen Pater kommen, der die Fluren mit dem Magnusstab von Engerlingen, beispielsweise, befreite.

DER ST. MARKUSTAG

Der Evangelist Markus war ein Mitglied der Urgemeinde. Er war auch, das wissen wir, ein Vetter des Barnabas. Weiter ist uns bekannt, daß er

zeitweiser Begleiter des Paulus war. Nach der Legende nun befindet sich seine Leiche in Venedig, dessen Schutzpatron er ist. Doch nicht von Venedig aus ist sein großer Einfluß auf das Markusbrauchtum in der Schweiz ausgegangen. Die große Verbreitung der St. Markus-Bittprozessionen ist auf den direkten Einfluß Roms zurückzuführen.
Wie muß man sich das vorstellen? Es scheint, daß vom 6. Jahrhundert an die Markusprozessionen überaus bedeutend wurden, vielleicht, weil sie die Robigalien, heidnische Flurumgänge, ersetzten. Doch gewannen sie, noch wahrscheinlicher, deshalb an Boden, weil die legendenbegründete Überzeugung sich verfestigte, daß Markus auch ein Begleiter von Petrus gewesen sei. Als Einzugsdatum der beiden in Rom nennt man den 25. April.
Die triumphale Vorstellung des zwar unspektakulären Einzugs Petri in Rom und seines ebenso heiligen Gefährten Markus genügt vollauf als Erklärung für die Fixierung der ersten großen Bittprozession im katholischen Kirchenkalender. Als äußerster Tag kann Ostern zusammenfallen mit St. Markus. Dann aber, sagt ein alter Spruch, passiert Schreckliches: «Fällt Ostern auf St. Marx, erlebt die Welt viel Args.» Die Bitten um den Segen des Allmächtigen für die Fluren und ihre Betreuer können dann nicht inständig genug sein!

Der St. Martinstag

Als das Leben in unserem Lande sich noch vorwiegend bäuerisch abwickelte, als der Rhythmus des Landmannes sich jenem des Stadtbewohners durch die Belieferung mit Bodenprodukten mitteilte, da war der St. Martinstag für alle eines der wichtigsten Daten im Kalender.
Der 11. November, der Tag des heiligen Martin, des Beschützers der Herden, ist verständlicherweise von besonderer Bedeutung im Brauchtum. Bedenken wir, daß sich in allen Nöten der Landmann an ihn wandte, daß er um seinen Segen bat. Und um Martini war die Ernte eingebracht. Wenn er nicht auf ein Katastrophenjahr zurückblicken mußte, so konnte der Bauer die Zinsen entrichten und seine Rechnungen begleichen. Der St. Martinstag war im gesamten sozialen Gefüge die bestimmende Zäsur. Für Dienstleute mochte sie auch Stellenwechsel bedeuten. Der St. Martinstag ist in manchen Landesgegenden der Messetag schlechthin. Sonst beschaulich-ruhige Landstädtchen erleben ihren unruhig-glanzvollen Höhepunkt. Oft begünstigt ein → Martinisümmerli Marktleben und festliches Treiben. Die Gans, die den Römern als kluger Vogel und Retterin des Capitols und den Bürgern der Martinsstadt Tours als Offenbarerin des göttlichen Willens galt, ist den Schweizern, gemä-

stet, allgeliebtes Martinisymbol. Wer es sich leisten kann, kauft eine fette Martinigans. → DIE MARTINIGANS → DER GANSABHAUET VON SURSEE

DIE ST. MICHAELSGEMEINDE

Sie ist eine Sennengemeinde (→ DIE SENNENBRUDERSCHAFTEN), die jeweils am 29. September in Spiringen unter freiem Himmel tagt. Der dortige Gemeindeschreiber amtet als Weibel und Protokollführer. Meist wählt man den ältesten Ratsherrn von Bürglen zum Kastenvogt, d.h. dem Obervogt. Auch ein Kerzenvogt wird bestellt, ein Sennenstatthalter und ein Sennenhauptmann, ein Sennenfähnrich und ein Sennennachfähnrich. Auf je vier Abgeordnete entfällt eine Sennenjungfer. Den Abschluß der St. Michaelsgemeinde bildet eine → SENNENCHILBI mit → FAHNENSCHWINGEN. Früher gehörte obligatorisch eine Zweimannmusik dazu, nämlich ein Pfeifer und ein Trommler, die gut entlöhnt wurden. → PFEIFER UND TROMMLER

DER ST. MICHAELSTAG

Für die der Bibel verhafteten Menschen des Mittelalters konnten die alttestamentlichen Figuren jederzeit lebendig werden. Sie traten unter sie als Helden und Erzengel. St. Michael, der Bannerträger der himmlischen Heerscharen und Bezwinger des Satans, war im Abendland auch noch zum Drachentöter geworden. Begreiflich, daß ihm außerdem das schwere Amt übertragen war, die Verstorbenen durch alle Fährnisse bis hin zu Gottes Thron zu geleiten! Er war eine noch machtvollere Gestalt als die des heiligen Martin, welcher eine weltliche Abkunft hatte. So ist es nicht erstaunlich, daß St. Michael der volkstümlichste Patron der Herbstfeste im Mittelalter wurde. Kein christlicher Landstrich, wo nicht der 29. September von außerordentlichem Gepränge war! Es erlangten die Reigentänze der Choraulas im Greyerzerland Berühmtheit. Vielerorts im Welschland stehen die Festlichkeiten des St. Michaeltages jenen von Martini in nichts nach. → DER ST. MARTINSTAG

DER ST. NIKLAUS VON ZUG

Er ist, wörtlich zu nehmen, eine Prachtversion des → CHLAUSES. Bei den vier Zünften steht er so sehr in Ehren, daß sie nicht auf einen zunfteigenen St. Niklaus verzichten, und sie bilden ihn in jedem Falle getreu dem Zuger Image nach: er ist mit einer goldenen Mitra ausgestattet. Wenn er dann zur Abstattung eines Besuches zu den Bruderzünften geschickt wird, so geht nicht ein schlichter Samichlaus durch die Straßen, es schreitet der Zuger St. Niklaus im Ornat einher.

Das St. Nikolausfest in Freiburg

In der ganzen Christenheit wird, am 6. Dezember in der Regel, des großen Gütigen gedacht. Dieses Gedenken hat sich im Brauchtum der Schweiz in den Figuren des → St. Niklaus, des → Chlaus und des Weihnachtsmannes niedergeschlagen, der Gabenspender. Der kinderrettende kleinasiatische Heilige ist zum kinderbeschenkenden Heiligen geworden. In Freiburg im Üchtland, wo er auch Stadtpatron ist, nimmt die Ehrung durch die Gesamtbevölkerung überbordende Ausmaße an. Das Fest kann eine Verschiebung um mehrere Tage erfahren, damit es am Wochenende mit dem St. Nikolausmarkt zusammenfällt. Die Durchführung ist in den Händen der Kollegiumsschüler von St. Michael. In orientalischer Kleidung und mit einem Kommandostab führt ein Kollegianer 30 tunikbekleidete Kollegen an. Es folgen die Sängerknaben, hierauf eine Pfeifergruppe, welche die gesungenen Melodien aufnimmt. Ihnen schließen sich die Trommler an. Aber im Umzug reitet, als Zentralfigur, St. Nikolaus auf einem Eselchen mit. Er ist gewandet als der Bischof, welcher er in der wunderbaren Legende war. Er beglückt die Kinder mit Nüssen, Lebkuchen und Orangen. Sein Begleiter ist der ernste Père Fouettard mit dem wilden Bart. Unschwer erkennen wir in ihm eine Variante des in der Schweiz vielgesichteten → Chlausbegleiters. Am Bahnhof hat der Umzug seinen Anfang genommen, bei der Linde und dem Kornhaus ist er, zwei Nikolauslieder singend, vorbeigezogen, und nun spricht St. Nikolaus von einem Fenster der Grenette aus zu den Kindern.

Der St. Nikolauskult

In Graubünden, in der Ostschweiz, im Jura und in der Innerschweiz erfährt der gütige Beschenker der Kinder große festliche Aufmerksamkeit, allerdings nirgends vergleichbar mit jener, die ihm am → St. Nikolausfest in Freiburg erwiesen wird. Kalendarisch ist eine Verschiebung eingetreten, immer mehr tritt der Chlaus nicht an seinem Tag, dem 6. Dezember, sondern vor Weihnachten oder am Weihnachtstag selber auf. Dadurch ist er, etwas banal, zum Weihnachtsmann geworden. Der Geber in der meist roten Kutte und dem wallenden Bart mag beritten sein wie in Küßnacht am Rigi, wo er außerdem als Bischof gewandet und mit der Mitra auf dem Haupt erscheint. Oder er kommt zu Fuß, meist mit einer starken Begleitung (→ Der Chlausbegleiter), selten allein.

Unter Nikolauskult im engeren Sinne verstand man bis ins letzte Jahrhundert hinein noch etwas anderes, St. Nikolausbräuche mit einem nicht unbedingt heiligen Kern, dem Kinderbischof. Es waren in der Hauptsache farbenfrohe Umzüge. Beromünster kannte sie und Altdorf in Uri beispielsweise. → DAS NARRENFEST

DAS ST. PETER UND PAUL-FEST

Es hat in unserem Lande keine starke Verbreitung. Der 29. Juni gilt als der Tag der Beisetzung der beiden Apostel. An einigen Orten, deren Kirchenpatron St. Peter oder St. Paul ist, hat das Kirchenfest Weiterbestand in außerordentlich originellen Formen. → DAS HÜHNEROPFER VON DÜDINGEN → DAS VALSER ST. PETER UND PAUL-FEST

DIE ST. ROCHUSFEIER VON SEGNES

Im kleinen Dorf Segnes bei Disentis gedenkt man immer noch der Zeiten, als die Pest als schlimmer Gast einzukehren pflegte. Man tut es auf eine Weise wie nirgends sonst. Am 16. August werden die jüngsten Schulpflichtigen bewaffnet. Stramm stehen sie mit ihren Gewehren im Chore, sie führen die Prozession an und machen Parade. Der Größte unter den Kleinen ist Capitani und nimmt die Parade ab.

DAS ST. ROCHUS-FEST AUF GRIBBIO

Es findet im nur im Sommer bewohnten Weiler Gribbio ob Faido am 16. August statt. Den zwar vom Heiligen Stuhl nie Anerkannten, doch als Pestheiligen immer noch Verehrten, bitten die Gläubigen um Schutz, hauptsächlich für ihr Vieh, gegen Seuchen. → DIE ST. ROCHUSFEIER VON SEGNES

ST. SEBASTIAN

Nach der Legende erlitt der Märtyrer Sebastian den Erschießungstod. Bildliche Darstellungen zeigen immer seinen von Pfeilen durchbohrten Körper. Hier ist der Hinweis, weshalb St. Sebastian zum Schützenheiligen geworden ist.
In der Innerschweiz besitzt jeder Schießverein eine Statue von ihm. Die Todespfeile dienen als Aufhänger für die Vereinstrophäen, Plaketten und Schützenzeichen.
St. Sebastian war übrigens auch Pestheiliger. Eine Zusammenhangsdeutung finden wir in der → FINHAUT-ST. SEBASTIANSFEIER.

Der St. Stephanstag

Stephan, jüdischer Herkunft, soll als Anhänger Christi durch seine ehemaligen Freunde den Steinigungstod erlitten haben und zum ersten christlichen Blutzeugen geworden sein. Sinnvoller- und würdigerweise gedenkt man seiner am ersten Tage nach Weihnachten. Der St. Stephanstag war noch unmittelbar vor der Fernsehzeit in der Schweiz ein sowohl kirchlich als auch gesellschaftlich beachteter Tag. In ländlichen Hausgemeinschaften bedeutete der St. Stephanstag individuell gepflegtes Zusammensein, nicht zweifelhafte gesteuerte Gemütlichkeit. Auch entfernt voneinander Wohnende statteten sich Besuche ab. Plaudern wurde zur Kunstform, es hieß Erzählenkönnen. Zu den bescheidenen Gaumenfreuden dabei verhalfen vornehmlich Baumnüsse und ein Glas Wein «vom Guete».

Der St. Thomastag

Zu den heute weniger beachteten Lohn-, Zins- und Markttagen gehört der Thomastag, der auf den 21. Dezember fällt.
In Obwalden durfte früher das Herdfeuer in dieser Nacht nicht ausgehen. Die Stipfälä, ein lokaler Unruhegeist aus der gruseligen Gruppe der → Zwölften, würde eine ungute Gewalt über das Haus erlangen. Wenigstens mit einer Kerze sollte man bis zum Morgengrauen der Herrschaft des Lichtes einen Hort unter dem Dach sichern. Die Thomasnacht – wie auch die übrigen → Rauhnächte – galten als zauberträchtig. Darum auch war der Thomasabend besonders reich an Orakelbräuchen. → Das Orakeln
Vielleicht gibt es neben der heidnischen eine christliche Wurzel der Thomasnacht-Heimlichkeit. Nach der Legende war der Jünger Thomas ein Zwillingsbruder Jesu. Er soll bis Indien gewandert sein. Aber eben, weil man so gar nichts weiß und auf der Nordseite der Alpen in der grauen Vorweihnachtszeit unlustig ist, sucht man mystischen Trost und ist weissagungsbegierig.

Der St. Urbantag

Er fällt auf den 25. Mai. Früher bekränzten an diesem Tage die Basler den St. Urban-Brunnen. Die Sarganser bereiteten einer hölzernen Urban-Statue ein kühles Bad. Eigenartig! Hängen diese Bräuche mit primitiven Drohungen zusammen, den Traubenheiligen daran zu erinnern, daß er für die Periode des Blühens und fürs Gedeihen der Weinstöcke überhaupt besorgt sein solle? Früh schon, von den christianisierten Römern, war St. Urban zum Patron der Rebleute gemacht worden.

Der St. Viktortag

Das Fest des heiligen Viktor ist für die Domleschger katholischer Konfession Anlaß zur Teilnahme an einer immer bedeutender werdenden Wallfahrt, nämlich zu einer Kapelle unterhalb der Burg Ortenstein. Die Klosterkirche von Cazis im Tal birgt übrigens den Leib des Heiligen als kostbare Reliquie.

Die Sagen

→ Die Mythen und Sagen

La Sagra

Das ist die Tessiner Bezeichnung für → Chilbi.

Der Saignelégier-Pferdemarkt

Käufer und Interessenten gehen nach Chaindon. Saignelégier aber lockt alle Freunde des Freibergerpferdes. Schuld an diesem Umstand sind nicht nur Art der Vorführung und die Prämierung, sondern die geschickte Dreiklasseneinteilung. Am Vormittag des zweiten Augustsonntags findet das eindrückliche Défilé und am Nachmittag der Umzug statt. Doch den Höhepunkt bildet das Rennen, welches Bauernburschen und -mädchen mit Mehrspännern bestreiten, sowie ein Rennen auf ungesattelten Pferden.

Das Sakrament

→ Die Taufe (Einleitung)

Das Salz

→ Das Weihsalz → Das Ostersalz

Die Salzverteilete

Es gibt innerschweizerische Bergdörfer, in denen die schöne Sitte herrscht, daß nach der Mitternachtsmette der Bauer in den Stall geht und den Tieren eine Handvoll Salz verabreicht. Mancher tat dabei früher etwas Rührendes (und warum soll das nicht heute noch vorkommen?): er verkündete dem Vieh die Geburt des Heilandes. → Das Weihsalz

Der Samichlaus

Diese schweizerische Form ist entstanden aus Sankt und Chlaus.

Das Sand-ins-Haus-Bringen

Oft war der Sandmann nur ein Bub, der Sandbub. Noch zu Anfang unseres Jahrhunderts warteten die Hausfrauen sehnlich auf ihn, nämlich, wenn ihnen der Putzsand am Ausgehen war. Sand brauchte man zum Abschmirgeln des verrußten Kochherdes und der geschwärzten Pfannen, aber auch zum Scheuern von Steinböden und -treppen. Selbst für Wohndielen war Sand ein unentbehrliches Reinigungsmittel. Die Putzmittelindustrie hat es überflüssig gemacht. Der Sandmann ist gestorben.
Wer war er? Gewöhnlich ein «Halbschlauer». Jede Gegend besaß ihn, einen, der in der Schule nicht übers ABC hinausgekommen war, einer aus ärmster Familie, der aber doch schlau genug war, eine Sandgrube zu finden und schlau genug, deren geheime Örtlichkeit für sich zu behalten. Weder durch Drohungen noch mit vorgehaltenen Leckerbissen konnten die Bäuerinnen ihn zum Sprechen bringen. Der feine Sand seiner Grube war ja sein Leben, und dieses gab er nicht hin für einen Batzen oder ein Stück Öpfelwähe oder Binätschdünne (Spinatwähe) mit Speckklößchen!

Die Sängerfeste

Ihre Funktion ist nicht bloß die Pflege des Chorgesangs, sondern die des vaterländischen Liedes. Die festliche Darbietung wird für den Schweizer zum Erlebnis. Krönung sind natürlich die Eidgenössischen Sängerfeste.
→ Die Turnfeste → Die Schützenfeste → Die Festspiele → Die Winzerfeste

Sännschälleböögg

→ Die Chlausenspiele

Die Sausersonntage

Daß eine der schlimmsten Ursachen des Zerfalls der Brauchtumskräfte der mobile Motor ist, veranschaulicht drastisch das Verschwinden der Sausersonntage. Sauser gibt es in den Weinbaugebieten wie eh und je, und wenn der süße Wein gärt, wird immer noch ein bißchen gefestet. Aber was heißt das? Noch vor wenigen Jahrzehnten, wenn den starken Pferden das schöne Kummetgeschirr mit den hohen Bügeln und den auf Hochglanz polierten Messingbeschlägen daran übergelegt wurde, war das der Auftakt zu eine Welle von freudigen Aufregungen. Die Peitsche knallte. Die dahlien- oder nelkengeschmückten Gäule legten sich in die Stränge. Der lange Leiterwagen mit den riesigen «meiengekrönten» Sauserfässern setzte sich in Bewegung. Wo der Landstraße entlang Menschen mit Herbstarbeiten beschäftigt waren, schauten sie auf und jubelten der stolzen Sauserfuhr entgegen. Vor den Gasthöfen in den großen Städten und Ortschaften liefen die Leute zusammen. Und schon das Abladen der Fässer wurde zum Fest. Wann fingen nun die eigentlichen Festlichkeiten an? Tanz des Jungvolkes und Sausergenuß? Natürlich am Abend, und der Lokalkalender bestimmte, welches die Sausersonntage waren, diese Tage der Offenbarung. Kenner glaubten zu wissen, ob der Sauser einen wirklich «guten Jahrgang» versprach. → Die Winzerfeste

Die Schaaner Üsiherrgottsbrötchen

Auf ein Weißbrötchen hat jedes Schaaner Kind an Fronleichnam nach dem Hochamt ein Anrecht. Einst schenkte ein Schaaner Bürger der Gemeinde eine Alp, deren Erträgnisse das Weiterbestehen des Üsiherrgottsbrötchen-Brauches sichern.

Die Schäferfeste

Schäferfeste, wie sie etwa Ungarn, Schottland und England kennen, Länder mit einer Großzahl von riesigen Herden, kennen wir nicht in unserem Lande. Wir haben zwar noch 380 000 Schafe und es gibt einige ganzjährlich weidende Schafherden im Mittelland. Im alpinen Raum, in den abgelegensten Gegenden, existieren noch größere Herden, die Ende Sommer aufgelöst werden, da die Tiere ja den Winter im Freien nicht überleben könnten.
Das → Daubensee-Schäferfest beispielsweise ist ein imposantes Schauspiel der → Schafscheid wegen und weil der Hirt von seinen Schafen Abschied nimmt. Die Hunde aber werden nicht prämiert wie bei ähnlichen Anlässen im Ausland. Dabei besitzen wir hervorragende Rassen, etwa den flinken, eher kleinen Appenzeller Sennenhund und den prachtvollen Berner Sennenhund, der fast Bernhardinergröße erreicht. Zum Festlichen der Schäferfeste gehört schließlich die Ehrung der Hirten.

Die Schafkälte

Vom 8. bis zum 15. Juni, von den Meteorologen als ein Phänomen mit großer Stetigkeit bezeugt, herrscht in unserem Lande, trotz hohem Sonnenstande, eine merkliche Kälte. Die Wissenschaft spricht von Ausgleich

der Temperaturkontraste zwischem dem bereits erwärmten Kontinent und dem noch sehr kalten Meer.
Im Brachet, der für die Bauern immer die Zeit der Schafschur gewesen ist, sind sie auf den Kälteeinbruch gefaßt und nennen ihn die Schafkälte.

DIE SCHAFSCHEID

Schafscheid nennt man die Auflösung der Sommerherden, wobei die Tiere den Besitzern zurückerstattet werden. Dies ist keine leichte Arbeit! Sie wäre unmöglich ohne die Geschicklichkeit der Hunde, ihre unglaubliche Ausdauer und die Intelligenz, die jeden Wink richtig interpretiert. Beim Schäferfest in Riffelmatt bei Guggisberg kommt die Freude am Gelingen der mühsamen Arbeit in einem festlichen Schlußakt zum Ausdruck.
→ DIE SCHÄFERFESTE

DER SCHANDPFAHL

→ DER PRANGER

DIE SCHANFIGGER BSATZIG

So heißt die Talschaftslandsgemeinde von Schanfigg. → DIE VOLKSGEMEINDE Sie gipfelt in einem Volksfest, welches in der Schweiz seinesgleichen sucht. Hoch oben in St. Peter bei der alten Kirche besammelt sich die Gemeinde, der Pfarrer predigt, der Landammann spricht, die Trachten leuchten und reden brauchtümlich in der Talschaftssprache. Keiner, dem nicht bewußt wird, daß D'Bsatzig, bei Bindenfleisch und Veltliner für die Erwachsenen und Pitta für die Kinder, ganz nahe an den blauen Bündnerhimmel rückt.

DER SCHAPPEL

So heißt der Kranz, den vielerorts nach der ersten Kommunion die Mädchen zur Prozession tragen. Im Mittelalter schmückte der Schappel sowohl Mädchen als auch Knaben, letztere vor allem, wenn sie junge Herren oder Soldaten waren. Paten und Patinnen zeichnete er noch im 17. Jahrhundert, und zwar bei beiden Konfessionen, aus. Ende des 19. Jahrhunderts verstand man unter Schappel die Glitterreifen mit Kunstblumen und Filigranschmuck, und man begegnete ihnen in vielen Landstrichen. Man sieht sie heute noch im Freiburgischen bei großen Prozessionen.

Die Schafschur und das Gänserupfen waren Tätigkeiten des Brachmonats. Nicht immer konnte der Bauer so idyllische Bedingungen genießen wie auf diesem Bild. In diese Zeit fällt der fast regelmäßige Kälteeinbruch, Schafkälte genannt.
Stich von Conrad Meyer, 1663. (Graphische Sammlung Zentralbibliothek Zürich)

Das Schäppeli

Man hält es für eine Krone. Die Krone ist aber nicht bloß Zeichen der Macht, sondern Zeichen der Würde.
Wie im Lateinischen corona sowohl Kranz als auch Krone heißen kann, so ist das Lötschentaler Schäppeli mehr Krone und das Engadiner Scheppeli mehr Kranz.
Das Schäppeli der Lötschentaler Brauttracht thront auf dem Scheitel als kunstvolles Türmchen, aus welchem nie welkende Rosen herausleuchten. Ein rotes Band läuft über den Tschüber, die Haartracht, und hält auf dem Hinterkopf ein Netz aus Gold- und Perlenflitter fest. – Das Engadiner Scheppeli ist flach und goldbestickt. Es wird von einer Goldnadel festgehalten. → Die Brautkrone

Die Schaubräuche

So nennt man Bräuche, die folkloristischer Natur sind. Oft kristallieren sie sich um einen historischen Kern und bilden, z.B. zur Fasnachtszeit, festliche Höhepunkte. Beispiele sind die → Schwertertänze und die → Reiftänze.

Das Scheibenschlagen

Am Sonntag vor Aschermittwoch schleudern Buben glühende Holzscheiben von einer steilen Anhöhe über dem glarnerischen Matt in die Nacht hinaus. Dabei – an keltische Zauberformeln gemahnend – murmeln sie einen Spruch. Da sich der Brauch des Glühscheibenschlagens an vielen Orten zur fasnächtlichen Zeit, d.h. am Ende der → Zwölften, erhalten hat, kann man das Scheibenschlagen nicht als beziehungsloses Spiel und Lustbarkeit der Jugend bezeichnen. Das Feuerabbrennen der wintermüden Menschen, ein Wende- und Frühlingssymbol, ist lebendiges Brauchtum geblieben. Dem Glühscheibenspiel widmen sich die Schulbuben in Untervals und in Danis-Tavanasa in Graubünden, im St. Gallischen Wartau, in den baslerischen Dörfern Benken und Biel und in manchem Juradorf.

Die Schellenchläuse

Die → Sylvesterchläuse werden oft, ihrer charakteristischen Schellen- und Rollenausstattung wegen, Schellenchläuse genannt. Das ist nicht falsch, es weist darauf hin, daß sie nicht nur am Sylvester, etwa am → Urnäscher Sylvesterclausen, vorkommen, sondern als Variante des → Chlaus schon an früheren Daten des Winterkalenders auftreten.

Das Schenken

Jedermann weiß, daß das Schenken eine beglückende Handlung ist. Es ist nicht erstaunlich, daß die Menschen schon früh daraus auch eine glückbringende Handlung machten. Sinnvollerweise war das Schenken im alten Rom ein Neujahrsbrauch. Seit 152 v. Chr. fiel der Neujahrsanfang nicht mehr in den März, sondern auf den 1. Januar. Wir erinnern uns gerne daran, daß Janus, der zweigesichtige Gott, der Gott der Türen und Eingänge ist. Gibt es etwas Schöneres, als an der Schwelle zum neuen Jahr zu beschenken und glücklich zu machen?
Nicht alles, was man Menschen schenkt, eignet sich auch als Geschenk für die Götter. Man opferte ihnen Honig, Feigen, Datteln, Birnen, Äpfel, Gold- und Silbermünzen und – Worte! Einst waren ja Worte mehr als Schall und Rauch; ihnen wohnte Kraft inne. Wie eindrücklich war ein Wunsch wie der folgende überlieferte: «Das neue Jahr sei für dich glücklich und segenbringend.» Ein schönes Beispiel eines Wortgeschenks ist uns aus dem Jahre 1488 von der Nonne Margarete von Hanau überliefert. Sie schrieb an ihren Vetter: «Hunderttausend guter, seliger, glückhafter, gesunder, friedlicher, fröhlicher neuer Jahre und alles Gute, geistlich und zeitlich.» Der Vetter war ein regierender Graf und konnte die kumulierten Wortkräfte brauchen. Den Wert der Wortgeschenke durch eine würdige oder originelle Form zu erhöhen, ist naheliegend. So entstanden denn die → Klopfverse.
Wem das Wesen des Schenkens nicht fremd ist, den mag nicht wenig überraschen, daß es auch das Phänomen der → Schenkverbote gibt.

Die Schenkverbote

Gibt es einen schöneren Brauch als das Schenken? Es gibt auch keinen älteren Ausdruck menschlicher Zuneigung oder Dankbarkeit. Und doch fand es die zürcherische Obrigkeit im 16. Jahrhundert angezeigt, Höchstwerte zu indizieren.
Das Patengeschenk an den Täufling hieß die → Ybindete. Ihr Wert wurde offiziell beschränkt. Wenn der Pate den Behörden durch seine geringe Steuerfähigkeit bekannt war, konnte er sich durch seine «übertriebenen» Patengeschenke strafbar machen. Dasselbe Mandat, welches dem Schenken Grenzen setzte, schränkte auch überbordende Festlichkeiten ein, sei es doch Pflicht der Regierung, Völlerei und Sauferei einzudämmen.
→ Die Mandate

Das Schermausen

→ Das Feldmausen

Der Schiesset

Es ist uns kein Land bekannt, das eine größere Anzahl von historischen Schützenfesten kennt. In fast jeder Gegend haben patriotische Vereinigungen – vornehmlich natürlich Schützenvereine – ihren Schießet. Der berühmteste ist das → Rütlischiessen. Weitere Beispiele sind → Das Stecklitragen im sanktgallischen Wil, → Die Stossfahrt und das → Zürcher Knabenschiessen. Im Waadtland heißt der Schießet → L'Abbaye.

Das Schifferstechen

→ Das Zürcher Schifferstechen

Der Schinhut

Dieser außergewöhnliche Hut transformierte, sozusagen, den Arlecchino. Letzterer wird durch ihn zum → Blätz, der wichtigsten Schwyzer Fasnachtsfigur. Der Schinhut hat einen abgeflachten, aus Bast geflochtenen Kopf, welcher stoffüberzogen ist und den ein Schmuckband ziert. Die Krempe ist ausladend.

Das Schlagen

Hier ist die Rede vom Schlagen als → Abwehrzauber. Es ist ein Abwehrzauber wie das → Lärmen.
Man hat dabei verschiedene Instrumente verwendet, vor allem Ruten. Mit grünender Rute gingen die alten Germanen gegen das Kranke und Böse vor. Sie hieß deshalb die Lebensrute. Mit ihr schlug man Sterile und Lahme. Gewaltsam wollte man Leben auf sie übertragen. Im Norden verwendete man hauptsächlich Birkenreiser.
Warum aber sollte die Behandlung auf den pathologischen Bezirk beschränkt bleiben? Tatsächlich wollte man mit Schlagen auch Glück – glückliches Leben – vermitteln. Schlagen konnte zur Segensgeste werden. Die Jugend machte mit Schlagtänzen den Alten ein Geschenk. Diese Lebensgabe wurde gerne mit einem → Gegengeschenk, z.B. Honiggebäck, quittiert.
Beliebt waren Instrumente mit kombinierten Effekten. Die Pritschen werden heute vor allem an der Fasnacht verwendet. Sie sind meistens aus Schindeln oder Pappe gefertigt. Die → Peitsche ist ein Kombinationsinstrument allererste Ranges. Begreiflich, daß sie im Mittelalter verwendet wurde, Irre zu heilen, die man als von bösen Dämonen besessen hielt.

Das eidgen. Freischiessen in Zürich.

Dies ist der mittlere Bildausschnitt von einer Darstellung in Breitformat, nicht irgend eines Freischießens, sondern des Eidgenössischen Schützenfestes, das im Juli des Jahres 1859 in Zürich stattfand.
Der Name des Künstlers der Lithogaphie nach einer Federzeichnung, die als Beilage in der «Neuen Zürcher Zeitung» erschien, ist unbekannt.
(Schweizerisches Landesmuseum Zürich)

Daß man sich der Peitsche in großem Maßstabe bediente, um der Winterdämonen und gefährlichen Naturgeister Herr zu werden, begreift jeder, der einmal das durchdringende Knallen der → GEISSELER gehört hat. An der → EINSIEDLER FASNACHT findet ein raffiniertes Schlag-Lärm-Instrument Anwendung: der Stock mit der Schweinsblase. → DIE SCHWIIBLOUTERÄ Die für die Ordnung besorgten Sühudi handhaben das Instrument ohrenbetäubend und schlagwirksam, wenn es sein muß.

DIE SCHLENKRÄTSCHE

→ DIE RÄTSCHE

DER SCHLIICHBÖÖGG

Er ist die Clownvariante des →·CHLAUS, aus den Stäfner Sylvesterspielen bekannt als Lachner Schliichböögg. Er sammelt Gaben, die er in sein Horn stopft, das Horn, mit welchem er die Spiele ankündigt. → DIE CHLAUSENSPIELE → DAS STÄFNER CHLAUSEN

DIE SCHLITTEDA

Ähnlich wie einst die → STUBETEN, doch ganztägig und mit festlicher Note, dienten die Schlitten- und Wagenausfahrten der dörflichen Geselligkeit. Vor der Jahrhundertwende noch verfügte das Lägerndorf Otelfingen über die erforderliche Anzahl von Pferdeschlitten. Heute gibt es dort keinen mehr. Manche Dörfer aber, sowohl des Oberengadins als auch des Unterengadins, haben die für eine Schlitteda nötigen Schlitten, meist kunstvoll bemalte, hinübergerettet in die Neuzeit.
Eine Schlitteda ist nicht bloß ein Schauspiel, eine klingelnde, farbige Kette von Pferden und Schlitten im gleißenden Januarschnee. Sie ist leuchtendes Brauchtumszeugnis der Geselligkeit und, in Rätien nicht überraschend, der Tugend Ritterlichkeit. Das wurde besonders ersichtlich beim Reitschlitten, einem Paarschlitten. Bei der tandemartigen Sitzweise lenkte der Kavalier von einem erhöhten Bock aus das Pferd. Beschützt saß vor ihm auf der Sattelbank, die Füße auf schmalen Trittbrettern abgestellt, die Auserkorene, oder vielmehr Zugefallene, ihm bestimmt durch das Los (Büs-cha). Auch im mehrplätzigen Schlitten, der heute Regel ist, und bei jeder Station des Festtages, hat der Schlittunz der Schlittunza seine ungeteilte Aufmerksamkeit zu beweisen.
Jetzt ist sie pelzverborgen, doch er kennt ihre Trachtenpracht: Das schwarze Scheppeli verdeckt teilweise das Haar, eine blütenweiße Spit-

zenkrause umschließt den Hals, das Mieder ist reich bestickt, der weite Rock leuchtet geranienrot, die Strümpfe sind, in dieser Gegend, ebenfalls rot, und das Schultertuch ist individuelle Zierde. Die Bekleidung des Schlittunz ist seiner eigenen Phantasie überlassen. Im ersten Dorf werden die Pferde nicht ausgespannt. Vor dem Gasthof kredenzt der Wirt persönlich einen Glühwein. Vom Schlitten mit der Tanzkapelle her ertönt eine lustige Weise. Ziel und Wende ist ein Ort, den man vor Mittag erreicht. Das festliche Mahl wird unabdinglich mit einer Gerstensuppe eingeleitet. Die Musikanten sorgen für Fröhlichkeit bis in den Nachmittag hinein. Die Dämmerung mahnt zur Rückfahrt. Zum Abendessen lädt das Mädchen ihren Kavalier zu sich nach Hause. Ihren Höhepunkt findet die Schlitteda, wenn eine erprobte Kapelle das wiedervereinigte Jungvolk immer leichtfüßiger und beschwingter macht bis zu den frühen Morgenstunden.

Vor einigen Jahren hat Kleinglaube die Schlitteda als sterbenden Brauch bezeichnet. Sie ist aber nicht Postulat für die Verkehrsvereine, kein Schaubrauch, geworden.

Schlittunz und Schlittunza

So heißen der Kavalier und seine Dame bei der Schlitteda im Engadin und auf der Lenzerheide. → Die Schlitteda

Der Schlumpf

Wenn das Vieh genießerisch mit der langen, rauhen Zunge nach einem Grasbüschel greift und ihn abrupft, so gibt es bei den Bauern dafür den Ausdruck schlumpfen. Auf sich selber angewendet, bedeutet er merkwürdigerweise herunterwürgen. Mit dem Hauptwort Schlumpf ist ein Mundvoll, eine Handvoll, auch ein Rest gemeint.

Der Sarganserländer Maskentyp hat sicher etwas mit diesen Vorstellungen zu tun. Besonders wenn man berücksichtigt, daß man liebevoll von einem Schlümpfli redet. Die Verkleinerung kann qualitativ oder quantitativ gemeint sein: nimm es Schlümpflivoll! In der Tat hat der Sarganserländer Maskentyp, so variationsfähig er ist, immer etwas Nettes, Gemütliches. → Die Masken der Schweiz

Der Schmutzige Donnerstag

Schmutz heißt in vielen Schweizer Mundarten Schmalz. Schmalz aber und Butter werden reichlich verwendet beim Fasnachtschüechlibacken, eine Hausfrauentätigkeit, die hauptsächlich auf den der Herrenfasnacht unmittelbar vorausgehenden Donnerstag fiel und vielfach heute noch fällt. Ein charakteristisch süßer Schmutzduft strömt aus der Küche und wird dann sogar in den Gassen spürbar. Dem Schmutzigen Donnerstag voraus geht der Güdismändig.

Die Schmutzli

Sie sind die unchristlichsten in der wilden Schar der → CHLAUSJÄGER oder bösen Chläuse. In einem Lande, das einst von dichtem Urwald bestanden war, versinnbildlichen sie die unbändigen Vegetativgeister, resp. deren zauberkundige Überwinder. → ABWEHRZAUBER
Woher der Name? Von den fürchterlichen Gesichtern. Man schwärzt sie so, daß Kesselruß auf einer Schmalzschicht zum Haften gebracht wird. Da Schmalz aber auch Schmutz heißt, verstehen wir sehr wohl, wie der Name Schmutzli entstanden ist.
Die Schmutzli können als Horden auftreten wie etwa beim → CHLAUSESELN. Begegnen wir aber einem einzelnen Schmutzli, so hat er fast immer die Funktion eines → CHLAUSBEGLEITERS. Er trägt dann für St. Niklaus den großen Sack. Aus dessen Tiefe zaubert er Mandarinen und Süßigkeiten, oder – o weh! – er läßt in seiner Tiefe böse Buben verschwinden.

Das Schmutzlicht

In ländlichen Gegenden hat sich vielfach für schmutzig die Bedeutung fettig erhalten. Schmutz war ein Synonym meist für Schmalz oder → UNSCHLITT. Aus Unschlitt wurden aber die Kerzen gezogen. Die abendlichen Tätigkeiten in einem Bauernhaus wurden also im trüben Schein des Schmutzlichtes ausgeführt.

Die Schnabelgeiss

Nach altem Volksglauben werden in den Heiligen Nächten (→ DIE ZWÖLFTEN) die gebannten Geister frei, es wird ihnen sozusagen Urlaub gewährt und das, trotzdem man ihrer Unzuverlässigkeit wegen, schon üble Erfahrungen mit ihnen gemacht hat. Eine solche Vorstellung ist die Grundlage des Spuks in den Heiligen Nächten. Die Schnabelgeiß ist ein solcher Unfuggeist.
Im zürcherischen Knonauer Amt ist die Schnabelgeiß ein Holzskelett, das an eine dürre Ziege erinnert. Mit dem beweglichen Unterkiefer lassen sich Klappergeräusche erzeugen. Es gab auch eine Variante, die Geräusche wie kreischende Türangeln erzeugte, was gyren heißt. Deshalb hört man für Schnabelgeiß auch Schnabelgyri. Die Schnabelgeiß ist auch be-

kannt im Berner Oberland, z.B. in Willigen und Meiringen und im Guttannental. Im Guttannental bilden die Schnabelgeißen übrigens den Geleitschutz für die Trichler im Trichlerumzug. → DIE TREICHEL Im Knonauer Amt sind sie Mittelpunkt der → LÄRMUMZÜGE der herumtollenden Burschen. Wo → STRÄGGELE vorkommen, die auch nicht mit sich spaßen lassen, denn sie drohen, Kinder zu verschlucken, da treten sie mit diesen zusammen auf.
Daß die Schnabelgeiß tief verankert ist, ergibt sich aus zahlreichen kalendermäßigen Bräuchen wie der → STÜPFELENACHT in Obfelden und in Hedingen.

DER SCHNAPPESEL

Er ist natürlich mit der → SCHNABELGEISS verwandt. Letztere tritt als lärmendes Zwölften-Wesen (→ DIE ZWÖLFTEN) an der Fasnacht auf. Der Schnappesel ist → CHLAUSBEGLEITER, also Gesellschafter einer ebenfalls heidnisch-mythologischer Gestalt, allerdings einer christianisierten. Im Zürcher Oberland dient er klappernd seinem Herrn, kann er doch lärmend seinen Holzkiefer bewegen. Das Übrige am Esel ist Pappe und altes Leinen.

DIE SCHNITTERSONNTAGE

So hießen die Festsonntage Ende Sommer, wenn die Schnitter ihre Arbeit getan hatten und die Ernte eingebracht war. Teils war die Sense gebraucht worden, teils die Sichel. Darum blieb noch lange für Heuernte das Wort Sichlete wohlverstanden. Heute, da die Erntemaschinen den Bauern der meisten Handarbeit entheben, versteht man kaum mehr «Schnitter». An den Schnittersonntagen, den wohl fröhlichsten Festen des Jahres, tanzte das Jungvolk im Freien bis spät in die Nacht hinein. Ist es denkbar, daß die Landarbeiter von heute, nachdem sie tagsüber gehetzt wurden von den Schnitt-, Raff-, Binde- und Sortierungeheuern, noch befeuert sind zu frohmütigem Tanzen?

DIE SCHNITZELBÄNKE

Hauptsächlich in Basel hat die fasnächtliche Glossierung ärgerlicher oder seltsamer Vorfälle in der Manier des Bänkelsanges, also durch das gesungene Wort, aber noch mit bildlicher Unterstützung, als Schnitzelbänke Berühmtheit erlangt. → DIE BASLER FASNACHT → DIE ÄLPLERCHILBENEN VON UNTERWALDEN

Die «Schönen Masken»
→ Die Masken

Der Schulsylvester

In den Schulen, z.B. von Zürich, hat der Sylvester sein eigenes Gepräge. Dem in der Erststunde zuletzt Erschienenen wird die nach Strafe aussehende Ehre zuteil, gekrönt auf einem geschmückten Leiterwägelchen durchs Dorf oder Quartier gefahren zu werden. Die Zugpferdchen und das instrumentenbewaffnete Geleite sind die Klassenkameraden. Man muß sich der Bedeutung des → Lärmens bewußt sein, um das Glück des Gefeierten zu ermessen! Alle bösen Geister werden nach germanischem Brauch ferngehalten. Natürlich profitieren auch die wilden Akteure, ja die ganze Bevölkerung wird auf lange hinaus von bedrängenden Dämonen befreit sein. Früher hat man durch Lärmen sogar zur Wiedererweckung entschwundenen Lebens beitragen wollen. Auch die immergrünem Laube innewohnende Kraft suchte man nutzbar zu machen. Siehe da! Der lustige Karren ist nicht bloß von akustischem Schutz, von einer infernalischen Lärmwolke umgeben, er ist so von grünem Tannenreis überdeckt, daß er wie ein Stück fahrenden Waldes aussieht. Das neue Schuljahr muß – man hat allen verfügbaren Zauber angewendet – ein glückhaftes werden!

Das Schultheissenbrot
So nannten die Basler früher ein Zuckerbrot.

Das Schutz- und Arzneimittelbrot

Das Brot hat der Mensch in früheren Zeiten als etwas Geheiligtes betrachtet. So war der Schritt kein großer, die Göttergabe auch als etwas Heilendes aufzufassen. In Klöstern, vornehmlich, wurden Brötchen als Arznei gebacken, aber auch zum Schutze gegen Krankheiten. → Das Brot

Der Schützenbaschi

Vertraut reden die Innerschweizer Schützen ihren Patron als Schützenbaschi an. → St. Sebastian

Die Schützenfeste

Gewiß, auch andere Länder erfreuen sich ihrer Schützenfeste. In Holland haben sie sogar einen künstlerisch hochwertigen Niederschlag gefunden in den für Rats- und Zunfthäuser gemalten Doelenstücken. Aber in der Schweiz sind die Schützenfeste ausgelassene Volksfeste und ihre Zahl ist Legion, hat es doch beinahe 6000 Schützenvereine. Es gibt kaum eine Gemeinde, die nicht ihren Verein hat. Das hängt natürlich zusammen mit der obligatorischen Schießpflicht, die jeder Wehrmann außerdienstlich zu erfüllen hat. Was Wunder, daß die Förderung des Wehrwillens vor allem in der Verbesserung der Schießtüchtigkeit zum Ausdruck kommt! Wir sind ein Volk der Schützen und der Schützengesellschaften.

Aus ausgeprägter Schießlust heraus entwickelten sich im 15. und 16. Jahrhundert die glanzvollen Volksfeste. Im 19. Jahrhundert dann ist der Wehrsport entstanden, der ein allgemeinbürgerliches Phänomen ist. Die heutigen Eidgenössischen Schützenfeste sind im Brauchtum tief verankert, sie werden in unterschiedlichen Abständen wiederholt. Sie sind die Höhepunkte im hundertfältigen Festgeschehen der lokalen Schützenfeste. → Der Schiesset

Der Schützentaler

Von mehreren eidgenössischen Schützenfesten des 19. Jahrhunderts – 1824 Aarau, 1827 Basel, 1828 Genf und 1834 Zürich – sind keine Medaillen bekannt. Der Sammler kennt aber deren achtundsiebzig in Gold-, Silber-, Blei-, Messing-, Aluminium- und versilberter Ausführung. Ihr künstlerischer Wert ist sehr unterschiedlich, da jedoch einige nur in wenigen Exemplaren vorhanden sind, werden Marktwerte von Schützentalern bis zu 3000 Franken erreicht. Numismatiker und Freunde des Schützenbrauchtums interessieren auch die Medaillen der lokalen Schützenfeste.

Der Schwamendinger Waldumgang

Er findet Anfang Juni statt und beginnt beim Waldhüsli auf dem Zürichberg. Die Quartiervereine von Schwamendingen, Oerlikon, Fluntern und Oberstraß bestellen als Führer einen Stadtförster. Der Umgang wird mit einem kleinen Volksfest beschlossen. Er hat mit den eigentlichen → Flurumgängen nicht mehr viel gemeinsam.

Die Schweinsblase

→ Die Schwiiblouterä

Die Schweinskopfauslage

Heute sieht man kaum mehr im Schaufenster einer Metzgerei einen Schweinskopf ausgestellt. Noch vor Jahrzehnten war das die Regel. Dieser Brauch erinnert an das altgermanische Tieropfer zur Hochwinterzeit. Der Schweinskopf im Metzgerladen, mit dem Peterlisträußchen im Maul, ist also als Nachfahre des Jul-Ebers zu deuten.

Der Schweizerische Nationalfeiertag

→ Die 1.-August-Feier

Der Schwertertanz

Es kommt bei vielen kriegerischen Völkern der Brauch des Schwertertanzes vor. In der Schweiz wird er gelegentlch noch von Gildenangehörigen, z.B. der Schmiedezunft in Zürich, ausgeübt. → Der Volkstanz

Die Schwiiblouterä

Mit dieser schwyzerischen Bezeichnung ist natürlich die Schweinsblase wiedergegeben. Früh schon wurde diese, aufgeblasen und abgebunden, als unwahrscheinliches Lärminstrument verwendet. Beim Darüberstreichen entstehen markdurchdringende Schreie, wie die von einem Schwein, das abgestochen wird. Unnötig zu sagen, daß die Schwiiblouterä ein beliebtes Requisit der Fasnächtler ist. An der → Einsiedler Fasnacht sieht man die Schwiiblouterä – auch Süblotere – an einem Stock befestigt, der geschwungen wird. → Die Potschen

Das Schwingen

Das Schwingen ist der älteste schweizerische Nationalsport. → Die Nationalsporte Ursprünglich in der Alpenregion beheimatet, wird das Schwingen seit Mitte des 19. Jahrhunderts auch im Flachland ausgeübt. Manches Tal und manche Gegend besitzt einen Schwinget uralter Prägung. Ein solcher Schwinget ist z.B. der Rigi-Schwinget. Der Sieger wird aufgemuntert, an einem regionalen Schwingerfest, etwa am «Innerschweizerischen», am «Nordwestschweizerischen» oder einem «Kantonalen» mitzumachen. Unter letzteren haben das Berner Schwingerfest und das Schaffhauser Schwingerfest besonders guten Klang. Diejenigen Kämpen, die in diesen Gigantenkämpfen obenausschwingen, können unbesorgt annehmen, daß ihre Namen in aller Mund bleiben bis zum

Darstellung von zwei wesentlichen Phasen im Kampf zweier Schwingerpaare am Alphirtenfest bei Unterseen. Neben den Zuschauern aus dem Bauernstand erkennen wir eine Großzahl von Städtern mit ihren Damen. Stich von F. N. König, um 1800. (Graphische Sammlung ETH Zürich)

nächsten Eidgenössischen, wo der Beste Schwingerkönig wird. Das Eidgenössische findet alle zwei oder drei Jahre statt.
Meist sind sechs Gänge vorgeschrieben, es können aber auch acht sein. Welche Qualitäten entscheiden? Zweifellos Kampferfahrung, allgemeine Kondition und Tagesform.
Es gibt verschiedene Kampfarten. Immer wieder zeigt sich, daß alte Techniken nicht überholt sind. Jedem Schwinger, ob Älpler oder Turner aus dem Flachland, sind heute ein halbes Dutzend Schwünge und Griffe bekannt. Welches sind diese Kampfarten? Da ist der Brienzer, der Hüfter, der Kurzzug und der Kniestich. Je mehr, natürlich, der Zuschauer versteht, desto eher kann er die blitzschnellen Kampfwendungen verfolgen, respektive wahrnehmen. Er sollte unterscheiden können zwischen einem inneren und einem äußeren Brienzer. Er sollte wissen, was ein freier Brienzer, nämlich ein Schlungg, ist, daß ein Wurf aus einem Spaltgriff am meisten Erfolg hat, wenn er mit einem Nackengriff kombiniert wird. Letzterer empfiehlt sich bei einer glücklichen Verbindung der Gegebenheiten Gewicht, Größe und Schnelligkeit des Angreifers. Ein ähnliches Kampfbild wird durch den Buregriff erzeugt. Auch über Begriffe wie Hochschwung, Armzug, Kniekehlenschwung, Überwurf, Souplesse, Stöckli, Grittelengriff, Langziehen und Fleutischwung (flattern lassen) soll man sich als Zuschauer vor den Schwingkämpfen eingehend unterrichten. Der Genuß ist ein hundertfacher, wenn man weiß, daß jeder Schwung oder Griff mit einem Gegenschwung oder -griff gekontert werden kann. Dann wird die Spannung am höchsten in diesem Kampf unwahrscheinlicher Körperkräfte und schneller Reaktionen, wenn man sich vor dem entscheidenden Moment die Frage stellt: womit wird der Angegriffene antworten? → Der Schwinget

Die Schwingermedaillen

Sie sind begehrte Auszeichnungen bei Schwingfesten. → Das Schwingen Es gibt sehr selten und wertvoll gewordene Schwingermedaillen wie diejenige vom Unspunnenschwinget (→ Das Unspunnen-Alphirtenfest) von 1805, das auf der Vorderseite einen Oberhaslitaler Hirten mit Alphorn zeigt und die Worte «zur Ehre des Alphorns». Auf der Rückseite steht: Hirtenfest der Schweizer Älpler zu Unspunnen im Kanton Bern.
→ Der Schützentaler

Der Schwinget

Wer hat nicht beispielsweise vom Brünigschwinget gehört? Er findet jeweils am Samstag nach der Alpabfahrt statt, bestritten von Unterwald-

nern und Berneroberländern. Erstere wurden früher sogar von der Geistlichkeit auf den Kampfplatz begleitet! Schwinget ist die schweizerische Bezeichnung für Schwingerfest, und da das → SCHWINGEN der älteste Sport im Lande ist, gibt es deren recht viele.
Im Berneroberland spricht man von Älplersonntagen, in der Innerschweiz und im Entlebuch aber von Älplerchilbenen, weil da die sportliche Veranstaltung mit der → CHILBI zusammenfällt.
Meist geht am Schwinget dem Kräftemessen der Schwinger ein anderes Schwingen voraus oder folgt ihm: das imposante → FAHNENSCHWINGEN, das große Geschicklichkeit erheischt. Auch volkskünstlerische Wettbewerbe, wie die der Jodler und Sängerchöre, erleben wir an einem Schwinget.

DIE SCHWYZER FASNACHT

Wenn irgendwo, so feiert die menschliche Verwandlungslust an der → FASNACHT Orgien. Aber auf Schwyzer Boden geschehen Fasnachtswunder.
Der Chrigel streift seinen grauen Alltagsanzug ab und zieht das wunderbunte Kleid des → BLÄTZES an. Der Sepp verleugnet seine Schwyzerart und wird zum Tiroler. Das Erstaunlichste aber: eine ganze Ortschaft verwandelt sich mit einer Gründlichkeit, die es zweimal in der Welt nicht gibt! Der stolze Flecken Schwyz wird nämlich – im Augenblick, da die Bannerträgerstatue sich in ein → HUDI verwandelt – närrischerweise zu Jedde, welches die Mutter Tokios ist.
Natürlich haften diesem Feste allgemeinschwyzerische Züge an, doch hat die Fasnacht des Kantonshauptortes eine ganz eigene Prägung. Seit 120 Jahren gibt es Fasnachtsspiele von literarischer Güte. Damals wurden die schweizerisch-japanischen Beziehungen zum Anlaß genommen.
Seit jener Zeit gibt es Gesellschaften der → JAPANESEN. Dann ist da die Zunft der 33 Großgrinden, die großzügig die Herzen der Schulkinder mit schmackhaften Viktualien erfreuen. Eine andere Fasnachtsgesellschaft ist die Güdelzischtiggesellschaft. Sie verbrennt eine Puppe, den Blätz, und setzt dadurch nicht nur dem Fasnachtstreiben ein spektakuläres Ende, sondern reiht die Schwyzer Fasnacht in die «winterverbrennenden» Frühlingsfeste ein. → DIE BÖÖGGENVERNICHTUNG Jedes Mitglied der Güdelzischtiggesellschaft ist übrigens ein Blätz – ohne allerdings den Flammentod erleiden zu müssen. In vielen Blätzfamilien liegt das Maskenkostüm, welches das bunteste der Schwyzer Fasnacht ist, von Narrenfest zu Narrenfest in der Fasnachtstruhe.
Der → TIROLER ist gleich nach dem Blätz zu nennen. Er ist ein rätselhafter

Fremdling. Die unveränderliche, streng-schöne Tracht: ein gebleichtes, leinenes Sennenhemd, darüber werden Schmuckhosenträger getragen. Eine Samthose, die just unters Knie reicht. Weiße Strümpfe. Der Lodenhut mit der Goldkordel. Der breite lederne Schellengurt. Diese Elemente weisen übers Tirol hinaus nach Osten.

Der Märchler ist eine Bauerngestalt, die bedächtig einhergeht in langer Hose. Aus der Ferne wirkt der aus handfestem Stoff geschneiderte Rock goldfarben. Das Eindrückliche am Märchler ist die Maske, deren Züge wohl variabel, doch unverkennbar märchlerisch sind. Über die enigmatische Stirn hinunter reicht der Kapuzenrand.

Aus der March stammt auch die Figur des Rölli, der über und über schellenbehangen ist.

Nie fehlt das hintergründige Alte Wyb. An der Schwyzer Fasnacht geht es im Prachtskleid einer Dame des 18. Jahrhunderts einher, welches die erschreckende Kontrastwirkung zur Maske auslöst, die Züge der ungut alt Gewordenen hexenhaft zu machen.

Der Alte Herr ist historisch jünger und bedeutungsärmer, doch könnte man den schönen Junker mit Dreispitz als einen notwendigen Akzent im fasnächtlich heraufbeschworenen Kulturbild bezeichnen, das für den Schwyzer zu einer unentbehrlichen, vielschichtigen Schau geworden ist.

Noch viele Fasnachtsfiguren, unergründliche, weist die Schau auf, so das Hudi. Ist es nur ein auf den Hund gekommenes Weibstück, an dessen Zerlumptheit grobschlächtige Beschauer ihren Spaß haben, oder ist es aus einem tieferen Grunde so beliebt? In all seiner Erniedrigung kann das Hudi noch lachen. Ist es etwa das weibliche Gegenstück zur Einsiedler Fasnachtsfigur, der → JOHEEN?

Und das Ditti? Es ist auf den ersten Blick so liebenswert! Die Unschuld vom Lande. Wer aber genauer hinsieht, muß erkennen, daß den naiven Zügen der Dittimaske auch solche der Verschmitztheit beigemischt sind, und das Lächeln ist ein erstarrtes Lächeln. Das ist kein unschuldiges Säuglingslächeln. Auch der große Nuggi täuscht nicht über diese Tatsache hinweg. Wir gehen wohl nicht fehl, wenn wir das Dittilächeln als das gefährliche Perchtenlächeln der schönen Masken deuten, wie es bei den → APPENZELLER SYLVESTERKLÄUSEN vorkommt, besonders bei den Mädchenkläusen.

Natürlich tauchen noch Figuren anderer Maskenfeste aus dem Kanton auf, unheimlich die Schwyzer Fasnacht bereichernd. Diejenigen, die nicht in der Einzahl auftreten, können eine Rott bilden. Einer solchen in den Gassen zu begegnen, ist ein packendes Erlebnis, doch das größte ist der Zusammenschluß aller zum → NÜSSELEN, dem Narrentanz auf dem Rathausplatz.

Dort geben auch die → GEISSELER eine große Schau, eine urheidnische Demonstration eigentlich. Die unerschrockenen Männer in den Hirtenhemden, mit den Hörnern und Glocken und den bedrohlichen Peitschen treten in einen seltsamen Wettstreit miteinander. Eindrücklicher als mit jeglichem anderen → LÄRMEN und wirksamer treiben sie die bösen Geister in die Flucht, die allfällig noch in Schwyz verblieben sind!
Auf Schwyzerboden sind Montag oder Dienstag die Fasnachthochtage.

DIE SCHWYZER HIMMELFAHRTSSZENE

Die Schwyzer Himmelfahrtsszene in der Pfarrkirche St. Martin beschert uns ein Erlebnis allerersten Ranges im Bezirke kirchlichen Brauchtums. Sie hat nicht bloß schweizerische, sondern europäische Dimensionen. Längst hätte sie im Zusammenhang mit den → MYSTERIENSPIELEN ihre geschichtliche Würdigung verdient. In den Pausen der sich häufig lange hinziehenden Mysterienspiele des Mittelalters wurden oft Pantomimen aufgeführt, mimische Einlagen, würden wir theatertechnisch sagen. Sie waren inhaltliche Ergänzungen und Erläuterungen zu den Spielen. In Schwyz hat sich etwas Derartiges rudimentär erhalten. Der zweite Teil kommt immer noch zur Ausführung. Wir wollen aber die Schwyzer Himmelfahrtsszene in ihrer Ganzheit betrachten, wie sie – übrigens an verschiedenen Orten der welschen und der deutschen Schweiz – noch in der Neuzeit sich darbot und darbietet.
Gedrängt füllen die Gläubigen am Auffahrtstag die Pfarrkirche St. Martin. Sie halten Einkehr. Es ist ihnen bewußt, daß die Menschen dem gefallenen Erzengel Satan mehr gedient haben als dem Herrn. Die Erdenzeit des Herrn haben sie zu einem Martyrium gemacht. Aber jetzt steht er dort vorne, Vergebung und Verklärung in seinen Zügen. Die Aufmerksamkeit der Gläubigen schlägt um in unerträgliche Spannung, während die Augen noch auf die Statue gerichtet sind. Zwei brennende Kerzen flankieren sie. Liebliche grüne Wolken, Kränzchen, von Kinderhänden geflochten, und Blumen umgeben sie. Da ereignet es sich. Urplötzlich. Aus dem Chorgewölbe löst sich ein Flammenbündel. Ein brennender Teufel ist es, der niederstürzt und auf dem Boden zerschellt. Ein befriedigendes Raunen geht durch den geheiligten Raum. Dieser Handlung folgt eine beglückende → GEGENHANDLUNG. (Unverändert wickelt sie sich heute noch ab.) Eben segnet der Pfarrer die Kränze der Kinder des Gemeindebanns und ihre Blumen. Da geschieht das zweite Wunder: Augenfällig vollzieht sich die Himmelfahrt Christi. Die Christusstatue im Chor, unser Erlöser, auf barocken Ballenwölklein stehend, bewegt sich. Er verläßt leise die kalten Fliesen. Er schwebt – niemand sieht die Vorrichtung dazu

– ins hohe Gewölbe hinauf, und zwar in dem Augenblick, in welchem der Chor das Responsorium «Ascendo ad patrem meum et patrem vestrum, alleluja, Deum meum et Deum vestrum, alleluja» anstimmt. Gebannt folgen Erwachsene und Kinder dem Schauspiel. Den Einheimischen ist ein Nebenumstand noch von Wichtigkeit: In welche Richtung schaut der Entschwindende? Es ist die Richtung, aus welcher die Unwetter kommen werden. Langsam löst sich die Spannung. In die Seelen der Gläubigen zieht Frieden ein, der Friede religiöser Gewißheit. Die Kleinen erhalten die Kränzchen, gesegnet, zurück. Über Haustür oder Scheunentor verwehren sie allem Unguten den Eintritt. In früheren Zeiten beendete die Schwyzer Himmelfahrtsszene ein Mannasegen von Nüssen.

Das Sebastianssingen

Obwohl die Sebastiansbruderschaft an den sieben Brunnen von Rheinfelden in der heiligen Nacht die Herzen der Mitbürger erfreut, hat das nichts mit dem im Aargau, und auch andernorts, noch geübten → Umsingen das Geringste zu tun. Der Brauch geht auf ein Gelöbnis zurück im Pestzugjahr 1541, ist also völlig eigenständig.
Heute besteht die Bruderschaft aus zwölf Mitgliedern. Die Nachfahren der sich aufopfernden Pestpfleger pflegen hauptsächlich das Brunnensingen in der Sylvesternacht und am Heiligen Abend. Am siebenten Brunnen singen sie in deutscher Sprache den frühmittelalterlichen lateinischen Hymnus «dies est laetitia». → Die Stangenbrüder

Heiterkeit

Das Sechseläuten

Das Sechseläuten, d.h. das Läuten der Feierabendglocke im Großmünster, war ein Brauch im mittelalterlichen Zürich. Der Rat bestimmte das Datum, von welchem an die «Frühlingsglocke» zu läuten sei. Das war immer um die Tag- und Nachtgleiche herum. Der Brauch des Bööggverbrennens fiel schließlich mit dem Sechseläuten zusammen und gab ihm die Bedeutung des größten Frühlingsfestes der Schweiz. → Das Zürcher Sechseläuten

Der Seelenmonat

So heißt im kirchlichen Brauchtum der November. In diesem Monat werden besonders viele Messen für die armen Seelen gelesen. Aber man gedenkt nicht nur vermehrt der armen Seelen der Abgeschiedenen, sondern der Armen unter den Lebendigen. Das geschieht im Wallis mit Brot, Käse und Salz. Heute kommt es vermehrt vor, daß man außer Naturalien noch Geld spendet. → DIE DANKSPENDEN UND KIPPELER ALLERSEELENSPENDE

DER SEELENTRUNK

So nennen sie in den Walliser Gemeinden Kippel, Wiler und Ferden den Wein, der den kirchlich und kommunal Beschäftigten am Allerseelennachmittag kredenzt wird. In Kippel sind es 150 Liter Fendant.

DIE SEELENVÖGTE

Sie verwalten und verteilen die → ALLERSEELENSPENDE. → DIE KIPPELER ALLERSEELENSPENDE

DER SEETALER MEITLISONNTAG

→ DER MEITLISUNNTIG VON FAHRWANGEN UND MEISTERSCHWANDEN

DER SEGENSONNTAG

Der erste Sonntag nach Fronleichnam wird in manchem Walliser Dorf als Segensonntag gefeiert. Es handelt sich um Umgänge. → FLURUMGÄNGE Diejenigen des Lötschentales sind besonders farbig und von packender Feierlichkeit.

DIE SELZACHER PASSIONSSPIELE

Das kleine Dorf am Südfuße der Hasenmatt wurde 1893 über Nacht weltberühmt. Aus Großbritannien kamen Scharen, um die Passionsspiele zu sehen, bei welchen aus der Gemeinde selbst über fünfhundert Personen mitwirkten. Ein Fabrikant Schläfli hatte die Spiele ins Leben gerufen und damit dem schweizerischen Laienspiel zu neuem Leben verholfen, im Lande, das im 14. Jahrhundert durch das St. Galler Passionsspiel der deutschen Literatur das erste abgerundete Passionsspiel schenkte. → DIE KIRCHENFESTSZENEN UND -SPIELE

DIE SEMMELRINGE

Im Unterschied zum Kleingebäck der → TIRGGEL wurde für die Semmelringe der Weißmehlteig nicht gesüßt, sondern gesalzen und auch getrieben. Sie waren haltbar und fanden Verwendung bei allen Gelegenheiten.

Die Sempacher Schlachtfeier

Zu den historischen Feiern, die zu Bräuchen stolzen Schlachtgedenkens geworden sind, gehört die Sempacher Schlachtfeier. Sie erinnert an den Sieg über die Österreicher im Jahre 1386. Bei der Kapelle findet am ersten Montagvormittag nach dem 4. Juli eine Ansprache statt, ein Schlachtbericht wird verlesen, der die Frage der Truppendisposition wachruft, und ein Festgottesdienst wird zelebriert. Historische Gruppen lassen den Brauch zu einer immer neu gestalteten Reihe von Bildern werden und damit zu einem immer neuen Erlebnis.

Die Sennenbruderschaften

Sie sind Sennen- und Älplergenossenschaften, und zwar aus den Gemeinden Altdorf, Bürglen, Schattdorf, Spirigen und Unterschächen.
Nach der Überlieferung soll 1593 auf den Alpen des Schächentales eine furchtbare Viehseuche grassiert haben. Viele Männer taten sich damals zusammen und legten ein Gelöbnis ab, sich einer besonderen Frömmigkeit zu befleißen. Sie wollten damit den Himmel dazu bewegen, die Alpen vom Viehfluch zu befreien. Diese Bruderschaft zum Schutze gegen Seuchen sollte im Besonderen «zu Lob und Ehre der heiligen Dreifaltigkeit, der allerseligsten Jungfrau und würdigsten Mutter Gottes Maria, der heiligen Apostel Peter und Paul, des heiligen Antonius und St. Wendel und des gesamten himmlischen Heeres» bestehen. Ihr Sinn wurde jedoch erweitert, indem man Heil und Wohlfahrt aller Sennen und Älpler, sowie aller in der Bruderschaft Eingeschriebenen erbat. Die Einschreibegebühr betrug einen Gulden für die Älpler und Sennen, zwei Gulden für die Zugewandten. Die Geschichte der Bruderschaften ist rechtlich und brauchtumsmäßig eine faszinierende. → Die St. Michaelsgemeinde

Das Sennenchäppi

Es ist ein Stück praktischer Berufskleidung. Da es keinen Rand hat, keine beim Melken störende Krempe, ist es allgemein beliebt. Es hat auch in oft kunstvoller Ausführung als Trachtenvervollständigung Bedeutung erlangt.

Die Sennenchilbi

Im Herbst findet meistenorts nach der Talfahrt der Sennen eine Sennenchilbi statt. Von Gegend zu Gegend variiert dieses Älpler-Erntedankfest in volkscharakteristischer Buntheit. Für die einheimischen Teilnehmer ist

eine solche Chilbi immer noch mehr als nur ein bloßer Rummel, als welchen er auswärtigen Zuschauern erscheint. Manche Freundschaft, die später, vielleicht übers Jahr schon, in einer Hochzeit die lebensbestimmende Bedeutung erhält, schlägt ihre ersten Wurzeln an der Sennenchilbi, besonders wenn die Erträgnisse des Alpsommers gut gewesen sind.
→ Die Älplerchilbenen von Unterwalden → Die Chilbi

Die Sichlete
→ Die Schnittersonntage

Die Sieben Heiligen Gräber
In größeren innerschweizerischen Ortschaften heißt Die Sieben Heiligen Gräber die Karfreitagsprozession, welche einer Siebnerkette von Kirchen und Kapellen, ursprünglich im eigenen Dorfbann, folgt.

Der Sieben-Sprünge-Tanz
Er ist ein ursprünglicher Reigentanz aus dem Seetal und recht seltener pantomimischer Natur. Seit dem 18. Jahrhundert wird er im Dreivierteltakt Schottisch getanzt. Die tanzenden Paare bewegen sich auf der Peripherie eines Kreises, womit wir Zeugen werden eines eigentlichen Rundtanzes. → Die Volkstänze
Der Sieben-Sprünge-Tanz ist ein Werbetanz. Die Phasen der Werbung um das Mädchen sind gekennzeichnet durch die Stationen der sieben Sprünge. Der Tänzer verbindet sie jedesmal mit einer andere Geste. Bei der ersten läßt er sich auf ein Knie nieder, bei der zweiten geht er auf beide Knie, bei der dritten stützt er sich auf einen Ellbogen, bei der vierten auf beide Ellbogen, bei der fünften schlägt er sich auf die Schenkel, bei der sechsten tut er dasselbe, was die Angebetete bei allen Stationen getan hat, er klatscht in die Hände, bei der siebenten legt er seine Arme um die Frau.

Der Silvester
→ Der Sylvester

Die Solothurner Fasnacht
Sie hat nicht nur alte Züge bewahrt, sondern ist in den letzten Jahren immer lebenskräftiger geworden. Das geht schon aus der wachsenden Zahl

der Maskenbälle hervor. Man wird es aber inne schon am Vorabend zum Schmutzigen Donnerstag, wenn der Ruf ertönt: «Juhui, morn isch Chesslete!»
Wie aus der Bezeichnung Chesslete klar wird, ist das Solothurner Fasnachtstreiben blechakustisch akzentuiert. Um vier Uhr in der Morgenfrühe geht die Chesslete los, mit Glocken, Rätschen, sehr viel Blech- und anderen Lärminstrumenten. Die Chessler sind gekleidet in Chesslerhemli und Zipfelmützen, sie kommen aus allen Richtungen zu Hunderten und strömen dem Friedhofplatz zu. Da steht der Oberchessler, ein wahrhaftiger Zauberer, denn immer gelingt es ihm, den Tumult zu bannen und in choreographisch und musikalisch gewünschte Fasnachtsformen zu dämmen.

Die Sommerbräuche

Der Sommer ist nicht die Zeit der Feste, sondern der Arbeit. Besonders in der Gebirgsregion, wo er kurz ist, gibt es zu Anfang kaum mehr als die Kuhkämpfe zu erwähnen. → Die Kuhkämpfe im Wallis Zu den Mittsommerbräuchen gehören die → Bergfeste, die → Heusonntage und die → Berggottesdienste. Ein historisch begründeter Brauch dieser Jahreszeit ist der Nationalfeiertag, die → 1. August-Feier.

Die Sömmerlinge

Dies ist die Bezeichnung für das Vieh, welches zur Sommerung auf die Alp geschickt wird. Häufig handelt es sich nicht um des Bergbauern eigene Tiere, sondern um Rinder der Unterlandbauern, die einer Alpgenossenschaft zur Verbesserung des gesundheitlichen Zustandes anvertraut werden, um «Feriengäste» also.

Die Sonnenwenden

Ihre Daten sind der 22. Juni, der die Zeit der langen Tage einleitet, und der 22. Dezember, mit dem die Zeit der langen Nächte beginnt. Es ist anzunehmen, daß nicht nur die uns bekannten, sondern unsere frühesten Vorfahren überhaupt Sommer- und Winteranfang gefeiert haben. Vielerorts sind diese Zäsuren im Jahresablauf bis auf den heutigen Tag brauchtümlich spürbar geblieben. So leben die Sonnwendfeuer in vielen Feuerbräuchen mit anderen Namen weiter. Nicht zuletzt in den Höhenfeuern, die an unserem Nationalfeiertag entfacht werden.

Die Sonnenwendfeuer

Viele alte Kulturen kennen das Abbrennen von Sonnenwendfeuern. In naheliegender Assoziierung von Feuer und Sonne werden die beiden Wenden mit Feuern gefeiert. → Die Sonnenwenden

Die Spend

→ Die Allerseelenspende

Der Spendziger

In Kreuzform gepreßter Ziger aus der Milch der Alpen Faldum, Risti und Kummen, die der Gemeinde Ferden im Lötschental gehören, wurde früher an die Armen die → Osterspende verteilt. Die Osterspende gibt es heute noch; alle Gemeindemitglieder erhalten sie in Form von Brot, Käse und Wein.

Das Spiel

Der Trieb zu spielen, der Kindern, aber auch Jungtieren eigen ist, erlischt beim Erwachsenwerden nicht völlig. Bei der Gesellschaftstruktur der Gegenwart hat das Spiel an Bedeutung zugenommen, der Komponenten der Entspannung und Erholung wegen. Das Spiel hat sich vielfach zum → Sport gewandelt.

Der Spielmeister

So geheißen wird im Sarganserland wie auch in der Innerschweiz der Zeremonienmeister bei Tanzveranstaltungen, also wo eine Hochzeit oder eine Taufe stattfindet.

Die Spinnstube

→ Die Kunkelstube

Der Sport

Nach den sportlichen Wettkämpfen im Altertum hat es nur gelegentliche Ansätze zu Sport gegeben. Im Gebiet der Eidgenossenschaft haben sich Wehrbräuche und Kampfspiele in der Neuzeit zu Sportarten verschiedener Prägung entwickelt. Dem Armbrustschießen ist das Büchsenschießen gefolgt. Jede Landesgegend erhielt ihren → SCHIESSET. → HUDUM mag ein schweizerischer Vorläufer des Hockey sein. Im Schlitteln mit dem → CHESSLER und dann mit dem Davoser kann man Vorstufen zum Bobsleyrennsport erblicken. Auch bodenständige Mannschaftsspiele gibt es: → HORNUSSEN und das → TSCHERETTEN, die sehr dem Cricket ähnlich sind! Aus Spiel ist Sport geworden, was bedeutet, daß die moderne Gesellschaft der Kampfkomponente das wesentlich gewordene Element der Erholung zugesellt. → DAS SPIEL

DAS SPRÄGGELE

Im Knonauer Amt, wo die → SCHNABELGEISS Mittelpunkt der → LÄRMUMZÜGE ist, kennt man für diese auch den Ausdruck Spräggele.
Im nahen Horgener Berg oben und im Aargauischen über der Reuß drüben geht seit Urzeiten im Dezember die → STRÄGGELE um, ein Dämon, dem sie dort weibliches Geschlecht zuschreiben. Die Verkörperer des Ämtler Lokalgespenstes benennen die Bewohner sprachverwandt Spräggele.
Aber wie ist das eigentlich mit der Sträggele, der Spräggele, der Strättele, im Muotathal dem sächlichen Strätteli? Streggeli gibt es noch und andere Koseformen, so Räggele, Gräggele. Sprachlich muß man drei Gruppen der klangähnlichen Wörter unterscheiden. Im Zentrum steht Schratt, der Name für den Dämon, der so mächtig ist, daß man sich hütet, ihn anders als liebevoll verkleinernd auszusprechen.
Mit spräggele meint man also das dämonenvertreibende → LÄRMEN, das sich auch in den → CHLAUSENUMZÜGEN offenbart und das im Emmental mit der Figur des in Lumpen gehüllten, fratzengesichtigen Posterli für die gesamte Taljugend zu einem Hauptspaß geworden ist.

DAS STÄFNER CHLAUSEN

Die Sylvesterbräuche sind eine wilde und gar ernste Sache. D.h. sie waren es, so lange sie sich ihrer dämonenvertreibenden Mission bewußt waren und zu diesem Zwecke ein akustisches Inferno erzeugten. Aber die Chläuse der Linth- und oberen Zürichseegegend stehen seit Jahrhunderten kulturell auf einer gehobenen Stufe, indem ihr Tun ein pantomimisches Gepräge trägt und eine Szenenfolge erkennen läßt. Man könnte auf den Gedanken kommen, daß die Jenseitigen – in Übereinstimmung mit einem uralten Fasnachtsglauben – mit Sinngebärden sich zu verständigen suchen.

PORT DE NEUCHATEL EN JANVIER 1830.

Eislauf vor anderthalb Jahrhunderten. Im zugefrorenen Hafen von Neuenburg vergnügen sich Eisläufer und -tänzer, Kinder mit Chesslerschlitten und ein Reiter.
Lithographie von Gagnebin, 1830. (Graphische Sammlung Landesbibliothek Bern)

Gerne wüßten wir wenigstens, woher das Steckeneselchen stammt. Nun, früher verwendete man einen richtigen Esel, und der mochte fürs Wotanspferd gehen oder aber das Reittier des Heilandes sein, je nach heidnischer oder christlicher Interpretation. Der → SYLVESTERCHLAUS, die Hauptfigur, ist übrigens eine Vermengung verschiedener Einflüsse.
Heute benehmen sich die Stäfner Sylversterchläuse recht gesittet. Moderne Menschen stecken in ihrer Haut, Brauchtumsfreunde, die vielen Sportorganisationen angehören. Wohlgeordnet ist das Stäfner Sylvesterchlausen geworden. Es besteht aus drei Umzügen durchs Dorf in Elferzahl. Jeden Umzug charakterisieren dieselben drei Figuren. Der Anführer ist ein → SCHLIICHBÖÖGG, der ein Kreidegesicht hat, ein Clown eigentlich, trägt er doch Spitzmütze und Halskrause. Nicht mehr wie einst «schliicht» er herum, im Dorfe Gaben sammelnd. Zielbewußt führt er seine rätselhafte Kolonne vor jene Häuser, die er einer Tanzaufführung für würdig erachtet. Da heischt er Gaben, derweil der Eseltreiber mit der Peitsche und der Steckeneselreiter – beide bärtige Chläuse – einen Tanz im Kreise herum aufführen. Sie selber werden wiederum umtanzt von vier → LACHNER BÖÖGGEN. Diese tragen die berühmt gewordenen Holzmasken und lärmen mit den Treicheln und dem Geröll. Am Rande des Geschehens macht sich der Schliichböögg, unterstützt von Chläusen mit Lichterhüten, bemerkbar. Er heischt den Obolus. → DIE HEISCHEBRÄUCHE Aber nicht mehr wie früher wandeln die Sylvesterchläuse bei unbändigen Feiern die Gaben in befeuernde Getränke um, sie legen sie beiseite für sportliche Zwecke.
Wenn es eindunkelt, leuchten die Lichterhüte – → NARRENANGLI oder → INFULE heißen sie anderswo – auf. Akteure und Zuschauer machen sich auf den Heimweg, wohlvorbereitet und in Stimmung für die Sylvesterunterhaltungen des späten Abends. Sie werden sich auch fragen, wie das Stäfner Sylvesterchlausen vor sich ging, als es noch spontane Kräfte steuerten.

DIE STANGENBRÜDER

Dies ist ein Name, den die Sebastiansbrüder deswegen erhalten haben, weil sie beim Brunnensingen ihren Weg beleuchten mit Laternen, die an hohen Stangen befestigt sind. → DAS SEBASTIANSSINGEN

DAS STANSER ANKLÖPFELN

→ DAS ANKLÖPFELN

Die Stanser Fasnacht

Wie die Luzerner Stadtfasnacht oder die von Schwyz, so hat auch die Stanser Fasnacht feste Umrisse angenommen. Die Frohsinngesellschaft bildet jeweilen den «Unüberwindlichen Kleinen Rat» und parodiert fasnächtlich die Nidwalder Behörde. Dieser Unüberwindliche Rat von Stans hat eine rühmliche Geschichte und ist nicht wie der Große Rat von Zug untergegangen.

Der Stechpalmig

Er ist ein mit Stechpalmen bedecktes, an einen Lindwurm gemahnendes und von Knaben dargestelltes Bächteliungeheuer. → Der Hallwiler Bärzelitagumzug

Das Steckenbrot

Es ist offenkundig, woher dieses Brot seinen Namen hat. Lange war es verschwunden, doch bäckt es heute mancher Bäcker wieder, allerdings nach dem französischen Vorbild der flûtes. Es ist ein knuspriges Weißbrot.

Das Stecklitragen im sanktgallischen Wil

Meist am ersten, manchmal am zweiten Oktobersonntag, findet in der Ostschweiz ein äußerst originelles Schützenfest statt. Werden die Wiler beflügelt durch die Erinnerung an historische Bedeutung und Pracht, als nämlich der Ort noch Residenz der sanktgallischen Äbte war? Mit ihrem Aufmarsch durch die Stadt zum Einschießen reißen die Schützen der Schützengesellschaft die ganze Bewohnerschaft in einen festlichen Wirbel hinein, der ein besonderes Gepräge annimmt. → Der Schiesset
Die Stecklitäger – das sind die Kinder mit den langen Stangen – fühlen sich nicht zu Unrecht als die Wichtigsten des großen Umzuges, wichtiger als der Anführer, der mächtige → Bajass oder die Stadtmusik oder die bewaffneten Kadetten. Die Kinder mit ihren langen Stangen sind ja auch die Verbindung zwischen Schützen und Bevölkerung. Wer aus letzterer nämlich im vergangenen Jahr geheiratet oder Nachwuchs gekriegt oder ein Erbe angetreten hat, wenn also ein Einzelner hochherzigen Gemütes ist, oder wenn Gesellschaften in Geberlaune sind, treten die Stecklitäger in Funktion. Für tausend Augen sichtbar hängt an jedem Steckli die Verheißung einer Gabe, eine Urkunde.
Da ist es zweifellos richtig, daß jedes Kind seinen frisch gebackenen Ring

als Lohn fürs Stecklitragen kriegt! Das Fest findet erst am Montag mit den Schützenfeierlichkeiten sein Ende.

Die Steinen-Fasnacht

Die Verwandtschaft zur Schwyzerischen Fasnacht ist spirituell unverkennbar, aber sie ist beileibe kein Ableger. Natürlich spielen in beiden Fällen die → Nüsseler eine große Rolle, aber unter denen von Steinen gibt es eigenständige Größen wie den → Talibasch und den → Valädi.
Am Güdeldienstag findet ein Umzug statt, in welchem die → Blätze den Harst bilden. Höhepunkt ist das → Brotauswerfen des Talibasch und seiner Trabanten von der Kirchhofmauer aus.
In gewissen Jahren wird ein Fasnachtspiel aufgeführt.

Das Sternsingen

Es ist der bekannteste Brauch an → Epiphania in der Schweiz. Das Volk hat die Menschwerdung Gottes immer am besten im Erkenntniswunder der drei Weisen oder Könige begriffen. Sie hatten das Christkind gefunden, weil sie sich hatten leiten lassen durch einen Stern am Himmel! Von der Mitergriffenheit des Volkes zeugen die vielen Epiphanienbräuche in allen Landesteilen, es huldigte mit in den Dreikönigsspielen und mit dem Sternsingen.
Aber durch die Fixierung des Geburtsfestes Christi auf den 24. Dezember sind zeitliche Verschiebungen des Brauches des Sternsingens festzustellen. Das Luzerner Sternsingen ist ein Ereignis des Weihnachtsabends. Im Albulatal fällt das Sternsingen auf den Sylvester. Die Kinder von Alvaneu, in ihrer Mitte die drei Könige, tragen einen Stern durchs Dorf, der sich immerzu dreht. Am Dreikönigstag selbst kann uns immer noch das rührende Erlebnis zuteil werden, Sternsingern zu begegnen, Kindern meist, die Christlieder singend durch die Landschaft ziehen.

Die Stossfahrt

Auf dem Stoß steht eine Erinnerungskapelle, die 1405, kurz nach der Schlacht bei der Letzi, erbaut wurde zum Gedenken an den Sieg über den Abt von St. Gallen. Am Bonifaziustage, dem 14. Mai, machen die Appenzeller ihr Gelübde einer Gedenkprozession wahr. Im Hauptort Appenzell besammeln sich frühmorgens die Männer und brechen auf zur Stoßfahrt. Bis das Ziel erreicht ist, hat sich die Länge des Zuges verdoppelt.

Die Sträggele

Ursprünglich dürfte die Bezeichnung einem bösartigen Dämon aus den → Zwölften gegolten haben, der die Innerschweiz, besonders in der Sträggelenacht, am 23. Dezember, unsicher machte. Während der Zorn der Sträggele gelegentlich einen moralischen Sinn erkennen ließ, nämlich, wenn er faulen Spinnerinnen und bösartigen Weibern galt, handelte der Dämon doch vorwiegend moralisch sinnlos. Er zerriß geraubte Kinder in der Luft und suchte jede Gelegenheit zur Rache an den jungen Burschen wahrzunehmen, die gewagt hatten, mit Sträggelemasken und verhöhnendem → Lärmen den Dämonenkampf zu bestehen. → Der Analogiezauber Im zürcherischen Hirzel und im südlichen Aargau meint man mit Sträggele schlechthin Hexe. Für die Unholdin gibt es noch andere Bezeichnungen wie Häggele, Gräggele, auch Chlunge und → Chlunggere. Ist es diese Dämonin, die im 19. Jahrhundert in der modernen Gestalt einer Großkellnerin in Altdorf erscheint, als Pfarrköchin bei stürmischem Wetter im Pfaffengraben von Mels mit dämonischem Geschrei?

Das Strätteli

So heißt ein Muotathaler Dämon. → Das Strudeli → Der Gräuflet

Die Strohpuppen

Im Brauchtum der Schweiz spielen zweierlei Strohpuppen eine bedeutende Rolle. Erstens die dem Feuertod geweihten Symbolpuppen. → Die Bööggenvernichtung Die bekannteste ist der Zürcher Sechseläutenböögg. → Das Zürcher Sechseläuten Zweitens sind die Erntefestpuppen zu nennen. Das sind die Garbenpuppen, die man bis ins 20. Jahrhundert hinein aus der letzten Garbe eines Feldes band. Der Sinn war, daß der Bauer die ungeernteten Ähren als Opfergabe den Göttern überließ. In christlicher Interpretation würde man von einer Dankgeste an den Himmel sprechen. So lange man eigentliche → Erntefeste feierte, wurden auch Erntepuppen aus Birken- und Tannenreisig erstellt.

Das Strudeli

Das, auch die Strudeli, ist ein Muotathaler Walddämon, welcher die Gestalt einer Waldfrau angenommen hat und in der germanischen Mythologie begründet ist. (→ Der Gräuflet)

Die Stubenhitze

So hieß in Brun'schen Zeiten der Beitrag, der den Zürchern das Recht auf Benützung der → Trinkstuben gab. Wie aus dem Wort hervorgeht, wurde der Obolus für Beheizungszwecke verwendet.

Der Stubenhund

Das ist ein innerschweizerischer Ausdruck für den Frühaufsteher am Neujahrsmorgen. Ihm steht das → Neujahrskalb, der Letzte im Hause, gegenüber.

Die Stubete

Das ist ein kehrum getätigter Besucherbrauch, wie etwa die Spinnstubete (→ Die Kunkelstube), bei welcher die Mädchen und Frauen Flachs und Spinnrad mitnahmen und die Geselligkeit nicht zu kurz kam. So kennt man im Appenzellischen die → Alpstubete, bei der die Sennen zu Tanz und Spiel unter freiem Himmel einladen. → Die Kunkelstube

Die Stüpfelenacht

So, auch Stipfelenacht, heißt die letzte Nacht des Jahres. → Das Andreslen Sie hat den Namen von der Hexe, die dann umgeht, um die unfolgsamen Kinder zu stiffele, zu züchtigen. Sie ist übrigens jenem weiblichen Dämon sehr ähnlich, der im Säuliamt als → Sträggele und Spräggele bezeichnet wird und dort die faulen Mädchen bestraft. Wenigstens tat sie das noch im 19. Jahrhundert.

Das Sturmläuten

Früher wurde bei Naturkatastrophen Sturm geläutet. Besonders bei Bränden rief man mit einem Stakkatoläuten – dazu eignete sich eine der leichteren Glocken im Turmgeläut – die Bauern vom Feld. Obwohl heute der Aufruf zur Hilfeleistung telefonisch organisiert ist, verzichtet man in abgelegenen Dörfern nicht auf das Sturmläuten. Vom Kirchturm herab erreicht es die Männer auf den Feldern immer noch am schnellsten.

Die Süblotere

→ Schwiiblouterä → Die Potsche

Südschweiz: Brauchtum der Schweiz in Nuce

Unser Werk gibt keine regionalen Überblicke. Eine Ausnahme bilden diese Hinweise auf charakteristische Volksbräuche des Tessin und des Misox. Sie tragen einem erwähnenswerten Phänomen Rechnung, nämlich der Tatsache, daß die Landesteile im Süden der Alpen eine Art Nußschale darstellen, in welcher sich in eigenartiger Abwandlung gesamtschweizerisches Brauchtum vorfindet.

In dieser Schau leuchten als Facetten z.B. Winter-Frühlingsbräuche auf: am letzten Januartag vertreiben in Locarno die Sant'Antoniobuben – auch für südliche Verhältnisse verfrüht – mit Blechspektakel in den Gassen den Winter. An Dreikönigen tun dasselbe die Misoxer Burschen. → Das Misoxer Epiphanien-Jugendfest – Die Fasnacht, hintergründig und vielgesichtig, in südlichen Varianten, erleben wir in den Beispielen: → Locarneser Karneval → König Rabadans Einzugsfeier → Die Risottata di carnevale. Frühlingeinleitend beglückt uns das → Kamelienfest von Locarno. Sommerbräuche sind das genießerische Aufsuchen von Kühle und Schatten in den Grotti, wobei dem vorjährigen Merlino zugesprochen und Boccia gespielt wird. Bei den Winzerfesten, den schönsten Beispielen von Herbstbräuchen, kostet man vergnügt den neuen Wein. → Das Locarno-Monti-Traubenfest Brauchtümlicher Ausdruck der Einstellung zum Leben sind die → Tessiner Fischmärkte. Kirchliche Volksbräuche, an denen alle Schichten teilhaben, sind die Prozessionen. → Die Fronleichnamsprozession von Lugano, → Die Locarneser Karfreitagsprozession, → Die Prozession der Madonna d'Ongera, → Die St. Lucio-Pass—Wallfahrt, → Das Sankt Rochusfest auf Gribbio und – nicht zuletzt – die → Prozessionen von Mendrisio.

Die Sühudi von Einsiedeln

Es gibt keine historische Belege für die Abkunft des Suhudi, doch unsere Erklärung dürfte dem Wesen des etwa Achtzigjährigen gerecht werden. Die Sühudi sind die Kobolde der Einsiedler Fasnacht. Sie erinnern an das üble Tun der germanischen Dämonen der → Zwölften unter den Menschen. Da sie Meister des → Lärmens sind, muß man sie als direkte Nachkommen der Dämonenbekämpfer auffassen, als Beschwörer der Geister, die uns immer noch übel wollen. Aus dem Konzept der Einsiedler Fasnacht sind sie nicht wegzudenken.

Die Surprozession der Armenseelen-Bruderschaft

Sur liegt im Oberhalbstein. Der Bruderschaft zum Troste der armen Seelen, eine → GUGELBRUDERSCHAFT, treten – einem alten italienischen Brauch folgend – mit dem 18. Lebensjahr alle männlichen Surer bei. Am 8. September, an Mariae Geburt, findet ihre ungewöhnliche Prozession statt. Sie bietet das Bild einheitlich gekleideter Männer: schwarzer Kragen, weißes Überhemd, Gugelkapuze mit Augenlöchern (sie wird nicht aufgesetzt) und Stab.

DER SUUFSUNDIG

Diese Bezeichnung gilt einem Bergfest im Saaneland. Ein Suuf ist ein Schluck sahnige Milch aus dem Käsekessel, eine traditionelle Handlung, welche Veranlassung für den Namen gab. → BERGFESTE

DER SYLVESTER

Der letzte Kalendertag, nach dem christlichen Tagesheiligen Sylvester benannt, wird universell gefeiert. Sentimentgeladen haben die Feiern retrospektive und zukunftsergründende Züge. Alle öffentlichen Anlässe in der Sylvesternacht zeichnen sich durch Lautstärke aus, wenn man von kirchlichen Veranstaltungen absieht. Von ihnen heben sich, im städtischen Bereich, die privaten und eher ruhigen Feiern recht gegensätzlich ab.
In ländlichen Bezirken leben noch viele der alten farbigen Sylvesterbräuche weiter. Unter den Stubenbräuchen ist vor allem das → ORAKELN zu nennen, mit welchem man spielerisch versucht, das Dunkel der Zukunft aufzuhellen. Wahrhaftig beglückend sind die Bräuche, die das Bild ganzer Landstriche verändern. Das tun z.B. die → OBERSCHANER SYLVESTERCHLÄUSE, die feierlich durch die hügelige Gegend ziehen. Sie tragen von den Chlausmeitlen kunstvoll gefertigte Pappmasken, die weiße Kutte wird von einem schmalen schwarzen Gürtel zusammengehalten. Einer trägt eine große Zinnkanne und heißt darum Kannenträger. Wenn in den kindergesegneten Häusern die Bescherung vorüber ist, füllen, als Gegenleistung, die Eltern die Kanne mit klarem Wartauerwein. Aber was halten die andern Chläuse in der Hand? Es sind Peitschen. Wozu nur? Sie wollen damit weniger böse Buben züchtigen, als mit deren scharfem Knallen die bösen Geister vertreiben.
Andernorts, z.B. in Appenzell, lärmen sie mit Treicheln. Bis vor kurzem erschienen sie dort am julianischen Sylvester, welcher der 13. Januar ist. Wir sind nicht unglücklich, zum Jahresabschluß nochmals brauchtumsmäßig bereichert zu werden durch die Begegnung mit der so farbigen, heidnisch-christlich schillernden Chlausfigur.

DIE SYLVESTERCHLÄUSE

In ihnen offenbart sich deutlich die zwiespältige Chlausnatur. Von Fall zu Fall ergibt sich, ob die vorchristlichen Züge überwiegen oder die christlichen. Am 6. Dezember, dem St. Niklaustag, sind es eher die letzteren.
→ DIE SCHELLENCHLÄUSE

DAS SYLVESTERTRÖSCHEN

Dieser Aargauer Brauch des → LÄRMENS hat allein in Hallwil Fortbestand. Der Brauch läßt uns unwillkürlich an ein anderes Phänomen denken, an die hochentwickelte Kunst der → GEISSELER. In beiden Fällen haben bäuerliche Berufsgeräte nicht nur die Funktion von Lärminstrumenten übernommen, sondern sind zu Musikinstrumenten geworden. Von Musikinstrumenten zu sprechen ist wohlberechtigt, da das Schlagzeug Bestandteil unserer Orchester für klassische als auch für Tanzmusik geworden ist.

Die Bauern, welche das seltsame Brauchkonzert geben, sind schlechthin als Virtuosen anzusprechen. Die Präzision der Handhabung der Dreschflegel ist so groß wie die Taktsicherheit, Rhythmenwechsel scheinen sich mühelos zu vollziehen.

Auf dem Bretterboden von Bruderhübel bei Hallwil erzeugen sechs Männer die markerschütternde Mitternachtsmusik. Es werden dabei keine fröhlichen Dreschsprüche mehr gesprochen wie früher in der Tenne. Ein unwirklicher Ernst hat von den Agierenden und allen Anwesenden in der Runde Besitz ergriffen; sie sind in einen Bann gezwungen. Dieser wird noch eine Weile nicht gebrochen, nachdem – schlagartig – um zwölf Uhr Totenstille eingetreten ist.

Die Tafelvögel

→ Die Weggen

Der Talibasch

Wer sich wundert, was Talibasch für eine wunderliche Sprachschöpfung sei, dem sei gesagt, daß er nicht weit suchen muß. Es handelt sich um eine fasnächtlich nicht unangebrachte Kontamination aus toll und basch, wobei das letztere Element von Baschi kommt. Und Baschi ist eine Form von Sebastian.
Der Talibasch ist ein → Nüsseler und tritt auf an der Fasnacht von Steinen im Kanton Schwyz. Die verzerrten Züge der in Holz geschnitzten Talibaschmaske, die ewig herausgestreckte Zunge sind in grotesker Bemalung fixiert nach einem alten Vorbild. → Die Steinen-Fasnacht

Die Tannenfuhr

Der in bernischen Gegenden heimische Brauch, daß die Holzfäller ihre letzten Winterfuhren nicht mehr auf Kufen, sondern auf Rädern und grünbekränzt aus dem Waldinnern ins Dorf führen, erhält dadurch eine Erklärung, daß dort der Hirsmontag (→ Der Hirsetag) entweder noch beachtet oder in seiner Bedeutung im Bewußtsein der Bevölkerung vorhanden ist. Es geht dabei um einen Frühlingszauber. → Die Blochfuhr

Der Tannrisig

Er ist eine Figur im → Hallwiler Bärzelitagumzug und ist dem → Stechpalmig ähnlich. Beide sind immergrüne Ungeheuer. Ungeduldig wartet die Jugend auf sie, wenn der überraschungsreiche Umzug vorbeizieht. Im Leib des Sagenwesens stecken Knaben, die es fortbewegen und für Kapriolen besorgt sind.

Der Tanz

→ Der Volkstanz

Der Tanzschenker

Der Name ist wenig mehr gebräuchlich. Er ist innerschweizerisch und bedeutet bei Hochzeiten Zeremonienmeister. Im Sarganserland übernimmt diese Funktion der → Spielmeister.

Es empfiehlt sich, Überlegungen über das → SCHENKEN anzustellen, um der schönen Bezeichnung Tanzschenker gerecht zu werden. Erinnert das Tun des Tanzschenkers nicht ein wenig an das einer Schicksalsgöttin?

DIE TAUFANSAGERIN
→ DER AUSRUFER

DIE TAUFE

Es gilt, verschiedene Zusammenhänge zu klären, wenn wir das Wesen der Taufe verstehen wollen. Brauchtumsinteressierten ersteht dadurch ein erleichterter Zugang, daß sie einen kultivierten Sinn für das Sichtbare, Hörbare und Greifbare mitbringen. Und die Taufe als kultische Handlung appelliert ja an die Sinne.
Was heißt übrigens Kult? Man versteht darunter einen zur streng gefestigten Gepflogenheit gewordenen Umgang mit Gott, wobei sich das Segens- oder Gnadenerlebnis einstellen kann. Es gibt heidnische Kulte, die auch die Abwehr des Bösen zum Ziele haben. Die Form eines Kultes, auch eines nichtreligiösen, wie etwa eines gesellschaftlichen – z.B. des höfischen – ist rituell. Wir wenden uns kurz den religiösen Riten zu. Es überrascht nicht, daß in unserem früh christianisierten Lande die primären Riten Kristallisationen um Geburt, Heirat und Tod sind, wichtigste Erlebenspunkte im Ablauf des Daseins. Riten sind Formeln, nicht abstrakte zur Bewältigung durch das Gehirn, sondern sinnerfaßbare, etwa anschaubare, hörbare und fühlbare Akte.
Es gibt Formen der Taufe, die durch ihre mehrschichtige Sinnenbezogenheit unmittelbar verstanden werden. In einzelnen Religionsformen verschmelzen Kern und Hülle zur Frucht, zum Sakrament, gewissermaßen zum erfaßbar gewordenen Geheimnis. Davon mehr, wenn wir uns der theologischen Seite zuwenden.
Die Taufe ist nach allgemeinchristlicher Lehre ein von Christus selber gesetztes Zeichen für die Kreuzestodgnade.
Für den Katholiken handelt es sich bei der Taufe um ein Sakrament, also um ein Gnadenmittel, das in seiner Doppelnatur wirksam wird, sowohl durch die Worte des formellen Segensspendens, als auch durch die Handlung. Wir erleichtern uns die Vorstellung der Vollzugsgestalt, wenn wir Vergleiche mit vorchristlichen Mysterienriten anstellen, etwa mit jenen des Passahlammes und der Beschneidung. Die Kulthandlung der Taufe hat einerseits Heilsbedeutung, nämlich die Vergebung der Sünden, und anderseits die Bedeutung der Aufnahme in die Kirche Christi. Der Voll-

zug der Taufe ist dringlich, weist er doch auf die Eingliederung in das Volk Gottes hin. Die gemeinsame Taufe mehrerer Täuflinge und vor versammelter Gemeinde wird bevorzugt. Paten werden bestellt, welche verantwortlich sind für das Hineinwachsen des Getauften in Glauben und christliches Leben.

Die Kindertaufe ist ein Usus seit dem 3. Jahrhundert. Daß dabei Erwachsene die Verantwortung übernehmen, ist selbstverständlich. Heute besteht der Ritus in der Hauptbesprengung mit geweihtem Wasser, wobei der Priester eine Tauformel spricht, in der die Trinität angerufen wird. Für die Protestanten ist die Taufe kein Sakrament, und eine einheitliche Auffassung gibt es nicht. Ein Gremium repräsentativer Theologen umriß 1981 am Radio DRS die protestantische Taufsituation in unserem Lande, wobei ein Bild modernistischer Theologie ohne Berücksichtigung der rituellen Seite entstand. Den lutherischen Gläubigen – eine Minderheit in der Schweiz – bedeutet allerdings die Taufe Vergebung der Unschuld in sakramentverwandter Übermittlung. Der andere tiefe Sinn der Taufe liegt – für alle Denominationen – im Teilhaftigwerden an der kirchlichen Gemeinschaft. Für die meisten evangelischen Christen, etwa die Glieder der zürcherischen und anderer Landeskirchen, die auf Zwingli fußen, erinnert die Taufe an Gottes in Christi gegebenes Geschenk der Sündenvergebung und der Wiedergeburt. Den Taufvollstreckern steht keine einheitliche Tauformel zur Verfügung.

Der christliche Taufbrauch hat in zwei Jahrtausenden Wandlungen erlebt. In seiner jetzigen Phase – vorzüglich in der nichtkatholischen Kirchenwelt – macht sich eine Abwertung bemerkbar, die begründet liegt im rituellen Schrumpfprozeß. Das übliche Taufbild zeigt den Täufling – meist als Kleinkind –, der wasserbesprengt oder fingerberührt wird, während er seinen christlichen Namen erhält.

DER TAUFRING

→ DIE WEGGEN

DER TAUFZUG

Ähnlich dem Hochzeitszug, war früher der Taufzug ein sehr festlicher Brauch. In gebirgigen Gegenden, die nur Fußwege hatten, mußte der Täufling vier bis fünf Stunden weit getragen werden. Dem kirchlichen Taufakt folgte gar nicht immer ein Festmahl, doch ein Zusammensein mit den Dorfbewohnern bei Chüechli-Essen und Plaudern ermöglichte eine Ruhepause, bevor der Taufzug den Rückweg antrat.

Taufansagerin. Mit der schönen Wehntalerin mit dem zarten Blumengebinde hat es keine Trachtenbewandtnis. Sie ist eine Variante des Ausrufers. Die Nachricht, die sie verbreitet, ist die Taufe in einer Kirche auf dem Gebiet der Stadt Zürich.
Kolorierter Stich von Gatine, 19. Jahrhundert. (Graphische Sammlung Zentralbibliothek Zürich)

Die Techel

→ Die Krienser Techel

Das Techeln

Damit wird die spezifische Gangart der → Krienser Techel bezeichnet. Da Techel Dackel bedeutet, ohne allerdings im vordergründigen Bewußtsein der Agierenden zu leben, erhalten wir einen Hinweis, der die unnachahmliche Gehweise verständlich macht. Dieses Gehaben der Techel ist ein Charakteristikum der → Krienser Fasnacht.

Die Termintage

Dem Bauern und Geschäftstreibenden sind seit dem Mittelalter Zins- und Kündigungstage zweimal jährlich wichtige Kalenderzäsuren. Sie werden Termintage genannt. Sie sind in den verschiedenen Landesgegenden nicht dieselben. Der bekannteste ist Martini. → Der St. Martinstag Andere sind der → St. Michaelstag und der → St. Thomastag.

Die Tesseln

Die Tesseln, auch Tesslen, haben das Ende des Analphabetismus im schweizerischen Mittelland nicht überlebt. Es ist ja bedeutungslos, daß es im Kanton Zürich noch Quadertesseln in einigen Kirchen gibt. Hingegen gibt es in den Alpen noch zusammenhängende Gebiete, wo sich Tesselbräuche erhalten haben. Die Tesseln sind dort gekerbte Hölzer, die Kerben sind Striche oder Punkte. Im Goms heißen sie Stange oder Streich. Im ganzen Oberwallis sind sie bekannt als Stupf. Im St. Gallischen nannte man sie Furken, Gänsefuß, Pfannenknecht, Schlüssel und Schaufel.
Im Wallis und im Tessin mit ihren patriarchalischen Gemeindeordnungen gab es eine Vielzahl von Tesselbräuchen. Jeder Haushaltbürger hatte eine ihn ausweisende Tessel, seine «Identitätskarte». Die Alptesseln hielten des Bauern Alprechte fest, die Backhaustesseln bestimmten die Reihenfolge für den Gemeindebackofen, die Nachttesseln gaben dem Wächter die Weckzeiten an, Tesseln gab es fürs Stundengebet in der Karwoche in der Kirche. Die Schertesseln enthielten auf einem Hölzchen das Hauszeichen des Fängers für seine erlegten Schermäuse, die Wassertesseln bezeichneten die Zuteilungen für das kostbare Wasser, die Milchtesseln waren Notierungen an der Meßkelle und gaben Auskunft über gelieferte Milch.
Die Tessel – der Ausdruck bedeutet ja einerseits präalphabetische Inhaltsfixierung, anderseits die Objekte – erweckt unser Erstaunen und gewährt Einblick in ein ältestes Kapitel Brauchtum.

Die Tessiner Dorffeste

Die Bewohnerschaft einer Reihe von Tessiner Dörfern gibt – ohne Herleitung aus einer spezifischen Tradition – der Lebensfreude Ausdruck durch eine Lustbarkeit auf dem Hauptplatz. Formen sind dabei für die Jüngeren der Tanz und für die Älteren besinnliche Gespräche, jeglicher Art Debatten beim Weingenuß. Im aus- und rückwanderungsgeschichtlich interessanten Arcegno erlebt man ein typisches und immer beschwingtes Dorffest.

Die Tessiner Fischmärkte

Der bedeutendste ist heute der Fischmarkt von Lugano. Zahlreiche Orte, auch kleinere Dörfer, hatten früher ihren charakteristischen Fischmarkt. Aber es gab noch eine Form des Fischhandels. Die Fischfrau kam in der Morgenfrühe selbst zu hoch über den Seen gelegenen Flecken. Sie ging von Haus zu Haus, nahm für die Kunden die vor wenigen Stunden gefangenen Fische aus und warf die Eingeweide auf die Straße, Hauptnahrung übrigens für die zahlreichen Hunde und Katzen damals.
Die Fischkirmes von Burbagli stellt einen besonders interessanten Brauch dar als Verbindung von Kirchweih und Ehrung des Fischfangs. Es verzichtete eben bis vor kurzem die Bevölkerung in Seenähe nicht auf reichliche Fischnahrung.

Tessiner Volksbräuche

→ Südschweiz: Brauchtum der Schweiz in Nuce

Der Thomastag

→ Der St. Thomastag

Der Thuner Ausschiesset

Er ist ein → Schiesset für Gewehr und Armbrust. Er findet Anfang September statt. Seine Tradition ist alt, er stammt aus dem 16. Jahrhundert. Er erschöpft sich nicht wie so mancher Schießet in einer knappen Schießkonkurrenz. Zwei Tage lang beleben originelle Umzüge das Stadtbild, und der Teufel in persona sorgt für den Hauptspaß. Die Maske ist zwar kein Teufel, aber sie heißt Fuulehung. Auch früher konnte der Fuulehung sich nicht auf die faule Haut legen; er mußte als Pritschenmeister den Übermut der jugendlichen Schießlustigen eindämmen.

Der Tirggel

Der Tirggel, oder Dirggel, ist ein mit Honig gesüßtes Weißmehlgebäck, das so dünn ausgewallt wird, daß die eingeprägten Reliefmodel den gebackenen, hart gewordenen Tirggel zu einem Transparentbild werden lassen. Diese kunstvolle Bilderbackware ist seit Jahrhunderten verbreitet. Sie ist beliebt als Zugabe zu einem Trunk, z.B. am → Neujahr und → Bächtelitag. → Die Gebildbrote

Der Tiroler

Diese Fasnachtsfigur aus dem Kanton Schwyz – besonders prominent auf den Schauplätzen Rothenthurm und Schwyz – läßt sich zwar genau beschreiben, nicht jedoch sehr weit zurückverfolgen. Erst recht nicht mit Sicherheit erklären! Ausgerechnet von einem europäisch anerkannten Fachmann stammt die Vermutung, daß es sich um einen Witz aus dem linguistischen Bereich handle. «De Roller» habe sich kontaministisch in «Ti-roler» verwandelt. Nun, es ist nicht anzunehmen, daß die Fasnachtsfigur des Tirolers, dieser lebensstrotzende Typ, sich aus einem sprachlichen Stichwort herausgebildet habe.
Seine Tracht: kurze Hose, die bis zur Wadenmitte reicht, weißes Hemd mit Wildheuerkapuze, dunkler Hut mit Feder. Die Maske gehört zu den sogenannt schönen Masken, den «glatten», ist aber mit Bart. Da der Tiroler in der Mehrzahl auftritt, wird die Rott gebildet. Diese führt einen Männertanz auf, wie man ihn im Balkan und in den Ostalpen kennt. Hiebei rasseln die Schellen am breiten Schellenband. Woher nun, fragt man sich, ist der Schwyzer Tiroler gekommen? Tiroler aus dem österreichischen Land Tirol sind allerdings früher als wandernde Händler aufgetaucht. Es wäre denkbar, daß sie sich auch als Holzfäller betätigt hätten und in ihren schmucken Trachten – etwa wie noch vor kurzem die Hamburger Zimmerleute – Sympathie erworben hätten. Aber waren sie wirklich im Dörfchen Rothenthurm, hatten sie zu tun im Hauptort Schwyz und gaben, ohne geschichtliche Spuren zu hinterlassen, Anlaß zur Entstehung der heutigen Fasnachtsfigur des Tirolers? Vorläufig bleibt das Geheimnis. → Die Schwyzer Fasnacht

Die Tischzuchten

Darunter verstand man – sie waren oft gereimt – Anleitungen zu gutem Benehmen bei Tische. Oder sind sie Vorschriften? Ja, sie sind als Zivilisationsgrundlage aufzufassen, als kulturelle Bausteine. Für Bauern- und

Die Tischzucht stammt aus dem bürgerlichen Brauchtum. Bei diesem Blatt sind wir Zeugen des Tischgebets. Am Tisch sitzen die Eltern, Großeltern, vier Kinder, ein Gast, und in der Wiege am Tischrand wird auch ein Säugling des Segens teilhaftig. Die Magd ist bereit, aufzutragen. Der Künstler übermittelt einen dokumentarischen Einblick ins Leben einer vornehmen Familie. Stich von Conrad Meyer, 1645. (Graphische Sammlung Zentralbibliothek Zürich)

Bürgerhäuser hoben und regelten sie das Tun bei Tische, d.h. der Eß- als auch der Sprach- und Gesprächsgewohnheiten. Sie waren in unseren Städten vom 12. bis zum 17. Jahrhundert bekannt.

DAS TODAUSTRAGEN

→ DAS ZERSÄGEN DER ALTEN

DIE TODESGRATULATION

Ja, es liegt kein Irrtum vor. Zu heidnischen wie christlichen Begräbnisbräuchen hat früher die Totenklage gehört. → DAS BEGRÄBNIS Aber statt Wehklagen – welch zutiefst christlicher Sieg über den Tod! – hat man im St. Gallischen, im Wallis und im Tessin beim Hinschied eines unschuldigen Kindes eine Geste des Jubels eingeführt. Anstatt zu kondolieren, gratuliert man den Eltern und zwar mit folgender Formel: «Ich gratuliere Ihnen zum Engel.» Aber welche Menschen sind so stark, den Brauch aufrechtzuerhalten?

DIE TOTENSPEISE

Nicht nur unsere frühesten Vorfahren kannten sie als Wegzehrung für die lange Reise ins Jenseits. Die Totenspeise war auch in christlicher Zeit ein nicht verschwundener Brauch. Gelegentlich gab man dem Toten einen tröstlichen Happen in den Sarg mit.

DIE TOTENWACHE

Der Brauch wird nicht mehr häufig geübt, daß bei einem Mann Freunde und bei einer Frau Freundinnen, Gebete sprechend, bis zur Beerdigung die Nächte am Totenbett verbringen. Eine Kerze brennt als Totenlicht Tag und Nacht. Noch im 19. Jahrhundert war die Stärkung mit Brot und Wein oder Most obligatorisch. Um die Gefahr des Einschlafens zu bannen, hielten die Angehörigen für die Wachen Kaffee oder Erbsensuppe bereit. Im Vallée de Bagnes war auch ein Kartenspiel nicht verpönt.

DIE TRACHTEN

Hier sei daran erinnert, daß man unter Urtrachten die Grundformen menschlicher Bekleidung versteht, Wickelrock usf. Beim Wort Tracht denkt man aber auch an die Gesamtheit und Aufmachung, also mit

Das Bild ist durch den Versuch bemerkenswert, in einer schweizerischen Ideallandschaft sämtliche Schweizer Trachten zu versammeln. Das landschaftliche Vorbild war die Gegend um den Lowerzersee. Kolorierter Stich des wenig bekannten Heinrich Füßli IV., erstes Drittel 19. Jahrhundert. (Graphische Sammlung Landesbibliothek Bern)

Kopfhaar, Bart und Beschuhung gemäß Sitte und Konvention. Darin können sich die sozialen Ränge oder Zustände – man denke an Braut- und Bräutigamskleider – widerspiegeln, aber auch regionale und nationale Eigenarten.

Es gibt keine schweizerische Nationaltracht, doch haben wir eine Großzahl von Volkstrachten. Wir unterscheiden Trachtengebiete, und demjenigen, der sich in Trachten auskennt, wie sie heute bei Volksfesten und privaten Anlässen vermehrt getragen werden, verraten sie deren Herkunft auf den ersten Blick.

Trotz der Tatsache, daß es vor dem 17. Jahrhundert keine Trachten gab, ist die Mannigfaltigkeit enorm. Letztere erstreckt sich z.b. auf Form und Farbe der Mieder, der Hauben, der Schürzen, der Ketten, der Stickereien und der Broschen. Greifen wir noch einige Beispiele der Kopfbedeckungen heraus: die appenzellische Strahlenhaube, das Schwefelhütchen der Bernerin oder ihr transparentes, geklöppeltes Roßhaarhütchen, das so gut zu den gestärkten Leinenärmeln geht und zu dem silbernen Kettengehänge aus Filigranrosetten.

Zu den Trachten, die unser Auge am meisten erfreuen, gehören die farbenfreudigen der Walliser Täler und des Engadins mit Purpur und Gold, und der appenzellischen Rhoden, wo es gelb mitleuchtet.

Die männlichen Trachten spielen eine begrenzte Rolle. (Zum Teil sind die Berufskleidungen daran schuld.) Die große Ausnahme bilden die Appenzeller. Dieses Völkchen, das ja ein anthropologisches Unikum ist, da es aus Innerasien stammt, geht gerne seine eigenen Wege, auch im Trachtenwesen. Die Vorliebe für grelle Farben oder Farbigkeit haben die Männer mit anderen Bewohnern der östlichen Alpen gemeinsam. Ein wenig erinnern sie zumindest an die Tiroler.

Die Trachtenfeste

Manche lokalen Volksfeste und alle nationalen Feste wollen nicht auf das Gepräge und die froh stimmende Farbenvielfalt der historischen und der noch verwendeten Gegenwartstrachen verzichten. Die jeweilige Initiative und die Unterstützung kommen hauptsächlich von der Schweizerischen Trachtenvereinigung her.

Das Eidgenössische Trachtenfest findet alle zehn Jahre statt.

Die Transparentlaternen

Das sind einerseits die meist sehr kunstvollen Stangenlaternen, die als Stecklilaternen der → Basler Fasnacht Berühmtheit erlangt haben. Anderseits gibt es die zu Mammutgröße ausgewachsenen Transparentlaternen, die entweder durch kräftige Männer getragen oder aber gefahren werden müssen. Die Kostspieligkeit dieser Phänomene liegt auf der Hand. Von Cliquemitgliedern konzipiert, von Künstlern entworfen, werden sie von Fachleuten ausgeführt. Sie sind keine bunten Eintagsfliegen. Sie machen Aussagen kultureller und lokalpolitischer Art, die weit über die Fasnachtszeit hinaus nachklingen, ja wirksam in der Erinnerung der Bevölkerung haften.

DIE TREIBJAGDEN

Es ist hier nicht die Rede von den großen Treibjadgen, die großräumige Länder kennen. Wir erinnern an jene, welche die Bauern noch im 18. Jahrhundert veranstalteten, um sich wilder Tiere zu erwehren. Es handelte sich entweder um Bären oder um Wölfe. Im Mittelland zeigt man da und dort noch das → WOLFSGARN, große Netze von beträchtlicher Länge. Sie wurden als Fangwände aufgestellt, gegen welche die weniger Wehrhaften mit großem Geschrei und dem Getöse von Lärminstrumenten die Wölfe hintrieben. Die Männer nahmen sie in Empfang und hieben mit Schlagwaffen auf sie ein. Als die Schußwaffen aufkamen, wurde es leichter, den Tieren den Garaus zu machen. Im Unterengadin waren es die Bären, auf welche die Bauern Treibjagden veranstalteten. → DIE BÄRENJAGD

DIE TREICHEL

Die Treichel, auch Trichle, ist eine aus Eisenblech geschmiedete und getriebene Kuhglocke. Sie hat nicht die bekannte runde Form der gegossenen Glocken, sondern ist etwas abgeflacht und birnenähnlich, mit einer engen Öffnung. Romanisch heißen sie Zampuoirs und Talocs.

DIE TRIÄTSCHNITTEN

Das Zwiegebäck, das erst so unscheinbar aussieht und dann bei Tisch sich mit einem rötlichen Schimmer überzieht, schließt ein kleines Stück Kulturgeschichte in sich. Es heißt, daß es aus alpinen Gegenden ins Mittelland herabgewandert sei. Rund um den Zürichsee ist es heute noch in manchem Hause heimisch.

Die Triätschnitte ist eine raffinierte Form der früher von zahnlosen Alten bevorzugten, in Wein getränkten Brotschnitten. Zwiegebacken soll die Triätschnitte nicht zu spröde und nicht zu weich sein, damit sie nach dem Übergießen mit edlem Rotwein weder hart bleibt noch pampig wird. Sie ist von einer wundervollen Hülle überzogen, die aus Staubzucker, pulverisierter Sandelholzrinde und Zimt besteht. Wenn sie sich auflöst, steigt dem Gast ein süßer Duft in die Nase. Noch zu Anfang des Jahrhunderts wurde jedem geschätzten Freunde, der über Land zu einem Imbißbesuch gekommen war, die Ehre zuteil, das feine Zwiegebäck zu genießen. Man setzte es ihm vor auf schöner Fayence, feinem Porzellan oder auch auf einfachem «geblümtem» Bauerngeschirr.

Nun bleibt noch die Frage nach dem Namen zu beantworten. Es scheint etwas aufwendig, dazu ins 5. Jahrtausend v. Chr. zurückzugehen. Aber Sandelholz – und dem müssen wir nachspüren – wurde schon damals verwendet in allerlei Vermengungen zu Weihezwecken und als Parfüm. Wir streichen jedoch nur seine Rolle im Mittelalter heraus, als es die Gewürzhändler mit anderen Spezereien, wie Ölen und Harzen, als gelbe Körner, Tränen genannt, auf Kamelrücken aus Südarabien und Somaliland, dann mit Schiffen durch die levantinischen Gewässer und die Adria hinauf bis zum Umschlagplatz Triest brachten. Triest nun – nach einer alten Meinung – hat sich in Triät verwandelt und so der edlen Schnitte den Namen gegeben.

Das Tricheln

Beim Tricheln handelt es sich um die → Chlausenumzüge der innerschweizerischen Jugend. Sie finden meist am letzten schulfreien Nachmittag vor dem Chlaustag statt. Mit mächtigem → Lärmen, d.h. mit Kuhglockengebimmel und dem dieses noch übertönenden Bimmeln der Treicheln, zieht die fröhliche Jugend durch die Landschaft. Das Tricheln ist ein Brauch, der nicht so schnell aussterben wird!

Die Trichlerumzüge

→ Das Tricheln

Trinkbräuche

Trinksitten gehören zum allerältesten gesellschaftlichen Tun und haben verschiedene Wurzeln. Schon das tägliche Durststillen wie auch das Hungerstillen, führt aus individuellen Gewohnheiten im Familienverband zu fixierten Bräuchen. Gäste aber, die man in Zeiten ohne Gasthäuser mit großer Feierlichkeit aufnahm, konnte man nicht besser begrüßen als mit einem Trunk. Nun war der Fremde angenommen und aufgenommen. Dieser Gasttrunk hieß Rechtsgenössigkeit. In einer Welt der Gefahren be-

deutete das gemeinsame Trinken des Gastgebers mit dem Fremden auch das Angebot der Sicherheit.
Die Vorsicht, die man im Altertum walten ließ, bei Gastmählern Trank und Speisen bei Tische prüfen zu lassen, läßt man im Vorderen Orient gelegentlich heute noch walten. Der Beruf eines fürstlichen Mundschenks ist wahrlich einer der ungemütlichsten!
Nicht verwunderlich, daß es auch einen kultischen Trunk gab. Die alten Germanen spendeten den Göttern ein Trankopfer.
Viele Trinkbräuche jüngeren Datums haben sich bis heute erhalten. Denken wir an den Umtrunk der Zünfte. Der Umtrunk, bei welchem der Becher von Hand zu Hand ging, und wobei man sich nicht verweigern konnte, war auch gebräuchlich bei eher alltäglichen Anlässen im Volke. In den Gesellenhäusern huldigte man dem Umtrinken zu Stadt und zu Land. (Noch im letzten Jahrhundert gab es in Thalwil ein Gesellenhaus.) Daß Trinkbräuche durch den Zwang, der ihnen innewohnt, zu einer Volksgefahr werden können, liegt auf der Hand. 1632 versuchte denn auch die zürcherische Obrigkeit mit einem Mandat die Trinksitten einzudämmen. → DIE MANDATE Bei Festlichkeiten hatte nicht nur das Umtrinken ausgeartet, auch das Vortrinken war zu einer Plage geworden. Die Kreuzwys nannte man die kreuzweise Aufforderung über den Tisch zum Anstoßen. So hatte man immerzu einen Grund, zum Glas zu greifen. Im studentischen Brauchtum kennt man Trinkregeln, und Trinkregeln, die zwar nicht geschrieben stehen, die aber wiederum zu Gefahren geworden sind, sind Bräuche aller Volksschichten wie etwa das Extrinken.

DIE TRINKSTUBEN

Das waren im 13. und 14. Jahrhundert von Standesgenossen für sich und ihre Freunde errichtete Gesellschaftsräume für Spiel und Trunk. Das Besucherrecht erwarb man sich durch die Leistung der → STUBENHITZE, eines Beitrags, der, wie das Wort verrät, u.a. zur Beheizung der Räume diente.

DIE TROGENER LANDSGEMEINDE

Trogen ist der eine der beiden Appenzell-Ausserrhodener Tagungsorte und zwar für die Tagungen mit geraden Jahreszahlen. In den ungeraden findet die Ausserrhoder Landsgemeinde in Hundwil statt, jeweils am letzten Sonntag im April. Trogen erlangte große Bedeutung, einerseits durch seine Leistungen am Vögelinseck 1403 und am Stoß 1405 in den appenzellischen Freiheitskriegen, anderseits als Hauptort nach der Landesteilung von 1597. Es erhielt damals auch – mit den Symbolen Galgen und Stab – die hohe Gerichtsbarkeit.

Jeder Stimmberechtigte ist bis zum sechzigsten Altersjahr auch Stimmpflichtiger. Daran erinnert ihn deutlich die Zehnfrankenbuße bei Versäumnis der Pflicht. Er hat zu befinden über Gesetzesvorlagen und hat zu wählen den Regierungsrat, den Landammann, die Mitglieder des Obergerichts, den Landesweibel und noch andere Funktionäre. Der Zutritt Begehrende schnallt sich als sichtbaren Ausweis – bis vor kurzem ein Obligatorium – ein Seitengewehr oder einen Säbel um.

Die Trülle

Die einen sprechen von Sadismus, die andern erblicken in der Trülle eine witzige Form der milden Folter.
Mörder oder sonstige Schwerverbrecher wanderten in den Kerker, in Zürich lange in den Wasserturm, und gewärtigten die Folter. Für geringere Schandtaten gab es die moralische Folter der öffentlichen Schaustellung.
→ Der Pranger Mehr aber als einer Anprangerung unterzog man den Sünder, der in die Trülle gesteckt wurde. Sie war eine vergitterte vertikale Walze, welche jeder Vorübergehende in rotierende Bewegung versetzen konnte. Wenn sie sich schnell genug um die eigene Achse drehte, wurde dem Frevler speiübel. Ein Haus an der mittleren Zürcher Bahnhofstraße trägt noch heute weithin sichtbar die Aufschrift «Zur Trülle». Eine einzigartige Lokalvariante der Trülle war über der Limmat installiert. Man konnte den Käfig an einer Kette herabsenken und den Delinquenten eintauchen. Einen Bäckermeister, dessen Name uns überliefert ist, trieben die kalten Bäder zu glühender Rache. Er zündete sein eigenes Haus an, von welchem aus die Flammen auf die aneinandergeschmiegten Riegelhäuser der Nachbarschaft übersprangen. Der unverbesserliche «Getrüllte» löste also einen eigentlichen Städtebrand aus.

Die Tschäggätä

→ Die Roitschäggätä

Die Tschäggen

So nennen die Oberwalliser ihr Fleckvieh.

Der Tschämeler

Die Tschämeler sind die auffälligsten Figuren der Gersauer Sennenchilbi. Ohne Zweifel sind sie verwandt mit den → Wildlütli in Obwalden und Nidwalden. Die Tschämeler stecken in unverwüstlichen Zwilchanzügen,

317   T

A Culprit exposed to Public resentment in the Pillory at Switzerland.

Darstellung einer Volksszene: Die Trülle und die Peiniger. Die Trülle war ein beweglicher Käfig, den jedermann zum Rotieren bringen durfte bis dem Sünder übel wurde. Diese Strafe verhängte der Richter für mindere und mittelschwere Schandtaten.
Kolorierte Radierung von LeBarbier, gestochen von Oberkogler, Ende 18. Jahrhundert. (Schweizerisches Landesmuseum Zürich)

von denen man jedoch keinen Quadratzoll sieht, denn sie sind kunstvoll und dicht überzogen mit dem gelbgrün und grau schimmernden Tannenbartgeflecht, das uns den Gedanken an Mimikry nahelegt. Im Waldesdickicht wären sie unsichtbar. In der Tat machen sie den Anschein von Waldgeistern, die aus dem Dunkel herausgetreten sind ins grelle Licht der Chilbi und in den lauten Tumult der Menschen, eine unbegreifliche Herausforderung.
Wer sind die Tschämeler? Sicher interpretieren wir sie richtig als Dämonen aus dem Urwald, dem alpinen Wildwald. Sie sind eine Variante des → WILDEN MANNES. Alle Überlegungen, die jenen betreffen – vor allem im Hinblick auf das Urphänomen des → ABWEHRZAUBERS – haben auch für die Tschämeler Geltung. Vereinfacht dürfen wir sie als die Geister aus den Berghöhen bezeichnen, die, erbost, den Älplern ins Tal gefolgt sind. Sie neiden ihnen den Gewinn der Alpen, Butter, Käse, Milch, Fleisch und Häute. Sie sind doch eine Beute, ein Raub aus ihrem Reich.
Wenn die Älplerchilbi als → ERNTEDANKFEST, oder doch als → ERNTEFEST, anzusprechen ist, so bedeutet der nie fehlende Tschämeler einen bestürzenden Kontrapunkt, der die → SENNENCHILBI zu einem mystischen Offenbarungsakt der Unzertrennlichkeit von Gut und Böse, von der Zusammengehörigkeit von Licht und Dunkel in allen menschlichen Bezirken macht.
In Stans, Beckenried und Buochs haben die Tschämeler Verwandte in den Paargestalten von → WILDEMA UND WILDWYB.

DIE TSCHÄMELERCHRAPFE

→ DIE TSCHÄMELERCHRONE

DIE TSCHÄMELERCHRONE

Das sind Fladenlebkuchen. Wie die Tschämelerchräpfli, werden sie an der Gersauer Älplerchilbi angeboten.

DER TSCHEMEL

Er ist ein → CHLAUSBEGLEITER.

DAS TSCHERETTEN

So nennen die Lötschentaler ihr → HORNUSSEN. Frühmittelalterliche Berner Einwanderer brachten das so viel Geschicklichkeit und Kraft erheischende Mannschaftsspiel über die Lötschenlücke.

Die Tschiffeler

Beim → Tricheln bilden sie den Schluß des Umzugs. Sie haben ihren Namen von der Tschiffelere, der Hutte, also dem Rückentragkorb, der für die Aufnahme von Naturalien bestimmt ist.

Der Tüffeler

Das Wort erinnert an den Teufel. Doch er ist nicht so böse wie dieser. Er ist nur der gestrenge Sack- und Rutenträger, der → Chlausbegleiter.

Der Türkenkrieg

Brauchtümlich heißt Türkenkrieg etwas ganz anderes als ein Waffengang auf dem Balkan. Es geht zwar um etwas Türkisches, um Türkisch-Korn, den weißen und gelben Mais in den Tälern, die unter dem Gonzen liegen. Und es findet eine Schlacht statt: die mannshohen Maisstengel werden – oder wurden – von Hand zu Boden gesäbelt. Diesem Vorgang folgt das, ebenfalls gemeinschaftliche, Türggä-Uusschelferä, nämlich die Bartentfernung, also das Entfernen der Narbenfäden der weiblichen Blüte, und der Zäpfli, d.h. der Kolbenspitzen. Das Ende ist schön. Dem Gefecht folgt Musik und Tanz, die Unterhaltung am Abend.
Aber die letzte Phase folgt anderntags mit dem Aufhängen der Kolben an den Dachsparren zum Lufttrocknen. Jetzt, mit den Maschinen, die der Tod der frohen Handarbeit sind, erlischt auch der Türkenkrieg. Wenigstens in seiner bildhaften, brauchtümlich beglückenden Form hat er ein Ende.

Die Turmraffeln

→ Die Rätsche → Das Glockenschweigen

Die Turnfeste

Besonders die Eidgenössischen Turnfeste des 19. Jahrhunderts haben sich als brauchtümlich wahrnehmbare Brennpunkte vaterländischer Gesinnung herausgebildet und als sichtbarer Ausdruck unverminderter männlicher Wehrfähigkeit. Von ihnen gilt dasselbe wie von den → Schützenfesten, zu deren Krönung allerdings ein größerer kultureller Aufwand geleistet wurde. Es fanden Festspiele statt mit eigens für sie geschriebenen Texten und komponierter Musik. → Die Festspiele → Die Sängerfeste

Der Uhwieser Kinderumzug

Das Uhwieser Amt heißt auch Vogtei Laufen. Von Laufen ist übrigens mehr die Rede als von Uhwiesen, denn es hat den Namen von den Stromschnellen, die jetzt Rheinfall heißen. Da gibt es Funde aus der Steinzeit und der Römerzeit, und seit dem Schloßbau ist die Gegend geradezu geschichtsträchtig geworden.
Die Umstände vom bedrängten Edelfräulein auf Schloß Laufen lassen sich aber nicht erhellen. Genug, daß den Uhwiesern, den Laufenern, den Flurlingenern, den Langwiesenern und den Feuerthalern die Sage bleibt, daß sie die Befreier von den Nachstellungen eines bösen Ritters waren und das Edelfräulein ihnen die Wälder am Kohlfirst schenkte.
Lieblich anzuschauen, schreitet immer noch mit ihrer Schleppe die Schloßdame am → Hilariustag als Hauptfigur im Uhwieser Kinderumzug einher. Die Hilarifeier ist ein eigentliches Volksfest. Nicht zu Unrecht wird es eine verspätete Berchtelifeier genannt. → Der Bächtelitag Es kann auch schlicht als Frühlingsfest eingestuft werden mit dem Akzent auf sprießender Lieblichkeit, dargestellt durch ein ewigjunges Edelfräulein.

Das Ulrichskreuz

→ Die Kreuze

Die Umgänge

→ Die Flurumgänge

Die Umritte

Diese besonders imposante Form der → Flurumgänge hat sich mehrfach erhalten, besonders im St. Gallischen und im Luzernischen. In letzterem sind sechs Orte hervorzuheben: Großwangen, Hitzkirch, Altishofen, Sempach und Ettiswil. Eine landesweit bekannte Stellung nimmt der → Auffahrtsumritt von Beromünster ein.

Das Umsingen

Darunter versteht man weniger die lokalen Vortragsreisen solcher Chöre wie etwa jenen von Rheinfelden, Bremgarten und Baden, als das Haus-zu-Haus-Ziehen von Kindergruppen und von Jugendlichen, die Sprüche absingen. Damit ist oft auch das Einsammeln von Gaben verbunden. Den Christzeitbrauch finden wir beispielsweise in Thusis und Tenna in

Graubünden, in Lauenen bei Gstaad und in Herisau in Appenzell-Außerrhoden.

Die Umzüge und Aufführungen

Zwar keine Brauchtumsbegriffe im engeren Sinn, sind Umzug und Aufführung doch als unmittelbare mythologie- und geschichtsbezogene Demonstration aus dem Volksempfinden heraus zu bewerten. → Die Chlausenjäger → Die Neuenburger Verfassungsfeier

Das Unschlitt

Unschlitt wird aus dem Fettgewebe von Schafen und Rindern ausgeschmolzen. Da es leicht gerinnt, eignet sich Unschlitt zur Kerzenherstellung. → Die Kerze Rinder- oder Hammeltran ist weiß, wird sehr hart und hat einen spezifischen Geruch. Für sakrale Zwecke wird Bienenwachs bevorzugt.

Unser Herrgottstag

So heißt bei den Schweizer Katholiken der Tag des Fronleichnamsfestes, welcher der Donnerstag nach Dreifaltigkeit ist. In keiner Feier wird Pracht und Prunk in solchem Maße als kirchliches Offenbarungsmittel verwendet. Da das Fest der Vergegenwärtigung des Opfers Christi dient, sollte es gleichzeitig ein Fest tiefster Innerlichkeit sein. Die Opfervergegenwärtigung mit den Symbolen Brot und Wein, die Christus im Abendmahl für seine Jünger vorgenommen hat, nennt die katholische Kirche sinnvoll Eucharistie (= Danksagung). Danksagend wird denn auch das Allerheiligste oft, durch die Monstranz sichtbar gemacht, aus der Kirche hinaus auf die Straßen getragen. In der → Prozession findet der Herrgottstag seine Kulmination.
Den Freund schweizerischen Brauchtums interessiert besonders die volkstümliche Abwandlung der der Erhöhung dienenden Mittel. Reichlich ist die Verwendung der kunstvollen Wachskerzen, die früher liebevoll und eigens für diesen Tag hergestellt wurden. Fahnen entfalten flatternd die verwirrende Fülle von Symbolen und Farben. Sie sind der Stolz militärischer und religiöser Vereinigungen. Leuchtend prangen die bloßen Prozessionsstangen. Der Frühlingsblumenschmuck nimmt das Auge gefangen. Reliquare werden mitgetragen, meist reich ornamentierte, barocke, in Gold aufleuchtende. Nicht zuletzt tragen zur beeindruckenden Festlichkeit – besonders in Dörfern und Städten alpiner Regionen – die farbenfrohen Trachten der Mädchen, Frauen und auch der Männer bei.

Das Unspunnen Alphirtenfest

Unspunnen mutet an wie eine Apotheose der besonders leuchtenden Bräuche der schweizerischen Alpenbewohner. Dahin zielte auch 1805 der Vorschlag, Steinstoßer, Schwinger und Alphornbläser in einer grandiosen Demonstration zu vereinigen. Die Attraktion ist der berühmte 83,5 Kilo schwere Unspunnenstein.
Die großen historischen Wettspiele von 1805, 1905 und 1964 umfaßten die Disziplinen Steinstoßen, Kugelwerfen, Armbrustschießen, Gewehrschießen, Schwingen, Jodeln und Fahnenschwingen.

Das Unterengstringer Lichterschwemmen

Noch wird hier der jahrtausendealte Brauch gepflegt. Vor einigen Jahrzehnten loderten auf schwimmtüchtigen Prügelflößen funkensprühende Kienspäne in die Nacht hinaus, heute sind es Brettchenflöße mit flackernden Kerzen. → Das Lichterschwemmen Mit diesem Mittfasten-Märznachtgeschehen war einst in Unterengstringen ein zweiter Frühlingsbrauch verknüpft: der Brauch der → Bööggenvernichtung. Auf einem Schiffchen wurde ein in Brand gesetzter Böögg bachab geschickt. → Winterbeendigung

Die Unterwaldner Älplerchilbenen

→ Die Älplerchilbenen von Unterwalden

Der Urbal

Er ist ein großer Weidenkorb, in welchen beim Stanser Anklöpfeln Gaben gelegt werden. → Das Anklöpfeln

Das Urnäscher Sylvesterchlausen

Jeden 13. Januar – neuerdings auch am 31. Dezember – erscheint in Urnäsch die Einerkolonne der Chläuse. Voran, eine weibliche Gestalt, schreitet der Vorrolli. Dann folgen die Schellenchläuse, jeder mit einer schweren Senntumschelle oder Kuhglocke vor der Brust und auf dem Rücken. Als Nachhut, wieder eine Frauengestalt, schreitet der Nachrolli. Die Urnäscher Sylvesterchläuse ziehen von Hof zu Hof als Neujahrskünder, mit Verspätung von vollen dreizehn Tagen allerdings. Sie marschieren noch nach dem julianischen Kalender. → Der Hilariustag
Das Schauspiel ist ein schlichtes, und doch läßt es des brauchtumforschenden Betrachters Herz höher schlagen. Zu Recht hat das Urnäscher

FÊTE DES BERGERS SUISSES.

Die Wiedergabe ist in zweierlei Hinsicht bemerkenswert, als kolorierte Radierung von Franz Niklaus König und als schönes Unspunnen-Dokument. Neben den dort geübten Disziplinen hielt die Künstlerhand den Ring, die Zuschauer an den Hängen und bei den Zelten, zwei Bläser mit Alphörnern und die grandiose Szenerie fest. Um 1800.
(Graphische Sammlung ETH Zürich)

Sylvesterchlausen Berühmtheit erlangt. Aber jetzt werden wir uns plötzlich bewußt, daß wir Zeugen eines bedeutsamen Geschehens sind. Den Harst, die Schellenchläuse, bilden sogenannte → WÜSTE CHLÄUSE. Vor dem Gesicht tragen sie die schweren Holzmasken mit den so entsetzlichen Zügen. Sie sind Dämonenbeschwörer (→ DER ABWEHRZAUBER) und den → BUTZEN verwandt. Ihr Vorhaben ist ein ernstes, wollen sie doch zujahresletzt so etwas wie eine Entscheidung erzwingen, den Kampf nämlich gewinnen über die Winterdämonen. Das neue Jahr soll beginnen frei vom Unwesen böser Geister.
Schön. Das verstehen wir. Die Urnäscher Sylvesterchläuse tun, was die Butzen tun und die → WILDLÜTLI und die → TSCHÄMELER. Doch was sollen der Vorrolli und der Nachrolli? Benötigen die wildesten der Wilden einen Schutz in der Vor- und Nachhut? Der Gedanke an sich ist schon lächerlich. Doch wenn wir in die Gesichter wie Milch und Honig und mit den roten Bäckchen sehen, fallen von unseren Augen die Schuppen: Wir haben es mit sogenannt Schönen Masken zu tun. → DIE APPENZELLER SYLVESTERCHLÄUSE Da diese aber Abbilder der → PERCHTEN sind, wird uns ihre Anwesenheit als Symbole einer Schutzmacht klar. Der oberste Naturgeist in der germanischen Mythologie wird zitiert. Ausnahmsweise – sie tut es ja auch bei anderen Gelegenheiten, etwa wenn sie fleißige Spinnerinnen belohnt – mag sich die gefährliche Göttin schützend vor die geplagten Menschen stellen und sie beschützen vor der überbordenden Wildheit niedriger Geister.
Fasziniert wandert unser Blick hin und her zwischen den Unheil dräuenden zerfurchten Maskengesichtern und den glatthäutigen Gesichtchen mit dem zweideutigen Perchtenlächeln.

DIE URNER LANDESWALLFAHRT NACH DER TELLSPLATTE

Sie findet am Tage nach Auffahrt statt. Sie führt zu der dem heiligen Sebastian, dem alturnerischen Schützenheiligen, gewidmeten Kapelle. Einst erfolgte die Wallfahrt teils zu Fuß, teils im Nauen. Heute wird der Dampfer benützt. Den Höhepunkt bilden Hochamt und Predigt. Früher gehörte auch eine Briefverlesung dazu.

DIE ÜRTE

«Die Ürte bezahlen» ist ein noch mancherorts gängiger Ausdruck. Er heißt «die Zeche bezahlen». Während der «Wyberherrschaft» der Seetaler Frauen und Mädchen bezahlen diese die Ürte. → DER MEITLISUNNTIG VON FAHRWANGEN UND MEISTERSCHWANDEN

Der Valädi

Der Valädi ist ein Begleiter des → TALIBASCH, welcher wiederum ein → NÜSSELER unter den Fasnachtsfiguren in Steinen im Kanton Schwyz ist.

Der Valentinstag

Er wird weltweit am 14. Februar als Tag der Freundschaft gefeiert. Der Brauch hat sich aber in der Schweiz wenig durchgesetzt. Am ehesten ist er in urbanen Verhältnissen anzutreffen. Wir kennen die französische Quasiverlobung, die Befreundete auf ein Jahr zusammenhält und besonders von der Jugend, auch in England, beachtet wird, überhaupt nicht.
Im Rätikon evangelisierte im 5. Jahrhundert ein Bischof, dessen Gebeine heute die berühmte Reliquie von Passau sind. Als sein Geburtsdatum gilt der 7. Januar, aber das Gedenken an einen anderen Heiligen gleichen Namens mit dem Geburtstag am 14. Februar hat eine Datenverwischung bewirkt. Man denkt nämlich am Valentinstag in der Schweiz an den heiligen Mann aus Bünden. Er hat immer auch als helfender Patron gegen Fallsucht gegolten, und heute noch wenden sich Epileptiker an ihn.

Das Valser St. Peter und Paul-Fest

Wenn wir uns daran erinnern, daß vor der Valserbesiedlung das Dorf Sogn Pieder hieß, so haben wir darin einen Hinweis, der uns begreifen läßt, daß der Apostel Petrus im valserischen Brauchtum fest verankert ist. Der 29. Juni wird in Vals-am-Platz mit einer glanzvollen Prozession begangen, einem der schönsten St. Peter und Paul-Feste unseres Landes.

Die Vaterunserschnüre

Sie sind ein Fastenbrauch. Am ersten Tag der Fasten wird ein Vaterunser gebetet und in eine Schnur ein Knoten gemacht. Am zweiten Tag betet man zwei Vaterunser und macht zwei Knoten. Und so bis zum letzten Fastentag. Ist die Zahl vierzig erfüllt, so geht man, wo ein solches – wie etwa in Disentis – vorhanden ist, zum Beinhaus. Man zieht die Knotenschnur durch eine Augenhöhle eines Schädels als Armeseelenopfer. Natürlich kann es geschehen, daß gleichzeitig aus vielen Totenköpfen Vaterunserschnüre hängen; dann sieht das Beinhaus wundersam geschmückt aus.

Das Vereinsleben

Es gibt in der Schweiz 60 000 Radfahrer in 973 Vereinen zusammengeschlossen, 157 000 Turner, die 1500 Vereine bilden und 234 000 Schützen. – Die Gesamtzahl der Vereine beträgt 60 000. Das ergibt je Gemeinde 20 Vereine. Nimmt man eine Durchschnittszahl von 50 Mitgliedern pro Verein an, so ergibt das fürs ganze Land drei Millionen Vereinsmitglieder. Mancher der vereinsfreudigen Eidgenossen gehört natürlich mehreren Vereinigungen an.

Die Vermummung

Wir kennen zwar aus anderen Kulturkreisen die getrennte Anwendung von Maske und Maskenkleid. Für unsere Gegend ist – angesichts der mythologischen Verhältnisse – anfänglich eine Gesamtvermummung anzunehmen. → Mythen und Sagen Man hatte zweierlei im Auge: Furchterzeugung und Anonymität. → Die Zaubermittel Der → Wilde Mann und der → Butz waren körpervermummt, der → Tschämeler trägt ausnahmslos auch die Maske. Bei den meisten urbanen Fasnachtsbetätigungen spielt nur noch Unkenntlichmachung eine Rolle.

Die Viehmärkte

Es gibt ihrer eine sehr große Zahl. Sie finden meist am 16. Oktober statt. Es kommt aber alles auf den Markt, was der Landmann anzubieten hat. Und da es wahrscheinlich ist, daß er zu Geld kommt, bieten ihm auf demselben Markt tausenderlei Händler ihre Handwerks- und Industrieprodukte an. Ein Viehmarkt ist also nicht mehr nur ein Viehmarkt, und viele haben einen guten Klang. Immer ist auch eine → Chilbi damit verbunden. Der Viehmarkt von Meiringen ist maßgebend für den Braunviehhandel. Er findet fast jeden Monat statt. Der Herbstmarkt aber ist der wichtigste. Er bringt eine enorme Turbulenz in den sonst ruhigen Ort und gibt damit vielgestaltigem bäuerlichem Brauchtum Gelegenheit zur Entfaltung.

Die Viehsegnung

Vielerorts wird vom Dorfgeistlichen eine Segnung des Viehs vorgenommen. In Disentis kommen nach der Vesper am Himmelfahrtstage alle Bauern mit ihrer Viehhabe zur Einsegnung. Von diesem Segen hängen ja günstige Maiensäßtage und gute Alpung ab. In Bonfol im Berner Jura wird am Freitag nach Himmelfahrt das Fest des heiligen Fromund gefeiert, an welchem man vom Gras um die Quelle des Heiligen für das Vieh schneidet und Wasser schöpft, das, geweiht, in den Stall mitgebracht wird. → DIE BONFOL-AUFFAHRTSFEIER

DIE VIER-TORE-PROZESSION VON WIL

Sie ist das würdige Beispiel einer Pfingstmontag-Prozession. Man hört diese Bezeichnung, weil sie unter vier geschmückten Toren hindurchführt. → DIE WILER PFINGSTPROZESSION

DER VIKTORTAG

→ DER ST. VIKTORTAG

DIE VISPERTERMINEN FRONLEICHNAMSPROZESSION

Sie ist eine beglückende, in unveränderter Form erhaltene Prozession. Leuchtend entfaltet sich die Pracht der Walliser Trachten an Unserem Herrgottstag. Ganz in Weiß, tragen Mädchen auf Bahren aufgeschichtete und kränzegeschmückte Kuchen.

DIE VISSOIE-KÄSSPENDE

Sie ist eine Dankesgeste der Sennen für den priesterlichen Alpsegen, zu dessen Vollziehung der Pfarrer im Val d'Hérens auf die Alpen gestiegen war. Nun, am St. Bartholomäustag, kommen die Sennen nach dem Hauptort des Val d'Anniviers herunter mit ihrer Kässpende, die sie vor der Übergabe in der Kirche segnen lassen. → DIE KÄSSPENDE

DER VOGEL GRYFF

Eigentlich sollten wir ihn nicht aus der Dreiheit herausbrechen. Wenn Kleinbasel sein großes Jannerereignis feiert, so erstehen die Symbole Vogel Gryff, Wilder Mann und Leu in dramatischem Zusammenspiel zu greifbarem Leben. Diese «Ehrenzeichen» vertreten die drei Ehrengesellschaften, die sich abwechslungsweise am 13., 20. oder 27. Januar beim → GRYFFENMÄHLI vereinigen. Der Brauch bietet ein handlungsreiches Schauspiel an verschiedenen Stätten, vor allem über dem Rhein. Der urweltliche Vogel Gryff, zweifellos aus einem Fruchtbarkeitskult stammend, und der Kraft und Würde symbolisierende Leu begrüßen vor dem «Käppli-Joch» der mittleren Rheinbrücke den → WILDEN MANN. Er ist – immerzu Kleinbasel zugewandt – auf einem Floß den Rhein herabgekommen, und nun hebt der Tanz der Dreien, ein grandios-fasnächtlicher und gleichzeitig ein Frühlingsreigen, an.

DIE VOLKSBRÄUCHE

Sie sind menschliche Handlungsformen, die für eine Gemeinschaft Verbindlichkeit haben. Im wesentlichen sind sie durch die Tradition geprägtes Kulturgut. Die Formkraft der Tradition ist ungeheuer. Wer dieser Tatsache Rechnung trägt, dringt am tiefsten in das Wesen der Volksbräuche ein. So erfährt man, daß die Tradition z.B. Werkzeuge so und nicht anders zu handhaben heißt, daß sie der menschlichen Psyche spezifische Verhaltensweisen zur Umwelt aufzwingt. Dabei erfährt das Individuum eine Verunselbständigung zugunsten der Gemeinschaft. Und deswegen kommt den Volksbräuchen für die Erforschung des Charakters von Völkern und Volksgruppen so große Bedeutung zu.
Wen das Brauchtum unseres Landes interessiert, der wird sich zuallererst mit den Bräuchen befassen, die seine Bewohner übten und noch üben: da sind diejenigen, welche den Kampf gegen die feindlichen Naturkräfte widerspiegeln, und jene, die wohlwollende Naturkräfte untertan machen sollen. Im weiteren begegnen wir Bräuchen des gesamten Tätigkeitskomplexes des Menschen in der Gemeinschaft.
Eine Kontinuität einzelner Bräuche nachweisen zu wollen, wäre ein utopisches Unterfangen. Aber wir stellen fest, daß ein Brauch als umso wahrer empfunden wird, je älter er ist oder gewertet wird. Ein solcher – und manch anderer – psychologischer Fingerzeig unterstützt wertvoll rein genetische Bemühungen. Aufmerksamkeit schenken müssen wir auch dem Wandel der Bräuche sowie dessen Rhythmusbeschleunigung. Schlußendlich wollen wir uns bewußt machen, daß wir selber Zeugen der Neuentstehung von Bräuchen sind.
Um sie möglichst umfänglich zu verstehen, müssen wir gleichzeitig in die faszinierend vielfältige Welt des → BRAUCHTÜMLICHEN eindringen.

DIE VOLKSGEMEINDE

Das Wort Gemeinde in seiner Bedeutung als gesetzgebende Versammlung ergibt für das schweizerische Brauchtum u.a. den Begriff Volksgemeinde. Diese – im 20. Jahrhundert beinahe ein Phänomen – heißt → LANDSGEMEINDE, wenn sie die Mannen und Frauen eines Standes (Kantons) zu Wahlen und Geschäften zusammenführt, oder aber eines Kreises, wie es im Kanton Graubünden deren 39 gibt. → MASTRALIA → DORFGEMEINDE nennt man die entsprechende Versammlung, wenn sie dörflich ist, wie im Falle von Tschlin. → ILS CUITS

Der Volkstanz

Getanzt wird überall, bei allen Völkern der Erde. Warum? Die Antwort ist dieselbe wie fürs Singen: aus Lebensfreude. Der Tanz ist eine rhythmische Äußerung durch Schritte. Seine erste nicht-individuelle Anwendung hat er zweifellos in kultischen und magischen Riten gefunden. Die profane Entwicklung ist vielgestaltig. Einerseits führt sie zum Kunsttanz, der zum Figurentanz wird und im Ballett die Krönung findet, anderseits zum Volkstanz, der gelegentlich pantomimische Anklänge an Werbe-, Fruchtbarkeits- und Jagdtänze bewahrt. Bedeutsam sind die Gruppentänze im Mittelalter, etwa der → Schwerttanz, der Schäfflertanz – ein solcher Tanz mit geschmückten Reifen ist der Küfertanz, der in Basel und Bern bis in die Neuzeit hinein getanzt worden ist – und die anderen mittelalterlichen Handwerker- und Zunfttänze. Die bäuerlichen Reigentänze werden im östlichen Teil der Alpen vor allem, aber auch in anderen europäischen Landstrichen weitergepflegt. Die Reigen werden seit dem 14. Jahrhundert in Paaren im Kreise oder in Kettenform getanzt. Sie benötigen einen Choreographen, der allgemein Spielmann hieß. Die Innerschweiz kannte für ihn den schönen Ausdruck → Tanzschenker, im Sarganserland sagte man Spielmeister. Der Zürcher Familienname Zeiner, der schon 1480 belegt ist, erinnert an das Aufkommen neuer Tänze, etwa des Schmollers, des Taubentanzes und eben des Zeiners oder Zeuners. Als Zünertanz hat er in ganz Europa Aufregung verursacht. Ursprünglich an Hochzeiten mit strenger Ordnung beliebt, artete er als Nackttanz aus. In Ostpreußen wurde er verboten. Im 18. Jahrhundert kam bei uns der Ländler als Novum im Dreivierteltakt auf, ein langsamer Walzer damals. Die Bedeutung und Beliebtheit, die er erlangte, ist daraus ersichtlich, daß Bauernkapelle bei uns schlechthin Ländlerkapelle heißt. → Die Ländlermusik Noch etwas wird uns dabei bewußt: Volkstanz und Gesellschaftstanz gehen nicht mehr scharf getrennte Wege. Der Schieber und andere Tänze im Zweivierteltakt legen dafür Zeugnis ab.

W

Die Waadtländer Unabhängigkeitsfeier

La journée de l'indépendance erinnert an eine der mühsam erklommenen Stufen im Befreiungskampf. Als bernisches Untertanenland wurde die Waadt ausschließlich von bernischen Vögten verwaltet. Auch andere Untertanenländer, eidgenössische, in welchen verschiedene Kantone abwechslungsweise die Verwalter stellten, fühlten sich ungerechtfertigt zinsen- und tributbelastet. Aber am 24. Januar 1798 machten die Waadtländer nicht länger die Faust im Sack, sondern besetzten die Vogteischlösser. Revolutionäre Patrioten hißten an der Place Palud in Lausanne die grün-weiße Fahne, die später durch die Goldlettern-Devise «Liberté et Patrie» ergänzt wurde.

Noch geht jährlich an diesem Datum am Hause Nr. 21 an der Place Palud die ursprüngliche Fahne hoch. Es gibt zwar kein Volksfest mehr, doch seit 1898 finden in politischen Kreisen Gedenkfeiern statt. Kanton Waadt heißt seit 1803 das Gebiet, welches sich vorgängig «Lemanische Republik» genannt hatte.

Die Wachskerzen

Kerzen für liturgische Verwendung in der katholischen Kirche müssen in ihrer Zusammensetzung vorwiegend aus Bienenwachs sein. Sie gehören, schon ihres Honiggeruchs und der goldgelben Tönung wegen, zu den sakralen Lichtspendern. Begreiflich, daß die Kerze – früher ein Symbol für Christus – für sakrale Zwecke aus Bienenwachs gezogen wurde. → Die Kerzen

Der Waggis

Diese Figur ist nicht aus der → Basler Fasnacht wegzudenken. In den letzten Jahren ist sie sogar vermehrt in Erscheinung getreten. Der Waggis trägt meist bäuerliche Kleidung, sein lächelndes Gesicht ist der Schauplatz einer überwältigenden Dummschläue. Immer neue Varianten findet der Basler Humor fürs elsässische Großmaul. Als die Elsässer Bauern und Bäuerinnen noch den Basler Markt belieferten mit allem, was ihre gesegnete Erde besser hervorbringt und größer, wurde der Waggis nicht erstmalig entdeckt, doch es erwachte damals die Liebe zu ihm.

Die Waldumgänge

→ Die Flurumgänge

Die Wallfahrt

Es bedarf keiner ausholenden Erklärungen. Wer sich bereits Klarheit verschafft hat über das Wesen der Prozession, welche theophorisch ist (→ Die Prozessionen → Die Eucharistie), der erkennt, daß die Wallfahrt als Hinwallen zu einem Gnadenort zu verstehen ist. Das geschieht ohne Mitführen des Allerheiligsten. Schon in vorchristlichen Zeiten gab es Wallfahrten; das Ziel war ein Kultort. Die Wallfahrt kann eine individuelle oder eine organisierte Pilgerfahrt sein. Die großen Wallfahrten des Mittelalters wurden meist in Gruppen unternommen. Wer es vermochte, benützte ein Reittier, doch die meisten reisen per pedes apostolorum. Nur ein unerhörter religiöser Idealismus konnte das Feuer entfachen, das zu den erforderlichen Anstrengungen und Opfern befähigte. Die wichtigsten Fernziele im Mittelalter waren Jerusalem, Santiago de Compostelo und Rom. Sie zu erreichen nahm nicht bloß Monate, sondern oft Jahre in Anspruch, also einen Lebensabschnitt. Die Wallfahrten von heute zu Nahzielen erinnern an die großen Vorbilder. Gelegentlich haften ihnen noch asketische Züge an, wenn beispielsweise der Pilger auf bequeme Reisemittel verzichtet. Ausgangs des Mittelalters kamen bei uns – ähnlich wie in Bayern und Süddeutschland – Wallfahrten in Prozessionszügen auf. Hiebei schließen sich die Gläubigen eines Gebietes zusammen. Ihr aller Vertrauen ist auf denselben Gnadenort gerichtet. So ist das Ziel aller Zuger, die sich an der jährlichen → Zuger Landeswallfahrt beteiligen, Einsiedeln.

Der Warzi

Das ist ein alter Seetaler Maskentypus (→ Die Sarganserländer Fasnacht), schönhäßlich in seiner Warzenverunstaltung. Sämtlichen Seetaler Masken eignet etwas ihnen Gemeintypisches. Beinahe dreihundert Jahre können sie zurückverfolgt werden. → Die Masken

Die Watschteln

→ Die Weggen

Die Weggen

Die Weggen sind veredelte → Gebildbrote, die zudem eine Sprache sprechen, die man versteht, ohne sie mühsam erlernt zu haben. Zu ihnen gehört der → Zopf. Und eine besonders schöne Form davon ist der Entlebucher Göttizopf. Heute noch wird er mit einem eingebackenen Fünfliber vom Götti oder der Gotte dem Göttikind überreicht. Die Michaelisrose ist eine wohlduftende Weggenrose, die ursprünglich zu Michaelis, am 29. September, erblühte. Der Martiniweggen wird natürlich am 11. November gebacken. Den St. Martinistag ehrt er in vielen Formen, z.B. auch als Martinshorn oder -hörnli. Freude und Erstaunen weckt der Weggen → Neunerlei. Der Taufring ist ein Schwarzenburger Weggen. Mitsche heißt ein Lötschentaler Weggen, der meist bei Anlaß von Tauffeiern gebacken wird. Aber man erfreut sich seiner vielerorts den ganzen Winter hindurch. Watschtel heißt der Riesenweggen, der zur Primiz – dem ersten Messeopfer eines Neupriesters in seiner Wohngemeinde – gemacht wird. → Grittibänzen sind Weggen in Chlausgestalt. Tafelvögel nennen die Appenzeller ihre Festweggen, die nicht bloß bezaubernder Tafelschmuck sind. Diese Butterweggenvögel fliegen schnell davon, sie werden nicht «altbacken».

Das Weihbrot

→ Das Brot

Die Weihnacht

Schon 1570 hören wir aus Bern vom «Dattelbaum-Schütteln», einem Weihnachtsbrauch mit einem Gabenbaum. Im 19. Jahrhundert kam aus dem Elsaß der weihnachtliche Grünbaum zu uns. Er war ein Tännchen, an dem noch keine Lichter brannten. Der Weihnachtsbaum wurde zum vielgeliebten Symbol. Vielerorts wurde der → Chlaus zum frühzeitigen Überbringer. Dann sprach man allerdings vom → Chlausenbaum. Heute bringt den Kindern das → Christkind den Lichterbaum.
Ein anderes Weihnachtssymbol, ein viel älteres in Kirche und Heim, ist die → Krippe. Krippendarstellungen gibt es in unserem Land viele und reiche. Eine der eindrücklichsten und innigsten ist jene von Uznach. Die Darstellung des Christkindes war natürlich immer das erste Anliegen. Das älteste und auch das beeindruckendste ist dasjenige aus Unterwalden. Das berühmte Sarnerkind stammt aus dem 14. Jahrhundert.
Wenn wir den Blick über die Landesgrenzen hinaus nach Süden richten, so finden wir ältere Krippendarstellungen.
Zum Schlusse unserer brauchtümlichen Überlegungen zum Weihnachtsfeste wollen wir uns nochmals in Erinnerung rufen, daß es vor dem 4. Jahrhundert keine Weihnachten gab. Das Fest, welches die Christenheit an die Menschwerdung Gottes im Christkind erinnert, wird heute in allen Länderstrichen des Abendlandes, ungeachtet politischer Grenzen,

am 25. Dezember gefeiert. Vorher gedachte man des Wunders an Epiphanien. → Epiphania → Der Dreikönigstag

Der Weihnachtsbaum

→ Der Christbaum → Der Chlausenbaum

Die Weihnachtsgebildbrote

Der menschliche Spieltrieb hat die → Gebildbrote, Brote, welche durchwegs ästhetische Teigplastiken sind, hervorgebracht. Zwei oder drei Gründe seien genannt, die sie so außerordentlich haben werden lassen. Sie sind Ausdruck der Ehrfurcht vor der Himmelsgabe, ein Ausdruck des Dankes, bei vielen Völkern eine Opfergabe. Das Sakrale hat ihnen angehaftet bis ins 19. Jahrhundert hinein. Es ist nicht erstaunlich, daß Gebildbrote als Totenspeise den Abgeschiedenen auf die lange Reise mitgegeben wurden. Dies nicht nur in heidnischer Zeit; wir finden sie auch in Särgen der Christen unseres Landes.

Die Weihnachtsgebildbrote sind vielfach → Weggen, und unter diesen ist der → Zopf sehr häufig, was durch dessen Symbolkraft verständlich wird. Der → Fisch, manchmal ein Anisgebäck, tröstet die Religiös-Besinnlichen mit dem Gedanken ans ewige Leben. Der → Stern läßt des Menschen Hoffnung nicht schwinden, auch wenn er ein Schuldenbäuerlein ist.

Der Brot-, Weggen- oder Lebkuchenchlaus (→ Die Grittibänzen) ist sicherlich vorchristlich zu deuten, als wilder Jäger, vielleicht als Wotan selbst. Wenn man darin richtig tut, so soll man in der seltenen Lebkuchenform Frau Holle erblicken.

Das Weihnachtssingen

In den meisten Landesgegenden ist dieser schöne Brauch erloschen. Im Kanton Aargau und im Kanton Graubünden erklingen aber noch heute auf Dorfplätzen oder vor Höfen Weihnachtslieder, vorgetragen von Musikanten und Chören. Oft sind das Lieder, die in keinem Gesangbuch stehen. → Die Luzerner Sternsinger

Die Weihnachtsspiele

Das sind Volksschauspiele. In der Innerschweiz sind sie seit dem 15. Jahrhundert bekannt. Ihre Weiterentwicklung verdanken sie Meister Renward Cysat. Auch im Sarganserland treffen wir Reste einer alten Tradi-

tion an. Im Solothurnischen ist diese Volkskunst neu belebt worden durch die → SELZACHER PASSIONSSPIELE.
Den Weihnachtsspielen verwandte Volksspiele, also Laienspiele, sind die Dreikönigsspiele, die vor allem im Luzernischen beheimatet waren.

DAS WEIHSALZ

Salz, diese anorganische Grundbeimischung, welche die menschliche Nahrung würzt, kennt das Brauchtum frühester Zeiten schon als sakrales Medium. Diese Eigenschaft hat es beibehalten; vielerorts segnet der Geistliche das Salz des Bauers für sein Vieh. → DIE SALZVERTEILETE Eine kumulierende Wirkung verspricht man sich, wenn dem Weihwasser Weihsalz beigemischt wird. → DAS OSTERSALZ

DAS WEIHWASSER

Drei große griechische Denker sind für die Vorstellung verantwortlich, daß die Grundelemente Erde, Wasser, Luft und Feuer seien. Vom Feuer, das alle Lebewesen fürchten, das Prometheus jedoch den Menschen dienlich gemacht hat, geht eine Faszination aus, die sich im Brauchtum aller Völker widerspiegelt. Das Wasser aber ist das mystische Element. Der Seefahrer ist sich seiner im einen Augenblick als träge Urmacht bewußt, im andern zerschmettert ihn seine Wucht. Aber seine Tropfen sind wertvoller als Perlen, sie retten den Verdurstenden, und der Klarheit des Elementes Wasser eignet die Faszination der Flammen des Feuers.
Es ist wohlverständlich, daß zur räumlichen und seelischen Reinigung, zur Segnung und zur Abwendung von Unheil die Volksfrömmigkeit und die christlichen Liturgien sich des Lebenselementes Wasser bedienen. Es wird zu einem Symbol des Lebens, heiligen Lebens.
Es weiht, es heiligt, deshalb wird es als Weihwasser gebraucht. Das weiß zwar der Mensch in seinem tiefsten Innern, aber die schlichten Seelen im Volke sind brauchgläubig, weshalb sie es priestergeweiht am besten verstehen.
Dem Weihwasser der katholischen Kirche wird noch ein weiteres Sakralmedium beigegeben, Salz. → DAS WEIHSALZ In manchen Gegenden der Schweiz wird – meist am ersten Sonntag nach Pfingsten – vom Priester das Wasser geweiht, das der Bauer für Heim und Hof nach Hause nimmt.

DAS WEINFELDER ASCHERMITTWOCHFEST

Es ist eine bedeutende Thurgauer Fasnacht und eine historisch wohlbegründete. Die aktive Fasnachtsgesellschaft von Weinfelden hat sich verdient gemacht in der Neuverwurzelung alter Bräuche. Schön, wenn ihr noch die Neuinthronisierung des Narrenkönigs mit Krone und Szepter gelänge. Der Narrenkönige gab es bereits dreie im 18. Jahrhundert. Nun finden wieder Umzüge statt, die an die frühere Pracht gemahnen.

Die Weinspende

Das ist eine Form festlicher Naturaliengabe. Es kommt heute noch vor, daß ein Gemeinwesen auf diese Weise zum Gelingen eines öffentlichen Anlasses beiträgt. Zürich macht gelegentlich ein solches Geschenk aus der Staatskellerei. In Tegerfelden im Aargau gab es eine Weinspende am Bächtelitag. → Der Bürgertrunk

Die Weissen Lebkuchen

Sie gehören zum ostschweizerischen → Festgebäck Gelegentlich trifft man noch diese überaus delikaten und einst sehr beliebten Lebkuchen mit einer Honig-Mandelfüllung.

Der Weisse Sonntag

Dies ist der erste Sonntag nach Ostern und meist der Tag der ersten Kommunion. Seinen Namen hat er vom bräutlichen Anblick, den die in Weiß gekleideten Mädchen bieten. In gewissen Gegenden trugen die Kommunikantinnen bloß eine weiße Schürze, aber das weiße Kränzlein im Haar fehlte nie. → Der Schappel Die Hände umfaßten eine brennende Kerze. Das dunkle Kleid der Knaben war geschmückt mit einem weißen Blütensträußchen.
Im Luzernischen und im Sarganserland laden sich heute noch, altem Brauch gemäß, Knaben und Mädchen gegenseitig ein.

Die Wetterglocke

In Bünden gibt es noch Dörfer, die das warnende Läuten der Wetterglocke kennen beim Aufziehen eines drohenden Unwetters. Je nach den topographischen Verhältnissen gilt es dann, Hochwassermaßnahmen zu treffen oder einfach die Feldarbeiten abzubrechen und Schutz zu suchen und ein Stoßgebet zum Himmel zu schicken. → Das Sturmläuten

Der Wettersegen

→ Der Heiligkreuztag

Das Wettsingen

→ Das Chorwettsingen

Das Wiederauferstehen der Kinder

Es handelt sich um einen Frühlingsschabernack tiefster Symbolik. Im Bündneroberland pflegten sich fasnächtlicherweise die Kinder gegenseitig in «Särge» zu legen. Nach einer Weile schoben sie die Deckel der Kisten oder Behelfsverschläge beiseite und erhoben sich lachend. Das Frohlocken war umso herzlicher, je dunkler das Sarginnere gewesen war. Es gibt Alte, die sich an das seltsame Kinderspiel erinnern und das sie begleitende Erlebnis nicht missen möchten.

Wildema und Wildwyb

Manche → Älplerchilbi, z.B. jene von Beckenried, Buochs und Stans, würde als unfestlich, sogar als sinnlos empfunden ohne die Präsenz des furchterregenden Paares Wildema und Wildwyb. Wer sind die beiden? Ihrer Herkunft wird im Artikel → Der Wilde Mann nachgegangen.
Ihr Erscheinen in den Dörfern am Fuße der hohen Berge trifft mit der Rückkehr der Sennen zusammen. Letztere haben den kurzen Bergsommer in unerhörtem Arbeitseinsatz, mit Kraft und Mut, genutzt. Mit reichem Gewinn an Butter und Käse sind sie ins Tal herabgestiegen. Bald werden sie nochmals als Jäger die hohe Region besuchen und mit der Beute an Wild heimkehren, Gemsen, Hasen, Wildhühnern. Doch jetzt wird gefeiert. Die Älplerchilbi ist ein Freuden- und Dankfest.
Aber siehe da! Die Gefahren der wilden Höhen sind zwar überstanden, der Kampf ist vorüber. Das Leben nimmt seine normalen Dimensionen an, es beginnt wieder alltäglich zu fließen wie ein friedlicher, kanalisierter Fluß. Aber den Älplern sind die Geister auf dem Fuß gefolgt. Sie sind Rächer und scheuen sich nicht, mitten unter die räuberischen Menschen zu treten. Niemandem kann verborgen bleiben, daß Wildma und Wildwyb an der Älplerchilbi am See etwas Dämonisches anhaftet.

Der Wilde Mann

Der jedem elsässischen und schweizerischen Zimmermann bekannte Fachausdruck «Wilder Mann» hat zwar sehr viel mit Holz und Holzberufen zu tun, ist jedoch beziehungslos zum alpinen Wilden Mann. Da ist er von rein volkskundlicher Bedeutung. Er hat nichts Karyatidisches. Ganz im Gegenteil verkörpert er die unbändige Kraft, die der schwer

durchdringbaren Vegetation der wilden Bergwälder und dem darin versteckten tierischen Leben innewohnt.
Die Besiedlung unserer Zone bedeutete von Anbeginn todesmutiges Eindringen ins Dickicht und hernach zähen Kampf. Dabei bildeten sich Berufe heraus, um, bis in unsere Zeit hinein, mit gezielter Geschicklichkeit und raffinierter Technik der Gefahren Herr zu werden und die verborgenen Reichtümer Holz und Wild herauszuholen. Von den Berufsgattungen der Holzfäller, Flößer, Köhler und Jäger sind bei uns im wesentlichen die Holzfäller und Jäger geblieben. Die physischen Anforderungen, die an Flößer und Holzfäller gestellt werden, sind ungeheuer. Besonders die Flößer bedürfen außerordentlichen Mutes und rascher Entschlußkraft. Die schweren Baumstämme durch die Wildwasser zu flößen, verlangt auch eine eiserne Konstitution. Leider rückten diese wilden Männer, besonders in Graubünden, dem Wald allzu gründlich zuleibe. In Tälern mit Bergbau wurde Kahlschlag mit schlimmen Folgen geübt, so im Dischma bei Davos und im S-charltal im Unterengadin. Die Erz- und Silberöfen fraßen den gesamten Holzbestand.
Jedem, der über Land geht, nicht bloß in alpinen Gegenden, sondern auch im schweizerischen Mittelland, fällt die Häufigkeit der Wirtshausschilder «Zum wilden Mann» auf. Im Mittelalter beendeten die Titanen der Holzfäller und Flößer ihre Winterarbeit, indem sie aus den Wäldern hervortraten und einen bekränzten Baumstamm in die nächste bedeutende Ortschaft schleppten. Diese Männer, die feiern wollten, bauten keine zahmen Feste. Die Berührung mit der zivilisierten Welt wurde zu einem Ritual wechselseitigen Charakters. Mit der → BLOCHFUHR wurde der Wilde Mann zu den Menschen, den bürgerlichen Menschen, gefahren, in ihre Mitte, auf einen Dorfplatz. Etwa dahin, wo heute die Wirtschaft «Zum wilden Mann» steht!
Wer aber war dieser Wilde Mann? Er war ein – Holzfäller oder Flößer! Sein ganzer Körper war in Borke und Laub gehüllt. Und bei sich hatte er sein föhrenzapfen- und flechtenvermummtes Weib. Man bot ihm einen Trunk an, aber kaum, daß er ihn entgegengenommen, so wurde er kopfscheu und floh. Man verfolgte ihn. Er wurde symbolisch verletzt und, an ein schweres Stück Holz gekettet, zurückgebracht. Während die Dörfler ihn umstanden, verband sein Weib die Wunde. Sehr rasch kam er auf die Beine, und die beiden Grünvermummten führten den schreckgebärdenreichen Wildmännertanz auf.
Durch die Historie ist also eine Beziehung des Wilden Mannes zu den Holzfällern und Flößern hergestellt. Aber die Frage nach dem Symbolgehalt führt uns wieder zum Anfang unserer Überlegungen zurück. Unschwer erkennen wir in dem sich so grauslig Gebärdenden, Gestrüppver-

hangenen, die Verkörperung der dunklen Mächte des Urwaldes, d. h. der animalischen und vegetativen Bedrohung, welcher der Eindringling in den Bergwäldern ausgesetzt war. Eine nicht unwichtige Ausweitung der Symbolik darf uns nicht entgehen. Zum Dämonisch-Männlichen kommt gesondert das Dämonisch-Weibliche hinzu: den Wildmännertanz mimt ja ein Paar. → WILDEMA UND WILD-WYB

DAS WILDKIRCHLI-SCHUTZENGELFEST

Unterhalb der Einsiedelei, im sogenannten Seilloch, stürzte 1853 der letzte der «Waldbrüder» zu Tode. Es war im Juli, und nun ist der zweite Julisonntag zum Schutzengelsonntag geworden, an welchem aus dem ganzen Appenzellerland, aus St. Gallen und aus dem Thurgau die Pilger durch das Steinweglein der hundert Meter hohen Wand zu Predigt und Messe hinaufsteigen. Durch die Große Hohle dann erklimmt man die Ebenalp beim Flackern der Kienfackel des offiziellen Begleiters. Am Ende des erlebnisgedrängten Wildkirchli-Schutzengelfestes steht die Festlichkeit mit Appenzeller Ländlermusik und Tanz.

DIE WILDLÜTLI

Zu ihrem Verständnis trägt die Bekanntschaft mit dem → WILDEN MANN bei. Auch sollten wir vor Augen halten, daß nicht unweit, in Gersau nämlich, die verwandten Urgestalten aus der Waldwildnis, die → TSCHÄMELER, an der → ÄLPLERCHILBI auftauchen. Sie alle sind Sinnbilder des ungebetenen Gastes, eines sehr bösen dazu. Niemand empfand früher diese Geisterfiguren als romantisch.

DIE WILER PFINGSTPROZESSION

Sie findet am Pfingstmontag statt und führt zu den vier Toren. Ihre Pracht ist historisch begründet, was auch im anschließenden Dankgottesdienst bei St. Peter zum Audruck kommt. Im Alten Zürichkrieg nämlich erreichte die Belagerung mit der Verbrennung der Vorstädte die höchste Bedrohung und Bedrängnis. Doch 1445 zogen die Winterthurer wieder ab.

DIE WINTERBEENDIGUNG

Aus der Kenntnis der → ZWÖLFTEN gewinnen wir auch Anhaltspunkte zu den Vorstellungen der alten Germanen, wie sie erfolgreich den Kampf ge-

gen die Winterdämonen bestehen könnten. In diesem Kampf war es wichtig, sich der Gewogenheit der Götter zu versichern.
Viele Kulte, wie die der Verbrennung oder Ertränkung einer Strohpuppe, also eines Wintersymbols, sind nicht völlig erloschen. Sie leben in einer Menge von Bräuchen weiter. Prächtige Beispiele sind das → ZÜRCHER SECHSELÄUTEN, das → WÜLFLINGER BÖÖGGENPAAR, die Puppenverbrennungen in der Ajoie, in Egerkingen, in Quinto (Tessin), die Verbrennung des Gideo Hosenstoß in Herisau. Auch die → FUNKENSONNTAG-Höhenfeuer allüberall im Schweizerland haben diese Bedeutung. Bei den Festen der Winterverbrennung mengt sich in die Schadenfreude ob dem Dahinschmelzen des «Schneemannes» die Freude an den ersten Anzeichen des Frühlings. Als Freudenfeuer sind sie Frühlingsevokation.

DIE WINTERBRÄUCHE

Das ist ein bloßer Sammelbegriff. Man kann zwar an die in den Zwölften fußende → FASNACHT, man kann an die winterverbrennenden → BÖÖGGENVERNICHTUNGEN denken, aber in keinem direkten Zusammenhang zu diesen stehen die kirchlichen Feste → WEIHNACHTEN, → DREIKÖNIGSTAG, das → STERNSINGEN und die → SALZVERTEILETE.
Man muß auch an die Vergnügungen des Eislaufs denken, denen sich Erwachsene und Kinder in Seen säumenden Ortschaften hingaben und hingeben, und ans Schlitteln der Kinder. → DER CHESSLER

DIE WINTERVERBRENNUNG

→ DIE BÖÖGGENVERNICHTUNG

DIE WINZERFESTE

Jedermann kennt die sich nur wenige Male im Jahrhundert ereignenden Winzerfeste in Vevey, die sich jeweils über zehn Tage erstrecken. Sie ehren – nicht so literarisch wie die Lenäen und die großen Dionysien der alten Griechen – den Gott des Weins. Im Programm begegnen wir aber Festdichtung und -musik von hohem Rang, dem Volkslied in neuen Formen, dem Volkstanz in choreographischer Vollkommenheit. Das Ausmaß des Winzerfestes von Vevey ist gigantisch. Kleinere, dafür aber alljährliche und nicht minder glanzvolle Feste kennen die Weinbauern von Morges, Siders, Neuenburg und Lugano. In der deutschen Schweiz ha-

ben sich nur Festrudimente erhalten. Und vor kurzem noch genoß man den Anblick der blumengeschmückten langen Leiterwagen, die, mehrspännig und von schweren «Freibergern» gezogen, die Fässer mit Sauser oder dem jungen Wein zu den Bestimmungsorten in der Ostschweiz und im Mittelland brachten, wo dann gefestet wurde. In Weinbaugebieten gab es kaum ein Dorf, in dem nicht das Ende der Lese mit Tanz und Gesang gefeiert wurde.
Die Winzerfeste von Neuenburg, Siders, Locarno-Monti und Lugano finden am letzten Septembersonntag oder am ersten Oktobersonntag statt. → DIE SAUSERSONNTAGE

DAS WOLFGARN

Noch ist es nicht lange her, daß man sich des Wolfes in der Schweiz erwehren mußte. Man fing ihn entweder mit den Netzen, Wolfgarn geheißen, oder in der Wolfsgrube, einer geschickt getarnten Ködergrube.
→ DIE JAGD → DIE TREIBJAGDEN

DIE WOLLISHOFER CHLÄUSE

Der Brauch wurde nach langem Unterbruch wiederaufgenommen. Hier erscheint der → CHLAUS in der Vielzahl, nämlich in Scharen, und erinnert ans → CHLAUSENJAGEN.
Jahrelang nun sind die Lichterchläuse – ein imposanter, kaum enden wollender Zug – nach der alten Zürcher Stadtmitte, dem Lindenhof, gezogen. Doch ihre Behinderung des Verkehrs auf der Seestraße zwingt sie jetzt, sich auf ihr eigenes Quartier zu beschränken. Zweierlei Chläuse sind zu unterscheiden, die Hämpliböögge im langen, weißen Kleid und ornamentierten Pappe-Inful (→ DIE INFUL), mit großer Schelle oder Glocke am Gürtel, und die Hinderchläuse in dunkler Pelerine. Letztere sind als Nachfahren des klassischen → CHLAUSBEGLEITERS zu werten. Auch sie sind ausgerüstet mit Gabensack und Stock.

WOTAN, WUOTAN

Ohne die germanische Mythologie allzusehr zu vereinfachen, dürfen wir uns doch unter Wotan einen Götterfürsten und gewaltigen Kämpfer vorstellen. Aber wir wollen auch im Auge behalten, daß er ein Sonnen- und Frühlingsgott ist. → MYTHEN UND SAGEN Seine Gemahlin ist → PERCHTA; ihre weiteren Namen sind Frigga und Holda. → DIE PERCHTEN

Winzerfest. Es ist dasjenige von 1865. Das Bild belegt, daß die Fêtes des Vignerons von Vevey, heute monumental und grandios, von jeher glanzvoll gewesen sind.
Holzschnitt, Künstler unbekannt. (Graphische Sammlung Landesbibliothek Bern)

Das Wülflinger Bööggenpaar

Zu den Volksbräuchen, die eine Abrechnung mit dem Winter darstellen, gehört die «Hinrichtung» des Wülflinger Bööggenpaares. → Bööggenvernichtung
Alter Volkspsychologie gemäß heißt Vervielfachung Intensivieren. Der Stadtzürcher Böögg erleidet hier draußen in der Landschaft den Tod in der Zweizahl. Da muß ja dem strengsten Winter die Lust am Weiterleben vergehen! Übrigens wird das elende Paar von Wülflingen nicht bloß verbrannt, sondern gleichzeitig gehängt. Die Doppelhinrichtung ereignet sich jeweils am Abend des Bauernfasnachtsonntags.

Die Wünschelrute

→ Das Rutengehen

Die Würgete

Sie ist ein Geschenk, das mit einer herzlichen Umarmung, einer Würgete, überreicht wird. Ursprünglich verstand man unter der Würgete das Namenstagsgeschenk, dann, mit dem Aufkommen der Geburtstagsfeier, das Geburtstagsgeschenk eines Paten. Das zürcherische Wort wird aber kaum mehr verstanden. → Der Namenstag → Die Helsete

Die Wüsten Chläuse

Von diesem Begriff nimmt derjenige mit Befremden Kenntnis, der das St. Niklaus-Image vor sich hat. Sprachlich muß man sich vergegenwärtigen, daß mit wüst wild gemeint ist. Und daß der → Chlaus zum weitaus größeren Teil eine heidnische Abkunft hat, ist die zweite Überlegung, die uns die Wüsten Chläuse nahebringt. → Das Urnäscher Sylvesterchlausen

Der Wyberschiesset in Entlebuch

Er ist eigentlich ein Entlebucher Amtsschießet, an dem das weibliche Geschlecht in Trachtenpracht teilnimmt und seine Schießtüchtigkeit unter Beweis stellt. Drittjährlich findet er im Mai in Schüpfheim, Escholzmatt oder Entlebuch statt. Der dreitägige Schießet findet in der Amts- und Fahnenübergabe seinen Abschluß. Den Höhepunkt bildet immer der Umzug, in welchem szenisch eine Erinnerung an den Bauernkrieg wachgerufen wird. In einer der geräumigen Kirchen – wie z.B. in der Entlebucher Martinskirche, der einstigen Gaukirche – findet ein feierlicher Gottesdienst statt. → Der Schiesset

Die Ybindete

Das war das Patengeschenk an den Täufling. Woher der Name? Er rührt daher, daß der Taufbatzen in einem Einbind- oder Ybindsäcklein überreicht wurde. Für die Ybindete gab es im Zürich des 16. Jahrhunderts obrigkeitliche Verfügungen. → Das Schenken → Die Mandate

Das Zäntehusfest

Im ehemaligen Dorf Affoltern, als Neuaffoltern heute ein zürcherischer Stadtteil, feiert man das Zäntehusfest als Quartierfest. Der Hauptplatz hat seinen Namen vom dort gelegenen Zehntenhaus, wo im Mittelalter der Zehnten, Naturalienzins, abgegeben wurde. Das Fest wird abgehalten mit einem Markt, der von den wenigen noch ansässigen Bauern beschickt wird, d.h. mit Obst und Gemüse. Gefeiert wird es mit Musik, Tanz und offiziellen Reden.

Die Zaubermittel

Mit Zaubermitteln versucht der Primitive die Naturkräfte und Urkräfte seiner Vorstellung sich dienlich zu machen. D.h. er versucht seine begrenzten Kräfte zu vervielfachen, seine persönliche Macht auszuweiten. Diese Versuche richten sich hauptsächlich gegen das Böse. Das Böse muß er überall dort abwehren, wo sein Leben bedroht ist.
Als Zaubermittel dienen Pantomimen, d.h. kraftvolle Gebärden in einem furchteinflößenden Spiel, Formeln, denen die Vorstellung zu Grunde liegt, daß dem Worte eine Macht inne wohnt, als auch graphische und plastische Darstellungen.
Ein unspektakuläres Zaubermittel ist das Fasten. In der abendländischen Kulturgeschichte jedoch ist das Fasten kaum als Zauber aufzufassen, sondern als eine Macht religiöser Disziplin. Bei primitiven Völkern finden wir aber die Übung des Fastens zur Freilegung von außerpersönlichen Kräften. Das Manna ist eine solche Kraft im Objekt. → Die Fasten
Diese Zaubermittel können kombiniert werden und zielgerichtet sein, wobei eigentliche Rituale entstehen, einfache oder sehr komplizierte Praktiken.
Im Brauchtum beggnen wir noch häufig Überbleibseln der Anwendung des → Analogiezaubers, etwas seltener, aber mit Gewißheit, Rudimenten von → Fruchtbarkeitszauber. Daß abergläubische Jäger sich jagdzauberischer Mittel bedient haben, finden wir in unseren Sagen. Erstaunlich vielleicht, aber erwiesen, ist das Zufluchtnehmen zu → Krankheitszauber in unserer Generation.

Der Zehntausendrittertag

Weshalb der 22. Juni, der Zehntausendrittertag, in der Christenheit vielfach noch als Unglückstag gilt, findet seine Erklärung im Überleben der ungeheuerlichen Legende von den armenischen Märtyrern. Doch der glänzende Murtensieg von 1477, der so glückhaft die Bedrohnis durch die Burgunder abwendete und der auf diesen Tag fiel – so würde man meinen – sollte das Ominöse des Zehntausendrittertages ausgelöscht haben in unserem Lande.

Die Zeichensymbole

Im Brauchtum auf schweizerischem Boden findet sich natürlich eine reichliche Verwendung gezeichneter, geritzter, getriebener und gemeißelter Symbole von allgemein abendländischer Art, insbesondere solche christlicher Herkunft. Aus handwerklich-technischen Gründen sind am beliebtesten die mit einfacher Linienführung, wie sie das Ei (→ Die Eiersymbolik, → Das Osterei), das Kreuz (→ Die Kreuze) und der → Fisch darstellen.

Für die verfolgten Christen der ersten Zeit war das lapidare Fischzeichen voller Geheimbedeutungen, ließen sich doch leicht im griechischen Ichthys für Fisch fünf verheißungsvolle Andeutungen herauslesen: CH(ristos) TH(eou: Gottes) Y(ios: Sohn) S(oter: Heiland). Jedem Hirten waren einmal die Christusmonogramme ☧ (X griechisch für Christus, P vielleicht für Friede), INRI (Jesus Nazarenus Rex Judaeorum = Jesus von Nazareth, König der Juden) geläufig, ebenso die Evangeliensymbole: Löwe (Markus), Engel (Matthäus), Stier (Lukas) und Adler (Johannes). Verstanden wurden, und werden allgemein noch heute, die Tiersymbole, der Phönix für Auferstehung, der Pfau für Paradieseshoffnung, die Taube für den Heiligen Geist, der Hirsch für das jenseitige Leben, dann die Sachsymbole Anker und Kreuz für Hoffnung und das Schiff für das Jenseits.

Das Zersägen der Alten

Dieser Fasnachtsbrauch aus dem Bündnerland ist erloschen. Er gehört in den Brauchtumskreis, der auch Todaustragen genannt wird und eigentlich unter die Frühlingsbräuche zu rechnen ist. Vielerorts wird dem Winter symbolisch der Garaus gemacht, indem man eine Strohpuppe verbrennt, wie die Bööggen von Zürich und Wülflingen, den → Hom strom aus dem Unterengadin und den → Gideo Hosenstoss in Herisau und viele andere. Es kommt auch vor, daß sie ertränkt wird. → Die Groppenfas-

NACHT VON ERMATINGEN In Campovasto wird sie enthauptet, in Lausanne martert man sie durch → PRELLEN. Im Bündneroberland aber wird sie zersägt.
Der Brauch heißt das Zersägen der Alten. Am Sonntag Invokavit begaben sich die Erwachsenen ins Wirtshaus, um eine Strohpuppe zu zersägen, wobei man fröhlich den Wein fließen ließ. Die Kinder trieben auf der Straße und ums Haus anderen Schabernack. Sie legten sich gegenseitig in Särge, Holzkisten natürlich, aus denen sie sich lachend wieder erhoben.
→ DAS WIEDERAUFERSTEHEN DER KINDER → DIE FRÜHLINGSBRÄUCHE

DER ZIBELEMÄRIT

Eigentlich sollte man nicht so überbetont vom Zibelemärit sprechen, denn den Chachelimärit – und früher, als es noch Dienstboten zu vermitteln gab, den Maitschimärit – muß man ebenfalls als Ursache der festlichen Verwandlung der Stadt Bern bezeichnen, die sich am letzten November-Montag vor dem ersten Advent vollzieht. Am Abend schwirren noch Papierschlangen durch die Luft, fällt ein Konfettiregen vom Himmel und leuchten bunte Laternen auf.
Es sind hauptsächlich die Bauern aus der Gegend von Vully, Neuenburg und dem Murtensee, die den Zibelemärit mit Schwarzwurzeln, Lauch, Sellerie, Hülsenfrüchten, Kastanien, Nüssen, Knoblauch und, eben, Zwiebeln beliefern. Die Zibele wird Tagessymbol und herrscht allüberall.
Doch, wie bereits angetönt, dreht es sich in diesen Tagen nicht bloß um das, was in den Topf wandert, sondern um den Topf selbst. → DER CHACHELIMÄRIT UND CHACHELIMÄRT

DER ZIRK

So heißt, oder hieß, im Schwyzerland ein beanspruchter und abgesteckter «Wildheublätz». Die Markierung wird mit Schwirren bewerkstelligt. Schwirren sind leichte Pfähle, die der Schnitter ohne große Mühe zu den Wildheubändern hinauftragen kann. Frühmorgens am 1. August muß er aber «im Zirk stehen», d.h. durch seine Anwesenheit das Recht auf Nutzung dartun. Die Abgrenzung durch Rilleneinkratzen in die Grasnarbe ist verpönt, wächst doch in großer Höhe das Gras nur mühsam nach. Vielfach verzichten heute die schwyzerischen Oberallmeindbürger auf das mit enormen Mühen verbundene Recht.

Der Zopf

Er ist ursprünglich ein Kultgebäck: ein Haaropfer in Teigform. Wir müssen uns vergegenwärtigen, daß das Haar kombiniertes Sinnbild der Würde, der Macht, der Kraft und der Freiheit ist. → Die Gebildbrote → Die Weggen

Das Zügenglöcklein

Es wurde einst im Kirchturm nicht geläutet, sondern kurz angeschlagen, wenn ein Sterbender in den letzten Zügen lag, eine Mahnung zur Todesbereitschaft und eine Bitte an die dörflichen Mitbewohner um Unterstützung im Gebet. Heute erklingt ein knappes Zeichen nach dem eingetretenen Tod. Dieses nennt man jetzt das Zügenglöcklein.

Das Zuger Bäckermöhli

Dieses Möhli – das für die gastronomisch verwöhnten Zuger keineswegs schmale Kost bedeutet – gehört in den Kreis der St. Agatha-Feiern und fällt auf den 5. Februar. Jedes Quartier in Zug hat ein eigenes St. Agathaamt. Mehr noch als jeder anderen innerschweizerischen Stätte wird hier der Heiligen gedacht, die vor Brand und Feuer bewahrt.
Es versteht sich, daß sie die Patronin der Meister des Backofens ist. In der Agathawoche spielen die Bäcker, und mit ihnen die Müller, die wichtigste Rolle. Geschlossen besuchen die Zünfter den Gottesdienst in der Kapelle Unserer Lieben Frau. Dann gehts zum Hauptbott. Zum jährlichen Zunftessen sind auch andere Zünfter geladen. Am Nachmittag nun ereignet sich vor den Fenstern der Gaststube etwas Ähnliches wie an der → Rapperswiler Rathausausteilete. Vielstimmig wiederholen Grüpplein von jungen Zugern den Ruf «Bäckermöhli, Bäckermöhli!», und unweigerlich erscheinen die Bäckerzipfelmützen. Jetzt ergießt sich ein Segen von Mütschli, Guezli und Früchten über die fröhlichen Heischenden. → Die Heischebräuche → Das Brotauswerfen

Die Zuger Fasnacht

Mit Recht sind die Zuger stolz auf die alte Tradition ihrer Fasnacht. Die Berühmtheit, welche sie erworben hat, verdankt sie aber hauptsächlich → Gret Schell und ihren Löli. Der Montag ist der große Festtag.

Die Zuger Landeswallfahrt

Wir wissen, daß die Zuger seit dem Anfang des 16. Jahrhunderts in den Finstern Wald pilgern. Der Weg führt an der St. Verena-Einsiedelei vor-

über nach Allenwinden, über Ägeri den Raten hinauf nach St. Jost, über die Altmatt und den Hasenstrick schließlich zur Stätte des heiligen Meinrad.
Aber nicht nur die Stadtzuger nehmen am Auffahrtstage den langen Weg, den Rosenkranz betend, unter die Füße. Aus allen elf Gemeinden kommen sie, Tausende. Nicht Hitze, nicht Schnee noch Regen halten sie ab, zur wundertätigen Gnadenmutter von Einsiedeln zu pilgern. In der Frühe um fünf geben die Kirchenglocken das Zeichen zum Aufbruch, um ein Uhr mittags ist das Wallfahrtsziel erreicht, um drei begrüßt der Konvent des Stiftes die Zuger Pilgerschar, wobei in einem feierlichen Zeremoniell die Insignien der Gemeinden übergeben werden. Unvergeßliches Erlebnis ist der feierliche Einzug hinter den Klosterschülern in die bergende, segnende Pracht der barocken Kirche.
Noch gibt es Zuger, welche die Pilgerfahrt zu Fuß beschließen. Meist treten sie sie dann erst anderntags an. Den Daheimgebliebenen bringt man natürlich etwas mit: eine geweihte Kerze, allerlei hübschen Einsiedler Kram und, auf alle Fälle, einen → HÄLIBOCK.

Das Zu-Kreuz-Gehen

Diese schweizerische Bezeichnung für die → BITTPROZESSION hat mit dem allgemein im Deutschen gebräuchlichen «zu Kreuze kriechen» nur mittelbar einen Zusammenhang. Vom zusammenbrechenden Kreuzträger, der nurmehr kriecht, ist nicht die Rede.

Zum Bächtele tragen

Mit «zum Berchtold führen» meinte man, einen Freund zu einem Bärchtelistrunk mitzunehmen. → DER BÜRGERTRUNK Im 16. Jahrhundert schon war der Brauch bekannt; er hieß auch «einen Freund gefangen nehmen».

Die Zunftbräuche

Es ist eine Selbstverständlichkeit, daß die älteste Demokratie Europas ihre Bürger zur politischen Selbständigkeit wie auch zur wirtschaftlichen Eigenständigkeit erzog. Nein, nicht erzog. Sie ließ einfach die demokratischen Wunder sich entfalten.
So organisierten sich die Handwerker sehr früh schon im gedrängten Raume in Zünfte. Die kleinen Leute erwarben sich nicht nur Wohlstand, sondern erstaunliche Macht. In Zürich verlor der Adel seine Vorherr-

schaft auf unwahrscheinliche Weise, so daß er selbst in eine Zunft zusammengefaßt wurde, nachdem der Bürgermeister Rudolf Brun 1336 das Patriziat entmachtet hatte. Andere eidgenössische Städte wie Basel, Bern, Freiburg und Genf behielten bis in die Neuzeit hinein ein beschränktes aristokratisches Gepräge, was ihrer Kultur zugute gekommen ist. Noch heute legen zahlreiche wohlerhaltene Zunfthäuser – oft leuchtende lokale Varianten der Baustile ihrer Zeit – Zeugnis von der Bedeutung des Zunftwesens ab.

Die heutigen Zünfte setzen sich in ihrer Mitgliedschaft kaum mehr zunftberuflich zusammen. Doch durch die Pflege der gesellschaftlichen Seite der alten Zunftbräuche wiedererwecken sie die Erinnerung an ihre wirtschaftliche und politische Bedeutung. Die Struktur der industriellen Gesellschaft hat sich derweise verändert, daß Zunftfeiern wie jene des → ZÜRCHER SECHSELÄUTENS einen tieferen Sinn annehmen. Die jungen Mitglieder werden an Hand der Zunftbücher zurückgeführt in die Epoche der Zunftordnungen. In letzteren wurden Privilegien, Pflichten und Rechte der Meister, Gesellen und Lehrlinge so umrissen, daß ein soziologisches Panorama entstand, wie es für die Nachfahren nicht hätte instruktiver sein können. Die historischen Zünfte erfüllen eine staatsbürgerlich wertvolle Aufgabe, und die neuen Zünfte – auch das gibt es! – übernehmen von den alten wenigstens die gesellschaftlichen Formen. Das kommt den Festen zugute.

DIE ZÜRCHER FASNACHT

Durch Zwinglis sozialpolitische und kirchliche Reformation widerfuhren dem Fasnachtstreiben in den Gassen des Niederdorfs und des Oberdorfs Einschränkungen, die es zeitweilen zur Bedeutungslosigkeit zusammenschrumpfen ließ. Aber unter den neuzeitlichen Bedingungen hat sich das Fasnachtswesen so weit erholt, als es die nüchterne Art der Zürcher zuläßt. Das Treiben nimmt seit Jahren an Lebhaftigkeit zu, und auswärtige Vorbilder – vorausgesetzt, daß man das Urfasnächtliche erlernen kann – vermitteln frische Impulse. Es ist tröstlich zu wissen, daß Basel mit seiner geist- und witzreichen Fasnacht nur eine Bahnstunde entfernt ist. Auch aus dem deutschen Rheinland machen sich Faschingseinflüsse geltend. Schon elf Minuten nach elf Uhr am elften des elften Monats hebt in Zürich das Fasnachtstreiben an. Die erstaunten Passanten werden in der Altstadt von kostümierten Grüpplein, die sich guggenmusikmäßig betätigen, überrascht. Und bis es Februar wird, sorgt die rührige Fasnachtsgesellschaft dafür, daß ein Umzug von beachtlicher Länge entsteht. Er lockt viele Zuschauer an den Limmatquai und in die Bahnhofstraße. Narren-

LIBERTATI e LIBERO.

In den Zunftstuben haben eh und je Rededuelle stattgefunden. Die Reden galten nicht immer zunft- oder staatsbezogener Belehrung, sondern auch trivialer Unterhaltung. Die Unterhaltung ist eine Funktion der Zunftstube, und die Gesellschaftsspiele nahmen einst darin einen beträchtlichen Platz ein. Das «Räbenspiel auf der Zunft zur Meise» – von Heinrich Freudweiler künstlerisch wiedergegeben – war eine recht vergnügliche Variante des Geschicklichkeitsspiels.
Feder, Aquarell. (Graphische Sammlung ETH Zürich)

gruppen zu Fuß und auf Wagen persiflieren die Lokalpolitik und zweifeln eigenes und fremdes Kulturleben an.
Der Tonhalle-Künstlermaskenball hat über die zürcherische Festregion hinaus große Anziehungskraft und, seit Jahren, einen Ruf erworben.

Das Zürcher Knabenschiessen

Brauchmäßiges Wettschießen der Knaben gab es einst in den «Ländern» Bern, Zug, Glarus, St. Gallen und, eben, in Zürich. In der alten Eidgenossenschaft wurden die Jungen schon im Alter von 14 bis 16 Jahren eingefordert. In Winterthur war die Waffenausbildung durch obligatorische Zugehörigkeit zu den Kadetten gewährleistet. Das Zürcher Knabenschießen hat seine Anfänge im Mittelalter. Heute ist es die wohl eindrücklichste Veranstaltung ihrer Art in der Schweiz.
Seiner Größe wegen ist der Albisgüetli-Schießet ein harter Wettstreit. Meist wird der Schützenkönig erst in den Ausscheidungskämpfen des zweiten Tages ermittelt.
Die Organisation ist in den Händen der Schützengesellschaft der Stadt Zürich. Gewöhnlich lassen Landesregierung und Generalstab sich vertreten. Die Bevölkerung von Zürich läßt es sich nicht nehmen, für außerordentliche Preise für die Gewinner besorgt zu sein.
Unübersehbar ist der Schaustellungs-, Vergnügungs- und Budenbetrieb der schon bei Tageslicht verwirrenden, im gleißenden Lichtermeer nach hereingebrochener Dunkelheit aber unheimlichen Albisgütlistadt auf Rädern.

Der Zürcher Oberland-Chlaus

Er tritt als Alleinfigur oder auch in Begleitung auf. → Der Chlaus → Der Chlausbegleiter Manchmal trägt er auf dem Haupt das Narrenangli, eine → Inful, und ein weißes Hemd bildet seine Kleidung. Er muß stark gegürtet sein, denn er ist schwer treicheln- und schellenbehangen.
Wie andere Chläuse teilt er Nüsse aus, aber der Gütige gebärdet sich sehr heidnisch. Er führt Tänze auf, wobei er sich um seine eigene Achse dreht und hohe Sprünge macht. Natürlich – und das ist sehr wichtig – entsteht auch ein rhythmisches Schellen und Geklingel.
Wir sollten nicht allzusehr von der St. Niklaus-Vorstellung ausgehen, wenn wir den Zürcher Oberland-Chlaus verstehen wollen. Er hat mehr Vorchristliches an sich, was uns sehr wohl eingeht, wenn er – und das kommt nicht selten vor – anstelle des Narrenangli einen Eselskopf über-

Das Knabenschießen von 1794. Kaum erkennbar als Zürcher Knabenschießen, enthält es noch alle Elemente eines ländlichen Schießets. Die Aufmachung ist teils soldatisch, teils zivile Kleidung. Das Fest fand in den Hundstagen, nicht im September statt.
Stich von Johann Heinrich Meyer, 1794. (Graphische Sammlung Zentralbibliothek Zürich)

gestülpt hat. Es gibt Forscher, die glauben, daß uns dann das Wotanspferd angrinse. → DER GURRI

DAS ZÜRCHER SCHIFFERSTECHEN

Wir Nachfahren der Vögteverjager und Adelsausrotter bewundern im Schifferstechen ein Schauspiel männlicher Tugenden nach höfischer Art gebündelt.
Das nicht spezifisch eidgenössische Schifferstechen hat Ähnlichkeit mit den im Minnesang gepriesenen französischen Reiterkampfspielen, von denen letztere in den Tjosten eine nicht ungefährliche Form annahmen. Mit einer dreieinhalb Meter langen Stechlanze sollte der Gegner, in scharfem Galopp, aus dem Sattel gehoben werden. Ebenfalls schon im 11. Jahrhundert gab es Turniere auf dem Wasser. Die Skandinavier ruderten in ihren offenen Kielbooten die Flüsse Britanniens hinauf, wobei sie nach Turnierregeln kämpften, denen sich Angreifer wie Verteidiger gleichermaßen unterwarfen. Die Boote schossen in der Strömung hart aneinander vorbei. Aufrecht stand im Heck der stärkste Mann und suchte mit der Stechlanze todbringend den Gegner ins Wasser zu werfen. Sieg oder Niederlage wurde von den Mannschaften akzeptiert.
Als Spiel mit veränderten Regeln lebt das Turnier auf dem Wasser weiter, z.B. auf dem Rhein, in Venedig und, seit einigen Jahren, in Zürich. Organisator des Schifferstechens ist die Zunft zur Schiffleuten. Die Zuschauer hinter Brücken- und Ufergeländern geraten außer Rand und Band, wenn die Weidlinge geschickt manövrieren und manchmal Stecher und Gestochener in unfreiwilliger Gemeinschaft den erwarteten Sprung ins blaue Naß der Limmat tun.

DAS ZÜRCHER SECHSELÄUTEN

Über das Zürcher Sechseläuten, das in der Regel am dritten Montag im April abgehalten wird, gibt es viel historisch Interessantes zu berichten.
→ DAS SECHSELÄUTEN Daß das Fest das imposanteste der schweizerischen Frühlingsfeste ist, geht aus der Tatsache hervor, daß es sich über zwei Tage erstreckt. Am Sonntag, eigentlich dem Vortag, nehmen Tausende von Kindern teil, und am Montag, der den Zünftern gehört, zählt man über dreitausend Männer.
Wie mancherorts wird auch in Zürich der Winter verbrannt. Eine Puppe, der Schneemann, erleidet den Tod auf dem Scheiterhaufen. Der Tod auf dem Scheiterhaufen war die spektakulärste Hinrichtungsform des Mittelalters. Sie war Schwerverbrechern beschieden und solchen Geächteten

wie Savonarola und der heiligen Johanna. Da ist doch eine Schauverbrennung noch in unseren Tagen gerechtfertigt, wenn es sich um den dämonischen Bösewicht handelt, der für alle winterlichen Drangsale verantwortlich ist!

Zuoberst am langen Pfahl, der aus einem mächtigen Holzstoß ragt, befindet sich der todgeweihte Böögg, ein Riesenschneemann. Wenn die Flammen hinaufzüngeln – wir befinden uns auf dem «alten Tonhalleplatz» beim Bellevue – verfolgen gespannt weit über 100 000 Zürcher und Zugereiste den Todeskampf. Der Sünder Winter ist zwar in effigie leicht entzündbar und birgt in seinem Leibesinnern eine Menge Detonationsmaterial, doch können widrige Winde oder strömender Regen das Ende hinauszögern. Wenn schließlich aber die lodernden Flammen ihn erfassen, kommt sich jeder Zuschauer als authentischer Zeuge vom endgültigen Dahinschmelzen des letzten Schnees vor. Die Menge atmet auf. Jetzt wird es Frühling werden! In weitem Bogen rund um den brennenden Böögg sprengen die kostümierten Reiter der berittenen Zünfte. Ein farbenprächtiges Schauspiel, denn ihrer viele prangen in morgenländischen Trachten!

In keiner anderen Schweizer Stadt hat das Zunftwesen eine so bedeutsame, ja schicksalshafte Rolle gespielt wie in Zürich. Daß die ursprünglich zur Fasnachtszeit abgehaltenen Umzüge der Zünfte schließlich auf das Sechseläuten verlegt wurden, ist für unser Brauchtum zu einem glücklichen Umstand geworden. Erst so ist das Zürcher Frühlingsfest ein berühmter und landesweit bekannter Brauch geworden. → DIE ZUNFTBRÄUCHE

Dem kulminierenden Ritt um den brennenden Böögg war ein sich über Stunden erstreckender kostümierter Umzug vorangegangen. Nun da in der Dunkelheit die letzten Funken verglommen sind, wird es in den Zunftstuben lebendig. Es wird aber am Abend nicht nur pokuliert. Wo historischer Geist lebendig ist, wird er bei den Zunftbesuchen versprüht in gegenwartsbezogenen Reden in einer Atmosphäre vornehmer Fröhlichkeit.

DER ZÜRIHEGEL

Mit der Bezeichnung Zürihegel beschönigt man das Ungeschliffene der männlichen Zürichgaubewohner. Die grobe Art sei eben ein historisches Charakteristikum. Weshalb aber sollte sie sich nicht verlieren, diese grobe Art? Verschwunden ist ja auch der → HEGEL, der peitschenschwingende Flegel, ein Verwandter des Zürihegels, ein hochinteressanter Maskentyp allerdings.

Die Zwiebelrose

Als vorweihnachtliche Unterhaltung, oder auch als solche des Altjahrabends, kennt man vereinzelt noch Orakelspiele. In der Ostschweiz und in der Innerschweiz übt man das Zwiebelzerlegen. Möglichst gleich große Schalen einer zerteilten Zwiebel, zwölf an der Zahl wie die Monate des Jahres, werden als Blätter einer Blüte angeordnet. Derjenige der Versammelten, der am geeignetsten erscheint, verteilt möglichst feines Streusalz über der Blume. Doch siehe da! Die Blätter fangen ungleich zu glänzen an, die einen werden sehr feucht, ja naß, die andern bleiben trocken. Das hygroskopische Schauspiel verfolgt man im Uhrzeigersinn, und nun weiß man, wie sich die sonnigen und die regnerischen Monate übers kommende Jahr verteilen. → Das Orakeln

Die Zwölften

Wir wollen uns zuerst die scheinbar leichte Frage beantworten, was ein Fest sei, was es bedeute, sich der Freude an einem Fest hinzugeben. Nun, das heißt, die Alltäglichkeit durchbrechen. Es heißt, die Arbeit ruhen lassen. Dann kann das Empfinden der Festlichkeit aufkommen. Jedes Fest – ob profan oder sakral – hat einen mystischen Urgrund. Eines der erstaunlichsten, eines der ältesten und auch längsten abendländischen Feste ist das der Zwölften. Die Zwölften sind ein Urfest.
Shakespeare wurde beauftragt, für die zwölfte Nacht der Zwölften – außerhalb der Schweiz spricht man von den Zwölfnächten – als Krönung der Hof- und Theatersaison ein Festspiel zu schreiben. «The Twelfth Night» ehrte den glänzenden Renaissancehof Elisabeths I. Es wurde erfolgreich im heute nicht mehr vorhandenen Palast in Whitehall aufgeführt. Auch in Mitteleuropa gab es – und gibt es heute noch, wie etwa an den Tiroler Volksfestspielen – Spiele mit Themen vorchristlicher mythologischer Unterweltvorstellungen.
Was aber sind die merkwürdigen Zwölften, die mit Weihnachten beginnen und mit Dreikönigen enden, d.h. zwei Tage vor der Geburt Christi ihren Anfang nehmen und mit dem alten Fest der Menschwerdung Gottes an Dreikönigen, resp. an Epiphania, ihren Abschluß finden? Man wird dazu verleitet, diese Daten des Kirchenkalenders als die Ecksteine eines christlichen Geschehens zu betrachten. Doch zwischen ihnen gibt es einen religionsgeschichtlich-christlichen Geschehensablauf.
Die Zwölften stammen aus vorchristlichen Zeiten und haben eine eigene Struktur. Für die germanischen, und schon keltischen, Bewohner unserer nördlichen Breiten war der 22. Dezember ein Datum, das diese erschütterte. Was bedeutete es? Die längste Nacht! Tiefster Tiefpunkt in der Na-

tur! Doch bald würde die lähmende Dunkelheit schwinden. Spürbar würde täglich die Helligkeit zunehmen. Die Menschen würden die dämmrigen, raucherfüllten, frostigen Behausungen verlassen können. Auf Schritt und Tritt spürte man das Walten der Zaubernächte. Zwar wehrten sich die Dämonen des Dunkels gegen das Lichtwerden. Doch die Schöpferkraft der ewigen Natur brachte, über kurz oder lang, die Schneedecke zum Schmelzen und die Erdrinde zum Grünen. Bis in die Zeit der → RAUHNÄCHTE, zwölf Tage lang, würde nun der Metbecher herumgereicht werden. Keine mächtigere Aufforderung zum Festefeiern war ja denkbar! Bis in die Alpentäler hinein vernahm man sie. Die Zwölften, die Heiligen Nächte, waren erfüllt vom Brausen des Frühlingsgottes Wotan. Die Germanen erlebten das Meteorologische der Phase der Zwölften als eine Entfesselung. Im Toben der niedrigen Geister der Erde – denen der Kälte vorab und der Düsternis – kam zum Ausdruck, daß sie den Kampf schon halb verloren gaben. Und diesen Augenblick mußte man nützen! Mit List mußte der Mensch zum Angriff übergehen. Vor allem mußte er sich der Hilfe der Geister der höheren Natur versichern, die in den Zwölften aus ihrer Verborgenheit heraustraten. Ganz nahe spürte man ihre Unbändigkeit, und die Hufe der Jagdrosse der Götter erzeugten ein Dröhnen im tief hängenden Himmel. Gewiß würden sie die Bitten um Erleichterung des menschlichen Daseins erhören. Wotan und Perchta selbst würden in den unheiligen Heiligen Nächten das Schlimmste abwehren. In spätmythologischer Zeit glaubte man, daß in jeder der Zwölften-Nächte einer der mächtigsten Geister sich offenbare. Ehrend ordnete man jedem von ihnen im Jahresablauf einen Monat zu.
Ja, heilig waren die Nächte der Zwölften. Näher war man dem Tod und näher dem Leben. Viele Sagen in unserem Lande erzählen davon, wie sonderbar die übersinnliche mit der realen Welt sich mischte. Besonders heftig stießen am Fuße der Mythenberge die Toten mit den Menschen zusammen. Unklug wäre es gewesen, sich ihren Zügen aus dem Norden entgegenzustellen, etwa, wenn sie mitten durchs eigene Gehöft drängten. Auf ihr Pochen öffnete man weit das Tor. Es ist christliche Meinung, daß es gelegentlich einem unerschrockenen Jüngling gelang, den Jenseitigen zu widerstehen und dadurch eine arme Seele zu befreien.
Heutige Bräuche noch bezeugen das Weiterleben von Erinnerungen an die Heiligen Nächte. Den Kern vieler Zwölftenbräuche bilden schreckliche Tiergestalten. Die verbreitetste ist die Schnabelgeiß. Wem in ursprünglich-ländlicher Umgebung sind nicht die → STRÄGGELE und → CHLUNGGERE ein Begriff? Sie bilden Mittelpunkt wilder Jagden, welche die Jungmannschaften veranstalten. Auch der Eselskopf beim → CHLAUSESELN im Ägerital gehört hieher.

Des Rätselhaften und Schicksalshaften der Heiligen Nächte ist man heute noch inne. Nur handelt es sich nicht mehr um die Bekämpfung der Dämonen. Man will – sich die labile Situation der entfesselten Geister zunutze machend – Zukunftsgeheimnisse ergründen, insbesondere Dinge, welche die eigene Person betreffen. Dabei nimmt man immer noch zu herausfordernden Handlungen Zuflucht. Es sind keine Maskentänze mehr, sondern, in gemütlichen Stuben, der Schnickschnack des → ORAKELNS. Der 27. Dezember hat sich in manchem Landstrich als Wunschtag des weiblichen Geschlechtes erhalten. Junge Mädchen können da etwas über ihren – vielleicht noch ganz und gar unbekannten – Zukünftigen erfahren. Fürs Wachs- und Bleigießen haben sich, je nach Gegend, innerhalb der Zwölften-Spanne verschiedene günstige Daten eingelebt. Die Sylvesternacht gilt als eigentlicher Orakelfundus. So ist auch vielen von uns Heutigen Ungunst oder Gunst der Zwölften nicht gleichgültig.

Nachwort

Im Bestreben, einen Gesamtüberblick zu gewinnen, ist dem Leser offenbar geworden, daß sich ihm ein Großteil von Brauchtum und Bräuchen in aufmerksamer Verfolgung des Jahresablaufs erschließt. Er hat auch erkannt, wie tief ins mythologische Erdreich sich die Wurzeln senken. Dann ist er, je nach Landesgegend, in mehr keltische oder germanische Gründe vorgestoßen. Aber beim Zusammenfügen der Erkenntnisse hat er es weniger leicht gehabt, als es z.B. ein Baske hat. Im Baskenland hat es immer nur ein und dieselbe Rasse gegeben mit einer geradlinigen Entwicklung von 30 000 Jahren. Das ist anthropologisch durch die neuesten Forschungen belegt. Und mit Staunen erfüllt uns die sprachliche Eigenständigkeit und die sprachpsychologische Relationslosigkeit noch in unserer Gegenwart. Wie aber sind die Verhältnisse bei uns?
Sie scheinen ein Durcheinander; es gilt, dieses zu entwirren. Alpine und andere Rassen haben einander abgelöst, schon in den Jahrtausenden vor der Keltenbesiedelung. (Von Caesar wissen wir, daß die Helvetier den Boden bearbeiten ließen durch die vorkeltische Bevölkerung, die sie bei dem Eindringen vorfanden, ähnlich, wie es die Griechen mit den Heloten hielten.) Vom lateinischen Schub und seinen Folgen können wir uns, da er in historischen Zeiten erfolgt ist, bis in die Verästelungen hinein, verhältnismäßig leicht ein Bild machen.
Warum dieses weite Ausholen? Was haben diese Überlegungen mit dem schweizerischen Brauchtum zu tun? Soviel, daß wir bescheiden, aber hellhörig werden, und Art und Färbung manches Brauches richtiger einschätzen. Soviel, daß wir uns nicht mit brauchtümelnder Deskription zufrieden geben, aber auch stutzig werden, wenn Brauchtumserforschung, wenn die Volkskunde überhaupt, Wissenschaft, benannt werden. Letzteres ist ja so irrig, wie es ist, von der Kunst- oder Literaturgeschichte eine verselbständigte Kunst- oder Literaturwissenschaft abzuzweigen.
Wo unsere Interpretation ein Ratespiel bleibt, eben, weil die wissenschaftliche Untermauerung lückenhaft bleiben muß, lohnt sich die Bewußtmachung der Kenntnisse, die gesichert, wenn auch weniger bekannt sind. So werden wir zu reich beschenkten Lesern im wundersamen, von der Heimat geschriebenen Buch des Brauchtums.